数量经济学系列丛书

计量经济分析方法与建模

EViews应用及实例（第4版）·初级

高铁梅　主编

王金明　刘玉红　康书隆　副主编

清华大学出版社

北京

内 容 简 介

本书将计量经济学的主要理论和方法纳入一个完整、清晰的体系之中进行全面介绍，书中将计量经济学的理论和实际经济问题相结合，提供了大量的基于经济问题的模型实例，协助教师提高教学效率，增强学生的学习兴趣和实际建模能力。书中大多数案例是作者在实践中运用的实例和国内外的经典实例，同时基于 EViews 软件来介绍实际应用技巧，具有很强的可操作性。

本书的初级部分是针对经济管理类专业本科生和计量经济学初学者的教材，涵盖了计量经济学的基本知识。书中理论和方法的论述力求严谨、简洁、易懂。每章附加了习题，习题中还有相应的实习题。每一章的最后一节给出了 EViews 软件的相应操作。各章提供了教学课件、相关实例的原始数据（Excel 表）、EViews 工作文件、习题数据和习题答案等。

图书在版编目(CIP)数据

计量经济分析方法与建模：EViews 应用及实例：初级/高铁梅主编. —4 版. —北京：清华大学出版社，2020.8(2025.1 重印)
(数量经济学系列丛书)
ISBN 978-7-302-55156-0

Ⅰ. ①计… Ⅱ. ①高… Ⅲ. ①计量经济分析－应用软件－高等学校－教材 Ⅳ. ①F224.0-39

中国版本图书馆 CIP 数据核字(2020)第 049942 号

责任编辑：张 伟
封面设计：常雪影
责任校对：宋玉莲
责任印制：沈 露

出版发行：清华大学出版社
网　　址：https://www.tup.com.cn，https://www.wqxuetang.com
地　　址：北京清华大学学研大厦 A 座　　**邮　　编**：100084
社 总 机：010-83470000　　**邮　　购**：010-62786544
投稿与读者服务：010-62776969，c-service@tup.tsinghua.edu.cn
质量反馈：010-62772015，zhiliang@tup.tsinghua.edu.cn
课件下载：https://www.tup.com.cn，010-83470332
印 装 者：大厂回族自治县彩虹印刷有限公司
经　　销：全国新华书店
开　　本：185mm×260mm　　**印　　张**：18.25　　**字　　数**：407 千字
版　　次：2005 年 12 月第 1 版　2020 年 9 月第 4 版　　**印　　次**：2025 年 1 月第 3 次印刷
定　　价：55.00 元

产品编号：085099-02

第 4 版前言

20 世纪 80 年代，我国部分高等学校的经济管理类专业虽已陆续开设计量经济学课程，但只有少数专业将其作为必修课程，而其他专业多数是选修课程。1998 年，经教育部高等学校经济学学科教学指导委员会讨论决定，把计量经济学确定为经济学类所有专业必修的核心课程。此后全国各高校不仅经济学类各专业普遍开设了计量经济学，而且一些管理类专业也开设了这门课程。随后陆续出版了一批国外著名计量经济学教材和我国学者自己编写的适应中国高等院校经济类学科的计量经济学教材，促进了计量经济学课程的建设。

近年来，随着大数据的发展，在经济领域涌现出各类数据库，包含了大量的宏观时间序列数据、不同类型的面板数据、定期的微观调查横截面数据(企业、家户或个人)、越来越广泛和细分的产业等数据信息，这些丰富的数据信息极大地推动了计量经济学的快速发展，拓展了计量经济学的研究范围，增加了计量经济学研究的实用性，给计量经济学研究提供了更大的空间、更新的视角，注入了新的动力。目前，计量经济学、微观经济学与宏观经济学一起构成了中国经济类、管理类本科生和研究生必修的三门经济学核心课程，同时计量经济模型在经济理论研究和经济问题分析中已经被广泛应用，并取得了丰硕的成果。这些都有力地推动了计量经济学的发展。现在，计量经济学已经成为我国经济类各专业最受关注和欢迎的课程之一。

数量经济学是一门实践性很强的学科，要求学生具有将经济学知识、统计学与计量经济学方法和统计软件应用相结合的综合素质。目前的计量经济学课程注重理论方法的介绍，但是对如何应用模型分析实际的经济问题讨论较少。在计量经济学教学中，软件的使用仍然是薄弱的环节。学生学习了不少估计和检验的方法，却不知道怎样应用，对计算的结果也不能作出合理的解释，缺乏运用计量模型进行分析的实际能力。因此需要培养学生将所学习到的计量经济方法与实际经济问题相结合，利用统计和计量软件进行建模、模拟和分析的能力。

随着计量经济学理论和方法的不断发展，内容越来越丰富，需要分层次进行教学，以便本科生、硕士研究生和博士研究生可以循序渐进地实现从初级计量经济学基础向中高级计量经济学理论与方法过渡。2005 年，我在 6 年来教学实践的基础上，组织了科研课题组的几位年轻教师，他们当时也是数量经济学专业的博士研究生，为研究生教学编写了这本教材的第 1 版。15 年过去了，这本教材几经修改和再版，这些年轻教师也在教学和科研中不断成长，有半数以上作者已成为博士生导师，并且都具有了高级职称。本书出版后受到广大读者，尤其是研究生的广泛欢迎。在使用过程中，许多教师与学生通过各种方式对本书提出了许多宝贵的意见和建议，这些意见和建议我们都及时进行了相应的修改，并在第 4 版中加以吸收。本书第 4 版分为初级版和中高级版两册,初级版是适合本科生的教材,其中也有一些略难的计量经济学方法的内容,可供读者有选择地学习;中高级版是适合研究生的教材,包含了前沿的计量经济学理论和方法。

本书的主要特色是融理论方法与应用为一体,即理论、方法与建模应用相结合。本书全面、系统地介绍了计量经济学的基本理论和方法,尤其是 21 世纪以来的许多重要和最新的发展,并将它们纳入一个完整、清晰的体系之中。本书中的实际案例大多数是国内外的经典实例和作者在实践中运用的实例,并基于 EViews 软件介绍实际应用,具有很强的可操作性。

本书初级部分分为 7 章:

第 1 章,概率与统计基础。主要介绍在计量经济学中使用的概率与统计学的基础知识,有相关基础的读者可直接从第 2 章开始学习。

第 2 章,基本回归模型。是计量经济学的基础和重点,介绍了单方程计量经济学模型的基本理论和方法、系数估计量的统计性质和各种检验方法,介绍了几种回归方程的函数形式和虚拟变量的使用,以及模型设定的检验和预测。

第 3 章,其他回归方法。介绍存在异方差问题、解释变量与随机扰动项相关时带来的内生解释变量问题的后果,介绍各种检验方法以及改进估计方法,如加权最小二乘法(WLS)、二阶段最小二乘法(TSLS)、广义矩方法(GMM)、多项式分布滞后模型等。

第 4 章,时间序列模型。平稳时间序列的建模方法属于动态计量经济学的范畴。通常是运用时间序列的滞后值、当期值及滞后随机扰动项的加权和建立模型,来“解释”时间序列的变化规律。第 4 章首先通过讨论回归方程随机扰动项通常会存在的序列相关性问题,介绍如何应用时间序列数据的建模方法修正随机扰动项序列的自相关性。随后讨论平稳时间序列的概念,以及时间序列的自回归移动平均模型(ARMA 模型),并且讨论它们的具体形式、识别及估计方法。

第 5 章,离散因变量模型。经济决策中经常面临选择问题,如消费者对商品的购买决策、求职者对职业的选择决策、投票人对候选人的投票决策、银行对客户的贷款决策等。不同于一般计量模型中因变量满足连续性的假设,这些决策结果经常是离散的,因此在实际经济分析中,作为研究对象的因变量的观测值是离散的。本章介绍二元选择模型和排序因变量模型这两种离散因变量模型的建立、估计和检验。

第 6 章,面板数据模型。面板数据含有个体、时期和变量三维信息,利用面板数据模型可以构造比以往单独使用横截面数据或时间序列数据更为真实的行为方程,进行更加深入的分析。基于实际经济分析的需要,面板数据模型已经成为近年来计量经济学理论方法的重要发展分支。第 6 章介绍了面板数据模型的基本原理、模型设定检验及各类模型的估计方法,介绍了确定变截距模型设定方式的 Hausman 检验方法。

第 7 章,联立方程模型的估计与模拟。单方程模型只适用于单一经济现象的研究。但是,在很多情况下,经济系统是极为复杂的,其中经济变量之间的关系是相互影响、互为因果的，单方程模型无法准确地描述这种具有相互依存关系的经济现象，这时，就必须用一组联立方程模型才能描述清楚。第 7 章分为两个部分：第一部分介绍了联立方程系统的基本原理、建立和识别方法，以及对未知参数的各种估计方法；第二部分介绍了基于已知参数的联立方程模型对经济问题进行政策模拟、情景分析以及预测的研究方法。

本书的初级版是针对本科生和计量经济学初学者的教材，涵盖了本科生教材的基本知识。书中理论和方法的论述力求严谨、简洁、易懂。每章附加了习题，习题中还有相应的实习题。每一章的最后一节给出了 EViews 软件的相应操作。各章的相关实例的原始数据(Excel 表)、EViews 工作文件、习题的数据等的电子版可在清华大学出版社网站下载。为了便于教师教学，每章还配有教学课件和习题答案，教学课件中还提供了 EViews 软件基本操作的介绍[①]。

习题数据(初级)　　　　案例数据(初级)

本书的中高级版分为 11 章：

第 1 章，经济时间序列的处理、季节调整与分解。经济指标的月度或季度时间序列包含 4 种变动要素：长期趋势要素 T、循环要素 C、季节变动要素 S 和不规则要素 I。在经济分析中，季节变动要素和不规则要素往往掩盖了经济发展中的客观变化，给研究和分析经济发展趋势与判断目前经济所处的状态带来困难。因此，需要在经济分析之前对经济时间序列进行季节调整，剔除其中的季节变动要素和不规则要素。而利用趋势分解方法可以把趋势和循环要素分离开来，从而研究经济的长期趋势变动和景气循环变动。主要介绍经济时间序列的处理和分解方法。时间序列处理方法包括数据类型的检验和频率转换，时间序列分解方法包括季节调整和趋势分解。

第 2 章，非平稳时间序列建模。由于传统的时间序列模型只能描述平稳时间序列的变化规律，而大多数经济时间序列都是非平稳的，因此，由 20 世纪 80 年代初 Granger 提出的协整概念，引发了非平稳时间序列建模从理论到实践的飞速发展。介绍了非平稳序列和单整的概念、非平稳时间序列的单位根检验方法、ARIMA 模型(差分整合移动平均自回归模型)的建模方法、协整理论的基本思想及误差修正模型。

第 3 章，扩展的回归方法。介绍了各种扩展的回归方法：分位数回归、非线性最小二乘法、非参数回归模型、混频数据抽样回归模型、稳健最小二乘法、有限信息极大似然估计

① 各章的教授内容与 EViews 软件操作分为两个课件，教师可以教授完一章或一节后讲相应的操作和实习，也可以把教授内容和实习分开，最后讲操作和实习。要告诉学生，不能把计量软件的结果直接复制粘贴到作业或论文里，而是要利用计量经济学规范的方程和图表把模型结果清晰地表达出来，并加以解释和分析。书中各章的例子给出了示范。

和 K 类估计。

第 4 章,具有结构变化特征的回归模型。标准的线性回归模型假定模型参数在样本区间中不出现结构变化,但是,在时间序列分析领域,经常会出现样本区间中参数发生结构变化的情况。因此,检验和估计这种模型引起了众多学者的关注并涌现出大量的成果,如在门限回归模型的基础上,源于"区间转换"理论发展和兴起的平滑转换回归模型,由于其具有平滑转换和非线性的特点,因此相对于门限回归模型具有了更多的实际动态特征。主要介绍几类存在结构变化的回归模型的估计方法:间断点回归模型、门限回归模型、平滑转换回归模型和区制转换回归模型。

第 5 章,条件异方差模型。通常认为自相关的问题是时间序列数据所特有,而异方差性是横截面数据的特点。但在时间序列数据中,会不会出现异方差呢?是怎样出现的?如何修正?介绍了恩格尔(Engle R, 1982)提出的自回归条件异方差模型(ARCH 模型),以及广义自回归条件异方差模型(GARCH 模型)、非对称的 ARCH 模型(TARCH 模型和 EGARCH 模型)等条件异方差模型。

第 6 章,受限因变量模型。关注的问题是因变量受到某种限制的情况,这时需要建立的经济计量模型称为受限因变量模型。在这种情况下,由于数据收集规则或者经济人自选择行为的结果,人们所获得的样本数据来自总体的一个子集,不能完全反映总体。如果使用传统的经济计量方法来分析这样的样本而不考虑所抽取样本的选择性,那么对经济关系进行的统计评估结果将会发生偏差,这就是所谓的"样本选择偏差",赫克曼(Heckman)以微观经济理论解释个体的样本选择问题并提出了 Heckman 样本选择模型。介绍了受限因变量模型的概念、审查回归模型、截断回归模型、Heckman 样本选择模型、计数模型和广义线性模型。

第 7 章,极大似然估计。虽然极大似然估计法的应用没有最小二乘法普遍,但在计量经济学理论上占据很重要的地位,因为极大似然原理比最小二乘原理更本质地揭示了通过样本估计总体参数的内在机理。计量经济学理论的发展更多的是以极大似然估计原理为基础的,对于一些特殊的计量经济学模型,只有极大似然方法才是成功的估计方法。介绍了极大似然估计的基本原理和优化算法,以及如何建立极大似然函数形式并进行估计的实例。

第 8 章,向量自回归和向量误差修正模型。传统的经济计量方法(如联立方程模型等结构性方法)是以经济理论为基础来描述变量关系的模型。但是经济理论通常并不足以对变量之间的动态联系提供一个严密的说明,而且内生变量既可以出现在方程的左端又可以出现在方程的右端,使得估计和推断变得更加复杂。为了解决这些问题而出现了一种用非结构性方法来建立各个变量之间关系的模型,介绍的向量自回归(VAR)模型就是一种非结构化的多方程模型。第 8 章还包括结构 VAR(SVAR)模型、Granger 因果检验、脉冲响应函数和方差分解、Johansen 协整检验、向量误差修正(VEC)模型,以及贝叶斯 VAR 模型。

第 9 章,扩展的面板数据模型。21 世纪以来,对面板数据模型的研究,一方面集中在利用时间序列方法考虑面板数据的非平稳性、虚假回归和协整,研究如何对面板数据进行单位根检验和协整检验；另一方面利用宏观面板数据具有较长时间序列的优势，研究经济关系的动态调整过程，即关注动态面板数据计量模型的估计及检验问题。主要介绍面板数据的单位根检验与协整检验、面板数据广义矩方法(GMM)和动态面板数据回归模型。

第 10 章，状态空间模型和卡尔曼滤波。状态空间模型被用来估计不可观测的时间变量：理性预期、测量误差、长期收入和不可观测因素(趋势和循环要素)。许多时间序列模型，包括典型的线性回归模型和 ARIMA 模型都能作为特例写成状态空间形式(SSF)，并估计参数值。状态空间模型是利用强有力的迭代算法——卡尔曼滤波(Kalman filter)来估计的。介绍了状态空间模型的定义、卡尔曼滤波算法和超参数的估计，并给出状态空间模型的应用实例。

第 11 章，主成分分析和因子分析。在建立多元回归模型时，为了更准确地反映事物的特征，人们经常会在模型中包含较多相关解释变量，这不仅使问题分析变得复杂，而且变量之间可能存在多重共线性，使得数据提供的信息发生重叠，甚至会掩盖事物的真实特征。为了解决这些问题，需要采用降维的思想，将所有指标的信息通过少数几个指标来反映，在低维空间将信息分解为互不相关的部分以获得更有意义的解释。本章介绍的主成分分析和因子分析可用于解决这类问题。

本书的中高级版是针对高年级本科生、硕士研究生和博士研究生的教材，介绍了近年来一些前沿的计量经济学理论和方法，力求将计量经济学的理论和实际经济问题相结合，全面、系统地介绍中高级计量经济学的主要理论和方法；并在此基础上，提供了大量的基于经济问题的模型实例，协助教师提高教学效率，增强学生的学习兴趣和实际建模能力。和初级一样，每一章的最后一节给出了 EViews 软件的相关操作。各章相关实例的原始数据(Excel 表)、EViews 工作文件的电子版可以扫如下二维码下载。为帮助高级研究人员深入研究，教学课件中介绍了 EViews 软件的程序设计。

美国 IHS 公司 2017 年推出 EViews 10.0 版本软件，我们购买了该版本软件。本书的 EViews 软件操作部分都采用 EViews 10.0 版本软件。

本书由下列人员完成[①]：

初级版：第 1、2、3 章，王金明；第 4 章，康书隆；第 5 章，王亚芬；第 6 章，孔宪丽；第 7 章，刘玉红。

中高级版：第 1、8 章，陈飞；第 2 章，康书隆；第 3 章，王金明；第 4 章，张同斌；第 5、7 章，刘玉红；第 6、11 章，王亚芬；第 9 章，孔宪丽；第 10 章，高铁梅。

最后由我对全书进行了审阅、修改和定稿。

在第 4 版出版之际，我们对曾经支持和帮助过我们的老师和同学们表示最诚挚的谢意！首先要感谢吉林大学商学院的周光亚教授、上海金融学院的姜诗章教授，在编写本书第 1 版的过程中，他们花费了大量的时间仔细审阅和修改了全书的理论与方法部分，并提出了许多宝贵的修改意见，使得本书的质量有很大提高。在本书的编写以及再版修改过

① 本书第 1 版和第 2 版的主要作者梁云芳教授因病于 2013 年 10 月去世，她所承担章节[本书中高级的第 2 章 2.3 节、第 8 章、第 11 章(与王亚芬合作)]的修改、增补等工作由其他作者来完成，不再标出。

程中,参考了国内外许多计量经济学教科书,在本书的参考文献中列出了书名,在此向有关作者表示感谢。还要特别感谢清华大学出版社的龙海峰编辑,感谢他对本书的第1、2版所给予的热情鼓励和帮助。感谢清华大学出版社的张伟编辑,在本书的第3版和第4版的编写过程中,她的热情、严谨、认真的工作态度和高质量、高效率的工作,给我们留下了深刻的印象。我们把这本书奉献给所有给予我们支持和帮助的人。

由于我们水平有限,书中的疏漏或不当之处在所难免,诚恳地欢迎同行专家和读者批评指正,并提出宝贵的意见。

高铁梅

2020年3月9日

目　　录

第 1 章　概率与统计基础①

本章回顾一些概率知识和基本的统计概念。大多数结论只叙述而不证明，读者可以很容易找到相关书籍参考学习和理解。这些概念极为重要，是继续学习的基础，也是通往其他部分不可或缺的钥匙。

1.1　随机变量

随机变量(random variable)是取值具有随机性的变量。随机变量按其取值情况可以分为离散型和连续型两种类型，离散型随机变量只能取有限或可数的多个数值，连续型随机变量的取值充满一个或若干有限或无限区间。

1.1.1　概率分布

1. 离散型随机变量概率分布的含义

随机变量 X 取各个值 x_i 的概率称为 X 的概率分布。对一个离散型随机变量 X，可以给出如下概率分布：

$$P(X=x_i)=p_i,\quad i=1,2,3,\cdots \tag{1.1.1}$$

例如，X 代表宏观经济所处的状态，假定只有经济增长率较高的繁荣和增长率较低的衰退两种状态，X 相应地取 1 和 2 两个值(图 1.1.1)，并假定概率分别为 p，q，即

$$P(X=1)=p,\quad P(X=2)=q$$

由概率的性质可知，概率分布满足以下两个条件：

$$p_i \geqslant 0,\quad i=1,2,\cdots$$

$$\sum_{i=1}^{\infty} p_i=1 \tag{1.1.2}$$

可以知道，对于上面例子中的 p 和 q，存在约束：$p\geqslant 0, q\geqslant 0, p+q=1$。

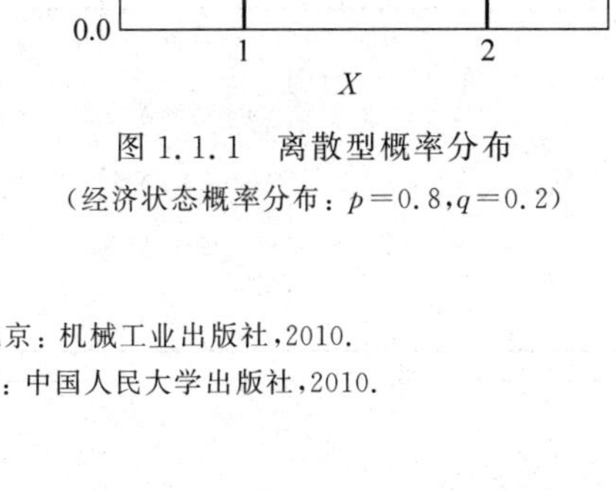

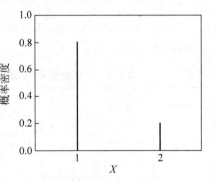

图 1.1.1　离散型概率分布

(经济状态概率分布：$p=0.8, q=0.2$)

2. 累积分布函数

对于随机变量 X(无论是连续还是离散)可

① 古扎拉蒂，波特. 经济计量学精要[M]. 张涛，译. 4 版. 北京：机械工业出版社，2010.
伍德里奇. 计量经济学导论[M]. 费剑平，译. 4 版. 北京：中国人民大学出版社，2010.

以确定实值函数 $F(x)$，称为累积分布函数(cumulative distribution function，CDF)，定义如下：

$$F(x)=P(X\leqslant x) \tag{1.1.3}$$

表示随机变量 X 小于或等于 x 的概率。显然，$F(-\infty)=0$，$F(+\infty)=1$。对于离散型随机变量，累积分布函数的形式为

$$F(x)=\sum_{x_i\leqslant x} p_i \tag{1.1.4}$$

3. 连续型随机变量的分布函数及概率密度函数

对于连续型随机变量，取任何特定数值的概率都是 0，因此度量该随机变量在某一特定范围或区间内的概率才有实际意义。设 $F(x)$ 是随机变量 X 的分布函数，如果对任意实数 x，存在非负函数 $f(x)\geqslant 0$，使

$$F(x)=\int_{-\infty}^{x} f(t)\mathrm{d}t \tag{1.1.5}$$

就称 $f(x)$ 为 X 的概率密度函数(probability density function，PDF)，且 $f(x)$ 具有以下性质：

$$f(x)\geqslant 0,\quad \int_{-\infty}^{\infty} f(x)\mathrm{d}x=1 \tag{1.1.6}$$

$$P(a<x<b)=\int_{a}^{b} f(x)\mathrm{d}x \tag{1.1.7}$$

令 X 代表身高，用厘米来度量，那么人的身高在某一区间内(如 160～170 cm)的概率，由这两个值之间的密度函数之下的面积决定(图 1.1.2)。

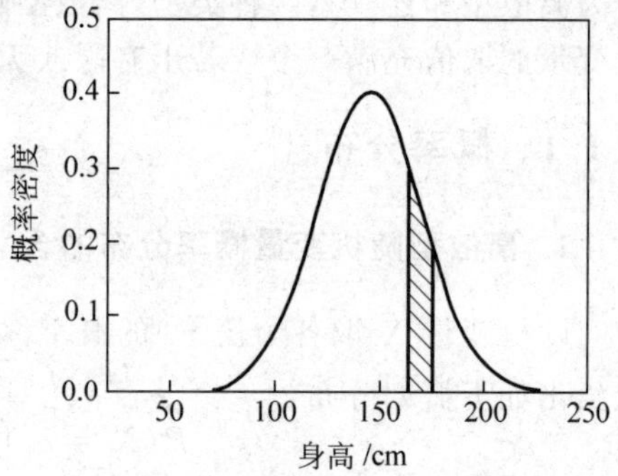

图 1.1.2　连续型(身高)概率分布

例 1.1　离散型随机变量的 CDF

抛币 4 次，求随机变量(正面朝上的次数)的概率密度函数(PDF)和累积分布函数(CDF)(表 1.1.1)。

表 1.1.1　随机变量(正面朝上的次数)的概率密度函数和累积分布函数

正面朝上的次数 ($X=x_i$)	PDF		CDF	
	X 值	p_i	X 值	$F(x)$
0	$0\leqslant X<1$	1/16	$X\leqslant 0$	1/16
1	$1\leqslant X<2$	4/16	$X\leqslant 1$	5/16
2	$2\leqslant X<3$	6/16	$X\leqslant 2$	11/16
3	$3\leqslant X<4$	4/16	$X\leqslant 3$	15/16
4	$4\leqslant X<5$	1/16	$X\leqslant 4$	1

图 1.1.3 是例 1.1 的离散型随机变量累积分布函数(CDF)的示意图,图 1.1.4 是连续型随机变量累积分布函数(CDF)的示意图。

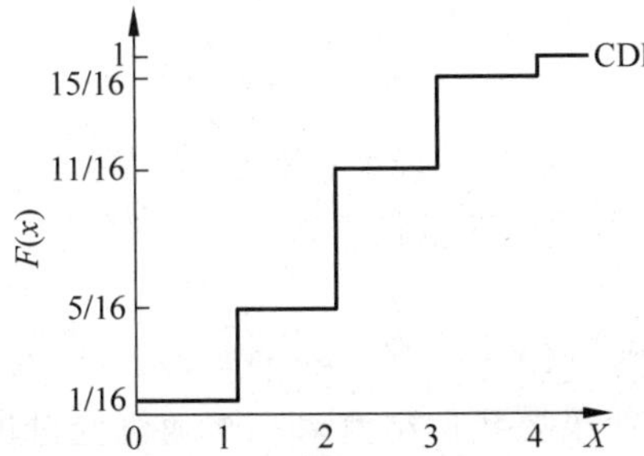

图 1.1.3　离散型随机变量的累积分布函数

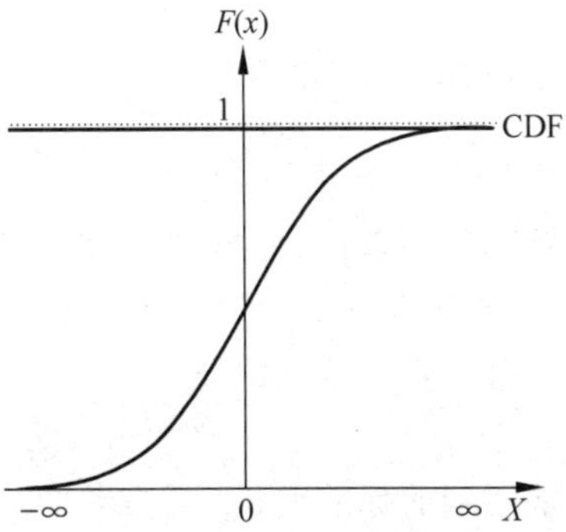

图 1.1.4　连续型随机变量的累积分布函数

1.1.2　随机变量的数字特征

有多种数值指标分别从不同角度描述随机变量分布的特征,其中最重要的是数学期望(也称均值,或简称期望)和方差。期望是随机变量的平均值,它度量了集中趋势;方差是对随机变量偏离期望的离散程度的度量。

1. 数学期望和中位数

假设我们研究一个离散型随机变量 X,设 $x_1,x_2,\cdots,x_N$ 为该变量的 N 个取值,则均值或数学期望值是所有可能结果的加权平均值,权重为各个可能结果的发生概率,用 μ_X 代表 X 的数学期望,定义为

$$\mu_X = E(X) = p_1x_1 + p_2x_2 + \cdots + p_Nx_N = \sum_{i=1}^{N} p_ix_i \tag{1.1.8}$$

式中:p_i 为 X_i 发生的概率,$\sum p_i = 1$。

如果 X 是连续型随机变量,则数学期望为

$$\mu_X = E(X) = \int_{-\infty}^{\infty} xf(x)\mathrm{d}x \tag{1.1.9}$$

数学期望有一个重要的性质:

$$E(a+bX) = a + bE(X) \tag{1.1.10}$$

式中:a,b 都是常数。

除了期望之外,用来描述随机变量集中趋势的还有中位数。中位数是满足 $P(X\leqslant m)\geqslant 0.5$ 和 $P(X\geqslant m)\leqslant 0.5$ 的 m 的值。粗略地说,中位数比均值更接近分布的中点,它不受极端值影响。

2. 方差

对于经济变量,我们经常关心其波动性,尤其证券市场中人们十分关心投资的风险大小,这可以通过变量的方差来描述。随机变量的方差刻画了随机变量偏离均值的程度,将

方差记为σ_X^2，对于离散的情形，方差为

$$\sigma_X^2 = \text{var}(X) = E[X-\mu_X]^2 = \sum_{i=1}^{N} p_i (x_i - \mu_X)^2 \tag{1.1.11}$$

对于连续情形，方差为

$$\sigma_X^2 = \text{var}(X) = \int_{-\infty}^{\infty} (x-\mu_X)^2 f(x) \mathrm{d}x \tag{1.1.12}$$

方差不能为负值，如果X偏离均值幅度很大，则方差就较大；反之，则方差较小。如果X所有的值都等于$E(X)$，则方差为0，这意味着随机变量是常数。

方差有一个重要的性质：

$$\text{var}(a+bX) = b^2 \text{var}(X) \tag{1.1.13}$$

经常用到的标准差σ_X是方差的正平方根。如果要我们猜测对一个随机变量进行一次抽样的结果，均值可能是不错的选择。但如果要给出一个区间，就可以根据希望正确的程度确定置信水平，在均值两侧延伸相应倍数的标准差产生一个区间(置信区间)。就是说虽然方差是衡量波动程度的指标，但与均值进行加减运算只能是标准差，因为标准差可以被认为和μ_X有相同的度量单位。对任意随机变量X和任意正常数k，**切比雪夫不等式**表明：

$$P(\mu - k\sigma \leqslant X \leqslant \mu + k\sigma) \geqslant 1 - \frac{1}{k^2} \tag{1.1.14}$$

3. 偏度和峰度

除了最为常用的描述随机变量X集中趋势的期望和中位数、描述偏离均值程度的方差外，偏度S(skewness)和峰度K(kurtosis)也是描述随机变量X的数字特征。偏度S衡量了X围绕其均值的非对称性，峰度K度量凸起或平坦程度。

在定义偏度S和峰度K之前，首先需要了解X的高阶矩和高阶中心矩。一般r阶矩和r阶中心矩分别定义为

$$E(X)^r \quad 和 \quad E(X-\mu_X)^r$$

随机变量X的一阶矩即是数学期望值，方差是X的二阶中心矩，三阶中心矩表示为

$$E(X-\mu_X)^3$$

四阶中心矩表示为

$$E(X-\mu_X)^4$$

偏度S用三阶中心矩除以标准差的立方来计算：

$$S = \frac{E(X-\mu_X)^3}{\sigma_X^3} \tag{1.1.15}$$

如果概率密度函数是对称的，则S值为0；正的S值意味着序列分布有长的右拖尾(右偏)；负的S值意味着序列分布有长的左拖尾(左偏)。

峰度K定义为

$$K = \frac{E(X-\mu_X)^4}{\sigma_X^4} \tag{1.1.16}$$

正态分布是最常见的分布。对于正态分布，$K=3$，$S=0$。如果K值大于3，分布的

凸起程度大于标准正态分布；如果 K 值小于 3，分布相对于标准正态分布是平坦的。因此，了解标准正态分布峰度 K 和偏度 S 有助于比较其他概率分布函数。

1.1.3　随机变量的联合分布

对于两个或两个以上的随机变量，规律性由它们的联合分布所决定。联合分布有协方差和相关系数等重要数字特征。

例 1.2　两个离散型随机变量的联合分布

X 表示家庭收入，Y 表示是否受过大学教育，1，0 分别表示受过大学教育和没有受过大学教育，联合分布如表 1.1.2 所示。

表 1.1.2　联合分布

结果	概率 $f(x,y)$	结果	概率 $f(x,y)$
$X=600$ 元，$Y=1$	0	$X=600$ 元，$Y=0$	1/4
$X=1\,500$ 元，$Y=1$	1/8	$X=1\,500$ 元，$Y=0$	1/8
$X=3\,000$ 元，$Y=1$	1/3	$X=3\,000$ 元，$Y=0$	1/6

对于两个离散的随机变量 X,Y，它们的联合分布为

$$P(X=x_i, Y=y_j)=p_{ij},\quad i,j=1,2,\cdots \tag{1.1.17}$$

如例 1.2 中：

$$P(X=600, Y=0)=1/4$$

对于连续的随机变量 X,Y，它们的概率分布则由联合概率密度 $f(x,y)$ 决定

$$P(a<X<b, c<Y<d)=\int_a^b \mathrm{d}x\int_c^d f(x,y)\mathrm{d}y \tag{1.1.18}$$

1. 边际概率

与联合概率函数 $f(x,y)$ 相对应，$f_X(x)$，$f_Y(y)$ 都称为边际概率函数。如例 1.2 中，$f_X(600)$ 应该是所有家庭收入为 600 元而无论是否受过大学教育的概率，即 $f_X(600)=P(X=600)=P(X=600,Y=0)+P(X=600,Y=1)=1/4$。因此，从联合分布得到某一个变量（如 X）的边际密度，只需要将其对应的联合概率累加（离散）或积分（连续）起来：

$$f_X(x)=P(X=x_i)=\sum_{j=1}^{\infty} p_{ij},\quad Y\text{ 是离散的} \tag{1.1.19}$$

$$f_X(x)=\int_{-\infty}^{\infty} f(x,y)\mathrm{d}y,\quad Y\text{ 是连续的} \tag{1.1.20}$$

在计量经济和时间序列分析中经常假定两个随机变量之间独立且同分布（记为 i.i.d），当且仅当联合密度是边际密度的乘积时，两个随机变量才是独立的，即

$$f(x,y)=f_X(x)f_Y(y) \tag{1.1.21}$$

注意，这要求对所有取值都成立。对于例 1.2，显然式（1.1.21）是不成立的，如 $f(600,0)=1/4$，而 $f_X(600)=1/4$，$f_Y(0)=13/24$。因此，收入和是否受过大学教育这

两个变量是不独立的。

2. 条件概率函数

在例 1.2 中,如果我们想要知道在受过大学教育的人中,收入为 3 000 元的比例,就是要得到在给定 $Y=1$ 的条件下,$X=3\,000$ 的概率为多少,这就归结为求条件概率的问题。这可以由下面的公式计算:

$$P(X=x_i \mid Y=y_j)=\frac{P(X=x_i, Y=y_j)}{P(Y=y_j)}, \quad \text{离散情形} \tag{1.1.22}$$

$$f_{X|Y}(x \mid y)=\frac{f(x,y)}{f_Y(y)}, \quad \text{连续情形} \tag{1.1.23}$$

例如:

$$P(X=3\,000 \mid Y=1)=\frac{P(X=3\,000, Y=1)}{P_Y(Y=1)}=\frac{1/3}{1/3+1/8}=\frac{8}{11}\approx 0.727$$

这说明,在受过大学教育的条件下,X 取 3 000 的概率约为 0.727。如果没有这样的条件(无条件概率或边际概率),X 取 3 000 的概率为 0.5($=1/3+1/6$)。这也说明 X、Y 是不独立的变量,Y 的取值影响到 X 取值的概率分布。由式(1.1.21)可知,独立的两个随机变量的条件概率函数应该与无条件概率函数相同。对于连续型随机变量,也有类似性质,只要将概率函数换成概率密度即可。

3. 协方差和相关系数

两个随机变量 X、Y 的协方差定义为

$$\operatorname{cov}(X,Y)=E[(X-\mu_X)(Y-\mu_Y)] \tag{1.1.24}$$

式中:μ_X、μ_Y 分别表示 X、Y 的期望值。

协方差度量了两个变量的同时波动。如果两个变量同方向变动(如一个变量增加,另一个变量也增加),则协方差为正;如果两个变量反方向变动(如一个变量增加,另一个变量却减少),则协方差为负;如果两个随机变量是独立的,则协方差为 0。

如果两个变量不是独立的,即协方差不是 0,人们自然希望知道它们之间的相关程度有多大,相关系数刻画了这种特征。相关系数 ρ 定义如下:

$$\rho=\frac{\operatorname{cov}(X,Y)}{\sigma_X\sigma_Y} \tag{1.1.25}$$

式中:σ_X、σ_Y 分别为 X、Y 的标准差。可以看出两个变量的相关系数等于它们的协方差与各自标准差相乘的积之比。相关系数是两个随机变量线性相关程度的数字特征,其符号与协方差符号相同。但相关系数经过标准化处理,已经没有量纲,其值在 -1 和 1 之间。如果值接近于 0,表明变量相关性比较弱;如果绝对值接近 1,说明两个变量的相关性比较强;符号代表相关的方向,即是正相关还是负相关。

1.1.4 从总体到样本

统计中将所研究的对象称为总体(population)。总体的某种数量指标 X 作为随机

变量，称为总体随机变量，通常简称为总体 X，如中国人的年龄等。要想知道总体全部数据常常是困难的，甚至是做不到的。一般只能抽取一部分数据，$x_1, x_2, \cdots, x_N$，即所谓的样本(sample)。统计学的基本任务就是依据样本数据来推断总体，包括推断总体的分布及其数字特征等。

1. 样本均值和中位数

样本的算术平均值(mean)定义为

$$\bar{x} = \frac{1}{N}\sum_{i=1}^{N} x_i \tag{1.1.26}$$

它是总体均值 $E(X)$ 的一个好的估计量。在统计中，有时还使用加权平均，它是各个数据依照相对重要程度乘以相应的权重后再平均。例如，要计算一揽子商品的平均价格，就需要用每种商品的数量作为权重，价格指数的计算就是利用加权平均。除了算术平均外，还有一种很重要的几何平均，即各个数据连乘积的 N 次方根，N 是样本观测值的个数。当根据一个国家一段时期内各期经济增长率数据，要得出这一段时期的平均增长率时，一定要用几何平均来计算。

样本中位数(median)是一个关于中心位置的度量，即样本按从小到大排列后的中间值。对于奇数个样本来说，中位数是位于中间的数据点；对于偶数个样本，中位数是两个中间数据的平均值。

2. 样本标准差

样本标准差(standard deviation)衡量了样本值对样本均值的偏离程度，记为 s_x，其计算公式如下：

$$s_x = \sqrt{\frac{1}{N-1}\sum_{i=1}^{N}(x_i - \bar{x})^2} \tag{1.1.27}$$

式中：$\bar{x}$ 为样本均值。在式(1.1.27)中除以 $N-1$ 而不是除以 N，是因为这样得到的样本方差估计量才是无偏估计量。样本标准差的平方即样本方差 s_x^2 是样本二阶中心矩。类似地，样本三阶矩为

$$\frac{1}{N-1}\sum_{i=1}^{N}(x_i - \bar{x})^3 \tag{1.1.28}$$

样本四阶矩为

$$\frac{1}{N-1}\sum_{i=1}^{N}(x_i - \bar{x})^4 \tag{1.1.29}$$

由式(1.1.27)～式(1.1.29)，可以类似总体偏度和峰度，计算样本偏度和峰度。

例 1.3　基本统计量

表 1.1.3 列出了我国 1992—2003 年的实际 GDP(国内生产总值)增长率，求出我国这 12 年的平均增长率、标准差、偏度和峰度。

表 1.1.3　GDP 增长率(可比价格)　%

年份	1992	1993	1994	1995	1996	1997	1998	1999	2000	2001	2002	2003
增长率	14.2	13.5	12.6	10.5	9.6	8.8	7.8	7.1	8.0	7.5	8.0	9.1

资料来源：国家统计局. 中国统计年鉴[M]. 北京：中国统计出版社,2004.

算术均值：	9.725	几何平均值：	9.467	标准差：	2.45
偏度：	0.78	峰度：	2.15		

3. 样本协方差和样本相关系数

样本协方差(covariance)记为 c_{xy},计算公式如下：

$$c_{xy}=\frac{1}{N-1}\sum_{i=1}^{N}(x_i-\bar{x})(y_i-\bar{y}) \tag{1.1.30}$$

式中：$y_1,y_2,\cdots,y_N$ 是随机变量 Y 的 N 个样本。进而可以计算样本相关系数：

$$r=\frac{\sum_{i=1}^{N}(x_i-\bar{x})(y_i-\bar{y})}{\sqrt{\sum_{i=1}^{N}(x_i-\bar{x})^2\sum_{i=1}^{N}(y_i-\bar{y})^2}}=\frac{c_{xy}}{s_x s_y} \tag{1.1.31}$$

在进行经济分析时,经常考察两个变量之间的相关系数。如果相关系数较大,如正相关接近 1,则说明这两个变量的波动性十分相似,很多个样本点上有这样的关系：一个变量大于其均值时,另一个变量也大于均值。波动的相似性为进一步建立模型等提供了依据。

相关系数计算的是两组样本的同期相关程度。在分析经济周期问题的时候,经常区分先行、一致和滞后经济指标,用来表明经济指标与整个经济景气的同步性。这时,往往需要计算交叉相关(cross correlation)系数。序列 X 与 Y 的交叉相关系数的计算公式如下：

$$r(l)=\frac{c_{xy}(l)}{s_x s_y},\quad l=0,\pm 1,\pm 2,\cdots \tag{1.1.32}$$

式中：

$$c_{xy}(l)=\begin{cases}\dfrac{1}{N}\sum_{i=1}^{N-l}(x_i-\bar{x})(y_{i+l}-\bar{y}), & l=0,1,2,3,\cdots\\ \dfrac{1}{N}\sum_{i=1}^{N+l}(y_i-\bar{y})(x_{i-l}-\bar{x}), & l=0,-1,-2,\cdots\end{cases} \tag{1.1.33}$$

1.2　一些重要的概率分布

在计量经济分析中,有几类分布尤为重要,其中最常用的有以下几种：正态分布、χ^2 分布、t 分布和 F 分布。在进行统计推断时,经常假定样本来自正态分布的总体。

1.2.1　正态分布

正态分布(normal distribution)是一个连续的、形状为钟形的概率分布。如图 1.2.1 所示，正态分布可以由它的均值 μ 和方差 σ^2 完全描述出来。如果 X 服从正态分布，可以记为 $X \sim N(\mu,\sigma^2)$，密度函数为

$$f(x)=\frac{1}{\sigma\sqrt{2\pi}}e^{-(x-\mu)^2/(2\sigma^2)} \tag{1.2.1}$$

由图 1.2.2 可以看出，方差小的正态分布更尖，这是因为均值处的密度值为 $1/(\sqrt{2\pi}\sigma)$。

我们将均值为 0、方差为 1 的正态分布称为标准正态分布(形如图 1.2.2 中方差为 1 的图形)，这时的密度函数将更加简洁：

$$\phi(z)=\frac{1}{\sqrt{2\pi}}e^{-z^2/2} \tag{1.2.2}$$

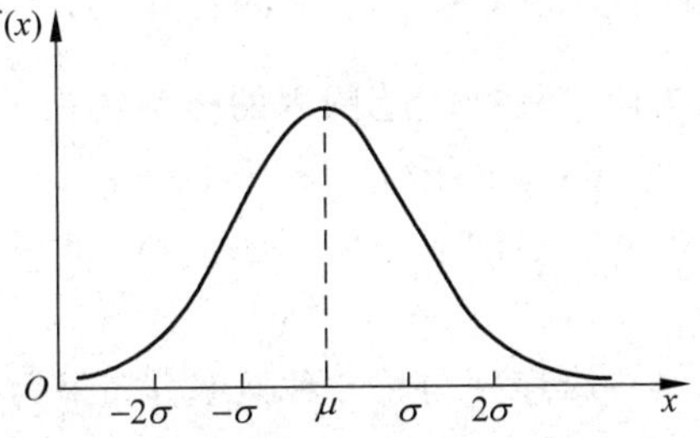

图 1.2.1　正态分布的密度函数

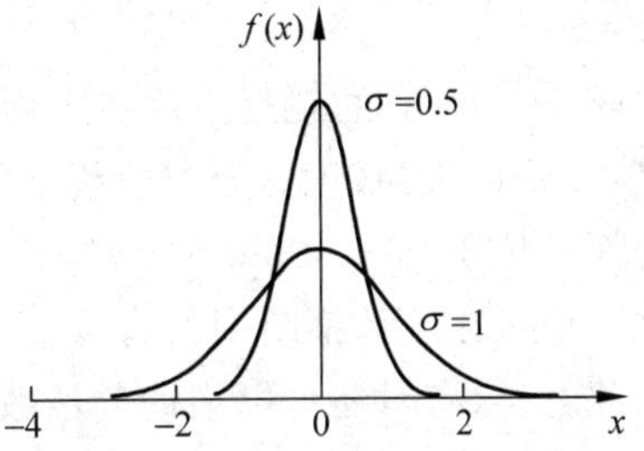

图 1.2.2　同均值不同方差的密度函数

正态分布的几个重要性质是极其有用的。

① 正态分布密度函数以其均值为中心对称。

② 正态分布的概率密度函数的图形中间高、两边低，在均值处达到最高，而两端概率很小。

③ 正态分布随机变量的线性组合仍服从正态分布。令

$$X \sim N(\mu_X,\sigma_X^2)$$

$$Y \sim N(\mu_Y,\sigma_Y^2)$$

并且假定 X、Y 相互独立，则它们的线性组合 $W=aX+bY$ 也服从正态分布，且

$$W \sim N(a\mu_X+b\mu_Y,a^2\sigma_X^2+b^2\sigma_Y^2) \tag{1.2.3}$$

④ 正态分布的线性变换仍然服从正态分布，即若 X 服从均值为 μ、方差为 σ^2 的正态分布，则 $a+bX$ 也服从正态分布，均值为 $a+b\mu$，方差为 $b^2\sigma^2$。这个性质很重要，因为任何一个正态分布都能够根据这个性质变换成标准正态分布，即

$$Z=\frac{X-\mu}{\sigma} \sim N(0,1) \tag{1.2.4}$$

再根据

$$P(a<X<b)=P\left(\frac{a-\mu}{\sigma}<\frac{X-\mu}{\sigma}<\frac{b-\mu}{\sigma}\right) \tag{1.2.5}$$

这样就可以通过标准正态分布表查到正态分布变量在某个区间取值的概率。

在使用标准正态分布 $Z \sim N(0,1)$时，常用记号 z_α 表示满足条件

$$P(Z > z_\alpha) = \alpha, \quad 0 < \alpha < 1 \tag{1.2.6}$$

的点，称点 z_α 为标准正态分布的上 α 分位数。例如，由查表(附录 A，表 A1)可知 $P(Z > 1.96) = 0.025$，即标准正态分布的上 0.025 分位数 $z_{0.025}$ 是 1.96。或者可以定义下 α 分位数 z_α，即满足 $P(X < z_\alpha) = \alpha$。

由于正态分布是对称的，根据分位数的定义，有下式成立：

$$P(-z_{\alpha/2} < Z < z_{\alpha/2}) = 1 - \alpha \tag{1.2.7}$$

对于 $\alpha = 0.05$，式(1.2.7)就成为

$$P(-1.96 < Z < 1.96) = 95\%$$

因此，对于任意的正态分布 X，再由式(1.2.5)可以知道

$$P\left(-1.96 < \frac{X-\mu}{\sigma} < 1.96\right) = P(\mu - 1.96\sigma < X < \mu + 1.96\sigma) = 95\% \tag{1.2.8}$$

即正态随机变量 X 的观测值落在距均值距离为两倍标准差范围内的概率约为 0.95。因此，一般经验地认为，正态分布曲线下的面积约有 68%处于$(\mu-\sigma)$和$(\mu+\sigma)$之间；约有 95%的面积位于$(\mu-2\sigma)$和$(\mu+2\sigma)$之间；约有 99.7%的面积位于$(\mu-3\sigma)$和$(\mu+3\sigma)$之间。这些结果在统计推断中将有重要的作用。

除此之外，有时还可以借助分位数来判断某一个序列与哪一种概率分布最为接近，从而对这个序列所来自的总体作出符合实际情况的假定。

实际中，很多随机变量服从正态分布。人类的身高、体重和考试得分等的分布大体都类似于正态图形状，并且中心极限定理告诉我们：如果一个随机变量 X 具有均值 μ 和方差 σ^2，则随着样本容量 N 增加，$\bar{x}$ 越来越接近于均值为 μ、方差为 σ^2/N 的正态分布。还有一些变量可以通过变换具有正态性，最常见的是取自然对数。当所研究的变量 X 是正值，如收入、价格，如果取自然对数后服从正态分布，就说 X 服从对数正态分布。

1.2.2　χ^2 分布

统计学中另一个常用的概率分布是 χ^2 分布[chisquare(χ^2)distribution]。我们已经知道如果随机变量 X 服从均值为 μ、方差为 σ^2 的正态分布，则 $Z = (X-\mu)/\sigma \sim N(0,1)$。统计理论证明：标准正态分布的平方服从自由度(degree of freedom, d.f.)为 1 的 χ^2 分布，即

$$Z^2 \sim \chi^2(1) \tag{1.2.9}$$

上式括号中 1 表示自由度，正如均值、方差是正态分布的参数一样，自由度是 χ^2 分布的参数。在这里，自由度是平方和中独立变量的个数。如果令 $Z_1, Z_2, \cdots, Z_k$ 为 k 个独立的服从标准正态分布的随机变量，则它们的平方和服从自由度为 k 的 χ^2 分布，即

$$X = \sum Z_i^2 = Z_1^2 + Z_2^2 + \cdots + Z_k^2 \sim \chi^2(k) \tag{1.2.10}$$

上式括号中 k 为 χ^2 分布的自由度，因为在此平方和中有 k 个独立的变量自由取值。如

果这些变量存在约束，自由度将降低。不同 k 值的 χ^2 分布的密度函数如图 1.2.3 所示。

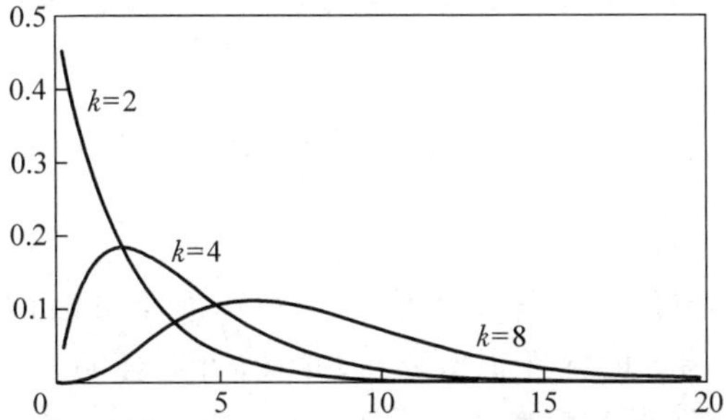

图 1.2.3　χ^2 分布的密度函数

χ^2 分布具有如下重要性质。

① 与正态分布不同，χ^2 分布只取正值，并且是偏斜分布。其偏度取决于自由度的大小，自由度越小越右偏，随着自由度增大，χ^2 分布逐渐对称，接近正态分布。R. A. Fisher 曾证明，当 N 充分大时，近似地有

$$Z=\sqrt{2\chi^2}-\sqrt{2N+1}\sim N(0,1) \tag{1.2.11}$$

② χ^2 分布具有期望为其自由度 k、方差为 $2k$ 的特殊性质。

例 1.4　正态分布的一种检验方法——Jarque-Bera 统计量

Jarque-Bera 统计量是用来检验一组样本是否能够认为来自正态总体的一种方法，其计算公式如下：

$$JB=\frac{T-k}{6}\left[S^2+\frac{1}{4}(K-3)^2\right] \tag{1.2.12}$$

式中：S、K 分别表示偏度和峰度。在正态分布的假设下，Jarque-Bera 统计量服从自由度为 2 的 χ^2 分布。若为原始序列，$k=0$；若序列是通过模型估计得到的，k 为估计的参数个数。本例中，$k=0$。例 1.3 中计算了我国 1992—2003 年的实际 GDP 增长率的一些重要的样本统计量。本例计算出实际 GDP 增长率的 JB 统计量值为 1.57，自由度为 2 的 χ^2 分布，查表(附录 A，表 A2)得，$\chi^2(2)$值大于等于 1.386 的概率是 0.5，大于等于 2.773 的概率是 0.25，因此 $\chi^2(2)$值大于等于 1.57 的概率应为 0.25～0.5。事实上，EViews 软件能直接计算出这个概率，本例 $\chi^2(2)$值大于等于 1.57 的概率约为 0.455。如果认为这个概率够大，可以认为样本的确来自正态分布总体。相反，如果 JB 统计量值较大，如为 11，则可以计算出 $\chi^2(2)$值大于 11 的概率约为 0.004，这个概率过小，因此不能认为样本来自正态分布。

1.2.3　t 分布

计量经济学中另一个广泛使用的概率分布是 t 分布(t distribution)，又称学生氏的 t 分布(student's t distribution)。它与正态分布密切相关，可以从一个标准正态分布和

一个 χ^2 分布得到。

设 Z 服从标准正态分布，X 服从自由度为 k 的 χ^2 分布，并且两者相互独立，于是随机变量

$$t=\frac{Z}{\sqrt{X/k}} \tag{1.2.13}$$

服从自由度为 k 的 t 分布。

对于来自正态总体的样本，对样本均值 $\bar{x}$ 进行标准化可以得到 $(\bar{x}-\mu)/(\sigma/\sqrt{N})$。它是一个均值为 0、方差为 1 的标准正态分布，并且，可以证明，如果来自方差为 σ^2 的一个正态分布的 N 个观测值的样本方差为 s^2，则 $(N-1)s^2/\sigma^2 \sim \chi^2(N-1)$，因此有

$$\frac{(\bar{x}-\mu)/(\sigma/\sqrt{N})}{\sqrt{(N-1)s^2/\sigma^2(N-1)}}=\frac{(\bar{x}-\mu)}{s/\sqrt{N}} \sim t(N-1) \tag{1.2.14}$$

式(1.2.14)告诉我们，当总体方差 σ^2 已知时，可以利用减去均值除以标准差的方式对正态分布进行标准化；而当总体方差 σ^2 未知时，可以用样本标准差代替总体标准差，只是这时得到的分布不再是标准正态分布，而是自由度为 $N-1$ 的 t 分布。

和正态分布一样，t 分布是对称的。t 分布的随机变量期望值为 0，方差为 $k/(k-2)$。这可以看出，其方差大于标准正态分布的方差 1，因此 t 分布的尾部比正态分布更厚。但随着自由度 k 的增加，方差收敛于 1，即当自由度很大时，它趋近于正态分布。这些特征通过图 1.2.4 都可以表现出来。在图中，将自由度分别为 2 和 60 的 t 分布与标准正态分布密度函数画在一起，但由于标准正态分布和自由度为 60 的 t 分布几乎重合，因此只看到两条曲线。事实上，对于样本容量较大的 t 分布，可以用正态分布来近似。

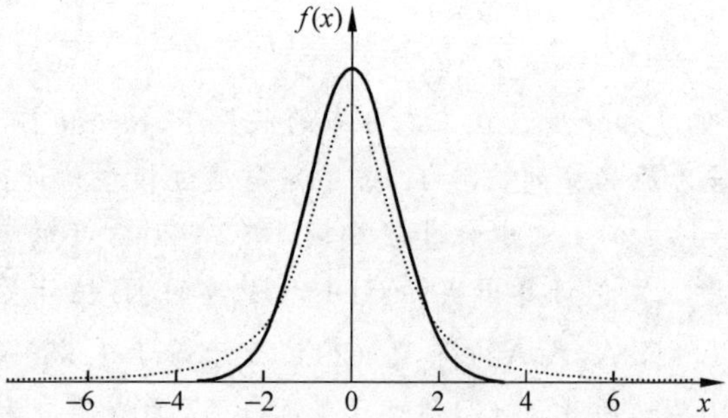

图 1.2.4　t 分布(虚线)和标准正态分布(实线)密度函数

由于当自由度较大时，t 分布趋近于服从标准正态分布，因此有

$$p(-1.96 < t < 1.96) \approx 95\% \tag{1.2.15}$$

这对假设检验最有用。当人们对回归分析得到的结果进行分析时，首先看各个变量的系数是否显著异于 0。这可以通过 t 值的绝对值是否大于 2 来判断。再次提醒注意的是，自由度必须足够大，否则将是危险的，因为这对于自由度较小的 t 分布不成立，如自由度为 5 的时候，$t_{0.025}=2.571$。

1.2.4　F 分布

在多元回归分析中，常用到 F 分布检验模型的显著性。F 分布是计量经济学中又一种重要的概率分布。如果两个服从 χ^2 分布的随机变量相互独立，其自由度分别为 k_1 和 k_2，则

$$F(k_1,k_2)=\frac{\chi^2(k_1)/k_1}{\chi^2(k_2)/k_2} \tag{1.2.16}$$

服从自由度为(k_1,k_2)的 F 分布，其中 k_1 和 k_2 分别为分子自由度和分母自由度。

为说明 F 分布的作用，假设有两组样本容量分别为 N_1 和 N_2 的样本，分别来自两个正态分布 X,Z，并且不妨假定方差相同：$\sigma_X^2=\sigma_Z^2=\sigma^2$。由于对于正态分布的总体而言，$(N-1)s^2/\sigma^2$ 服从自由度为 $N-1$ 的 χ^2 分布，因此可以依据 F 分布的定义构造如下 F 分布：

$$\frac{(N_1-1)s_X^2/\sigma_X^2}{N_1-1}\bigg/\frac{(N_2-1)s_Z^2/\sigma_Z^2}{N_2-1}=\frac{s_X^2}{s_Z^2}\sim F(N_1-1,N_2-1) \tag{1.2.17}$$

这样，如果要检验方差相同的假设是否成立就很容易了。

F 分布与 χ^2 分布类似，只取非负值并且是斜分布，随自由度逐渐增大，F 分布逐渐对称，接近正态分布(图 1.2.5)。

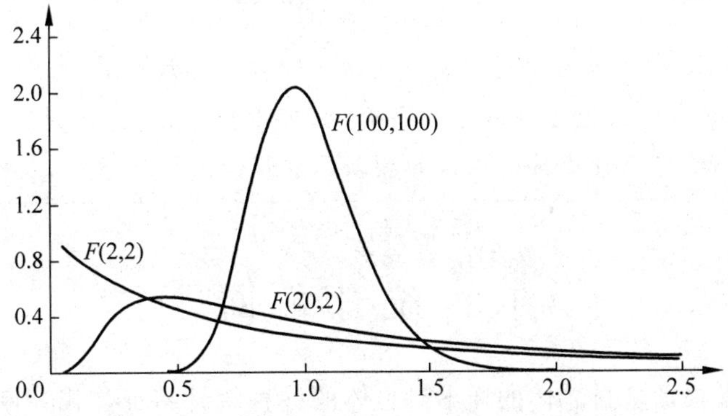

图 1.2.5　不同自由度下的 F 分布密度函数

由 t 分布和 F 分布的定义可以看出，t 分布变量的平方服从分子自由度为 1、分母自由度为 k 的 F 分布，即

$$t^2(k)=F(1,k) \tag{1.2.18}$$

在计量经济学中，具有大分母自由度的 F 分布很普遍，当 k_2 无限大时，F 的分母收敛为 1，这时 F 分布与 χ^2 分布存在如下关系：

$$F(k_1,k_2)=\chi^2(k_1)/k_1 \tag{1.2.19}$$

即 $\chi^2(k_1)$变量与其自由度之比近似为分子自由度为 k_1、分母自由度很大的 F 分布。

例 1.5　消费和 GDP 波动相等性检验(方差相等性检验)

表 1.2.1 列出了我国 1992—2000 年的实际 GDP 增长率和居民消费增长率。在经济周期分析中,人们十分关心相对于宏观经济总的波动,经济系统中哪些经济行为的波动更剧烈。本例用 GDP 的波动表示宏观经济总的波动,简单地研究我国居民消费行为和 GDP 波动的对比。

表 1.2.1　*GDP_R* 和 *CS_R* 数据　%

年份	*GDP_R*	*CS_R*
1992	14.2	12.9
1993	13.5	8.1
1994	12.6	4.3
1995	10.5	7.5
1996	9.6	9.1
1997	8.8	4.2
1998	7.8	5.5
1999	7.1	7.9
2000	8.0	9.1

资料来源:国家统计局. 中国统计年鉴[M]. 北京:中国统计出版社,2003.

首先计算得到实际 GDP 增长率(*GDP_R*)和居民实际消费增长率(*CS_R*)的样本标准差分别为 2.628 和 2.733。根据样本方差的数值,可以看出在 1992—2000 年,消费增长率的波动程度与 GDP 增长率波动程度很接近。

下面假设这两个样本都来自正态总体(JB 统计量分别为 0.91 和 0.32,其 p 值分别为 0.63 和 0.85,表明正态性假设是合理的),那么能否认为这两个总体是同方差的呢?

利用式(1.2.16)计算 F 值:

$$F=\frac{2.733^2}{2.628^2}\approx 1.082$$

它服从分子、分母自由度分别为 $k_1=8, k_2=8$ 的 F 分布,F 值大于 1.082 的概率为 $p\approx 0.91$。如果我们认为这个概率相当大,则可以得出结论,两总体同方差,但由假设检验的知识可以知道,作出接受假设的判断需要谨慎。

1.3　统计推断

统计推断就是根据来自总体的样本对总体的种种统计特征作出判断,参数估计和假设检验是统计推断的两个孪生分支问题。对于前者我们并不陌生,在前面的介绍中已经利用样本均值和方差作为总体的均值和方差的估计量,这样的估计是参数的点估计。这部分将介绍参数的区间估计和各种假设检验问题。

1.3.1　参数估计

假设一个服从正态分布的随机变量 X 均值 μ_X 未知,现在通过抽样得到一组样本,样本容量为 N,显然可以选择样本均值作为总体均值 μ_X 的估计值。由于每次抽取的样本可能不同,可以计算得到不同的数值,因此从这个意义上说它是随机变量,通常称为点估计量。这是对参数进行的点估计(point estimation)。通常进行点估计的方法有矩估计和极大似然估计方法，如用样本均值（样本一阶矩）作为总体均值（总体一阶矩）的估计就属于矩估计。本书后面各章节将用到这些方法对各种不同的模型进行参数估计。

由于总体均值是某一个特定的数值，然而点估计值随着抽取的样本不同可能取不同的值，无法断定总体均值确切的数值，因此自然的想法是给出一个包含了总体均值的区间，这就是区间估计（interval estimation）的基本思想。可以想象，给出的区间越大，包括均值的概率将越大，然而区间过大，几乎不能提供任何有用的信息。因此，既希望包含总体均值的区间小些，同时还希望这个区间包含总体均值的概率大一些，这是一对矛盾，应该尽量给出一个能以较大的概率将未知均值包括进来的较小区间。

我们知道，如果随机变量 $X \sim N(\mu_X, \sigma^2)$，则

$$\bar{x} \sim N(\mu_X, \sigma^2/N) \tag{1.3.1}$$

将其标准化得到

$$Z = \frac{(\bar{x} - \mu_X)}{\sigma/\sqrt{N}} \sim N(0,1) \tag{1.3.2}$$

通常来讲，方差 σ^2 也是未知的，但可以用其样本估计量 $s^2 = \sum (x_i - \bar{x})^2/(N-1)$ 代替，则有

$$t = \frac{\bar{x} - \mu_X}{s/\sqrt{N}} \tag{1.3.3}$$

服从自由度为$(N-1)$的 t 分布。这样就有

$$P\left(-t_{\alpha/2} < \frac{\bar{x} - \mu_X}{s/\sqrt{N}} < t_{\alpha/2}\right) = 1 - \alpha \tag{1.3.4}$$

整理得到

$$P(\bar{x} - t_{\alpha/2}s/\sqrt{N} < \mu_X < \bar{x} + t_{\alpha/2}s/\sqrt{N}) = 1 - \alpha \tag{1.3.5}$$

此时，称这个区间为置信度是 $1-\alpha$ 的置信区间。如果取 $\alpha = 0.05$，此区间即为 μ_X 的置信度为 95%的置信区间。

需要注意，区间是随机的，根据不同样本观测值会得到不同的区间。总体均值 μ_X 虽然未知，却是一个固定的值，是非随机的。所以，式(1.3.5)应理解为区间包括真实 μ_X 的概率是 0.95(这意味着抽样 100 次得到 100 个置信区间，将有 95 次的区间包括真实值)，而不能读作 μ_X 落在区间中的概率是 0.95，因为 μ_X 不是随机变量。

更一般地，假定随机变量 X 服从某一概率分布，若要对其参数 θ 进行估计，选取容量为 N 的随机样本，再由选取的置信度$(1-\alpha)$找出两个统计量 L 和 U：

$$P(L \leqslant \theta \leqslant U) = 1 - \alpha, \quad 0 < \alpha < 1 \tag{1.3.6}$$

即从 L 到 U 的随机区间包括真实 θ 的概率是 $1-\alpha$，称随机区间$[L, U]$为 θ 的置信区间，α 称为显著水平（level of significance）或犯第一类错误的概率，显著性水平一般为 5%或 1%。由式(1.3.5)可以看出，不同的显著水平对应不同宽度的置信区间，显著水平越小即

置信度越大,置信区间越宽。例如,选择 1%的显著性水平就会得到一个比选择 5%的显著水平宽的置信区间。置信区间的建立使得统计推断的另一分支——假设检验的理解更加容易。

例 1.6　参数估计

在例 1.3 中,如果认为 GDP 增长率是来自正态分布的样本,则根据样本值求正态总体均值的矩估计和置信度为 95%的置信区间。

由于样本均值 $\bar{x}$ 为 9.725%,因此总体均值 μ 的矩估计值是 9.725%。

查表(见附录 A,表 A3)得出自由度为 11 时,$t_{0.025}=2.201$,由式(1.3.5)得

$$P(9.725-2.2\times 2.45/\sqrt{12}<\mu<9.725+2.2\times 2.45/\sqrt{12})=95\%$$

即置信度为 95%的置信区间为(8.169%,11.281%)。

1.3.2　估计量性质

在许多实际运用中,仅有来自总体的一些样本,而且要用样本矩(如样本方差)来推断总体矩(方差)。如何用有限的样本对总体进行尽可能准确的推断呢?这无疑要求我们寻找到性质优良的估计量。

在例 1.6 中,用样本均值 $\bar{x}$ 作为总体均值 μ_X 的点估计量,并得到了 μ_X 的区间估计量。在实践中,样本均值是度量总体均值最广泛使用的统计量,下面以样本均值为例,介绍评判估计量优劣的几个标准。

1. 无偏性

如果总体参数有若干个估计量,且其中的一个或几个估计量的均值等于未知参数的真实值,就称这些估计量是参数的无偏估计量(unbiased estimator)。设未知参数为 θ,$\hat{\theta}$ 为参数估计量,如果估计量 $\hat{\theta}$ 满足

$$E(\hat{\theta})=\theta \tag{1.3.7}$$

则 $\hat{\theta}$ 称为 θ 的无偏估计量,否则称为有偏估计,并称

$$\delta=E(\hat{\theta})-\theta \tag{1.3.8}$$

为估计量 $\hat{\theta}$ 的偏倚(bias)。

由于

$$E(\bar{x})=\frac{1}{N}\sum_{i=1}^{N}E(x_i)=\mu_X \tag{1.3.9}$$

因此,$\bar{x}$ 是 μ_X 的无偏估计。同样,可以证明样本标准差所确定的样本方差是总体方差的无偏估计。无偏估计和有偏估计如图 1.3.1 所示。

2. 最小方差性

对于 θ 的两个估计量,如果其中一个更密集在 θ 附近,则更加适合作为它的估计。方

差可用来衡量密集程度,方差越小越密集。如果估计量 $\hat{\theta}$ 的方差比其他任何估计量的方差都小,则 $\hat{\theta}$ 称为最小方差估计量。可以证明,$\bar{x}$ 是 μ_X 的最小方差估计量。

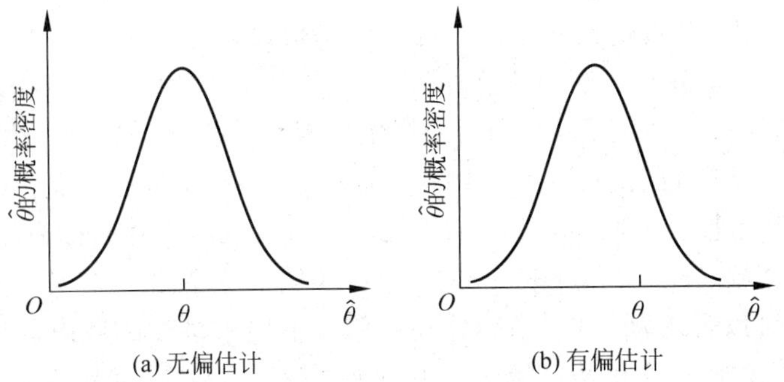

图 1.3.1　无偏估计和有偏估计

3. 有效性

虽然无偏性是一个理想的性质,但它本身并不充分。如果参数 θ 有两个或更多个无偏估计量,该如何选择呢?

在参数 θ 的所有无偏估计量中,方差最小的估计量被称为最优或有效估计量(efficient estimator)。因此,$\bar{x}$ 是 μ_X 的最小方差无偏估计量,即最优或有效估计量。

4. 一致性(相容性)

一致性是指样本容量增加时,估计量 $\hat{\theta}$ 越来越接近真值 θ。更准确地说,如果 $\hat{\theta}$ 依概率收敛于 θ,则称 $\hat{\theta}$ 为 θ 的一致估计量,即

$$\lim_{N\to\infty} P(|\theta-\hat{\theta}|<\delta)=1 \tag{1.3.10}$$

也就是说,当样本数趋向无穷时,对于任何 $\delta>0$,$|\theta-\hat{\theta}|$ 小于一个任意小的正数 δ 的概率趋于 1。

1.3.3　假设检验

假设检验与置信区间关系密切。如例 1.6,假如认为我国 GDP 增长率的均值为 10%,如何根据样本检验这个假设的正确性呢?用假设检验的语言,类似均值为 10%这样的假设称为原假设或零假设,记为 $H_0: \mu_X=10\%$,它通常和备选假设 H_1 成对出现。备选假设有单边和双边两种形式,如 $H_1: \mu_X>10\%$ 或 $H_1: \mu_X<10\%$ 都属于单边检验,而 $H_1: \mu_X\neq 10\%$ 是双边检验。

为了检验原假设,我们根据样本数据以及统计理论建立判定规则来判断样本信息是否支持原假设。如果支持,我们就不拒绝 H_0;否则,拒绝 H_0 而接受备选假设 H_1。有两个互补的办法来判定原假设:置信区间法和显著性检验。

1. 置信区间法

例1.6求出了总体均值置信度为95%的置信区间是[8.169%,11.281%],对于总体均值为10%的原假设的真伪判断是清楚的。既然假设的值被根据样本求出来的置信度较高的区间包含,那么我们无法拒绝这样的假设。因此,置信区间可以用来判断原假设的真伪,如果置信区间包含了原假设,则不能拒绝原假设。相反,如果原假设没有包含在置信区间内,如原假设是 $H_0: \mu_X=8\%$,则拒绝原假设,而接受备选假设。用假设检验的语言,置信区间可称为接受区域(acceptance region),接受区域以外的称为临界区域(critical region)或拒绝区域(region of rejection),接受区域的上界和下界称为**临界值**(critical values)。这样,可以表述为:如果参数值在原假设下位于接受区域内,则不拒绝原假设;如果落在接受区域外(落在拒绝区域内),则拒绝原假设。显然,临界值是判断接受或拒绝原假设的分界线。

对同一组样本而言,临界值与显著性水平的选择一一对应。在进行假设检验时,如何选择显著性水平呢?这涉及下面的两类错误,即第一类错误和第二类错误。第一类错误也称为弃真错误。如果检验的原假设是 $H_0:\mu_X=10\%$,计算出来的置信区间没有包括10%,经过检验(显著性水平为5%),则将拒绝原假设,但是如果总体均值的确是10%,显然这个判断是错误的,这种错误称为第一类错误。由于置信区间包含真值的概率是95%,显然犯第一类错误的概率(没有包含真值的概率)为5%。如果经检验置信区间包含了原假设的值,正像我们列举的这种情况,则不能拒绝原假设,然而置信区间内包含大量的数值,任何一个值作为原假设都无法拒绝,因此,如果事实上真值为9%而不是10%,10%在置信区间内,因而只能接受原假设,这种错误称为第二类错误,也叫存伪错误。我们自然想减少这两类错误,但是对于一个给定样本,我们无法做到犯两类错误的概率都很小,通常的做法是选择相当小的显著性水平减少犯第一类错误的概率。因此,拒绝原假设通常是有把握的,然而接受原假设犯错误的风险可能较大。

2. 显著性检验

显著性检验(test of significance)是另一种较为简洁但完备的假设检验方法。

根据式(1.2.13):

$$t=\frac{\bar{x}-\mu_X}{s/\sqrt{N}} \tag{1.3.11}$$

在利用置信区间进行假设检验时,要根据式(1.3.5)计算得到真值 μ_X 的置信区间,然后判断这个区间是否包含原假设设定值。现在我们另辟蹊径,直接将原假设的设定值代入式(1.3.11),可以计算出唯一的 t 的数值来,同时也很容易得到大于等于该 t 值的概率。如果 $\bar{x}$ 和 μ_X 差别不大,则 $|t|$ 可能会很小,在此情况下,接受原假设;如果 $\bar{x}$ 和 μ_X 差别大,则 $|t|$ 可能会很大。根据 t 分布表,对于给定的自由度,$|t|$ 越大,则获得此 $|t|$ 的概率越小。由于在原假设成立的条件下,根据式(1.3.11)得到的 t 值是服从 t 分布的,所以如果 $|t|$ 超出了给定显著性水平对应的临界值,则拒绝原假设,这就是显著性检验的基

本思想。

以上假设检验是通过构造出服从 t 分布的统计量实现的，因此称为 t 检验。在对回归模型的系数进行显著性检验时，用到的就是 t 检验。所谓统计显著，一般是指能够拒绝原假设，接受了原假设则认为统计不显著。

例 1.7　t 检验

例 1.6 求出了我国 GDP 增长率均值的置信度为 95%的置信区间，也介绍了由置信区间法判断能否拒绝某一个原假设的方法。下面利用 t 检验再次进行检验 $H_0:\mu_X=10\%$，$H_1:\mu_X\neq 10\%$。

直接将原假设的设定值代入式(1.3.11)，可以计算出 t 的数值：

$$t=\frac{\bar{x}-\mu_X}{s/\sqrt{N}}=\frac{9.725-10}{2.45/\sqrt{12}}\approx -0.389$$

给定显著性水平为 5%，自由度为 12，查表(附录 A，表 A3)得出 $t_{0.025}=2.179$，由于 $|t|$ 为 0.389，小于临界值 2.179，因此不能拒绝原假设。

这种检验与置信区间法是完全对应的，只要原假设的值处于置信区间中，计算出来的 t 值也一定处于临界值内，这是显而易见的。这也说明，本例中虽然不能拒绝原假设，但是并不能认为 10%就是总体均值，因为只要原假设的值在[8.169%，11.281%]内，计算出来的 t 值一定会在 5%的显著性水平所对应的临界值内。

在例 1.7 中，由于备选假设是双边的，所以，可以将犯第一类错误的风险均分在 t 分布的两侧，即 t 值大于 $t_{0.025}$ 或小于 $-t_{0.025}$ 都将拒绝原假设。如果检验的备选假设是单边的，比如是 $H_1:\mu_X>10\%$，则只需要一个临界值 $t_{0.05}$，如果 t 值大于 $t_{0.05}$ 就拒绝原假设。

3. 显著性水平的选择与 p 值

除了用计算出的 t 值与根据设定的显著性水平查表得到的临界值比较进行检验的经典方法，实践中更好的方法是利用 p(probability)值来判断。例如在自由度为 20 时，我们计算出了 t 值为 3.552，根据 t 分布表(附录 A，表 A3)，得出 $p(t>3.552)=0.001$(单边检验)，即此 t 值对应的 p 值为 0.001。如果此时设定的显著性水平是 1%，其所对应的临界值(2.528)一定在 t 值的左侧，根据显著性检验知道，这时将拒绝原假设。可见，t 值越大，p 值越小，就越能拒绝原假设。给出了 p 值就避免在选择显著水平时的随意性，如我们可以根据计算的 p 值(如 0.001)，得出在 0.001 的显著性水平下拒绝原假设的结论。双边检验的情况下，为了可以和显著性水平直接对比，p 值是单边情形的两倍。在例 1.4 中，检验了单边检验；在例 1.5 中，如果是单边检验，结论不变，如果是双边检验，p 值应是原来的两倍，即 91.39%。

4. χ^2 显著性检验和 F 显著性检验

除了 t 检验外,在后面的章节中还将遇到建立在 χ^2 分布和 F 分布基础上的显著性检验,它们的检验原理和机制都是相同的。我们可以通过例 1.4 和例 1.5 看到这两种检验方法,这里不再说明。

1.4 EViews 软件的相关操作①

1.4.1 单序列的统计量

打开工作文件,双击一个序列名(series),进入序列的对话框。单击序列对象菜单的视图(view)可看到此菜单分为四个部分:第一部分为序列显示形式,第二部分和第三部分提供数据统计方法,第四部分是标签。

第二部分的第一项是描述统计量(Descriptive Statistics & Test),其中的第一项为 Histogram and Stats,即以直方图显示序列的频率分布,同直方图一起显示的还有一些标准的描述统计量。这些统计量都是由样本中的观测值计算出来的,包括均值(mean)、中位数(median)、最大和最小值(max and min)、标准差(standard deviation)、偏度(skewness)、峰度(kurtosis)、Jarque-Bera 统计量及概率(probability),即 1.3.3 节中介绍的 p 值,例 1.4 详细介绍了 Jarque-Bera 统计量。

1.4.2 多序列的显示和统计量

对几个感兴趣的序列之间的关系的直观描述可以通过"组"中提供的方便功能来实现。通过组,可以计算几种统计量、描述不同序列之间的关系,并以表格、数据表和图等各种方式显示出来。组窗口内的 View 下拉菜单分为 4 个部分:第一部分包括组中数据的各种显示形式;第二部分包括各种基本统计量;第三部分为时间序列的特殊统计量;第四部分为标签项,提供组对象的相关信息。以下假定组中包含 G 个序列。

1. N 步列表、联合概率和独立性检验

例 1.2 给出的联合分布表可以通过 N 步列表以更加清晰的方式来表现。

打开由 X,Y 组成的组,在组对象菜单中选择 View/N-way Tabulation...选项,然后在出现的对话框的复选框上选择 Overall%(每个区间观测值占总个数的百分比),在出现的结果窗口的最下方的表格中显示了联合密度和边际密度。

对于一组样本,它计算出满足 X,Y 的各种分类条件的样本数的比例。例 1.2 中 X 分为 3 类,Y 分为两类;最后一列的每一个值是对应行的总和,即 X 的边际密度;最后一行的每一个值是对应列的总和,即 Y 的边际密度。

① EViews 10 User's Guide Ⅰ,IHS Global Inc.,2017,Chapter 11:401-545;Chapter 12:547-616.

如果这是根据总体得到的，可以严格地检验这两个总体的独立性，即是否总是有联合密度等于两个边际密度的乘积。如果是由样本得到的结果，这时需要通过假设检验来判断 X，Y 是否独立。默认情况下，EViews 软件会显示 χ^2 统计量检验组中序列的独立性。

$$\text{Pearson}\chi^2=\sum_{ij}\frac{(\hat{n}_{ij}-n_{ij})^2}{\hat{n}_{ij}} \tag{1.4.1}$$

$$\text{Likelihood Ratio}=2\sum_{ij}n_{ij}\log\left(\frac{n_{ij}}{\hat{n}_{ij}}\right) \tag{1.4.2}$$

式中：n_{ij} 为满足 X 第 i 类（$i=1,2,3$）和 Y 第 j 类（$j=1,2$）的条件的样本个数，也就是样本总数乘以相应的联合密度；$\hat{n}_{ij}$ 为 X 和 Y 相应的边际密度的乘积再乘以样本总数。理论上，如果两个总体 X 和 Y 独立，联合密度应该等于边际密度乘积，因而将有 n_{ij} 等于 $\hat{n}_{ij}$。因此，对于样本序列 X 和 Y 独立的检验统计量的构造基于 n_{ij} 和 $\hat{n}_{ij}$ 之间的差别，如果独立的原假设成立，它们的差别应该很小。两个统计量都渐近服从自由度为 $(I-1)(J-1)$ 的 χ^2 分布，其中，I，J 为每个序列类的个数。

2. 协方差和交叉相关系数

EViews 软件可以计算两个序列的协方差、相关系数和交叉相关系数等统计量。在 View 菜单中选择 Covariances Analysis 选项，可以根据式（1.1.30）、式（1.1.31）计算协方差矩阵、相关矩阵，也可以计算其他统计量。选择 Cross Correlation 选项，可以根据式（1.1.32）计算交叉相关系数。唯一不同的是，EViews 软件在这里计算协方差和方差时，自由度是样本个数 N 而不是 $N-1$。

交叉相关系数显示组中前两个序列的交叉相关。交叉相关图的每栏中两侧虚线对应着正负 2 倍标准差，近似计算为 $\pm 2/\sqrt{N}$。图 1.4.1 计算了例 1.5 中消费 CS_R 和 GDP_R 两个序列的交叉相关系数。第 1 列与式（1.1.33）中第 2 个公式相对应，第 2 列与式（1.1.33）中第 1 个公式相对应，i 是延迟数，lag 和 lead 是相应的交叉相关系数。可

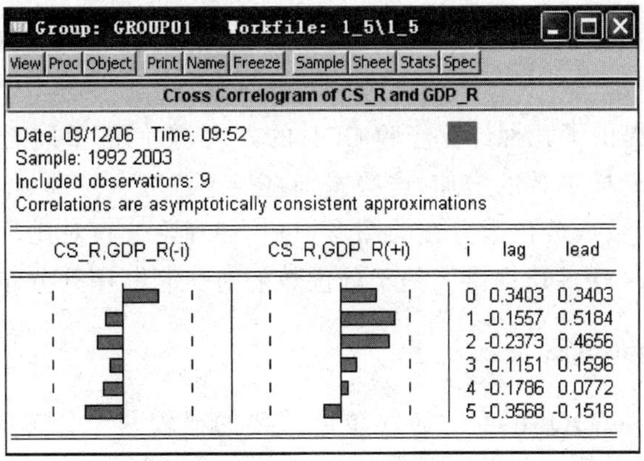

图 1.4.1　消费增长率和 GDP 增长率交叉相关系数的输出结果

以看出,CS_R 和 GDP_R 的同期相关系数、CS_R 与 $GDP\_R(+i)$ 和 $GDP\_R(-i)$ 的相关系数都较高,因此可以认为消费增长率与GDP增长率波动基本一致,略微先行(lead)。同时要注意,最大的相关系数虽然接近,但也没有超过2倍的标准差,因此还不是非常显著的相关。

1.4.3 分布函数

对一个序列,例1.4介绍了利用JB统计量来判断其是否服从正态分布。EViews软件中为我们提供了判断序列与哪种理论上的分布函数最为接近的几种方法。当选择View/Graphs命令时,会出现图1.4.2所示界面。

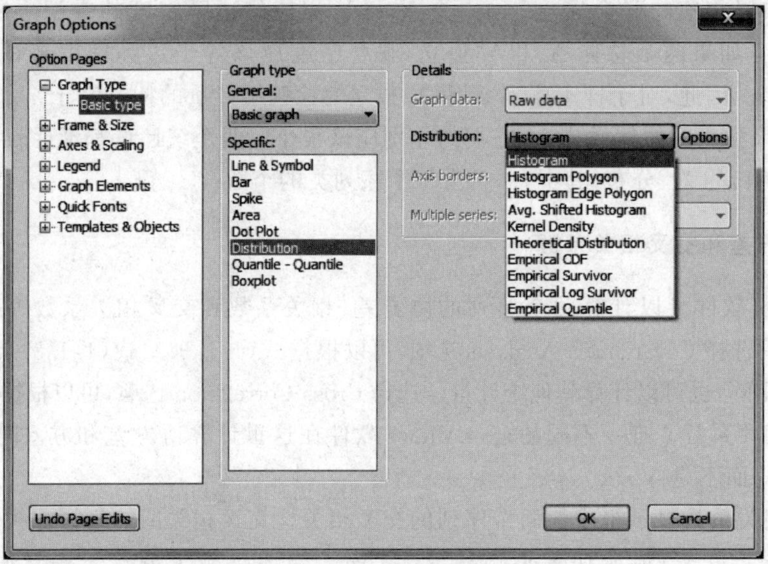

图1.4.2 图形功能选项窗口

1. CDF-Surivor-Quantile 图

EViews软件可以描绘出序列的带有加、减2倍标准差的经验累积分布函数(CDF)和分位数分布。

Options(选项)提供了几种计算经验CDF的方法,它们的不同之处在于对CDF进行非连续性的调整,随着样本数的增加,这些差别将很小。

通过观察分布函数或分位数分布的图形,与几种理论分布对比,可以大致判断应该服从哪种分布。EViews软件还提供了基于分位数的对比判断序列分布的功能——QQ图。

2. Quantile-Quantile 图

Quantile-Quantile(QQ图)是一种简单但重要的比较两个分布的工具。这个图绘出序列分位数分布相对于某一种理论分布的异同。如果这两个分布是相同的,QQ图将在一条直线上;如果QQ图不在一条直线上,说明这两个分布是不同的。选择View/

Graphs 命令，在图 1.4.2 选择 Quantile-Quantile，将出现 Q-Q graph 对话框，单击右边的 Options 按钮可以选择理论分布：Normal（正态）分布、Uniform（均匀）分布、Exponential（指数）分布、Logistic（逻辑）分布和 Extreme Value（极值）分布等。

1.4.4　假设检验

1. 均值、方差和中位数的假设检验

选择 View/Descriptive Statistics &Test /Simple Hypothesis Tests，可以进行均值、方差、中位数检验。在对话框 Mean 后面的文本框中输入 μ 值，如例 1.7，输入 10。如果已知总体标准差，在对话框右边的框内输入标准差值，可以计算 Z 统计量，否则，用样本标准差代替总体标准差，运用 t 检验。在双边假设下，如果 p 值小于检验的显著水平（如 0.05），则拒绝原假设，否则无法拒绝。

2. 相等性检验

相等性检验（tests of equality）的原假设是组内所有的序列具有相同的均值、中位数或方差。例 1.5 中的方差相等性检验可以通过这个功能实现。选择 View/Tests of Equality 命令后，在出现的对话框中选择 variance，出现方差相等性检验结果，列出了各种不同的检验方法，第 2 列为自由度，第 3 列是统计量值，第 4 列为 p 值。

与例 1.5 对比可知，EViews 软件里方差相等的 F 检验是双边检验。除了 F 检验外，EViews 软件还提供了其他几种检验的结果。Siegel-Tukey 统计量近似服从正态分布（Sheskin，1997）；Bartlett 检验近似服从自由度是 $G-1$ 的 χ^2 分布（Sokal&Rohlf，1995；Judge et al.，1985）；Levene 检验以方差分析为基础，近似服从分子自由度为 $G-1$、分母自由度为 $2N-G$ 的 F 分布（Levene，1960）；Brown-Forsythe 检验是修正的 Levene 检验（Conover et al.，1981；Brown & Forsythe，1974a，1974b；Neter et al.，1996）。

1.5　习　　题

1. 表 1.5.1 给出了随机变量概率分布 $P(X)$。

表　1.5.1

X	$P(X)$	X	$P(X)$
0	b	3	$4b$
1	$2b$	4	$5b$
2	$3b$		

(1) 求 b，给出计算步骤。

(2) 求 $P(X\leqslant 2)$；$P(X\leqslant 3)$；$P(2\leqslant X\leqslant 3)$。

2. 按照(1)的形式填空。

(1) 期望或均值是集中趋势的度量。

(2) 方差是________的度量。

(3) 协方差是________的度量。

(4) 相关系数是________的度量。

3. 判断正误并解释原因。

(1) 虽然随机变量的期望可正可负,但其方差总为正。

(2) 两个变量的协方差与相关系数同号。

(3) $E(X-\mu_X)^2=[E(X-\mu_X)]^2$。

(4) $E\left(\frac{1}{X}\right)=\frac{1}{E(X)}$。

4. 表1.5.2给出了美国1984—1995年新成立公司个数(X)与破产公司个数(Y)数据。

表1.5.2　美国1984—1995年新成立公司个数(*X*)与破产公司个数(*Y*)数据

年份	Y	X	年份	Y	X
1984	634 991	52 078	1990	647 366	60 747
1985	664 235	57 253	1991	628 604	88 140
1986	702 738	61 616	1992	666 800	97 069
1987	685 572	61 111	1993	706 537	86 133
1988	685 095	57 097	1994	741 778	71 558
1989	676 565	50 361	1995	766 988	71 128

资料来源:Economic Report of the President,2004,Table B-96,p. 395.

(1) 求Y的均值和方差。

(2) 求X的均值和方差。

(3) 求X和Y的协方差与相关系数。

(4) 这两个变量相互独立吗?

5. 正态分布与分布有什么区别?

6. 判断正误:若自由度充分大,则t分布、χ^2分布、F分布都近似于标准正态分布。

7. 参数估计的无偏性、最小方差性和有效性各自的含义是什么?

8. 判断正误,并说明理由。

(1) 参数的估计量是随机变量,但参数本身是非随机变量的或是固定的。

(2) 参数的无偏估计量总是等于参数本身。

(3) 最小方差估计量不一定是无偏的。

(4) 有效估计量的方差最小。

(5) 估计量是最优线性无偏估计量,仅当抽样分布是正态分布时成立。

(6) 接受区域与置信区间是同一回事。

(7) 当拒绝可能为假的零假设时,才发生第一类错误。

(8) 当拒绝可能为真的零假设时,才发生第二类错误。

(9) 随着自由度无限增大，t 分布接近正态分布。

9. 阐述置信区间法与显著性检验法的不同之处。

10. 如果 $X \sim N(\mu_X, \sigma_X^2)$，来自该总体的随机样本包括三个观察值。考虑如下 μ 的估计量：

$$\hat{\mu}_1 = \frac{X_1 + X_2 + X_3}{3}, \quad \hat{\mu}_2 = \frac{X_1}{6} + \frac{X_2}{3} + \frac{X_3}{2}$$

(1) $\hat{\mu}_1$ 是 μ_X 的无偏估计量吗？$\hat{\mu}_2$ 也是 μ_X 的无偏估计量吗？给出证明。

(2) 如果 $\hat{\mu}_1$ 和 $\hat{\mu}_2$ 是 μ_X 的无偏估计量，则选择哪个估计量？(提示：比较两个估计量的方差)。

第 2 章 基本回归模型[①]

经济计量研究始于经济学中的理论假设,根据经济理论设定变量间的一组关系,如消费理论、生产理论和各种宏观经济理论,对理论设定的关系进行定量刻画,如消费函数中的边际消费倾向、生产函数中的各种弹性等进行实证研究。单方程回归是最丰富多彩和广泛使用的统计技术之一。本章先介绍单方程计量经济学模型的基本理论和方法,并讨论系数估计量的性质和各种检验方法,然后介绍几种回归方程的函数形式和虚拟变量的使用,最后讨论基于模型的检验和预测。第 3 章将介绍包括加权最小二乘法(WLS)、二阶段最小二乘法(TSLS)、广义矩估计(GMM)和多项式分布滞后(PDLS)模型等。这些更复杂的模型设定和高级技术旨在更准确、可靠地反映变量间的关系。

2.1 古典线性回归模型

回归分析是计量经济分析中使用最多的方法。当回归模型中仅包含一个解释变量时,该模型就是一元回归模型(也可称为双变量模型)。当解释变量超过一个时,该模型便为多元回归模型。根据模型对于参数是否为线性可以将模型分为线性模型和非线性模型。

2.1.1 回归分析基本概念

1. 数据类型

样本数据的收集与整理是建立计量经济模型的基础性工作,对模型的质量影响极大。常用的样本数据有三种类型:截面数据(cross-section data)、时间序列数据(time series data)和面板数据(panel data)。

(1) 截面数据

同一时间(时期或时点)某个指标在不同空间的观测数据,称为截面数据。不同的空间可以是指不同的地理区域,也可以是指不同的行业、部门或个人,如同一时间家庭的收

---

① 李子奈,潘文卿. 计量经济学[M]. 4 版. 北京:高等教育出版社,2015.
古扎拉蒂,波特. 经济计量学精要[M]. 张涛,译. 4 版. 北京:机械工业出版社,2010.
庞皓. 计量经济学[M]. 3 版. 北京:科学出版社,2014.
张保法. 经济计量学[M]. 4 版. 北京. 经济科学出版社,2000.
伍德里奇. 计量经济学导论[M]. 费剑平,译. 4 版. 北京:中国人民大学出版社,2010.
格林. 计量经济分析[M]. 张成思,译. 6 版. 北京:中国人民大学出版社,2011.
平狄克,鲁宾费尔德. 计量经济学模型与经济预测[M]. 钱小军,等,译. 4 版. 北京:机械工业出版社,1999.

入和消费支出、某一年各个省(市)的地区生产总值、工业普查数据、人口调查数据等。

截面数据的一个重要特征是通过随机抽样(random sampling)得到的。例如，随机地从工人总体中抽取 500 人，收集与这些人相关的年龄、工资、受教育程度、工作经历和其他特征等方面的信息，这样就得到所有工人构成的总体的一个随机样本，也就得到一组截面数据。

截面数据模型容易产生异方差问题，如调查不同规模公司的利润，会发现大公司的利润变化幅度要比小公司的利润变化幅度大，即大公司利润的方差比小公司利润的方差大。利润方差的大小取决于公司的规模、产业特点和研究开发支出多少等因素，关于异方差问题将在第 3 章讨论。

截面数据模型还会存在样本选择问题，如研究农民工进城务工的收入问题，在关于农民收入的调查数据中，如果某个农民选择不外出务工，在家种地，就观测不到进城务工收入的数据，在这种情况下，由于数据收集规则或者经济人自我选择行为的结果，人们所获得的样本数据来自总体的一个子集，可能不能完全反映总体。如果使用传统的计量方法来分析这样的样本而不考虑所抽样本的选择性，那么对经济关系进行的统计评估结果将会发生偏差，这就是所谓的“样本选择偏差”，赫克曼(Heckman)以微观经济理论来解释个体资料的样本选择问题并提出了 Heckman 样本选择模型。关于 Heckman 样本选择模型将在本书的中高级第 6 章讨论。

截面数据被广泛应用于经济学和其他社会科学领域之中，如劳动经济学、公共财政学、产业组织理论、城市经济学、人口与健康经济学等。

(2) 时间序列数据

把反映某一总体特征的同一指标的数据，按照一定的时间顺序和时间间隔(如月度、季度、年度)排列起来，这样的统计数据称为时间序列数据。例如逐年的国内生产总值、进口额、出口额、物价指数、投资额、消费额等。

时间序列数据的一个重要特征是本期数据与前期相关。例如，由于 GDP 的趋势从这个季度到下一个季度保持着相当的稳定性，所以对上一季度 GDP 的了解，可以估计出本季度 GDP 的可能范围。经济时间序列存在相互依赖性，使得必须对标准的计量经济模型进行改进，在后面的第 4 章和中高级的第 2 章会介绍时间序列模型及改进方法。

时间序列数据的另一个重要特征是数据收集时具有频率(data frequency)，最常见的频率是按天、周、月、季和年。特别地，月度数据和季度数据具有很强的季节性，如冰激凌的消费在夏天最高，这种季节性使得对经济的实际状况很难观察清楚，需要在计量分析前去掉月度或季度时间序列中的季节因素。在本书的中高级第 1 章中将介绍季节调整方法。

(3) 面板数据

面板数据是时间序列数据和截面数据结合的数据，在时间序列的每个时间点上取多个截面，在这些截面上同时选取样本观测值所构成的样本数据，反映了空间和时间两个维度的信息。例如，我国(除港、澳、台外)31 个省(区、市)1978 年至 2018 年的地区生产总值、消费额等,1 000 家上市公司 2000—2018 年的市值、利润等。

采用面板数据进行计量经济分析,由于信息量的增加,比单纯采用截面数据和时间序列数据更加有效。但是在截面数据模型和时间序列数据模型中出现的问题会同时出现,模型的理论方法会更加复杂。在后面的第 6 章和中高级的第 10 章会介绍面板数据模型及改进方法。

2. 相关分析与回归分析

许多经济变量除了自身的变动外,它们相互之间还会存在某种依存关系。各种经济变量间的关系可以分为两类:一类是**确定性的函数关系**,另一类是**不确定的统计相关关系**。

确定性现象间的关系常表现为函数关系,如在某种商品的销售价格 P 不变的情况下,这种商品的销售量 X 和销售额 Y 之间的关系可表示为 $Y=PX$,确定性的函数关系可表示为 $Y=f(X)$。

而当变量 X 取一定值时,另一个变量 Y 有与之相对应的取值,虽然不确定,却按某种规律变化,变量之间的这种关系称为不确定性的统计相关关系,一般可表示为 $Y=f(X,u)$,其中 u 为随机变量。例如,居民的可支配收入 X 和消费支出 Y 之间的关系,通常具有相同收入水平居民的消费支出并不完全相同,因为除了收入外,影响消费支出的因素还有消费习惯、环境等,这时居民可支配收入 X 和消费支出 Y 之间呈现出不确定的统计相关关系。

变量间的统计相关关系可以通过相关分析与回归分析来研究。**相关分析**(correlation analysis)主要研究随机变量间的相关关系及相关程度。

从变量间相关的表现形式看,有线性相关与非线性相关之分,前者往往表现为变量的散点图接近于一条直线。变量间线性相关程度的大小可以用相关系数来度量,通常用 ρ 来表示,总体相关系数的公式在第 1 章的式(1.1.25)给出。如果给出变量 X 与 Y 的一组样本,可以计算样本相关系数,样本相关系数的公式在第 1 章的式(1.1.31)给出。多个变量间的线性相关程度可以用偏相关系数来度量。

回归分析(regression analysis)是研究一个变量关于另一个(些)变量的依赖关系的计算方法和理论。其目的在于通过后者的已知或设定值,去估计和(或)预测前者的(总体)均值。前一个变量称为**被解释变量**(explained variable)或**因变量**(dependent variable),后一个变量称为**解释变量**(explanatory variable)或**自变量**(independent variable)。

相关分析与回归分析既有联系又有区别。首先,两者都是研究不确定性变量间的统计相关关系,并能度量线性相关程度的大小。其次,两者间又有明显的区别。相关分析仅仅是从统计数据上测度变量间的相关程度,对称地对待相互联系的两个变量,不考虑二者的因果关系,而且都是随机变量。回归分析是建立在变量因果关系分析的基础上,研究解释变量的变动对被解释变量的具体影响,变量的地位是不对称的,而且解释变量假设为取固定值的非随机变量,只有被解释变量是具有一定概率分布的随机变量。

还应该强调,回归分析研究的是一个因变量与一个或多个自变量之间的关系,但它们并不一定表明存在因果关系，即它并不意味着自变量是因，因变量是果。如果两者之间存在因果关系，则一定建立在某个经济理论基础之上。例如，需求定律表明：当所有其他变量保持不变时，一种商品的需求量（反向）依赖于该商品的价格。这里，微观经济学理论表明价格是因，需求量是果。因此，因果关系的判定或推断必须建立在经实践检验的经济理论基础之上。如果对本来没有内在联系的经济现象，仅凭数据进行相关分析或回归分析可能会是一种“伪相关”或“伪回归”，会导致荒谬的结论。

3. 总体回归函数

计量经济模型所要研究的问题是总体中的某种经济关系，如研究一个国家（或社区）的家庭消费与收入的关系，那么这个国家所有家庭的消费就作为一个总体。收入水平的高低是导致消费差异的重要原因，同时家庭成员的消费习惯、所处环境和地理位置等也随机影响消费水平。回归分析的目的就是研究在消费这个总体中变量之间的关系。

应用一个例子来说明。假设一个社区是由 99 户家庭组成的总体，研究该社区每月家庭消费支出 y 与每月家庭可支配收入 x 的关系，即根据家庭的每月可支配收入，考察该社区家庭每月消费支出的平均水平。为了研究方便，将 99 户家庭组成的总体按可支配收入水平划分为 10 组，然后分别分析每一组家庭的消费支出（表 2.1.1）。

表 2.1.1　家庭消费支出与家庭可支配收入　　元

项目	每月家庭可支配收入 x									
	800	1 100	1 400	1 700	2 000	2 300	2 600	2 900	3 200	3 500
每月家庭消费支出 y	561	638	869	1 023	1 254	1 408	1 650	1 969	2 089	2 299
	594	748	913	1 100	1 309	1 452	1 738	1 991	2 134	2 321
	627	814	924	1 144	1 364	1 551	1 749	2 046	2 178	2 530
	638	847	979	1 155	1 397	1 595	1 804	2 068	2 267	2 629
		935	1 012	1 210	1 408	1 650	1 848	2 101	2 354	2 860
		968	1 045	1 243	1 474	1 672	1 881	2 189	2 486	2 871
			1 078	1 254	1 496	1 683	1 925	2 233	2 552	
			1 122	1 298	1 496	1 716	1 969	2 244	2 585	
			1 155	1 331	1 562	1 749	2 013	2 299	2 640	
			1 188	1 364	1 573	1 771	2 035	2 310		
			1 210	1 408	1 606	1 804	2 101			
				1 430	1 650	1 870	2 112			
				1 485	1 716	1 947	2 200			
						2 002				
$E(y\|x_i)$	605	825	1 045	1 265	1 485	1 705	1 925	2 145	2 365	2 585

由于不确定因素的影响，对同一可支配收入水平 x，不同家庭的消费支出不完全相同，但由于调查数据的完备性，给定可支配收入水平 x 的消费支出 y 的分布是确定的，即以 x 的给定值为条件的 y 的条件分布是已知的。因此，给定收入 x 的值，可得消费支出 y 的条

件均值(conditional mean)或条件期望(conditional expectation),如 $E(y \mid x=800)=605$。表 2.1.1 最后一行给出了可支配收入水平组家庭消费支出的条件均值 $E(y \mid x_i)$。

以表 2.1.1 中的数据绘出家庭可支配收入 x 与家庭消费支出 y 的散点图(图 2.1.1)。从图 2.1.1 可以看出,虽然不同的家庭消费支出存在差异,但平均来说,随着可支配收入的增加,家庭消费支出也在增加。进一步地,这个例子中 y 的条件均值恰好落在一条正斜率的直线上,这条直线称为**总体回归线**。

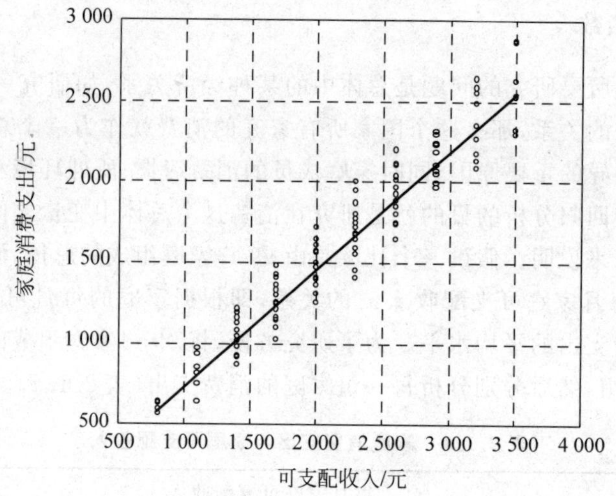

图 2.1.1 不同可支配收入水平组家庭消费支出的条件分布图

从上述例子可以看出,所研究的总体 y 的条件均值,会随解释变量 x 的变化而有规律地变化,如果把 y 的条件均值表示为 x 的某种函数,可写为

$$E(y \mid x)=f(x) \tag{2.1.1}$$

称为**总体回归函数**(population regression function,PRF)。

总体回归函数表明了被解释变量 y 的平均状态(总体条件期望)随解释变量 x 变化的规律,至于具体的函数形式,是由所考察总体固有的特征来决定的。由于实践中总体往往无法全部考察到,因此总体回归函数的具体形式,只能根据经济学等相关理论及对所研究问题的认识和实践经验去设定,也就是说,需要对总体回归函数作出合理的假设。

假如 y 的总体均值是解释变量 x 的线性函数,可表示为

$$E(y \mid x)=f(x)=\beta_0+\beta_1 x \tag{2.1.2}$$

式中:β_0,β_1 是未知参数(parameters),β_0 称为截距(intercept),β_1 称为斜率(slope)。式(2.1.2)也称为**线性总体回归函数**。线性函数形式最为简单,其中参数的估计与检验也相对容易,而且多数非线性函数可转换为线性形式,因此,为了研究方便,计量经济学中总体回归函数常设定成线性形式。

4. 随机扰动项

在上述家庭可支配收入—消费支出的例子中,总体回归函数描述了所考察总体的家

庭消费支出平均来说随可支配收入变化的规律，但对某一个个别家庭，其消费支出不一定恰好就是给定 x_i 下的消费支出 y 的条件均值 $E(y \mid x_i)$。图 2.1.1 显示，个别家庭消费支出 y_i 聚集在给定 x_i 下消费 y 的条件均值 $E(y \mid x_i)$ 的周围。

对每个个别家庭，记

$$u_i = y_i - E(y \mid x_i) \tag{2.1.3}$$

或

$$y_i = E(y \mid x_i) + u_i \tag{2.1.4}$$

称 u_i 为观测值 y_i 围绕它的期望值 $E(y \mid x_i)$ 的离差（deviation），它是一个不可观测的随机变量，称为**随机误差项**（stochastic error term），又称为**随机扰动项**（stochastic disturbance term）。

如果总体回归函数是只有一个解释变量的线性函数，则有

$$u_i = y_i - \beta_0 - \beta_1 x_i \tag{2.1.5}$$

或

$$y_i = \beta_0 + \beta_1 x_i + u_i \tag{2.1.6}$$

式（2.1.4）或式（2.1.6）称为总体回归函数的随机设定形式，它表明被解释变量 y 除了受解释变量 x 的影响外，还受其他未包括在模型中的诸多因素的随机性影响，u 代表了这些因素的综合影响。引入了随机扰动项的方程称为**总体回归模型**（population regression model）。

在总体回归函数中引入随机扰动项，主要有以下六方面的原因。

① 作为未知影响因素的代表。由于对所考察总体认识上的非完备性，许多未知的影响因素还无法引入模型。

② 代表残缺数据。在实证研究中，有些数据无法取得，因此，利用统计数据准确度量经济指标以完全表达经济理论中定义的变量是很困难的。无论模型如何复杂，也不能将对因变量产生影响的所有因素都找到合适的解释变量包含到模型中。例如，我们研究消费问题，根据凯恩斯的绝对收入假说，可以认为收入是决定消费的主要因素，然而，除此之外，财富拥有量、预期因素、时尚及人们的消费惯性等都将影响消费。这些因素中有些可以利用一些替代变量作为单独的解释变量加入模型中，而更多的因素包含在随机扰动项中。

③ 代表众多细小影响因素。考虑到模型的简洁性，建模时往往省略掉一些细小变量，将其影响归到随机扰动项。

④ 代表数据的测量误差。

⑤ 代表模型的设定误差。由于经济现象的复杂性，模型的真实函数形式往往是未知的，因此实际设定的模型可能与真实的模型有偏差。

⑥ 变量的内在随机性。某些变量具有内在的随机性会影响人们的经济行为，这种影响只能归入随机扰动项中。

由此可见，随机扰动项有十分丰富的内容，在计量经济研究中起着重要的作用。一定程度上，随机扰动项的性质决定了计量经济方法的选择和使用。

5. 样本回归函数

尽管总体回归函数揭示了所考察总体被解释变量与解释变量间的平均变化规律,但总体的信息往往无法全部获得,因此,总体回归函数实际上是未知的,现实的情况往往是,通过抽样得到总体的样本,再通过样本的信息来估计总体回归函数。

仍以社区家庭可支配收入与消费支出的关系为例。假设从 99 个家庭的总体中,按每组可支配收入水平各取一个家庭进行观测,抽出 2 组,形成了 2 个随机样本,如表 2.1.2 和表 2.1.3 所示。

表 2.1.2　随机样本 1　　元

家庭可支配收入 x	800	1 100	1 400	1 700	2 000	2 300	2 600	2 900	3 200	3 500
家庭消费支出 y	561	638	869	1 023	1 254	1 408	1 650	1 969	2 089	2 299

表 2.1.3　随机样本 2　　元

家庭可支配收入 x	800	1 100	1 400	1 700	2 000	2 300	2 600	2 900	3 200	3 500
家庭消费支出 y	638	847	979	1 155	1 397	1 595	1 804	2 068	2 267	2 629

从图 2.1.2 可以看出从 2 组随机样本得到的两条直线都很好地拟合了样本数据,称为**样本回归线**(sample regression lines,SRLs)。由于抽样不同,每条直线只是对真实总体回归线的近似。可以用**样本回归函数**(sample regression function,SRF)表示样本回归线:

$$\hat{y}_i = \hat{\beta}_0 + \hat{\beta}_1 x_i \tag{2.1.7}$$

将式(2.1.7)看成式(2.1.6)的近似替代,则 $\hat{y}_i$ 就为 $E(y \mid x_i)$ 的估计量,$\hat{\beta}_0$ 为 β_0 的估

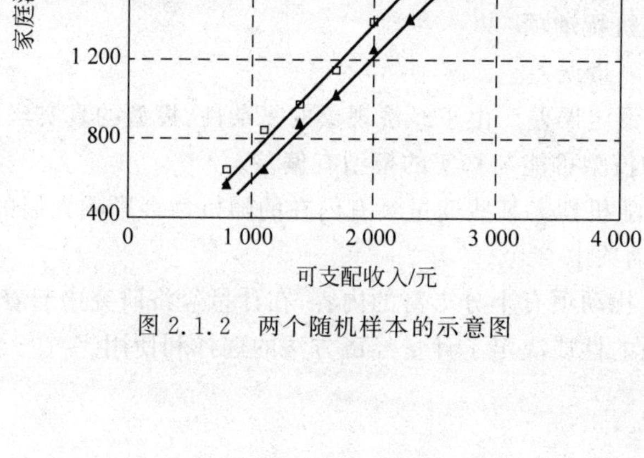

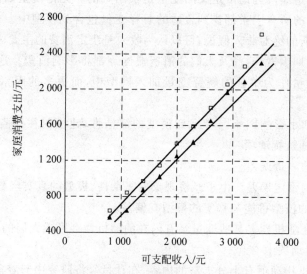

图 2.1.2　两个随机样本的示意图

计量，$\hat{\beta}_1$ 为 β_1 的估计量。同样地，样本回归函数也有如下的随机形式：

$$y_i = \hat{y}_i + \hat{u}_i = \hat{\beta}_0 + \hat{\beta}_1 x_i + \hat{u}_i \tag{2.1.8}$$

其中，$\hat{u}_i$ 称为(样本)**残差**(或剩余)项(residual)，代表了其他影响 y 的随机因素的集合，可以看成是随机扰动项 u_i 的估计量。由于方程引入了随机项，称为**样本回归模型**(sample regression model)。

必须明确样本回归函数和总体回归函数的区别。首先，总体回归函数虽然未知，但它是确定的，而由于从总体中每次抽样都能获得一组样本，可以拟合一条样本回归线，因此样本回归线是随抽样波动而变化的，可以有许多条，所以，样本回归线是未知的总体回归线的近似。其次，总体回归函数的参数 β_0 和 β_1 是确定的常数，而样本回归函数的参数 $\hat{\beta}_0$ 和 $\hat{\beta}_1$ 是随抽样变化的随机变量。最后，总体回归函数中的随机扰动项 u_i 是不可直接观测的，而样本回归函数中的残差 $\hat{u}_i$ 是只要估计出样本回归的参数就可以计算的数值。

2.1.2　一元线性回归模型和基本假定

1. 一元线性回归模型形式

一元线性回归模型形式为

$$y_i = \beta_0 + \beta_1 x_i + u_i, \quad i = 1, 2, \cdots, N \tag{2.1.9}$$

式中：N 为样本个数；y 为被解释变量或因变量；x 为解释变量或自变量；β_0，β_1 称为回归系数；u 是随机误差项或随机扰动项，它体现了 y 的变化中没有被 x 所解释的部分，即除 x 以外其他所有对 y 产生影响的因素的综合体现。式(2.1.9)所示的总体回归函数的随机表达形式被称作一元(或双变量)总体线性回归模型。

2. 古典线性回归模型的基本假定

古典线性回归模型(classical linear regression model，CLRM)作出了一些基本假定，这些**基本假定**包括：

① 给定解释变量 x_i 的条件下，随机误差项的条件均值为零，即

$$E(u_i \mid x_i) = 0 \tag{2.1.10}$$

② 给定解释变量 x_i 的条件下，随机误差项具有同方差，即

$$\mathrm{var}(u_i \mid x_i) = \sigma^2 \tag{2.1.11}$$

因此，因变量 y 对于给定的 x 的条件分布具有相同的方差。如果这个假定条件不成立，称为异方差。

③ 随机误差项之间不相关，即

$$\mathrm{cov}(u_i, u_j) = 0, \quad i \neq j \tag{2.1.12}$$

即任意两个不同样本点上的随机干扰都是不相关的。如果这个假定条件不成立，称为自相关。

④ 解释变量 x 与随机误差项不相关。即

$$\operatorname{cov}(x_i, u_i) = 0 \tag{2.1.13}$$

⑤ 随机误差项服从均值为 0,同方差的正态分布,即

$$u_i \sim N(0, \sigma^2) \tag{2.1.14}$$

随机误差项代表在回归模型中没有列出来的所有其他影响因素之和。如果这些因素都是独立的随机变量,根据中心极限定理,随着随机变量个数的无限增加,它们之和近似服从正态分布。因此,对于任何实际模型,假定随机误差项服从正态分布都是合理的。

由于 $y_i = \beta_0 + \beta_1 x_i + u_i$, y_i 的分布性质决定了 u_i,为此,对 u_i 的零均值、同方差、无自相关及正态性的基本假定也可以用于对 y_i 的假定来表示。

$$E(y_i \mid x_i) = E(\beta_0 + \beta_1 x_i + u_i) = \beta_0 + \beta_1 x_i \tag{2.1.15}$$

$$\operatorname{var}(y_i \mid x_i) = \sigma^2 \tag{2.1.16}$$

$$\operatorname{cov}(y_i, y_j) = 0, \quad i \neq j \tag{2.1.17}$$

$$y_i \sim N(\beta_0 + \beta_1 x_i, \sigma^2) \tag{2.1.18}$$

容易证明,以上对 y_i 分布性质的假定与对随机扰动项 u_i 分布的古典假定是等价的。

在处理实际的问题时,就像物理中匀速直线运动一样,这些理想的假定条件几乎是很难都满足的,这些假定条件不成立的情况会在后面的章节介绍。

2.1.3　最小二乘法

1. 最小二乘原理

假设已经观测到了变量 x, y 的 N 个样本值 x_i, y_i,下面的任务是对于模型(2.1.9)中的未知参数进行估计,未知参数包括 β_0, β_1 和随机误差项的方差 σ^2。

假设我们已经得到了参数 β_0, β_1 的估计值 $\hat{\beta}_0$ 和 $\hat{\beta}_1$,记为 b_0, b_1,则下式

$$\hat{y}_i = b_0 + b_1 x_i \tag{2.1.19}$$

称为**样本回归函数**,是对总体回归函数的估计。残差 $\hat{u}_i$(residual)为

$$\hat{u}_i = y_i - b_0 - b_1 x_i \tag{2.1.20}$$

用来估计第 i 个样本点的随机误差项

$$u_i = y_i - \beta_0 - \beta_1 x_i$$

残差 $\hat{u}_i$ 代表了其他影响 y_i 的随机因素的集合。我们自然希望样本回归直线与实际观测值 y_i 尽可能相近,回归分析中广泛使用的普通最小二乘法(ordinary least square, OLS)就是通过使残差平方和(residual sum of square, RSS)最小求出回归系数 β_0, β_1 的估计值,将 RSS 记为 Q,则

$$Q = \sum_{i=1}^{N} \hat{u}_i^2 = \sum_{i=1}^{N} (y_i - \hat{y}_i)^2 = \sum_{i=1}^{N} (y_i - b_0 - b_1 x_i)^2 \tag{2.1.21}$$

是 b_0, b_1 的二次函数并且非负,所以其极小值总是存在的。当 Q 对 b_0, b_1 的一阶偏导数

等于 0 时，Q 达到最小，容易推得

$$\begin{cases}\dfrac{1}{N}\sum_{i=1}^{N}\hat{u}_i=\dfrac{1}{N}\sum_{i=1}^{N}(y_i-b_0-b_1x_i)=0\\ \dfrac{1}{N}\sum_{i=1}^{N}x_i\hat{u}_i=\dfrac{1}{N}\sum_{i=1}^{N}x_i(y_i-b_0-b_1x_i)=0\end{cases}\tag{2.1.22}$$

式(2.1.22)称为正规方程组，从中可以解出 b_0，b_1 为

$$b_0=\bar{y}-b_1\bar{x},\ b_1=\frac{N\sum_{i=1}^{N}x_iy_i-\sum_{i=1}^{N}x_i\sum_{i=1}^{N}y_i}{N\sum_{i=1}^{N}x_i^{\,2}-\left(\sum_{i=1}^{N}x_i\right)^2}=\frac{\sum_{i=1}^{N}(x_i-\bar{x})(y_i-\bar{y})}{\sum_{i=1}^{N}(x_i-\bar{x})^2}\tag{2.1.23}$$

式中：$\bar{x}=\dfrac{1}{N}\sum_{i=1}^{N}x_i$；$\bar{y}=\dfrac{1}{N}\sum_{i=1}^{N}y_i$。

2. 回归估计量的方差和随机误差项的方差

(1) 回归估计量的方差

式(2.1.23)给出的回归系数 β_0，β_1 的 OLS 估计量是随机变量，因为其值随样本的不同而变化，可以通过估计量的方差或其标准差（方差的平方根）来度量这些变化。式(2.1.23)中 OLS 估计量 b_0，b_1 的方差（variance）及标准差（standard error）为①

$$\operatorname{var}(b_0)=\frac{\sum x_i^2}{N\sum(x_i-\bar{x})^2}\cdot\sigma^2,\quad \operatorname{var}(b_1)=\frac{\sigma^2}{\sum(x_i-\bar{x})^2}\tag{2.1.24}$$

$$\sigma(b_0)=\sqrt{\operatorname{var}(b_0)},\quad \sigma(b_1)=\sqrt{\operatorname{var}(b_1)}\tag{2.1.25}$$

式中：σ^2 为随机扰动项 u_i 的方差，根据同方差假定，每一个 u_i 具有相同的方差 σ^2。

(2) 随机误差项的方差

随机误差项的方差 σ^2 用残差平方和除以自由度来估计，即

$$\hat{\sigma}^2=\frac{\sum_{i=1}^{N}\hat{u}_i^2}{N-2}\tag{2.1.26}$$

其平方根 $\hat{\sigma}=\sqrt{\hat{\sigma}^2}$ 称为回归标准差（standard error of the regression，SER），即 y 值偏离估计回归线的标准差。残差序列自由度为 $N-2$ 的原因是：在利用普通最小二乘法(OLS)进行参数估计时，为了使残差平方和最小，对残差序列施加了式(2.1.22)的两个限制条件。

① 证明参见庞皓. 计量经济学[M]. 3 版. 北京：科学出版社，2014：32-34.

例2.1 消费函数(一)

根据Keynes的绝对收入假说,我们建立一个最简单的消费函数,刻画我国改革开放以来的居民边际消费倾向。在这个例子中,被解释变量(cs)为实际居民消费,解释变量为实际可支配收入(inc),变量均为剔除了价格因素的实际年度数据,样本区间为1985—1996年[①]。样本个数为12,模型形式为

$$cs_t = a + \beta \times inc_t + u_t, \quad u_t \sim N(0,\sigma^2) \tag{2.1.27}$$

式中:$cs = CS/CPI$,$inc = YD/CPI$。其中,CS为当年价格的居民消费;YD为当年价格的居民可支配收入;CPI为1978年为1的居民消费价格指数。根据最小二乘法,利用式(2.1.23)可以计算出参数估计值,估计结果如下:

$$\widehat{cs_t} = 490.41 + 0.754 \times inc_t \tag{2.1.28}$$

常数项为正说明,若inc为0,消费为490.41亿元,也就是自发消费。总收入变量的系数$\hat{\beta}=0.754$为边际消费倾向,可以解释为城乡居民总收入增加1亿元导致居民消费平均增加0.754亿元。

2.1.4 多元线性回归模型

1. 多元线性回归模型的形式

更一般地,一个变量往往要受到若干因素的影响。例如对某种商品的需求,需求函数告诉我们,价格是需求的决定因素,这样就可以建立一个一元回归模型,用价格来解释需求的变动。然而当经济萧条、人们收入下降时,即使价格不变化,商品需求也下降。这说明若要充分反映出对这种商品需求的变动情况,要在需求函数中加入反映人们收入的变量。当回归模型中的解释变量个数超过1时,称为多元线性回归模型(multiple linear regression),多元线性回归模型的一般形式为

$$y_i = \beta_0 + \beta_1 x_{1i} + \beta_2 x_{2i} + \cdots + \beta_k x_{ki} + u_i, \quad i = 1,2,\cdots,N \tag{2.1.29}$$

式中:k为解释变量个数;N为样本个数,$\beta_j\ (j=0,1,2,\cdots,k)$称为回归系数,也称偏回归系数(partial regression coeffcient),表示在其他解释变量保持不变的条件下,x_j[②]每变化一个单位时,y的均值$E(y)$的变化;u_i为随机误差项。与一元线性回归模型一样,式(2.1.29)也被称为总体回归函数的随机表达形式。在总体多元线性函数中,各个回归系数是未知的,只能利用样本观测值对之进行估计。如果将被解释变量的样本条件均值

① 居民消费(CS)采用:“城镇家庭平均每人全年消费性支出(元)”×“城镇人口(亿人)”+“农村居民家庭人均年消费性现金支出(元)”×“农村人口(亿人)”;居民可支配收入(YD)采用:“城镇居民家庭人均可支配收入(元)”×“城镇人口(亿人)”+“农村居民家庭人均纯收入(元)”×“农村人口(亿人)”。采用居民消费价格指数(1978年=1)来消除价格因素。数据来源于各年《中国统计年鉴》。

② 在多元线性回归模型中,下标“i”或“t”表示样本序号;下标“j”表示解释变量序号,全书统一,以后各章不再说明。

$\hat{y}_i$ 表示为各个解释变量的线性函数,即得**多元样本回归函数**

$$\hat{y}_i = \hat{\beta}_0 + \hat{\beta}_1 x_{1i} + \hat{\beta}_2 x_{2i} + \cdots + \hat{\beta}_k x_{ki}, \quad i = 1,2,\cdots,N \tag{2.1.30}$$

或

$$y_i = \hat{\beta}_0 + \hat{\beta}_1 x_{1i} + \hat{\beta}_2 x_{2i} + \cdots + \hat{\beta}_k x_{ki} + \hat{u}_i, \quad i = 1,2,\cdots,N \tag{2.1.31}$$

式中:$\hat{\beta}_j (j = 0,1,2,\cdots,k)$是对总体回归参数 β_j 的估计; $\hat{u}_i$ 为残差,是随机扰动项 u_i 的近似替代。

对被解释变量 y 及多个解释变量做 N 次观测,所得到的 N 组观测值$(y_i, x_{1i}, x_{2i}, \cdots, x_{ki})(i=1,2,\cdots,N)$的线性关系,可以写成方程组的形式:

$$\begin{cases} y_1 = \beta_0 + \beta_1 x_{11} + \beta_2 x_{21} + \cdots + \beta_k x_{k1} + u_1 \\ y_2 = \beta_0 + \beta_1 x_{12} + \beta_2 x_{22} + \cdots + \beta_k x_{k2} + u_2 \\ \vdots \qquad\qquad \vdots \\ y_N = \beta_0 + \beta_1 x_{1N} + \beta_2 x_{2N} + \cdots + \beta_k x_{kN} + u_N \end{cases} \tag{2.1.32}$$

这样的方程组可以写成矩阵形式:

$$\begin{bmatrix} y_1 \\ y_2 \\ \vdots \\ y_N \end{bmatrix} = \begin{bmatrix} 1 & x_{11} & \cdots & x_{k1} \\ 1 & x_{12} & \cdots & x_{k2} \\ \vdots & \vdots & \ddots & \vdots \\ 1 & x_{1N} & \cdots & x_{kN} \end{bmatrix} \begin{bmatrix} \beta_0 \\ \beta_1 \\ \vdots \\ \beta_k \end{bmatrix} + \begin{bmatrix} u_1 \\ u_2 \\ \vdots \\ u_N \end{bmatrix} \tag{2.1.33}$$

可以记为

$$\boldsymbol{Y} = \begin{bmatrix} y_1 \\ y_2 \\ \vdots \\ y_N \end{bmatrix}, \quad \boldsymbol{\beta} = \begin{bmatrix} \beta_0 \\ \beta_1 \\ \vdots \\ \beta_k \end{bmatrix}, \quad \boldsymbol{u} = \begin{bmatrix} u_1 \\ u_2 \\ \vdots \\ u_N \end{bmatrix}, \quad \boldsymbol{X} = \begin{bmatrix} 1 & x_{11} & \cdots & x_{k1} \\ 1 & x_{12} & \cdots & x_{k2} \\ \vdots & \vdots & \ddots & \vdots \\ 1 & x_{1N} & \cdots & x_{kN} \end{bmatrix}$$

这里的 $\boldsymbol{X}$ 是由解释变量 x_{ij} 的数据构成的矩阵,其中截距项可视为解释变量总是取值为 1。一般 $\boldsymbol{X}$ 是由非随机变量构成的,有时也称 $\boldsymbol{X}$ 为数据矩阵。

这样,多元总体线性回归函数的矩阵形式可表示为

$$\boldsymbol{Y} = \boldsymbol{X\beta} + \boldsymbol{u} \tag{2.1.34}$$

或

$$E(\boldsymbol{Y}) = \boldsymbol{X\beta}$$

式中:$\boldsymbol{Y}$ 为因变量(被解释变量)观测值的 N 维列向量; $\boldsymbol{X}$ 为所有自变量(解释变量)的 N 个样本点观测值组成的 $N \times (k+1)$ 矩阵; $\boldsymbol{\beta}$ 为 $k+1$ 维系数向量; $\boldsymbol{u}$ 为 N 维随机误差项向量。

类似地,设参数$\boldsymbol{\beta} = (\beta_0, \beta_1, \cdots, \beta_k)$的估计值为 $\boldsymbol{b} = (b_0, b_1, \cdots, b_k)$,运用矩阵形式,多元样本线性回归函数的矩阵形式表示为

$$\boldsymbol{Y} = \boldsymbol{Xb} + \hat{\boldsymbol{u}} \tag{2.1.35}$$

或

$$\hat{\boldsymbol{Y}} = \boldsymbol{X}\boldsymbol{b}$$

其中

$$\hat{\boldsymbol{Y}} = \begin{bmatrix} \hat{y}_1 \\ \hat{y}_2 \\ \vdots \\ \hat{y}_N \end{bmatrix}, \quad \boldsymbol{b} = \begin{bmatrix} b_0 \\ b_1 \\ \vdots \\ b_k \end{bmatrix}, \quad \hat{\boldsymbol{u}} = \begin{bmatrix} \hat{u}_1 \\ \hat{u}_2 \\ \vdots \\ \hat{u}_N \end{bmatrix} = \boldsymbol{Y} - \boldsymbol{X}\boldsymbol{b}$$

2. 多元线性回归模型的最小二乘估计

与一元线性回归模型参数的估计类似,多元线性回归模型也需要用样本信息建立的样本回归函数尽可能地接近总体回归函数。将残差平方和记为Q,则

$$Q = \sum_{i=1}^{N} \hat{u}_i^2 = \hat{\boldsymbol{u}}'\hat{\boldsymbol{u}} = (\boldsymbol{Y} - \boldsymbol{X}\boldsymbol{b})'(\boldsymbol{Y} - \boldsymbol{X}\boldsymbol{b}) \tag{2.1.36}$$

按最小二乘原理,采用使估计的残差平方和最小的原则去确定样本回归函数。则参数估计值应该是方程组

$$\frac{\partial}{\partial \boldsymbol{b}}(\boldsymbol{Y} - \boldsymbol{X}\boldsymbol{b})'(\boldsymbol{Y} - \boldsymbol{X}\boldsymbol{b}) = 0$$

的解,求解过程如下:

$$\frac{\partial}{\partial \boldsymbol{b}}(\boldsymbol{Y}'\boldsymbol{Y} - \boldsymbol{b}'\boldsymbol{X}'\boldsymbol{Y} - \boldsymbol{Y}'\boldsymbol{X}\boldsymbol{b} + \boldsymbol{b}'\boldsymbol{X}'\boldsymbol{X}\boldsymbol{b}) = 0$$

$$\frac{\partial}{\partial \boldsymbol{b}}(\boldsymbol{Y}'\boldsymbol{Y} - 2\boldsymbol{X}'\boldsymbol{Y}\boldsymbol{b} + \boldsymbol{b}'\boldsymbol{X}'\boldsymbol{X}\boldsymbol{b}) = 0$$

$$-\boldsymbol{X}'\boldsymbol{Y} + \boldsymbol{X}'\boldsymbol{X}\boldsymbol{b} = 0$$

即得到

$$\boldsymbol{X}'\boldsymbol{Y} = \boldsymbol{X}'\boldsymbol{X}\boldsymbol{b}$$

于是参数的最小二乘估计值,回归系数向量$\boldsymbol{b}$为

$$\boldsymbol{b} = (\boldsymbol{X}'\boldsymbol{X})^{-1}\boldsymbol{X}'\boldsymbol{Y} \tag{2.1.37}$$

3. 多元线性回归模型的估计量方差和随机误差项方差

(1) 回归估计量的方差

系数估计量的协方差矩阵由以下公式计算得到

$$\begin{aligned} \mathrm{cov}(\boldsymbol{b}) &= E\{[\boldsymbol{b} - E(\boldsymbol{b})][\boldsymbol{b} - E(\boldsymbol{b})]'\} \\ &= (\boldsymbol{X}'\boldsymbol{X})^{-1}\boldsymbol{X}'E(\boldsymbol{u}\boldsymbol{u}')\boldsymbol{X}(\boldsymbol{X}'\boldsymbol{X})^{-1} \\ &= (\boldsymbol{X}'\boldsymbol{X})^{-1}\sigma^2 \end{aligned} \tag{2.1.38}$$

这里利用了随机扰动项同方差、无序列相关的假定。式(2.1.38)为$(k+1)$阶方阵,矩阵的各个主对角线元素分别是各个系数估计量的方差,其他元素为系数估计量的协方差。

如果用 m_{ij} 表示矩阵 $(\boldsymbol{X}'\boldsymbol{X})^{-1}$ 第 i 行 j 列的元素，则

$$\mathrm{var}(b_j)=\sigma^2 m_{j+1,j+1},\quad j=0,1,2,\cdots,k \tag{2.1.39}$$

其中 σ^2 为随机扰动项的方差。如果随机误差项服从正态分布，由于系数的 OLS 估计量是正态分布随机变量的线性函数，因此也服从正态分布

$$b_j \sim N[\beta_j,\mathrm{var}(b_j)],\quad j=0,1,2,\cdots,k \tag{2.1.40}$$

(2) 随机误差项的方差

与单方程的情况类似，随机误差项的方差 σ^2 用残差平方和除以自由度来估计，即

$$\hat{\sigma}^2=\frac{\sum \hat{u}_i^2}{N-k-1} \tag{2.1.41}$$

残差序列自由度为 $(N-k-1)$ 的原因是：在利用普通最小二乘法(OLS)进行参数估计时，为了使残差平方和最小，对残差序列施加了 $(k+1)$ 个限制条件。

2.1.5　系数估计量的性质

单方程将解释变量 x_j $(j=1,2,\cdots,k)$ 视为非随机的，由于 y 是 x_j 的线性组合和随机扰动项构成的，因此也是随机变量。随着样本观测值的变化，参数估计值会发生变化，即因变量 y 的随机性决定了 OLS 估计量的随机性。当我们将其视作估计量时，自然希望能够判断出利用普通最小二乘法估计出来的参数估计量的优劣程度。

2.1.2 节关于古典线性回归模型的基本假定同样适合多元线性回归模型，因此可以从系数的普通最小二乘估计量的期望、方差等来评判估计量的优劣。高斯-马尔可夫定理(Gauss-Markov theorem)：在满足古典线性回归模型基本假设条件下，普通最小二乘(OLS)估计量是所有线性、无偏性估计量中方差最小的，即普通最小二乘(OLS)估计量是最优线性无偏估计量(best linear unbiased estimator，BLUE)，即

① **线性性**：$\boldsymbol{b}$ 是随机变量 y 的线性函数。

② **无偏性**：$\boldsymbol{b}$ 是 $\boldsymbol{\beta}$ 的无偏估计，即

$$E(\boldsymbol{b})=E[(\boldsymbol{X}'\boldsymbol{X})^{-1}\boldsymbol{X}'(\boldsymbol{X\beta}+\boldsymbol{u})]=\boldsymbol{\beta}+(\boldsymbol{X}'\boldsymbol{X})^{-1}E(\boldsymbol{X}'\boldsymbol{u})=\boldsymbol{\beta} \tag{2.1.42}$$

这里利用了解释变量非随机或随机但与扰动项不相关的假设。

③ **有效性**：$\boldsymbol{b}$ 在 $\boldsymbol{\beta}$ 的所有线性无偏估计量中具有最小的方差。证明时利用了随机扰动项同方差、无序列相关的假定[①]。

2.1.6　线性回归模型的检验

对模型的统计检验包含的内容很多，经常用到的基本检验主要包括变量的显著性检验(t 检验)、拟合优度检验和方程显著性检验等，对于模型设定等检验在 2.4 节中再详细介绍。

---

① 证明参见庞皓. 计量经济学[M]. 3 版. 北京：科学出版社，2014：92.

1. 变量的显著性检验

为了检验变量的显著性,即某一个解释变量 x_j 是否对因变量 y 具有显著影响,需要进行假设检验,原假设和备择假设为

$$H_0:\beta_j=0,\quad H_1:\beta_j\neq 0。$$

如果原假设成立,表明解释变量 x_j 对因变量 y 可能并没有显著的影响。如果一个解释变量对因变量具有很强的经济意义上的解释能力,自然期望拒绝原假设而接收备选假设。

由式(2.1.40)可知

$$\frac{b_j-\beta_j}{\sqrt{\mathrm{var}(b_j)}}\sim N(0,1) \tag{2.1.43}$$

式中:$\sqrt{\mathrm{var}(b_j)}$ 为 b_j 的标准差,方差形式为式(2.1.39),但因 σ^2 未知,利用式(2.1.41)的样本估计值代替式(2.1.39)中的 σ^2,再开方得到 b_j 的估计标准差 $\mathrm{se}(b_j)$,从而

$$\frac{b_j-\beta_j}{\mathrm{se}(b_j)}\sim t(N-k-1) \tag{2.1.44}$$

由式(2.1.44),可以用置信区间法构造出参数真值的置信区间,然后根据这个区间是否包含原假设的参数值进行假设检验,也可以进行显著性检验。将原假设的数值代入式(2.1.44),用

$$t=\frac{b_j}{\mathrm{se}(b_j)}\sim t(N-k-1) \tag{2.1.45}$$

进行检验。这就是在分析回归分析结果时经常说的 t 统计量,即系数估计值与其标准差的比值,它用来检验系数为零的原假设。如果计算出的 t 值落在拒绝域里,则拒绝原假设。对于双边检验,这意味着对于选定的置信水平 α,其绝对值要大于临界值,即 $|t|>t_{\alpha/2}(N-k-1)$,如果期望拒绝原假设,自然是 t 的绝对值越大越好。

例如,在例 2.1 中,边际消费倾向估计量的标准差估计值是 0.005 8,从而可以计算出 t 值为 126.11,如果给定显著性水平为 5%,即 $\alpha=0.05$,样本个数 $N=29$,$k=2$,查表(附录 A,表 A3)得到临界值 $t_{0.025}(26)=2.056$,因此可以拒绝实际可支配收入系数为零的原假设。

2. 拟合优度检验和 R^2 统计量

利用线性回归模型对 y 的变动进行解释的效果如何,即模型的估计值或称拟合值对实际值拟合的好坏,可以通过 R^2 统计量来衡量,它刻画了自变量所能够解释的因变量的波动。

定义:

$$\begin{aligned}TSS&=\sum(y_i-\bar{y})^2\\ ESS&=\sum(\hat{y}_i-\bar{y})^2\\ RSS&=\sum(y_i-\hat{y}_i)^2\end{aligned} \tag{2.1.46}$$

由正规方程组确定的残差序列和解释变量序列不相关，可以得到这三者的关系：

$$TSS = ESS + RSS \tag{2.1.47}$$

式中：TSS 为离差平方和，反映因变量波动的大小，即样本观测值总体离差的大小；ESS 为回归平方和，反映由模型中解释变量所解释的那部分离差的大小；RSS 是残差平方和，反映样本观测值 y_i 与估计值 $\hat{y}_i$ 偏离的大小，是因变量总的波动中不能通过回归模型解释的部分。

显然，对于一个拟合得好的模型，离差平方和与回归平方和应该较为接近，离差分解示意图如图 2.1.3 所示。因此，可以选择二者接近程度作为评价模型拟合优度的标准。定义：

$$R^2 = \frac{ESS}{TSS} = 1 - \frac{RSS}{TSS} \tag{2.1.48}$$

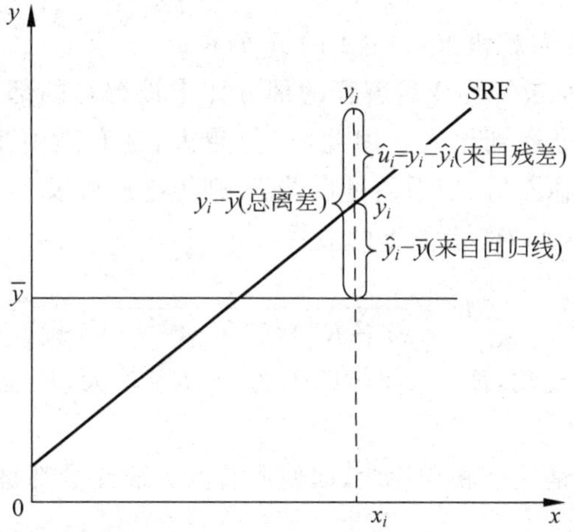

图 2.1.3　离差分解示意图

称 R^2 为**可决系数或判定系数**(coefficient of determination)。R^2 值较大表明模型对因变量拟合得较好，因变量的真实值距离拟合值更近。如果能够完全解释，也就是拟合值与实际值完全相等，其值将为 1。

使用 R^2 作为衡量标准存在一个问题，即如果将某一个变量作为解释变量加入模型，即使这个变量可能对因变量影响非常小，但是 R^2 不会减小。如果仅仅依据 R^2 增加就将这个变量包含在模型中，将是不明智的，因为新增变量降低了自由度。调整后的 R^2 一般记为 $\bar{R}^2$(adjusted coefficient of determination)，通常的定义是

$$\bar{R}^2 = 1 - \frac{RSS/(N-k-1)}{TSS/(N-1)} = 1 - (1 - R^2)\frac{N-1}{N-k-1} \tag{2.1.49}$$

当新增变量导致模型的拟合效果变化不大时，即 R^2 增加幅度很小时，$\bar{R}^2$ 有可能会减小。这样就可以在一定程度上避免将影响微弱的变量错误地加入模型中。从定义可以看出，$\bar{R}^2$ 不会大于 R^2。

在例 2.1 中，由式(2.1.48)可以计算出 $R^2 = 0.993$。这说明居民消费的波动可以由可支配收入解释 99.3%。

3. 方程显著性检验

由于多元线性回归模型包含多个解释变量，它们同被解释变量之间是否存在显著的线性关系呢？还需要进一步作出判断，也就是对模型中被解释变量与所有解释变量之间的线性关系在总体上是否显著作出推断。

对回归模型整体显著性的检验，考虑一个联合假设：

$$H_0: \beta_1 = \cdots = \beta_k = 0$$

$$H_1: \text{至少有一个不为} 0$$

可以证明在 H_0 成立的条件下，统计量

$$F = \frac{ESS/k}{RSS/(N-k-1)} \sim F(k, N-k-1) \tag{2.1.50}$$

即统计量 F 服从自由度为 k 和 $N-k-1$ 的 F 分布。

直观地理解，如果 y 被解释变量解释的部分比未被解释的部分大，F 值大于1，随着这个比例的增大，F 值也逐渐增大。因此，F 值越大，越有理由拒绝原假设。更正式地说，要比较其与 F 分布临界值，如果超过临界值，则拒绝原假设。

容易看出，F 统计量与 R^2 有如下的关系：

$$F = \frac{R^2/k}{(1-R^2)/(N-k-1)} \tag{2.1.51}$$

这表明 F 值与 R^2 同向变动，$R^2=0$ 时，F 也为0；R^2 越大，F 也越大；$R^2=1$ 时，F 无穷大。

需要注意：F 检验是一个联合检验，即使所有的 t 统计量都是不显著的，F 统计量也可能显著。

4. DW 统计量

Durbin-Watson 统计量(DW 统计量)用来检验随机误差项是否存在一阶序列相关，即 $E(u_i u_{i+1}) \neq 0$ 的情形，计算如下：

$$DW = \frac{\sum_{i=2}^{N} (\hat{u}_i - \hat{u}_{i-1})^2}{\sum_{i=1}^{N} \hat{u}_i^2} \tag{2.1.52}$$

根据样本容量 N 和解释变量数 k 查 D. W. 分布表，得到临界值 d_l 和 d_u，然后按照下面的准则考察计算得到的 DW 值，判断模型的自相关状态。

如果	$0 < DW < d_l$	则存在正自相关
	$d_l < DW < d_u$	不能确定
	$d_u < DW < 4-d_u$	无自相关
	$4-d_u < DW < 4-d_l$	不能确定
	$4-d_l < DW < 4$	存在负自相关

将式(2.1.52)展开化简为

$$DW \approx \frac{2\sum_{i=1}^{N}\hat{u}_i^2 - 2\sum_{i=2}^{N}\hat{u}_i\hat{u}_{i-1}}{\sum_{i=1}^{N}\hat{u}_i^2} = 2\left(1 - \frac{\sum_{i=2}^{N}\hat{u}_i\hat{u}_{i-1}}{\sum_{i=1}^{N}\hat{u}_i^2}\right) = 2(1-\hat{\rho}) \qquad (2.1.53)$$

其中

$$\hat{\rho} = \frac{\sum_{i=2}^{N}\hat{u}_i\hat{u}_{i-1}}{\sum_{i=1}^{N}\hat{u}_i^2}$$

是残差序列的一阶自相关系数的估计量。

利用 DW 检验要注意的是，在回归模型的解释变量中不能含有因变量的滞后项，否则 DW 检验将失效。如果模型中包含因变量的一阶滞后作为解释变量 x_j，即 $x_{ji} = y_{i-1}$，可以用 Durbin-Watson h 检验。杜宾证明，对于大样本而言，在 $\rho=0$ 的原假设下，有

$$h = \hat{\rho}\sqrt{\frac{N}{1 - N \times \mathrm{se}(b_j)^2}} = \left(1 - \frac{DW}{2}\right)\sqrt{\frac{N}{1 - N \times \mathrm{se}(b_j)^2}} \sim N(0,1) \qquad (2.1.54)$$

式中：b_j 为一阶滞后变量 x_j 的系数估计量；$\mathrm{se}(b_j)$为 b_j 的标准差。当$|h|>z_{\alpha/2}$ 时拒绝 $\rho=0$ 的原假设。但是若 $N\times \mathrm{se}(b_j)^2>1$ 则不能计算。

2.1.7　AIC 准则和 Schwarz 准则

我们在建立计量经济模型时，总要选择统计性质优良的模型，在对几个模型进行选择尤其是当确定一个滞后分布的长度时，通常可以用赤池信息准则(Akaike information criterion，AIC)：

$$AIC = -2l/N + 2(k+1)/N \qquad (2.1.55)$$

和施瓦茨准则(Schwarz criterion，SC)：

$$SC = -2l/N + [(k+1)\ln N]/N \qquad (2.1.56)$$

来作为参考进行选择。其中 l 为对数似然值：

$$l = -\frac{N}{2}[1 + \ln(2\pi) + \ln(\hat{\boldsymbol{u}}'\hat{\boldsymbol{u}}/N)] \qquad (2.1.57)$$

对数似然估计将在本书中高级的第 7 章详细介绍。

它们都引入了对增加更多系数的惩罚，选择变量的滞后阶数时，AIC 值或 SC 值越小越好。可以这样粗略理解：以 AIC 为例，滞后阶数小时，虽然 $2(k+1)/N$ 小，但对数似然值(负值)也很小(模型的模拟效果差)，因此 AIC 值有可能较大；滞后太多，虽然对数似然值较大(从而 AIC 较小)，但 $2(k+1)/N$ 过大(损失了自由度)，也可能使 AIC 值较大，因此 AIC 较小意味着滞后阶数较为合适。

例 2.2　消费函数(二)

美国经济学家杜森贝利认为人们的消费具有惯性,前期消费水平高,会影响下一期的消费水平,这告诉我们,除了当期收入外,前期消费也很可能是建立消费函数时应该考虑的因素。我们在例 2.1 基础上再建立消费函数,解释变量中包含消费的前一期值,刻画消费的惯性。原来的样本区间是 1985—1996 年,由于包含滞后变量,1985 年没有滞后值,因此样本区间为 1986—1996 年,用最小二乘法估计模型结果如下:

$$\widehat{cs_t} = 337.95 + 0.57 \times inc_t + 0.27 \times cs_{t-1} \tag{2.1.58}$$

$$se = (128.27) \quad (0.07) \quad (0.11)$$

$$t = (2.63) \quad (8.06) \quad (2.43)$$

$$R^2 = 0.997 \quad F = 1\,484.91(p = 0) \quad DW = 2.48$$

系数下面括号第一行 *se* 是系数估计量的标准差,第二行是 t 值。本书其他例子不再说明。如果给定显著性水平为 5%,样本个数 $N=11$,$k=3$,查表(附录 A,表 A3)得到临界值 $t_{0.025}(11)=2.201$,因此都可以拒绝系数为 0 的原假设。

$F=1\,484.91$,给定显著性水平为 5%,查表(附录 A,表 A4)得到 F 分布的临界值 $F(3, 11) = 3.59$,模型(2.1.58)的 F 值大大超过了临界值,因此拒绝原假设,方程系数至少有一个不为 0,方程是显著的。EViews 软件的估计结果会给出相应的 p 值来判断,如这一方程 F 值的 p 值接近于零。

$DW=2.47$,但是这时候并不能据此判断是否存在一阶自相关,因为在解释变量中包含了因变量的滞后变量,根据式(2.1.54)可以求出 Durbin-Watson h 值为 -0.837,如果给定显著性水平为 5%,查表(附录 A,表 A1)得到临界值 $z_{0.025}=1.96$,$|h| < z_{0.025}$,因此不能拒绝无(一阶)自相关的原假设。

2.1.8　多重共线性问题[①]

对于多元情形,古典线性回归模型要求解释变量之间不相关,即不存在多重共线性。如果存在某两个解释变量完全相关,即出现**完全多重共线性**(perfect multicollinearity),这时的参数是不可识别的。例如在式(2.1.29)中若有 $x_{1i}=2x_{2i}$,即这两个变量完全相关,此时可以通过带入这个关系并且合并这两项使式(2.1.29)中仅包含一个变量 x_{2i},系数是$(2\beta_1+\beta_2)$。完全多重共线性很容易发现,它使模型无法估计。

在现实中,很少有完全多重共线性的情况,不过**近似**(near)或**高度多重共线性**(very high multicollinearity)的情况是很多的。在实际问题中,我们常常面临处理近似多重共线性问题。当两个或多个变量(或变量组合)之间高度(但不是完全)相关时,还是可以获得回归系数的最小二乘估计,并且 OLS 估计量仍然是最优线性无偏估计量。但是出现近

① 平狄克,鲁宾费尔德. 计量经济学模型与经济预测[M]. 钱小军,等,译. 4 版. 北京:机械工业出版社,1999. 古扎拉蒂,波特. 经济计量学精要[M]. 张涛,译. 4 版. 北京:机械工业出版社,2010.

似多重共线性问题时很难对系数做解释，这是因为两个高度相关的变量中第一个变量的系数被认为是在其他情况不变时，由这个变量的变化引起的 y 的变化量，而任何时候第一个变量发生变化，与其高度相关的另一个变量的观测值也会以相似的方式变化。所以多重共线性的存在意味着样本数据中的信息不足以对估计给出令人信服的解释。

由于多重共线性针对的是非随机解释变量，因而它是一个样本特征，而不是总体特征。因此度量多重共线性是一个程度问题而不是存在与否的问题。在具体应用中可以判断存在多重共线性时具有的一些特征：

① OLS 估计量具有较大的标准差和较小的 t 统计量。

② R^2 较高但是参数估计量的 t 统计量显著的不多。

③ 参数估计量经济意义明显不合理。

④ 一对或多对解释变量的简单相关系数相对较高。

⑤ OLS 估计量及其标准差对数据的微小变化非常敏感，即它们很不稳定。

多重共线性问题的补救措施也是一些经验方法。由于近似多重共线性问题既是数据问题，也是变量选择和模型设定问题，因此可以在数据处理和模型设定两方面进行修正。在数据处理上可以考虑通过增加样本容量；对数据进行变换，如差分变换、对总量数据采用人均形式等；利用各种先验信息整合解释变量等来解决多重共线性问题。在模型设定上可以考虑删减变量或改换变量，利用先验信息实施参数约束，采用时间序列数据和截面数据的组合，利用因子或主成分分析等来解决多重共线性问题。

因此，多元线性回归模型的基本假定除了要满足一元线性回归模型的 5 条基本假定外，还需加上假定 6：

⑥ 解释变量 x_i 和 x_j $(i\neq j)$ 之间不存在完全共线性，即两个解释变量之间无严格的线性关系。

2.1.9　样本容量问题①

从建模需要来讲，样本容量越大越好。这里讨论的是最小样本容量和满足基本要求的样本容量。

1. 最小样本容量

所谓"最小样本容量"，是从最小二乘原理出发，为得到参数估计量所要求的样本容量的下限。

从参数估计量

$$\boldsymbol{b}=(\boldsymbol{X}'\boldsymbol{X})^{-1}\boldsymbol{X}'\boldsymbol{Y} \tag{2.1.59}$$

中可以看到，欲使 $\boldsymbol{b}$ 存在，矩阵 $\boldsymbol{X}'\boldsymbol{X}$ 必须为 $k+1$ 阶满秩矩阵。而 $\boldsymbol{X}$ 为 $N\times(k+1)$ 阶矩阵，其秩最大 $k+1$，此时必须有

$$N\geqslant k+1 \tag{2.1.60}$$

① 李子奈，潘文卿. 计量经济学[M]. 4 版. 北京：高等教育出版社，2015：68-69.

即样本容量必须不少于模型中解释标量的数目(包括常数项),这就是最小样本容量。

2. 满足基本要求的样本容量

虽然当 $N \geqslant k+1$ 时可以得到参数估计量,但在 N 较小时,除了参数估计量质量不好外,一些建立模型所必需的后续工作也无法进行。例如,参数的统计检验要求样本容量必须足够大,经验表明,当 $N-k \geqslant 8$ 时 t 分布较为稳定,t 检验才较为有效。所以一般经验认为,当 $N \geqslant 30$ 或者至少当 $N \geqslant 3(k+1)$ 时,才能说满足模型估计的基本要求。

2.2　回归方程的函数形式

在分析实际经济问题时,经常遇到变量间非线性的情况,如双曲线形式的需求函数、柯布—道格拉斯生产函数,有时还会希望得到变量之间的弹性影响关系。本节讨论几种形式的回归模型:双对数线性模型(不变弹性模型)、半对数模型和双曲函数模型。这些模型中变量不是线性的,但都是参数线性模型,因此仍然属于线性回归模型。为方便起见,本节中变量省去下标 i。

2.2.1　双对数线性模型

回归模型经常使用的形式是双对数线性模型,考虑如下形式的一元非线性函数

$$y=\gamma x^{\beta_1}\varepsilon \tag{2.2.1}$$

模型可变换为

$$\ln(y)=\ln(\gamma)+\beta_1\ln(x)+\ln(\varepsilon) \tag{2.2.2}$$

令 $\beta_0=\ln(\gamma)$, $u=\ln(\varepsilon)$,则

$$\ln(y)=\beta_0+\beta_1\ln(x)+u \tag{2.2.3}$$

对于多个解释变量的情形,式(2.2.3)扩展为

$$\ln(y)=\beta_0+\sum_{j=1}^{k}\beta_j\ln(x_j)+u \tag{2.2.4}$$

上述模型是线性模型,因为参数是以线性形式出现在模型中的,而且,虽然原来的变量之间是非线性关系,但因变量和自变量的对数形式是线性关系,因而可以叫作双对数线性模型。

容易看出,这个模型中解释变量的系数就是弹性:

$$\beta_j=\frac{\partial\ln(y)}{\partial\ln(x_j)}=\frac{\partial y/y}{\partial x_j/x_j} \tag{2.2.5}$$

对于多元双对数模型,β_j 称为偏弹性。它度量了在其他变量保持不变的条件下,解释变量 x_j 对因变量 y 的弹性影响。在希望度量变量之间弹性影响关系时经常使用,如需求的价格弹性、消费的收入弹性等。

如果令 $y^*=\ln(y)$, $x_j^*=\ln(x_j)$,则式(2.2.4)可以写为

$$y^* = \beta_0 + \sum_{j=1}^{k} \beta_j x_j^* + u \tag{2.2.6}$$

显然，在古典线性回归模型基本假定下，可以使用 OLS 对模型(2.2.6)进行估计。

例 2.3　居民消费的收入弹性

对于例 2.1，如果认为实际居民消费和实际可支配收入并非线性关系，而是满足如下关系：

$$cs_t = a \times inc_t^{\beta} \times e^{u_t} \tag{2.2.7}$$

方程两边取对数，并且令 $\gamma = \ln(a)$，$c_t^* = \ln(cs_t)$，$y_t^* = \ln(inc_t)$，转化为双对数线性方程：

$$c_t^* = \gamma + \beta \times y_t^* + u_t \tag{2.2.8}$$

利用 OLS 估计得到

$$\hat{c}_t^* = 0.69 + 0.8998 y_t^* \tag{2.2.9}$$

$$se = (0.244)\quad (0.0285)$$

$$t = (2.843)\quad (31.525)$$

$$R^2 = 0.99 \qquad DW = 1.14$$

方程中消费的收入弹性为 0.899 8，说明我国居民收入增加 1%，居民消费平均增加 0.899 8%。R^2 表明模型拟合效果很好，不过 DW 统计量显示模型存在(正的)自相关。

2.2.2　半对数模型

半对数模型包含两种形式，分别为

$$y = \alpha_0 + \alpha_1 \ln(x) + u \tag{2.2.10}$$

$$\ln(y) = \beta_0 + \beta_1 x + u \tag{2.2.11}$$

半对数模型也是线性模型，因为参数是以线性形式出现在模型中的。而且，虽然原来的变量 x 和 y 之间是非线性关系，但变量 x(或 y)经过对数变换后，变量 $\ln(x)$和 y 之间[或变量 x 和 $\ln(y)$之间]是线性关系，因此可以称其为半对数线性模型。类似双对数线性模型，半对数模型也可以使用 OLS 估计。

半对数模型式(2.2.10)和式(2.2.11)中的回归系数具有直观的意义：

$$\alpha_1 = \frac{\mathrm{d}y}{\mathrm{d}[\ln(x)]} = \frac{\mathrm{d}y}{\mathrm{d}x/x},\quad \beta_1 = \frac{\mathrm{d}[\ln(y)]}{\mathrm{d}x} = \frac{\mathrm{d}y/y}{\mathrm{d}x} \tag{2.2.12}$$

式中：α_1 为 x 变化 1%导致 y 绝对量的变化量；β_1 为 x 变化 1 单位导致 y 变化的百分比。特别地，如果在半对数模型式(2.2.11)中 x 取为 t(年份)，变量 t 按时间顺序依次取值为 1,2,…,T，则 t 的系数度量了 y 的年均增长速度，因此，半对数模型式(2.2.11)又称为增长模型。对于增长模型，如果 β_1 为正，则 y 有随时间向上增长的趋势；如果 β_1 为负，则 y 有随时间向下变动的趋势，因此 t 可称为趋势变量。宏观经济模型表达式中常有时间趋势，在研究经济长期增长或确定性趋势成分时，常常将产出取对数，然后用时间 t

做解释变量建立回归方程。

例 2.4 我国实际 GDP 平均增长率

我们建立半对数线性方程，估计我国实际 GDP(支出法，样本区间：1978—2006 年)的长期平均增长率，模型形式为

$$\ln(gdp_t)=\beta_0+\beta_1\times t_t+u_t \tag{2.2.13}$$

式中：$gdp_t=GDP_t/P_t$ 为剔除价格因素的实际 GDP。设 $y_t=\ln(gdp_t)$，利用 OLS 估计得到

$$\hat{y}_t=8.19+0.0939\times t_t \tag{2.2.14}$$

$$se=(0.014)\quad(0.00088)$$

$$t=(569.36)\quad(106.44)$$

$$R^2=0.998\qquad DW=0.416$$

方程中时间趋势变量的系数估计值是 0.093 9，说明我国实际 GDP(支出法)1978—2006 年的年平均增长率为 9.39%。R^2 表明模型拟合效果很好，DW 统计量显示模型存在(正的)自相关。

2.2.3 双曲函数模型

形如下式的模型称为双曲函数模型：

$$y=\beta_0+\beta_1\left(\frac{1}{x}\right)+u \tag{2.2.15}$$

这是一个变量之间非线性的模型，因为 x 是以倒数的形式进入模型的，但这个模型是参数线性模型，因为模型中参数之间是线性的。这个模型的显著特征是随着 x 的无限增大，$1/x$ 接近于零。

这个模型在经济分析中的应用可以考虑宏观经济学中著名的菲利普斯曲线(Phillips curve)。菲利普斯根据英国 1861—1957 年的失业率和名义工资率，得出了二者之间的影响是反向的，呈双曲线形式。经过萨缪尔森等的发展，用通货膨胀率代替货币工资变化率，菲利普斯曲线刻画了通货膨胀率和失业率的反向变动关系。

例 2.5 美国菲利普斯曲线

利用美国 1953—1969 年的数据，根据菲利普斯曲线，即通货膨胀率 π_t 和失业率 U_t 的反向关系，建立双曲函数：

$$\hat{\pi}_t=0.83-13.55(1/U_t) \tag{2.2.16}$$

$$se=(1.115)\quad(2.7)$$

$$t=(-0.74)\quad(5.01)$$

$$R^2=0.34\quad DW=0.57$$

估计结果表明,1953—1969 年存在菲利普斯曲线所描述的 π_t 和 U_t 的反向关系。但是 20 世纪 70 年代出现了石油危机,从而引发了“滞胀”,通货膨胀伴随着高失业率,模型(2.2.16)的解释变量 $1/U_t$ 变得不显著了。需要考虑通货膨胀预期 π_t^e 的影响,可以在模型中引入代表通货膨胀预期的变量,比如用通货膨胀前期值来代表,含有通货膨胀预期的菲利普斯曲线估计结果(样本期间:1970—1984 年)为

$$\hat{\pi}_t = -7.16 + 1.03\pi_{t-1} + 45.4 \times (1/U_t) \tag{2.2.17}$$

$$se = \quad (3.59) \quad (0.236) \quad (16.1)$$

$$t = (-1.995) \quad (4.37) \quad (2.8)$$

$$R^2 = 0.61 \qquad DW = 1.65$$

可以看出,在 1970—1984 年的模型(2.2.17)加入通货膨胀预期因素后,模型的拟合效果很好,而且体现出失业率和通货膨胀率之间的显著的反向变动关系。

2.2.4　多项式回归模型

多项式回归模型在生产与成本函数分析中被广泛地使用。如果用 y 表示总成本,x 表示产出,则可以建立式(2.2.18)所示的回归模型体现微观经济分析中刻画的二者关系。

$$y = \beta_0 + \beta_1 x + \beta_2 x^2 + \beta_3 x^3 + u \tag{2.2.18}$$

这个模型中的解释变量只有一个 x,但是以不同次幂的形式出现。

2.2.5　Box-Cox 转换

考虑解释变量 x 的函数

$$g(x) = \frac{x^\lambda - 1}{\lambda} \tag{2.2.19}$$

当 $\lambda=1$,模型是线性的;$\lambda=0$,模型是双对数线性或半对数线性的;$\lambda=-1$,模型是双曲形式;λ 的其他不同取值产生许多不同的函数形式。如果 λ 已知,可以把它代入模型得到一个关于变换后变量的线性模型。更一般的情况是 λ 未知,这时将其作为模型中增加了的参数一起估计,避免了设定的任意性,应用更加灵活。但是,这样做的代价是模型关于参数也是非线性的,要用非线性方法进行估计。

2.3　包含虚拟变量的回归模型

虚拟变量是回归分析中很有用的工具之一。在研究某一个因变量的时候,解释变量中除了定量变量外,还经常希望包含进一些定性变量,如性别、种族、宗教、民族、婚姻状况、教育程度等。这些定性变量也可以称为指标变量、二元变量或分类变量。本节在回归模型中引入这些变量。

2.3.1 回归中的虚拟变量

如果我们对随机抽取的样本,研究其收入的决定因素,当考虑到受教育程度可能会显著影响收入水平时,我们自然希望在模型中引入能够反映这个差别的变量。为简化起见,仅考虑是否受过大学教育,则可以建立定性变量,并赋值为0或1,可以用1表示大学毕业,0表示非大学毕业(反过来也可以),像这样只取0和1两个值的变量称为虚拟变量(dummy variable),可以用D来专门表示虚拟变量,以便和其他变量区别。例如构造回归模型

$$y_i = \beta_0 + \beta_1 D_i + u_i, \quad i = 1, 2, \cdots, N \tag{2.3.1}$$

式中:y_i为收入,N为抽取的样本个数,D_i为虚拟变量,取0,1两个值:

$$D_i = \begin{cases} 1, & \text{大学毕业} \\ 0, & \text{非大学毕业} \end{cases}$$

假定随机扰动项满足古典线性回归模型的基本假定,由式(2.3.1)知

$$E(\text{收入} \mid \text{非大学毕业}) = \beta_0, \quad E(\text{收入} \mid \text{大学毕业}) = \beta_0 + \beta_1$$

可见,β_0是非大学毕业者的平均收入,$\beta_0+\beta_1$是大学毕业者的平均收入,而β_1自然是大学毕业和非大学毕业两组样本均值的差别。

这个模型的估计方法仍然用OLS,并且可以检验参数的显著性。β_1是否显著,即大学毕业是否显著影响收入水平是引人关注的,可以通过t检验来判断。

引入虚拟变量必须注意**虚拟变量陷阱**问题。如果在式(2.3.1)中再引入一个虚拟变量

$$y_i = \beta_0 + \beta_1 D_{1i} + \beta_2 D_{2i} + u_i, \quad i = 1, 2, \cdots, N \tag{2.3.2}$$

$$D_{1i} = \begin{cases} 1, & \text{大学毕业} \\ 0, & \text{非大学毕业} \end{cases}, \quad D_{2i} = \begin{cases} 1, & \text{非大学毕业} \\ 0, & \text{大学毕业} \end{cases}$$

这时解释变量构成的数据矩阵不再是列满秩,即存在完全的多重共线性,不能得到参数的唯一估计值。这种由引入虚拟变量带来的完全共线性的现象就是虚拟变量陷阱。如果模型中不含有常数项β_0,就不会产生这样的结果。因此,如果定性变量有两类,如性别,应该在含有常数项的模型中引入一个虚拟变量,一般地,如果定性变量有m类,则要引进$(m-1)$个虚拟变量。

影响收入的因素绝对不仅仅是受教育程度,如可以考虑年龄x等。这时,回归模型中既包含定量变量又包含定性变量:

$$y_i = \beta_0 + \beta_1 D_i + \beta_2 x_i + u_i, \quad i = 1, 2, \cdots, N \tag{2.3.3}$$

由式(2.3.3)可知

$$E(y_i \mid x_i, D_i = 0) = \beta_0 + \beta_2 x_i$$

$$E(y_i \mid x_i, D_i = 1) = (\beta_0 + \beta_1) + \beta_2 x_i$$

这时,β_0是非大学毕业样本的收入对年龄的函数的截距,$(\beta_0+\beta_1)$是大学毕业样本的收入对年龄的函数的截距,β_1反映了二者的差别。这个模型中,假定是否大学毕业并

不影响斜率,也可以通过如下的方式引入对斜率的影响,即可能的情况是,大学毕业的人随着年龄增加,收入增长得也更快。这时模型可以写成

$$y_i = \beta_0 + \beta_1 D_i + \beta_2 x_i + \beta_3 D_i x_i + u_i \tag{2.3.4}$$

此时,截距和斜率都发生改变:

$$E(y_i \mid x_i, D_i = 1) = (\beta_0 + \beta_1) + (\beta_2 + \beta_3) x_i \tag{2.3.5}$$

例 2.6 工资差别——性别虚拟变量

为了解职业妇女是否受到歧视,可以用美国统计局的"当前人口调查"中的截面数据研究男女工资有没有差别。这项多元回归分析研究所用到的变量有

W:雇员的工资(美元/小时);ED:受教育的年数;AGE:雇员的年龄

$$SEX_i = \begin{cases} 1, & \text{若雇员 } i \text{ 为妇女} \\ 0, & \text{其他} \end{cases}, \quad HISP_i = \begin{cases} 1, & \text{若雇员 } i \text{ 是西班牙裔} \\ 0, & \text{其他} \end{cases}$$

$$NONWH_i = \begin{cases} 1, & \text{若雇员 } i \text{ 不是西班牙裔也不是白人} \\ 0, & \text{其他} \end{cases}$$

对206名雇员的样本所进行的研究得到的回归结果为

$$\hat{W}_i = 10.93 - 2.73 SEX_i \tag{2.3.6}$$

$$t = (22.10) \quad (-3.86)$$

$$R^2 = 0.068 \qquad F = 14.9 (p = 0.0)$$

在回归模型中加入 AGE 和受教育年数 ED 及种族或民族,性别虚拟变量仍然是显著的:

$$\hat{W}_i = -6.41 - 2.76 SEX_i + 0.99 ED_i + 0.12 AGE_i - 1.06 NONWH_i + 0.24 HISP_i$$

$$t = (-3.38) \quad (-4.61) \quad (8.54) \quad (4.63) \quad (-1.07) \quad (0.22) \tag{2.3.7}$$

$$R^2 = 0.367 \qquad F = 23.2 (p = 0.0)$$

尽管受教育年数和年龄对于工资率来说都是显著的决定因素,但是男女差别在统计上还是显著的。

最后考虑年龄 AGE 与工资(W)之间非线性关系的可能性时,男女差别还是显著存在的。这一点可以由下列回归结果看出:

$$\hat{W}_i = -14.8 - 2.64 SEX_i + 0.92 ED_i - 1.18 NONWH_i + 0.3 HISP_i +$$

$$t = (-4.59) \quad (-4.5) \quad (7.98) \quad (-1.22) \quad (0.28)$$

$$0.62 AGE_i - 0.0063 AGE_i^2$$

$$(3.87) \quad (-3.18)$$

$$R^2 = 0.398 \qquad F = 21.9 (p = 0.0) \tag{2.3.8}$$

性别系数的 t 值为-4.5,仍然显著。同时,这个回归模型还说明,在其他条件不变的情况下,雇员的工资率随着他的年龄的增长而增长(AGE 系数为 0.62),但是增加的速度

越来越慢(AGE^2 的系数是-0.0063)。进一步的研究表明,工资在雇员的年龄为 49.2 岁时达到最大,之后逐年下降。

变量 *HISP* 的系数不显著,还可以考虑剔除这个变量,读者可以自行练习。

资料来源:平狄克,鲁宾费尔德.计量经济模型与经济预测[M].钱小军,等,译.4 版.北京:机械工业出版社,1999:77.

2.3.2　季节调整的虚拟变量方法

当使用含有季节因素的经济数据进行回归分析时,可以对数据进行季节调整消除原数据带有的季节性影响,也可以使用虚拟变量描述季节因素,进而可以同时计算出各个不同季度对经济变量的不同影响。如果用虚拟变量,这时包含了 4 个季度的 4 种分类,需要建立 3 个虚拟变量。用 Q_i 表示第 i 个季度取值为 1,其他季度取值为 0 的季节虚拟变量,显然 $Q_1+Q_2+Q_3+Q_4=1$,如果模型中包含常数项,则只能加入 Q_1,Q_2,Q_3,否则模型将因为解释变量的线性相关而无法估计,即导致虚拟变量陷阱问题。当使用月度数据时,方法与上述类似,但需要有 11 个虚拟变量。

例 2.7　季节虚拟变量

通过图 2.3.1,可以看出 1995 年第一季度—2003 年第一季度的季度国内生产总值(*GDP*)和社会消费品零售总额(*SL*)存在明显的季节因素,*GDP* 通常逐季增加,也有一些年份中第二季度高于第三季度。*SL* 在第一季度增加,第二季度减小,第三季度略有上升,第四季度达到高峰。

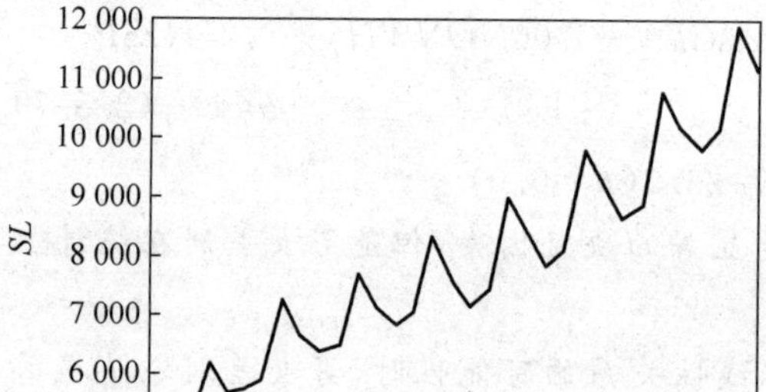

(a) 社会消费品零售总额(*SL*)

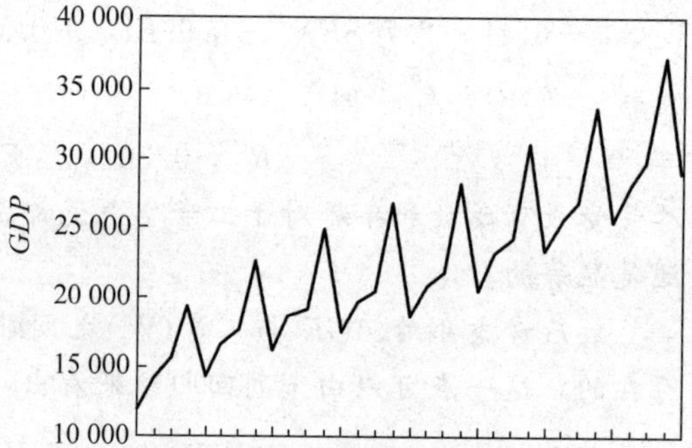

(b) *GDP*

图 2.3.1　社会消费品零售总额和 *GDP*

所以,若要分析 *GDP* 与 *SL* 的关系,就必须调整原数据所具有的季节性。加入季节虚拟变量后,因变量的季节性就被虚拟变量所反映,从而可以正确分析 *GDP* 和 *SL* 之间的关系。

下面利用季度数据对我国的国内生产总值（GDP）和社会消费品零售总额（SL）进行回归分析，分别考虑不包含和包含虚拟变量的情形。不包含虚拟变量的回归结果为

$$\widehat{SL}_t = 1\,162.98 + 0.295 \times GDP_t \tag{2.3.9}$$
$$t = (2.53) \qquad (14.9)$$
$$R^2 = 0.88 \quad DW = 2.13$$

包含虚拟变量的回归方程结果为

$$\widehat{SL}_t = -949.86 + 1\,907.17 \times Q_{1t} + 794.88 \times Q_{2t} + 674.2 \times Q_{3t} + 0.35 \times GDP_t$$
$$t = (-4.82) \qquad (17.93) \qquad (7.58) \qquad (6.14) \qquad (52.83) \tag{2.3.10}$$
$$R^2 = 0.99 \quad DW = 1.99$$

可以看出包含虚拟变量的方程明显地改进了拟合能力（图 2.3.2）。这种季节调整方法以季节变动要素不变并且服从于加法模型为前提，否则应该首先运用 X12 季节调整方法或其他方法对数据进行季节调整。

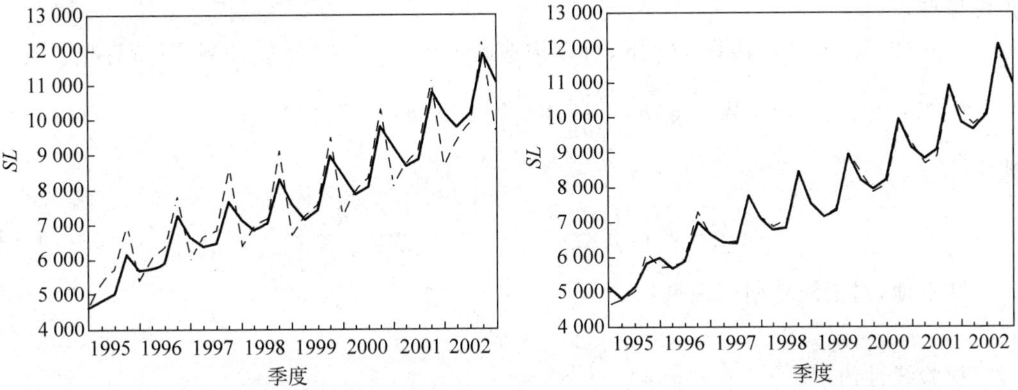

(a) 不含虚拟变量　　(b) 含虚拟变量

图 2.3.2　SL 的实际曲线（实线）和拟合曲线（虚线）

图（a）（b）分别由式（2.3.9）、式（2.3.10）得到

2.4　模型设定和假设检验

经验研究经常是一种反馈过程：这一过程从估计一个设定的模型关系开始，最初定义的变量关系是否恰当并不能确定。一旦完成了估计，就需要根据各种检验结果进行判断，或者接受模型，或者对模型中定义的关系进行修改，包括变量的重新选择、函数关系的指定。如果是时间序列数据，可能还要对滞后期进行修改，然后估计模型，再进行各种检验，将这一过程重复下去，直到能得到满意的结果。2.1.5 小节中已经介绍了对于单个回归系数是否为 0 的原假设所做的 t 检验和回归方程的 F 检验。本节介绍与模型形式设定有关的系数检验和稳定性检验的原理与应用。

2.4.1 系数检验

1. Wald 检验——对系数有约束条件的检验

Wald 统计量的构造基于如下结论，对于一个 n 维随机向量 $\boldsymbol{x}$，如果 $\boldsymbol{x} \sim N(\boldsymbol{\mu}, \boldsymbol{\Sigma})$，$\boldsymbol{\Sigma}$ 满秩，则

$$(\boldsymbol{x}-\boldsymbol{\mu})'\boldsymbol{\Sigma}^{-1}(\boldsymbol{x}-\boldsymbol{\mu}) \sim \chi^2(n) \tag{2.4.1}$$

考虑一个一般回归模型：

$$y = f(\boldsymbol{x}, \boldsymbol{\beta}) + u, \quad u \sim N(0, \sigma^2) \tag{2.4.2}$$

式中：$\boldsymbol{\beta}$ 为估计参数的 k 维向量。对参数的约束可以写为

$$H_0: g(\boldsymbol{\beta}) = 0 \tag{2.4.3}$$

式中：g 为对 $\boldsymbol{\beta}$ 施加约束的函数，假设包含了 q 个约束。

仍然记 $\boldsymbol{b}$ 是没有加入约束得到的参数估计值，$\hat{\boldsymbol{u}}$ 是无约束残差，$\boldsymbol{V}$ 是 $\boldsymbol{b}$ 的协方差矩阵。Wald 检验的思想是，如果约束是有效的，则 $g(\boldsymbol{b})$ 应该接近于 0，如果显著异于 0，则拒绝原假设。

由式(2.4.1)，在原假设 H_0 下，可以构造渐近服从 $\chi^2(q)$ 分布的 Wald 统计量：

$$W = g(\boldsymbol{b})'\left(\frac{\partial g}{\partial \boldsymbol{b}'}\boldsymbol{V}\frac{\partial g}{\partial \boldsymbol{b}}\right)^{-1} g(\boldsymbol{b}) \sim \chi^2(q) \tag{2.4.4}$$

式中

$$\boldsymbol{V} = \hat{\sigma}^2\left(\frac{\partial f}{\partial \boldsymbol{b}}\frac{\partial f}{\partial \boldsymbol{b}'}\right)^{-1}, \quad \hat{\sigma}^2 = \frac{\hat{\boldsymbol{u}}'\hat{\boldsymbol{u}}}{N-k-1} \tag{2.4.5}$$

特别地，对于线性回归模型：

$$y = \boldsymbol{x}'\boldsymbol{\beta} + u \tag{2.4.6}$$

检验线性约束：

$$H_0: \boldsymbol{R\beta} - \boldsymbol{r} = 0$$

式中：$\boldsymbol{R}$ 为 $q \times k$ 矩阵；$\boldsymbol{r}$ 为 q 维向量。这时，Wald 统计量就可以写为

$$W = (\boldsymbol{Rb}-\boldsymbol{r})'(\hat{\sigma}^2\boldsymbol{R}(\boldsymbol{x}'\boldsymbol{x})^{-1}\boldsymbol{R}')^{-1}(\boldsymbol{Rb}-\boldsymbol{r}) \tag{2.4.7}$$

在 H_0 下渐近服从 $\chi^2(q)$ 分布。

小样本下，进一步假设 $\boldsymbol{u} \sim \text{i.i.d.}\, N(0, \sigma^2)$ 且独立同分布，则有

$$F = W/q = \frac{(\tilde{\boldsymbol{u}}'\tilde{\boldsymbol{u}} - \hat{\boldsymbol{u}}'\hat{\boldsymbol{u}})/q}{\hat{\boldsymbol{u}}'\hat{\boldsymbol{u}}/(N-k-1)} \tag{2.4.8}$$

式中：$\tilde{\boldsymbol{u}}$ 为带有约束的模型 OLS 估计的残差向量。F 统计量对附加约束和没有约束两种情形计算出的残差平方和进行比较。如果约束有效，这两个残差平方和差异应当很小，F 值也应该很小，这样就很可能会接受原假设。

与 t 检验类似，Wald 检验也可以通过构造置信区间的方式对约束条件进行检验。例如检验两个约束条件的情形，可以构造出由椭圆限定的置信区域，据此可以判断两个约束条件是否同时成立。

2. 遗漏变量、冗余变量检验

当研究者认为某个变量对因变量可能会有影响时，可以进行遗漏变量检验(omitted variables test)。通过检验，可以判断该变量对解释因变量变动是否有显著作用。遗漏变量检验的原假设 H_0 是添加的变量不显著，检验方法可以通过 F 检验和似然比(LR)检验：F 统计量基于包含此变量(无约束)和不包含此变量(有约束)的回归模型残差平方和的比较，类似式(2.4.8)右端构造的 F 统计量。而 LR 统计量由下式计算：

$$LR = -2(L^r - L^u) \tag{2.4.9}$$

L^r 和 L^u 分别为有约束条件和无约束条件下通过对回归模型的估计得到的对数极大似然函数值。在 H_0 下，LR 统计量渐近地服从 χ^2 分布，自由度等于约束条件数，即加入变量数。如果加入变量后的模型进行估计后，对数似然函数值改进很大，超过了给定的临界值，则认为这个变量的确应该加入模型中。

冗余变量检验(Redundant variable test)可以检验一部分变量的统计显著性，通过判断方程中一部分变量系数是否为 0，决定是否从方程中剔除这些变量，检验方法可以通过 F 检验和似然比检验。

例 2.8　柯布—道格拉斯生产函数及检验

这个例子先建立一个柯布—道格拉斯生产函数，然后检验规模报酬不变的假设。数据采用美国 27 家主要金属行业 SIC33 的观测值，被解释变量 Y 代表产出，解释变量为劳动投入 L 和资本投入 K。根据柯布—道格拉斯生产函数，模型形式为

$$Y = AK^{\alpha}L^{\beta}e^{u} \tag{2.4.10}$$

即

$$\ln Y_i = \ln A + \alpha \ln K_i + \beta \ln L_i + u_i \tag{2.4.11}$$

运用普通最小二乘法估计得

$$\ln(\hat{Y}_i) = 1.168 + 0.37\ln(K_i) + 0.61\ln(L_i) \tag{2.4.12}$$

$$se = (0.331)\quad (0.0874)\quad (0.1293)$$

$$t = (3.53)\quad (4.27)\quad (4.69)$$

$$R^2 = 0.94\quad DW = 1.85$$

1. Wald 检验

我们知道，α，β 分别表示产出的资本投入和劳动投入的弹性，如果二者之和等于 1(大于 1、小于 1)，说明规模报酬不变(递增、递减)。如果估计完上述无约束的模型后想要检验规模报酬不变的原假设，本例为 $\alpha+\beta=1(0.37+0.61-1=0)$ 是否成立，由于模型是参数线性并且约束条件也是线性的，根据式(2.4.7)计算 Wald 值，其中 $\boldsymbol{R}$ 为 $(1,1)'$ 的列向量，r 为 1，分母为系数协方差[式(2.1.38)]。

$$W=\frac{(0.37+0.61-1)^2}{0.0076+0.0167-2\times 0.01015}=0.1$$

由于只有一个约束条件，即 $q=1$，由式(2.4.8)，$F=W=0.1$，p 值 $=0.75$，显然不能拒绝规模报酬不变的原假设。

对于原假设的检验也可以通过另外的方式进行，即估计带有参数约束的模型：

$$\ln Y_t=\ln A+\alpha\ln K_t+(1-\alpha)\ln L_t+u_t \tag{2.4.13}$$

并计算出模型的残差平方和，然后通过式(2.4.8)右端的形式计算出 F 统计量，可以得出完全相同的结论。

2. 遗漏变量检验

对这个例子，超越对数生产函数模型：

$$\ln Y_i=\beta_0+\beta_1\ln K_i+\beta_2\ln L_i+\beta_3(\ln K_i)^2+\beta_4(\ln L_i)^2+\beta_5\ln K_i\ln L_i+u_i \tag{2.4.14}$$

是否合适？可以对模型(2.4.11)进行遗漏变量检验。在模型(2.4.11)中添加变量 $[\ln(L_i)]^2$、$[\ln(K_i)]^2$、$\ln(L_i)\ln(K_i)$，检验 $\beta_3=\beta_4=\beta_5=0$，遗漏变量检验的原假设 H_0 是添加的变量不显著。经计算，F 统计量的值为 1.73，p 值 $=0.19$，LR 统计量为 5.96，p 值 $=0.11$，则不能拒绝原假设，说明模型(2.4.11)是合适的。

资料来源：格林.经济计量分析[M].王明舰，等，译.北京：中国社会科学出版社，1998：223.

3. 因子分割点检验

因子分割点检验(Factor breakpoint test)按照一个或者多个分类变量的取值将全部的样本分割成若干子样本，检验利用这些子样本估计出来的方程是否存在显著的差别。如果存在显著的差别，说明变量的关系存在结构变化。例如，可以用这种检验对工资水平是否因为性别差异而受到影响进行检验，即用“性别”变量的取值将样本分割成两部分，检验子样本所估计出来的方程系数是否存在显著差异。因子分割点检验将检验方程的全部系数是否有显著的结构变化，在方程是线性的情形下，也可以检验部分参数是否存在结构变化。这种检验对于普通最小二乘法、二阶段最小二乘法估计的方程都是适用的。

因子分割点检验的原假设 H_0：不存在分割点。检验方法可以通过 F 检验、对数似然比检验和 Wald 检验。

(1) *F* 检验

对具有约束条件和无约束条件两种情况的残差平方和进行比较，最简单情况即检验是否存在一个分割点时，计算如下：

$$F=\frac{(\hat{\boldsymbol{u}}'\hat{\boldsymbol{u}}-\hat{\boldsymbol{u}}'_1\hat{\boldsymbol{u}}_1-\hat{\boldsymbol{u}}'_2\hat{\boldsymbol{u}}_2)/(k+1)}{(\hat{\boldsymbol{u}}'_1\hat{\boldsymbol{u}}_1+\hat{\boldsymbol{u}}'_2\hat{\boldsymbol{u}}_2)/(N-2k-2)} \tag{2.4.15}$$

式中：$\hat{\boldsymbol{u}}'\hat{\boldsymbol{u}}$ 为利用整个样本的数据进行回归得到的残差平方和(相当于施加了在两个子样

本期间不存在结构变化的约束)；$\hat{\boldsymbol{u}}_i'\hat{\boldsymbol{u}}_i$ 为基于第 i 个子样本进行参数估计后计算得到的残差平方和；$(k+1)$为方程系数个数。这一公式可以扩展为多于一个分割点的情形。如果每个子区间的误差项独立且服从同方差的正态分布，式(2.4.15)服从 F 分布。如果基于两个子样本估计的方程没有发生显著变化，F 值应该很小；相反，当 F 值大于临界值时，拒绝不存在分割点的原假设，即可以认为出现了结构变化。

(2) 对数似然比检验

对具有约束条件和没有约束条件下的极大对数似然值进行比较。LR 统计量由式(2.4.9)计算。在 H_0 下，LR 统计量渐近地服从 χ^2 分布，自由度等于分割点个数乘以 $(k+1)$。

(3) Wald 检验

Wald 检验将在基于所有子样本估计的方程系数都相同的约束条件下构造如式(2.4.4)所示的标准 Wald 统计量。在 H_0 下，Wald 统计量渐近地服从 χ^2 分布，自由度等于分割点个数乘以 $(k+1)$。

例 2.9　因子分割点检验

在例 2.6 中利用因子分割点方法对工资水平是否因为性别差异而受到影响进行检验，即用“性别”变量的取值将样本分割成两部分，检验子样本所估计出来的方程系数是否存在显著差异。采用例 2.6 的数据建立只包含常数项和教育年数(ED)的工资方程，即假设方程设定形式是

$$\hat{W}_i = -3.6 + 0.9987ED_i$$
$$se = (1.65)\qquad(0.12)$$
$$t = (-2.18)\quad(8.16)$$
$$R^2 = 0.25\quad DW = 1.95$$

方程估计完成后就可以利用“性别”变量(SEX)作为分类变量，进行因子分割点检验，判断“性别”这个因子是否对方程的结构产生显著影响。检验的原假设为：H_0：不存在分割点。

检验的结果显示：F 统计量、对数似然比统计量和 Wald 统计量这 3 个统计量都表明拒绝不存在分割点的原假设，即性别变量对方程结构有显著的影响。

2.4.2　残差检验

古典线性回归模型假定误差项同方差、无序列相关并且服从正态分布，通过估计方程的残差序列，可以对误差项的这些假定是否成立进行检验。违背这些假定的时候需要改进估计方法，这将在本书后面章节中详细介绍。

1. 正态性检验

可以利用 Jarque-Bera 统计量进行正态性检验。JB 统计量的形式见第 1 章的例 1.4。在原假设(误差正态分布)下，JB 统计量应服从自由度为 2 的 χ^2 分布。

2. 序列相关检验

DW 统计量仅检验误差项存在一阶相关,与之不同的是,还有两种检验方法检验高阶序列相关:①估计误差项各阶自相关值并计算 Ljung-Box Q 统计量;②序列相关的拉格朗日乘数检验(Lagrange multiplier test),即序列相关的 LM 检验。对于这两种检验的详细介绍,请参见 4.1 节。

3. ARCH 检验

对于模型是否存在自回归条件异方差性(autoregressive conditional heteroscedasticity, ARCH),有两种检验方法:①估计误差项平方的各阶自相关值并计算 Ljung-Box Q 统计量;② ARCH LM 检验。关于 ARCH 模型和检验在本书中高级部分的第 5 章中详细介绍。

4. White 异方差性检验

White 异方差性检验包括有交叉项和无交叉项两种检验。OLS 估计在存在异方差性时是一致的,但传统计算的标准差不再有效。White 检验详见 3.1.1 小节。

2.4.3 模型稳定性检验

对于时间序列数据,因变量和解释变量之间的关系可能会发生结构变化,这可能是由经济系统的需求或供给冲击带来的,也可能是制度转变的结果。例如,我国改革开放后的经济关系方方面面都逐渐发生了改变,市场经济体制的逐步建立也使得经济关系不断调整。因此,需要对参数和设定关系的稳定性进行检验。很多检验统计量可以检查模型参数在数据的不同子区间是否稳定,下面介绍 Chow 检验。

1. Chow 分割点检验

Chow 分割点检验(Chow breakpoint test)的思想是把方程应用于由分割点划分出来的每一个子样本区间(每一子区间包含的观测值个数应大于方程参数个数,这样才可以在每一子区间估计模型),然后比较利用全部样本进行回归得到的残差平方和与利用每一子区间样本所得到的加总的残差平方和,判断是否发生了结构变化。可以利用下面两个统计量进行检验。

(1) *F* 检验

对具有约束条件和无约束条件两种情况的残差平方和进行比较,最简单情况即一个分割点时,F 统计量的计算与式(2.4.15)完全一致,如果两段区间没有发生显著变化,F 值应该很小;相反,当 F 值大于临界值时,可以认为出现了结构变化。

(2) 对数似然比检验

对具有约束条件和没有约束条件下的极大对数似然值进行比较。LR 检验统计量渐近服从 χ^2 分布,自由度等于分割点个数乘以参数个数$(k+1)$。

Chow 分割点检验要求每一个子区间有至少同被估计参数一样多的样本数。如果要检验战争时期、和平时期的结构变化,会遇到战争时期的样本数较少的问题,下面讨论的

Chow 预测检验可以解决这个问题。

例 2.10 消费函数稳定性检验

我们利用 Chow 分割点检验来判断 1978—1996 年中国的消费函数的稳定性。

20 世纪 90 年代中期前的中国仍然处于卖方市场，虽然居民收入水平增幅较大，但当时的利息率较高，因而居民收入更加倾向于储蓄增值而不是立即消费。1986 年我国开始了全面的体制改革和制度创新，国内商品市场日益繁荣，商品品种逐渐丰富，使得居民收入用于消费的部分增加。不妨以 1986 年为假想的分割点，用 Chow 分割点检验判断 1986 年之前和之后的两段时期消费函数是否产生了显著的差异。

利用 OLS 分别对 1978—1996 年区间和两个子区间 1978—1985 年、1986—1996 年估计消费函数，估计结果分别为

$$\widehat{cs}_t = 152.85 + 0.81 \times inc_t \quad (\text{样本区间：1978—1996 年}) \tag{2.4.16}$$

$$t = (2.243) \quad (55.49)$$

$$R^2 = 0.99 \quad DW = 0.71$$

$$\widehat{cs}_t = 187.77 + 0.775 \times inc_t \quad (\text{样本区间：1978—1985 年}) \tag{2.4.17}$$

$$t = (2.632) \quad (31.48)$$

$$R^2 = 0.99 \quad DW = 2.52$$

$$\widehat{cs}_t = 588.56 + 0.738 \times inc_t \quad (\text{样本区间：1986—1996 年}) \tag{2.4.18}$$

$$t = (6.19) \quad (43.77)$$

$$R^2 = 0.995 \quad DW = 1.82$$

由式(2.4.16)，式(2.4.17)，式(2.4.18)可以计算出各个回归方程的残差平方和依次为：204 657.7、16 410.08 和 43 686.49。

利用 Chow 分割点检验方法，由式(2.4.15)计算 F 统计量为

$$F = \frac{(204\,657.7 - 16\,410.08 - 43\,686.49)/2}{(16\,410.08 + 43\,686.49)/(19-4)} = 18.041\,1$$

查表(附录 A，表 A4)，大于显著性水平为 5%的临界值 $[F_{0.05}(2,15) = 3.68]$，因此可以认为 1986 年发生了结构变化。

2. Chow 预测检验

Chow 预测检验(chow forecast test)是将时间序列数据集合分成两部分，先估计包括 T_1 个样本的模型，然后用估计出来的模型去预测剩余 T_2 个数据点。如果实际值和预测值差异很大，说明模型可能不稳定。T_1 和 T_2 的相对大小，没有确定的规则，有时可能根据如战争、石油危机等明显的转折点来确定。当这样明显的转折点不存在时，常用的方法是用 85%～90%的数据进行估计，剩余的数据进行检验。预测检验仍通过 F 检验或 LR 检验进行。

误差项独立且服从同方差的正态分布时,可以构造 F 统计量:

$$F=\frac{(\hat{\hat{\boldsymbol{u}}}'\hat{\hat{\boldsymbol{u}}}-\hat{\boldsymbol{u}}'\hat{\boldsymbol{u}})/T_2}{\hat{\boldsymbol{u}}'\hat{\boldsymbol{u}}/(T_1-k-1)} \tag{2.4.19}$$

式中:$\hat{\hat{\boldsymbol{u}}}'\hat{\hat{\boldsymbol{u}}}$ 为用所有样本观测值估计方程而得到的残差平方和;$\hat{\boldsymbol{u}}'\hat{\boldsymbol{u}}$ 为利用 T_1 个子样本进行估计得到的残差平方和。

对数似然比统计量。对数似然函数基于对整个样本的估计,有约束的回归运用原来的回归量,无约束回归在模型中对每一个预测点加入一个虚拟变量,因此约束个数是 T_2,在无结构变化的原假设下,LR 检验统计量服从自由度为 T_2 的 χ^2 分布。

3. Quandt-Andrews 分割点检验

Quandt-Andrews 分割点检验是要对某种设定形式下的方程是否存在一个或者多个未知的结构分割点进行检验,这种检验基于 Chow 分割点检验,如果想要分析包含了 k 个样本点的两个时间点或观测值 τ_1 和 τ_2 之间是否存在结构变化,Chow 检验需要在每个观测点处分别进行检验,而 Quandt-Andrews 分割点检验将通过 Chow 检验得到的 k 个检验统计量,将这 k 个值汇总成一个检验统计量,用来对 τ_1 和 τ_2 之间没有转折点的原假设进行检验。该检验是检验原方程中全部系数是否存在结构变化,在线性方程情况下,也可以检验部分系数是否存在结构变化。

通过 Chow 检验可以得到 F 统计量、LR 统计量和 Wald 统计量,以 F 统计量为例,Quandt-Andrews 分割点检验将汇总出 3 个统计量:

① **最大统计量**,即通过 Chow 检验得到的 k 个 F 统计量的最大值:

$$\text{Max}F=\max_{\tau_1\leqslant\tau\leqslant\tau_2}[F(\tau)] \tag{2.4.20}$$

② **Ave 统计量**,即通过 Chow 检验得到的 k 个 F 统计量的简单算术平均:

$$\text{Ave}F=\frac{1}{k}\sum_{\tau=\tau_1}^{\tau_2}F(\tau) \tag{2.4.21}$$

③ **Exp 统计量**,其形式是

$$\text{Exp}F=\ln\left\{\frac{1}{k}\sum_{\tau=\tau_1}^{\tau_2}\exp\left[\frac{1}{2}F(\tau)\right]\right\} \tag{2.4.22}$$

这些检验统计量的分布不是标准的,Andrews(1993)[①]研究了它们的真实分布,Hansen(1997)[②]提供了近似渐近的 p 值。当 τ_1 接近样本起点或者 τ_2 接近样本末端时,这些统计量分布的性质将改变,因此,样本两端的观测值不能包含在此检验中。

---

① ANDREWS D W K. Tests for parameter instability and structural change with unknown change point[J]. Econometrica,1993,61(4): 821-856.

② HANSEN B E. Approximate asymptotic P values for structural-change tests[J]. Journal of business and economic statistics,1997,15(1): 60-67.

2.5　方程模拟与预测

当对模型参数和模型设定进行了种种检验，认为已经得到了正确形式的模型和具有优良性质的参数估计后，可以利用它进行经济分析和预测。这里仅介绍利用回归方法估计的方程进行模拟与预测。对于通过 ARCH，ORDERED，TOBIT 和 COUNT 等单方程方法估计的方程以及用多方程分析方法估计的模型进行预测，将在本书后面相应的章节中讨论。

2.5.1　预测误差与方差

为说明预测过程，我们利用时间序列数据，从一个简单的线性回归模型开始，解释变量是 $\boldsymbol{x}_t=(1,x_{1t},x_{2t},\cdots,x_{kt})'$，其中不含因变量 y_t 的滞后。假设模型由下式给定：

$$y_t=\boldsymbol{x}'_t\boldsymbol{\beta}+u_t,\quad u_t\sim \text{i.i.d.}\,N(0,\sigma^2),\quad t=1,2,\cdots,T \tag{2.5.1}$$

对模型进行参数估计，虽然生成 y 的真实模型尚不知道，但得到了未知参数 $\boldsymbol{\beta}=(\beta_0,\beta_1,\beta_2,\cdots,\beta_k)'$ 的估计值 $\boldsymbol{b}=(b_0,b_1,b_2,\cdots,b_k)'$，用第 t 个样本点上所有解释变量取值构成的行向量，可以估计出 $\hat{y}_t$：

$$\hat{y}_t=\boldsymbol{x}'_t\boldsymbol{b} \tag{2.5.2}$$

对于给定样本期内解释变量的观测值 $\boldsymbol{x}_t(t\leqslant T)$，由式(2.5.2)得到的 $\hat{y}_t$ 是**拟合值**。对于给定样本以外的解释变量的观测值 $\boldsymbol{x}_t(t>T)$，得到的 $\hat{y}_t$ 是**预测值**。为了方便起见，将这两种情况得到的 $\hat{y}_t$ 统称预测值。预测值的误差为实际值与预测值之差，即

$$\hat{u}_t=y_t-\hat{y}_t=y_t-\boldsymbol{x}'_t\boldsymbol{b} \tag{2.5.3}$$

误差有两种来源。第一种来源由随机扰动项 u 的不确定性引起，因为 u 在预测区间未知，y 的预测值实际上是对 y 的均值的预测，误差项始终取其期望值。然而，虽然期望值为 0，但是任何样本点上几乎都不能为 0，并且 u 的方差越大，预测误差将越大。在时间序列的动态预测中，滞后因变量的存在使不确定性更为复杂，这种情况在后面详细讨论。

预测误差的第二种来源是系数估计值与真实的参数有差别。回归方程系数估计量的标准差是用来衡量系数估计精确度的指标。因为在计算预测值时，要用估计系数乘以外生变量，外生变量均值越大，系数的不确定性对预测值的影响越大，预测的不确定性越强。

预测标准差可以由式(2.5.3)求得

$$\hat{\sigma}(\hat{u}_t)=\hat{\sigma}\sqrt{1+\boldsymbol{x}'_t(\boldsymbol{X}'\boldsymbol{X})^{-1}\boldsymbol{x}_t} \tag{2.5.4}$$

标准差可以说明随机扰动项和系数的不确定性最终导致的预测误差的不确定性。最小二乘估计量是线性无偏估计量中方差最小的估计量，因此由最小二乘法估计的模型作出的

点预测是最优的。此外,如果随机扰动项服从正态分布,则有

$$\frac{\hat{u}_t}{\hat{\sigma}(\hat{u}_t)}=\frac{y_t-\hat{y}_t}{\hat{\sigma}(\hat{u}_t)}\sim t(T-k-1) \tag{2.5.5}$$

根据式(2.5.5),可以在给定的置信度下构造 y_t 的置信区间。

$$P[\hat{y}_t-t_{\alpha/2}\times\hat{\sigma}(\hat{u}_t)<y_t<\hat{y}_t+t_{\alpha/2}\times\hat{\sigma}(\hat{u}_t)]=1-\alpha \tag{2.5.6}$$

2.5.2　预测评价

对于模型的预测功能的评价,通常可以将整个样本区间分成两部分,用样本前一段数据估计模型,然后利用所估计的模型对余下的数据点进行预测,一般是用 85%或 90%的数据进行估计,剩余的数据进行检验。通过实际值和预测值的对比,评价模型预测功能。假设预测样本期为 $t=T+1,\cdots,T+h$,有几种计算方法对预测精度进行度量:

$$\text{平均绝对误差(MAE)}=\frac{1}{h}\sum_{t=T+1}^{T+h}|\hat{y}_t-y_t| \tag{2.5.7}$$

$$\text{平均相对误差(MPE)}=\frac{1}{h}\sum_{t=T+1}^{T+h}\left|\frac{\hat{y}_t-y_t}{y_t}\right| \tag{2.5.8}$$

$$\text{均方根误差(RMSE)}=\sqrt{\frac{1}{h}\sum_{t=T+1}^{T+h}(\hat{y}_t-y_t)^2} \tag{2.5.9}$$

$$\text{Theil 不等系数}(U)=\frac{\sqrt{\frac{1}{h}\sum_{t=T+1}^{T+h}(\hat{y}_t-y_t)^2}}{\sqrt{\frac{1}{h}\sum_{t=T+1}^{T+h}\hat{y}_t^2}+\sqrt{\frac{1}{h}\sum_{t=T+1}^{T+h}y_t^2}} \tag{2.5.10}$$

MAE 和 RMSE 受因变量量纲影响,MPE 和 Theil 不等系数是不受量纲影响的相对指标,Theil 不等系数的分子就是 RMSE,因此度量的是相对 RMSE。

均方误差(MSE)可以分解为

$$\sum(\hat{y}_t-y_t)^2/h=(\bar{\hat{y}}-\bar{y})^2+(s_{\hat{y}}-s_y)^2+2(1-r)s_{\hat{y}}s_y \tag{2.5.11}$$

式中:$\bar{\hat{y}},\bar{y}$ 分别为 $\hat{y}$ 和 y 的平均值;$s_{\hat{y}},s_y$ 分别为 $\hat{y}$ 和 y 的标准差;r 为 $\hat{y}$ 和 y 的相关系数。定义:

$$\text{偏倚比例}=\frac{(\bar{\hat{y}}-\bar{y})^2}{\sum(\hat{y}_t-y_t)^2/h} \tag{2.5.12}$$

$$\text{方差比例}=\frac{(s_{\hat{y}}-s_y)^2}{\sum(\hat{y}_t-y_t)^2/h} \tag{2.5.13}$$

$$\text{协方差比例}=\frac{2(1-r)s_{\hat{y}}s_y}{\sum(\hat{y}_t-y_t)^2/h} \tag{2.5.14}$$

偏倚比例度量了预测值的均值与序列实际值均值的偏离程度,表示系统误差;方差

比例度量了预测值方差与实际序列的方差的偏离程度；协方差比例衡量了剩余的非系统预测误差。偏倚比例、方差比例和协方差比例之和为 1。如果预测结果好，那么偏差比和方差比应该较小，协方差比较大。

例 2.11 利用消费函数进行预测

例 2.10 利用 Chow 分割点检验方法，检验出消费函数在 1986 年出现了结构变化。如果要对此模型的预测功能进行评价，可以用 1986—1994 年的 9 年数据进行参数估计，用 1995—1996 年的数据作为检验性数据，考察实际值和预测值的差别。在 1986—1994 年样本期间，模型估计结果为

$$\widehat{cs_t}=712.49+0.712\times inc_t \tag{2.5.15}$$

$$se=(150.8)\quad(0.0296)$$

$$t=(4.726)\quad(24.068)$$

$$R^2=0.988 \qquad DW=1.94$$

然后计算 1995—1996 年的预测值。图 2.5.1 将因变量的实际值和预测值画在一起进行比较。

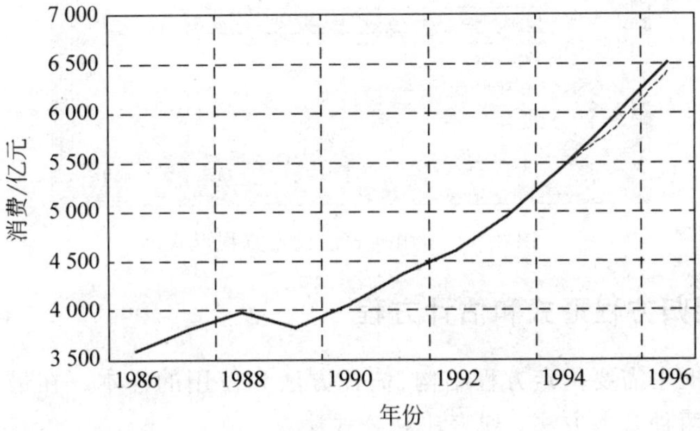

图 2.5.1 预测值(虚线)和实际值(实线)

更确切地，利用式(2.5.7)～式(2.5.14)计算出评价预测优劣的指标列于表 2.5.1。通过表 2.5.1 可以看出，预测误差较小。

表 2.5.1 预测评价指标

预测评价指标	数 值
均方根误差 (root mean squared error)	109.16
平均绝对误差 (mean absolute error)	108.18
平均相对误差 (mean abs. percent error)	1.75
Theil 不等系数 (theil inequality coefficient)	0.008 8

2.6　EViews 软件的相关操作①

EViews 中的单方程回归估计是用方程对象来完成的。在主菜单中选择 Object/ New Object /Equation 或 Quick/Estimation Equation...或者在命令窗口中输入关键词 equation。在随后出现的方程说明对话框中(图 2.6.1)设定模型形式,并选择估计方法,EViews 将在方程窗口中估计方程并显示结果。估计结果会作为方程对象的一部分存储起来以便随时提取。

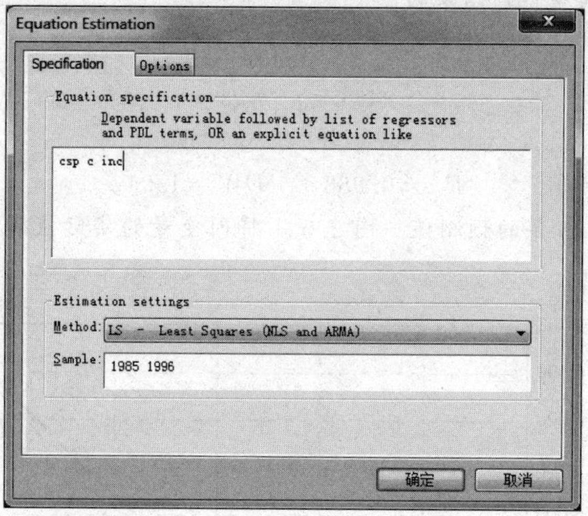

图 2.6.1　用列表法设定方程形式

2.6.1　设定回归方程形式和估计方程

在这个对话框中需要指定方程结构、估计方法和使用的样本。在最上面的编辑框中定义方程形式有两种基本方法:列表法和公式法。

1. 列表法

线性方程最简单的定义方法是列出在方程中要使用的变量列表。首先是因变量或表达式名,然后是自变量列表。例如,例 2.1 的方程设定需要在对话框中输入 csp　c　inc,如图 2.6.1 所示。

在说明方程时,输入 c 表明回归方程中包含常数项。EViews 在工作文件中预先定义了缺省系数向量对象 ***c***,当通过列表法指定方程形式时,EViews 会根据变量在列表中出现的顺序,在这个向量 ***c*** 中存储估计系数。在例 2.1 中,常数存储于 c(1),inc 的系数存储于 c(2)。

① EViews 10 User's Guide Ⅰ,IHS Global Inc.,2017,Chapter 19: 5-22; Chapter 23: 148-174; Chapter 24: 175-240.

也可以输入表达式来定义方程：

$$CS/CPI \quad c \quad YD/CPI$$

再如估计例 2.3 中的模型可以输入：

$$\log(csp) \quad c \quad \log(inc)$$

需要注意，EViews 中 $\log(x)$ 是对 x 取自然对数。

估计例 2.2 的方程，需要在方程中加入消费的滞后值，这可以通过下面的语句实现。

$$csp \quad c \quad inc \quad csp(-1)$$

$csp(-1)$ 表示 csp 序列滞后一期的序列。如果在括号中使用关键词 to，可以包括连续的滞后序列，如：

$$csp \quad c \quad csp(-1 \text{ to} -4) \quad inc$$

这个语句设定方程解释变量包含常数项、$csp(-1)$、$csp(-2)$、$csp(-3)$、$csp(-4)$ 和 inc。

2. 公式法

用公式定义方程，只需在对话框中输入表达式即可，EViews 会在方程中添加一个随机扰动项，对例 2.2 的设定是

$$csp = c(1) + c(2) * inc + c(3) * csp(-1)$$

公式法更为一般，可用于说明非线性模型或带有参数约束的模型。例如，想要估计 Cobb-Doglas 生产函数：

$$\log(Y) = c(1) + c(2) * \log(L) + (1 - c(2)) * \log(K)$$

这样就施加了劳动弹性和资本弹性之和为 1 的约束条件。注意，EViews 中只能使用圆括号。

3. 在 EViews 中估计方程

方程形式设定后，需要选择一种估计方法。单击 Method，会看到下拉菜单中的估计方法列表（图 2.6.2），标准的单方程回归用最小二乘估计。其他方法在以后的章节中介绍。

```
LS    - Least Squares (NLS and ARMA)
TSLS  - Two-Stage Least Squares (TSNLS and ARMA)
GMM   - Generalized Method of Moments
LIML  - Limited Information Maximum Likelihood and K-Clas:
COINTREG - Cointegrating Regression
ARCH  - Autoregressive Conditional Heteroskedasticity
BINARY - Binary Choice (Logit, Probit, Extreme Value)
ORDERED - Ordered Choice
CENSORED - Censored or Truncated Data (including Tobit)
COUNT - Integer Count Data
QREG  - Quantile Regression (including LAD)
GLM   - Generalized Linear Models
STEPLS - Stepwise Least Squares
ROBUSTLS - Robust Least Squares
HECKIT - Heckman Selection (Generalized Tobit)
BREAKLS - Least Squares with Breakpoints
THRESHOLD - Threshold Regression
SWITCHREG - Switching Regression
ARDL - Auto-regressive Distributed Lag Models
MIDAS - Mixed Data Sampling Regression
```

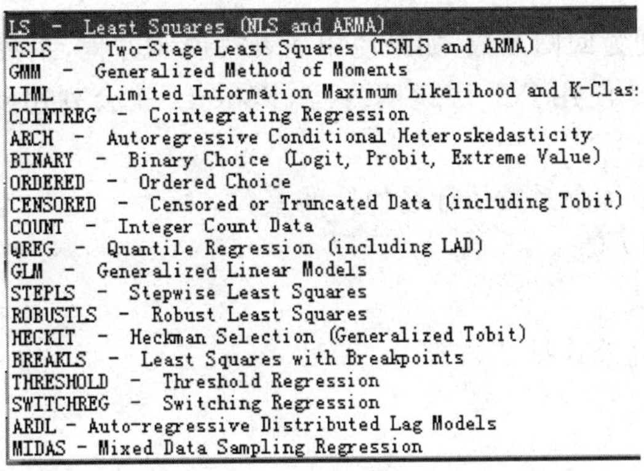

图 2.6.2　估计方法选择

默认情况下,EViews 用当前工作文件样本区间来填充 Sample 对话框,使用者也可以根据需要自由改变样本区间。如果在回归中包括了滞后变量,样本会自动作出调整,例 2.2 中,样本区间为 1985—1996 年,回归方程设定为

csp c inv csp(−1)

EViews 会把样本调整为 1986—1996 年,因为对于 csp(−1),1985 年没有数据。

EViews 在 Options 窗口中提供很多估计选项,这些选项允许进行以下操作:对估计方程加权、计算稳健的异方差和自相关协方差、控制估计算法的各种特征,这些选项将在后面章节详细讨论。

2.6.2 方程输出结果

以例 2.1 说明基本操作。输入方程形式后,单击 OK 按钮,EViews 显示估计结果(图 2.6.3)。

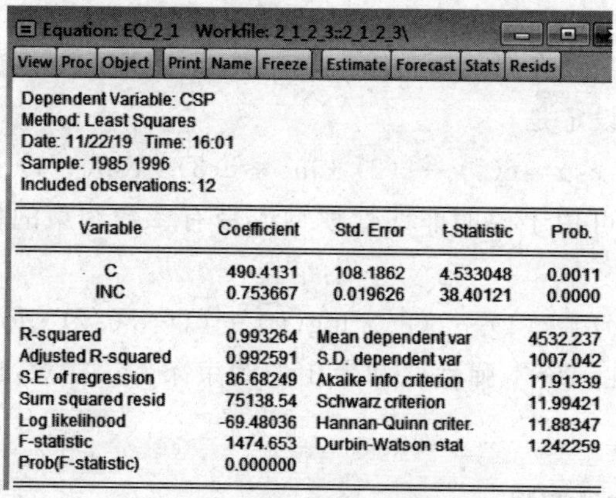

Dependent Variable: CSP
Method: Least Squares
Date: 11/22/19 Time: 16:01
Sample: 1985 1996
Included observations: 12

Variable	Coefficient	Std. Error	t-Statistic	Prob.
C	490.4131	108.1862	4.533048	0.0011
INC	0.753667	0.019626	38.40121	0.0000

R-squared	0.993264	Mean dependent var	4532.237
Adjusted R-squared	0.992591	S.D. dependent var	1007.042
S.E. of regression	86.68249	Akaike info criterion	11.91339
Sum squared resid	75138.54	Schwarz criterion	11.99421
Log likelihood	-69.48036	Hannan-Quinn criter.	11.88347
F-statistic	1474.653	Durbin-Watson stat	1.242259
Prob(F-statistic)	0.000000		

图 2.6.3 方程输出结果

方程的输出结果分为两部分。

1. 系数及相应的统计量

① “coefficient”列为回归系数,如果使用列表法说明方程,系数会列在变量栏中相应的自变量名下;如果是使用公式法说明方程,EViews 就会列出实际系数 c(1),c(2),c(3)等。

② “std. Error”是每个系数估计量的标准差。

③ “t-Statistic”为 t 值。

④ “prob.”是 p 值。

各种统计量的计算公式见 2.2 节。

2. 方程统计量

① “R-squared”是 R^2 统计量,“Adjusted R-squared”是调整 R^2 统计量。

② “Sum squared resid”是残差平方和，“S. E. of regression”为回归标准差。

③ “log likelihood”是对数似然值。

④ “Durbin-Watson stat”是 DW 统计量。

⑤ “Mean dependent var”是因变量均值，“S. D. dependent var”是因变量标准差。

⑥ “Akaike info criterion”是 AIC 信息准则值，“Schwarz criterion ”是 SC 信息准则值。

⑦ “F-statistic”是 F 统计量，“Prob(F-statistic)”是 F 统计量对应的 p 值。

2.6.3 与回归方程有关的操作

在方程对象激活的状态，方程对象窗口上端的菜单项中提供了与回归方程有关的一些操作。

1. 方程视图(views)

① reprensentations 以 3 种形式显示方程：EViews 命令形式、带系数符号的代数方程和有系数估计值的方程。

② Estimation Output 显示方程结果。

③ Actual,Fitted,Residual 以图表和数字的形式显示因变量的实际值和拟合值及残差；Actual,Fitted,Residual Table 以表的形式来显示这些值。注意，实际值是拟合值和残差的和；Actual,Fitted,Residual Graph 显示了实际值、拟合值和残差的图形；Residual Graph 只描绘残差，而 Standardized Residual Graph 描绘标准化残差图。

④ Gradients and Derivatives...描述目标函数的梯度和回归函数的导数计算信息。

⑤ Covariance Matrix 以表的形式显示系数估计值的协方差矩阵。要以矩阵对象保存协方差矩阵，可以使用@cov 函数。

2. 方程过程(proc)

① Specify/Estimate...调出方程设定的对话框以修改模型形式，改变估计方法或样本区间。

② Forecast...用于方程预测。

③ Made Residual Series...在工作文件中以序列形式保存残差序列，根据估计方法的不同，可以选择普通、标准化和广义 3 种不同的残差，对于普通最小二乘估计只能存储普通残差。

④ Make Regressor Group 生成包含回归方程中使用的所有变量的组对象。

⑤ Make Model 生成与被估计方程有关的模型。

⑥ Update Coefs from Equation 把方程的系数估计值置于系数向量中。

3. 方程命名(name)

可以使用方程工具栏中的 Name 按钮命名(name)方程。工作文件被存储时，方程也会被存储,未命名的方程不能储存在工作文件中。一旦命名,可以随时获取方程中的信息。

4. 方程残差(resids)

方程的残差(resids)序列默认存储于 resid 序列中,但是当估计其他方程时,resid 会被重写,包含最新估计方程的残差。如果要保存某个方程的残差供以后分析,应将之以另外的名字保存。例如,可以用命令将残差存在序列 res1 中: series res1=resid。如果方程名为 EQ1,可以随时打开方程窗口并选择 Proc/Make Residual Series,或者输入命令 eq1. makeresid res1 创建需要的序列。

2.6.4 模型设定和假设检验

1. 系数检验(coefficient diagnostics)

(1) Wald 系数检验

以例 2.8 说明对模型系数约束条件的 Wald 检验操作。

为估计柯布—道格拉斯生产函数,先在方程说明对话框中输入"log(Y) c log(K) log(L)",然后单击 OK 按钮,EViews 将输出估计结果。为进行 Wald 检验,选择 View/Coefficient Diagnostics/Wald test-Coefficient Restrictions,出现 Wald Test 对话框。在编辑对话框中输入约束条件 c(2)+c(3)=1,单击 OK 按钮,EViews 输出检验结果。

EViews 显示 F 统计量和 χ^2 统计量及各自 p 值。χ^2 统计量等于 F 统计量乘以检验约束条件数。例 2.8 中,仅有一个约束条件,所以这两个检验统计量等价。根据它们的 p 值,不能拒绝规模报酬不变的原假设。

若检验多于一个约束条件,用逗号隔开约束条件。例如,如果检验假设: 产出对资本的弹性为 1/3,产出对劳动的弹性为 2/3,则输入约束条件: c(2)=1/3,c(3)=2/3。

(2) 遗漏变量似然比检验

选择 View/Coefficient Diagnostics/Omitted Variables test-Likelihood Ratio,在打开的对话框中,列出检验变量名称,用空格隔开。如例 2.8 的回归方程,可以输入"(log(L))^2　(log(K))^2",EViews 将显示 F 检验统计量和 LR 检验统计量以及包含这两个解释变量的无约束回归模型的估计结果。需要注意的是,只有通过列表法定义的方程才可以进行这种检验。

(3) 冗余变量似然比检验

选择 View/Coefficient Diagnostics /Redundant Variable test-Likelihood Ratio,在对话框中输入待检验序列名称。例如,原来的解释变量包括常数项、log(L)、log(K)、K,如果输入 K,EViews 显示去掉这个回归变量,即具有约束的回归结果及检验原假设(被检验变量的系数为 0)的统计量。

(4) 因子分割点检验

选择 View/Coefficient Diagnostics / Factor Breakpoint Test...,在对话框中输入用

来将整个样本分成若干子样本的分类变量名称。例如，可以用例 2.9 建立只包含常数项和教育年数(ED)的工资方程，方程估计完成后就可以利用“性别”变量($SEX=0$)作为分类变量，进行因子分割点检验，判断“性别”这个因子是否对方程的结构产生显著影响。

2. 残差检验

① 残差和残差平方的自相关图和 Q 统计量。

② 正态性检验。

例 1.4 介绍了利用 JB 统计量检验序列正态性，EViews 在方程对象中提供了残差直方图并对残差进行正态性检验(histogram-normality test)。选择 View/Residual Diagnostics/Histogram-Normality Test...，输出检验结果。

③ 序列相关 LM 检验(serial correlation LM Test)。

④ 异方差检验(heteroskedasticity test)。

本部分除正态性检验外，第④部分检验将在 3.1 节详细介绍，第①和③部分检验将在 4.1 节详细介绍。

3. 模型稳定性检验(stability diagnostics)

(1) Chow 分割点检验

在例 2.10 方程对象中选择 View/Stability Diagnostics/Chow Breakpoint Test...，出现 Chow Tests 对话框以后，填入假定的分割点的日期。输入 1986(两个子区间分别为 1978—1985 年和 1986—1996 年)，将出现检验结果，其中的 F 统计量就是例 2.10 计算的 $F=18.0411$。

(2) Chow 预测检验

选择 View/Stability Diagnostics/Chow Forecast Test，在出现的对话框中输入样本分割点，EViews 将用这一点以前的样本数据进行估计，然后用估计出来的模型去预测剩余数据点。输出结果包括用子样本估计的方程及 F 检验统计量和 LR 检验统计量的数值。

(3) Quandt-Andrews 分割点检验

选择 View/Stability Diagnostics/ Quandt-Andrews Breakpoint Test...，在随后出现的对话框中，设定样本两端去掉的样本数量，EViews 默认的水平是 15%，即样本前后两端各去掉全部样本数量的 15%，但是也可以更改，值得注意的是，EViews 对称地去掉前后两端的样本。另外，可以选择是否保存 Chow 检验的统计值序列。如果方程是线性的，还可以设定待检验的变量名称。

2.6.5 预测

在方程的工具栏中单击 Forecast 按钮，或选择 Procs/Forecast...，可以对已经估计出来的方程进行预测。

1. 预测值序列名字(series names)

EViews默认名字是在因变量后面加“f”,但可以改变,这个名字不能与因变量名相同。如果要保存预测误差标准差,在S.E.后面的对话框中给出预测误差标准差序列名称。GARCH项的预测将在本书的中高级的第5章ARCH模型中介绍。

2. 预测样本(forecast sample)

指定进行预测的样本,EViews缺省将之设定为工作文件样本区间。需要注意,预测期间的解释变量值必须是已知的。

3. 预测方法(method)

对于时间序列模型,如果模型解释变量中含有因变量滞后,还要选择预测方法。

① 静态(static)预测。利用滞后因变量的实际值而不是预测值进行预测。

② 动态(dynamic)预测。滞后因变量利用预测值。静态预测比动态预测要更为准确,因为对每个时期,在形成预测值时静态预测使用的是滞后因变量的实际值。

4. 预测结构选择(structural)

在方程中如果有ARMA项,选择了结构,动态与静态方法都会对残差进行预测,若不选此项,将忽略残差项而只对模型的结构部分进行预测。

5. 预测结果输出(output)

可以选择预测结果的图形(forecast graph)和预测评价指标(forecast evaluation)。

2.7 习题

1. 常用的样本数据有哪几种类型?都有什么特征?
2. 相关分析与回归分析的联系和区别是什么?
3. 为什么计量经济学模型的理论方程中必须包含随机扰动项?
4. 随机总体回归函数与随机样本回归函数有何区别?
5. 随机扰动项和残差的区别是什么?
6. 一元线性回归模型的基本假定主要有哪些?违背基本假定的计量经济学模型是否不可以估计?
7. 以一元线性回归模型为例简述普通最小二乘原理,并写出一元线性回归模型参数的最小二乘估计量。
8. 参数估计量的无偏性和有效性的含义是什么?为什么说满足基本假定的普通最小二乘估计量才具有无偏性和有效性?
9. 判断正误并说明理由。

(1) 随机扰动项和残差是一回事。

(2) 总体回归函数给出了与自变量每个取值相对应的因变量的值。

(3) 线性回归模型意味着模型变量是线性的。

(4) 在线性回归模型中,解释变量是因,因变量是果。

(5) 普通最小二乘法就是使残差平方和最小化的估计过程。

(6) 按基本假定,线性回归模型中的解释变量应是非随机变量,且与残差项不相关。

(7) 对于一元线性回归模型,只有当随机扰动项服从正态分布时,OLS估计量 b_1 和 b_1 才服从正态分布。

(8) 估计的回归系数是统计显著的,意思是说它显著不为1。

(9) 要计算 t 临界值,仅需知道自由度。

(10) 多元回归模型的总体显著性意味着模型中任何一个变量都是统计显著的。

10. 填空题(把正确答案填在空格内)。

(1) 当回归系数 t 统计量的绝对值大于给定的临界值时,表明该系数________。

(2) 线性回归模型意味着模型中________是线性的。

(3) 对线性回归模型 $y_i=\beta_0+\beta_1x_i+u_i$ 进行最小二乘估计,最小二乘准则是

____。

(4) 高斯-马尔可夫定理说明如果线性回归模型满足基本假定,则OLS估计量具有________________________性。

(5) 参数 β 的估计量 $\hat{\beta}$ 具备有效性是指________________________。

(6) 在包含常数项的模型中,如果想要分析季度性因素的影响,需要引入________个虚拟变量。

(7) 根据样本资料已估计得出人均消费支出对人均收入 X 的回归模型为 $\ln\hat{Y}_i=2.0+0.75\ln X_i$,这表明人均收入每增加1%,人均消费支出将平均增加________。

(8) 双对数模型的回归系数的含义是________。

(9) 如果 $TSS=4\,500$,$RSS=90$,则判决系数 $R^2=$________。

(10) 当 $R^2=0$ 时,$F=$________。

11. 下列计量经济学方程哪些是正确的? 那些是错误的? 为什么?

(1) $y_i=\beta_0+\beta_1x_i,\quad i=1,2,\cdots,N$

(2) $y_i=\beta_0+\beta_1x_i+u_i,\quad i=1,2,\cdots,N$

(3) $y_i=\hat{\beta}_0+\hat{\beta}_1x_i+u_i,\quad i=1,2,\cdots,N$

(4) $\hat{y}_i=\hat{\beta}_0+\hat{\beta}_1x_i+u_i,\quad i=1,2,\cdots,N$

(5) $y_i=\hat{\beta}_0+\hat{\beta}_1x_i,\quad i=1,2,\cdots,N$

(6) $\hat{y}_i=\hat{\beta}_0+\hat{\beta}_1x_i,\quad i=1,2,\cdots,N$

(7) $y_i=\hat{\beta}_0+\hat{\beta}_1 x_i+\hat{u}_i$，　$i=1,2,\cdots,N$

(8) $\hat{y}_i=\hat{\beta}_0+\hat{\beta}_1 x_i+\hat{u}_i$，　$i=1,2,\cdots,N$

12. 多元线性回归模型的基本假定是什么？试说明在证明最小二乘估计量的无偏性和有效性的过程中，哪些基本假定起了作用？

13. 在多元线性回归分析中，t 检验与 F 检验有何不同？在一元线性回归分析中，两者是否有等价的作用？

14. 什么是偏回归系数？它与一元线性回归模型的回归系数有什么不同？

15. 什么是多重共线性？多重共线性的危害是什么？出现多重共线性有什么特征？有哪些克服方法？

16. 请举出两种能够减弱多元回归模型多重共线性程度的方法，并简要述评这些方法的优缺点。

17. 请给出多元线性回归模型的最小样本容量和满足基本要求的样本容量，并说明原因。

18. 举例说明虚拟变量回归模型系数的含义。

19. 什么是“虚拟变量陷阱”？

20. 经研究发现，家庭书刊消费受家庭收入及户主受教育年数的影响。表 2.7.1 所示为某地区部分家庭书刊消费抽样调查的样本数据。

表 2.7.1　某地区部分家庭书刊消费抽样调查的样本数据

序号	家庭书刊月平均消费支出(y)/元	家庭月平均收入(x)/元	户主受教育年数(en)	序号	家庭书刊月平均消费支出(y)/元	家庭月平均收入(x)/元	户主受教育年数(en)
1	30.5	3 027.2	9	11	79.3	4 998.6	15
2	35.7	3 045.2	9	12	40.7	4 045.2	9
3	61.9	5 225.8	12	13	66.1	5 490.7	12
4	46.4	3 312.2	9	14	59.5	4 362.3	12
5	40.5	3 316.4	9	15	40.5	3 523.4	9
6	78.5	5 542.4	15	16	68.3	4 572.4	12
7	34.8	3 741.5	9	17	74.6	5 741.5	15
8	41.1	4 556.5	9	18	40.1	4 006.5	9
9	112.1	6 690.0	16	19	120.2	7 087.0	18
10	78.5	5 443.9	15	20	188.5	8 443.9	22

(1) 建立家庭书刊消费的计量经济模型；

(2) 利用样本数据估计模型的参数，给出模型的表达式和主要统计量；

(3) 检验户主受教育年数(en)对家庭书刊消费(y)是否有显著影响；

(4) 分析所估计模型的经济意义和作用。

21. 表 2.7.2 列出了某年中国按行业分的全部制造业国有企业及规模以上制造业非国有企业的工业总产值 Y、资产合计 K 及职工人数 L。

表 2.7.2　某年中国按行业分的全部制造业数据

序号	工业总产值(Y)/亿元	资产合计(K)/亿元	职工人数(L)/万人	序号	工业总产值(Y)/亿元	资产合计(K)/亿元	职工人数(L)/万人
1	3 722.70	3 078.22	113	17	812.70	1 118.81	43
2	1 442.52	1 684.43	67	18	1 899.70	2 052.16	61
3	1 752.37	2 742.77	84	19	3 692.85	6 113.11	240
4	1 451.29	1 973.82	27	20	4 732.90	9 228.25	222
5	5 149.30	5 917.01	327	21	2 180.23	2 866.65	80
6	2 291.16	1 758.77	120	22	2 539.76	2 545.63	96
7	1 345.17	939.10	58	23	3 046.95	4 787.90	222
8	656.77	694.94	31	24	2 192.63	3 255.29	163
9	370.18	363.48	16	25	5 364.83	8 129.68	244
10	1 590.36	2 511.99	66	26	4 834.68	5 260.20	145
11	616.71	973.73	58	27	7 549.58	7 518.79	138
12	617.94	516.01	28	28	867.91	984.52	46
13	4 429.19	3 785.91	61	29	4 611.39	18 626.94	218
14	5 749.02	8 688.03	254	30	170.30	610.91	19
15	1 781.37	2 798.90	83	31	325.53	1 523.19	45
16	1 243.07	1 808.44	33				

(1) 利用表 2.7.2 的数据建立生产函数模型，利用样本数据估计模型的参数，给出模型的表达式和主要统计量，分析检验结果；

(2) 该模型参数的经济学意义分别是什么？

(3) 检验中国该年的制造业总体是否呈现规模报酬不变的状态。

第 3 章　其他回归方法[①]

利用普通最小二乘法(OLS)估计出来的系数在满足古典线性回归模型的基本假设条件下,具有优良的线性无偏最小方差(BLUE)的性质。然而,一旦这些条件不能满足,这样的性质将不再存在。因此,对于一个具体的经济模型来说,需要检验同方差、无序列相关、方程的解释变量与扰动项不相关和随机误差项正态性假定等条件是否满足。如果不能满足,则需要改进估计方法以获得更加可信的系数估计值,避免作出错误的判断。

3.1　加权最小二乘法

3.1.1　异方差的概念

第 2 章讨论的多元线性回归模型:

$$y_i = \beta_0 + \beta_1 x_{1i} + \beta_2 x_{2i} + \cdots + \beta_k x_{ki} + u_i, \quad i = 1, 2, \cdots, N \tag{3.1.1}$$

要求随机扰动项 u_i 满足同方差的基本假设,即它们具有相同的方差 σ^2。

$$\mathrm{var}(u_i) = \sigma^2, \quad i = 1, 2, \cdots, N \tag{3.1.2}$$

这里方差 σ^2 度量的是随机误差项围绕其均值的分散程度。由于 $E(u_i)=0$,方差 σ^2 度量的是被解释变量 y 的观测值围绕回归线 $E(y_i)=\beta_0+\beta_1 x_{1i}+\cdots+\beta_k x_{ki}$ 的分散程度,同方差性实际上是指分散程度相同。但是如果随机扰动项的方差并非不变的常数,则称为存在**异方差**(heteroscedasticity),即

$$\mathrm{var}(u_i) = \sigma_i^2, \quad i = 1, 2, \cdots, N \tag{3.1.3}$$

这里需要强调的是,对于每一个样本点,随机误差项都是随机变量,服从均值为零的正态分布。所谓异方差性,是指这些随机变量服从不同方差的正态分布。

由于经济现象错综复杂,同方差性假定在许多情况下不符合实际情况,异方差性在许多应用中都存在。研究发现,异方差问题多存在于截面数据(cross-sectional data)分析中。例如,调查不同规模公司的利润,会发现大公司的利润变化幅度要比小公司的利润变化幅度大,即大公司利润的方差比小公司利润的方差大。利润方差的大小取决于公司的规模、产业特点和研究开发支出多少等因素。又如在分析家庭支出模式时,会发现高收入家庭通常比低收入家庭对某些商品的支出有更大的方差。但恩格尔和克拉格(Engle and

---

① 李子奈,潘文卿. 计量经济学[M]. 4 版. 北京:高等教育出版社,2015.
王少平,杨继生,欧阳志刚. 计量经济学[M]. 北京:高等教育出版社,2011.
庞皓. 计量经济学[M]. 3 版. 北京:科学出版社,2014.
古扎拉蒂,波特. 经济计量学精要[M]. 张涛,译. 4 版. 北京:机械工业出版社,2010.
斯托克,沃森. 计量经济学[M]. 沈根祥,孙燕,译. 3 版. 上海:格致出版社,2012.

Kraft，1983）[①]在分析宏观数据时，发现在时间序列数据模型中也会出现异方差，在本书中高级部分的第 5 章将讨论关于时间序列数据的自回归条件异方差模型。

例 3.1 人均家庭交通及通信支出（*cum*）和可支配收入（*in*）

利用表 3.1.1 中的数据，建立被解释变量为人均家庭交通及通信支出（*cum*），解释变量为可支配收入（*in*）的回归方程，样本数为 30。模型形式为

$$cum_i = a + \beta \times in_i + u_i \tag{3.1.4}$$

表 3.1.1 中国 1998 年各地区城镇居民平均每人全年家庭可支配收入及交通和通信支出 元

变 量	可支配收入	交通和通信支出	变 量	可支配收入	交通和通信支出
地 区	*in*	*cum*	地 区	*in*	*cum*
甘 肃	4 009.61	159.60	新 疆	5 000.79	212.30
山 西	4 098.73	137.11	河 北	5 084.64	270.09
宁 夏	4 112.41	231.51	四 川	5 127.08	212.46
吉 林	4 206.64	172.65	山 东	5 380.08	255.53
河 南	4 219.42	193.65	广 西	5 412.24	252.37
陕 西	4 220.24	191.76	湖 南	5 434.26	255.79
青 海	4 240.13	197.04	重 庆	5 466.57	337.83
江 西	4 251.42	176.39	江 苏	6 017.85	255.65
黑龙江	4 268.50	185.78	云 南	6 042.78	266.48
内蒙古	4 353.02	206.91	福 建	6 485.63	346.75
贵 州	4 565.39	227.21	天 津	7 110.54	258.56
辽 宁	4 617.24	201.87	浙 江	7 836.76	388.79
安 徽	4 770.47	237.16	北 京	8 471.98	369.54
湖 北	4 826.36	214.37	上 海	8 773.10	384.49
海 南	4 852.87	265.98	广 东	8 839.68	640.56

资料来源：国家统计局. 中国统计年鉴[M]. 北京：中国统计出版社，1999.

根据最小二乘法，计算出参数估计值，估计结果如下：

$$\widehat{cum}_i = -56.92 + 0.058 in_i \tag{3.1.5}$$

$$t = \quad (-1.57) \quad (8.96)$$

$$R^2 = 0.74 \qquad F = 80.32 (p = 0.0)$$

图 3.1.1 描绘了这条回归线。

① ENGLE R，KRAFT D. Multiperiod forecast error variances of inflation estimated from ARCH models [M]//. Zellner A. Applied time series analysis of economic data. Washington D. C.：Bureau of the Census，1983.

从图形上可以看出,平均而言,城镇居民人均家庭交通和通信支出随可支配收入的增加而增加。但是,值得注意的是:随着可支配收入的增加,交通和通信支出的变动幅度也增大了,可能存在异方差。如果把从回归方程中得到的残差对各个观测值作图(图 3.1.2),可以更加明显地看到这一点。

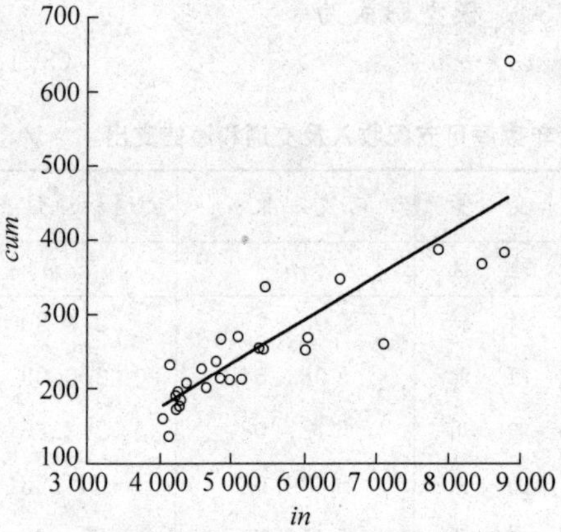

图 3.1.1　人均家庭交通及通信支出(*cum*)与可支配收入(*in*)

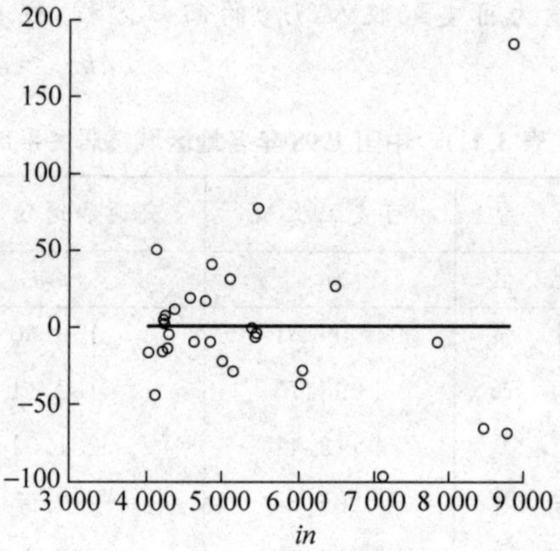

图 3.1.2　回归方程中的残差

3.1.2　异方差的后果

在计量经济分析中,如果模型存在异方差,仍采用普通最小二乘法估计模型参数,会产生以下后果。

1. 对参数估计量统计特征的影响

(1) OLS 的参数估计量仍然具有无偏性

由 2.1.5 小节参数估计量的统计特性可知,OLS 估计量的无偏性仅依赖于基本假定中随机误差项的零均值假定($E(u_i)=0$)以及解释变量的非随机性,异方差的存在并不影响参数估计量的无偏性。

(2) OLS 的参数估计量不再是有效的

OLS 的参数估计量不再具有最小方差性。在模型参数的所有线性估计中,OLS 估计量方差最小的重要前提条件是随机误差项为同方差,如果随机误差项是异方差的,将不能保证最小二乘估计的方差最小。而且,在大样本情况下,尽管参数估计量具有一致性,但仍然不具有渐近有效性。也就是说,OLS 估计量不再是最优线性无偏估计量。

2. 变量的显著性检验失去意义

在 2.1.6 小节关于变量的显著性检验中,构造了 t 统计量,它是建立在随机扰动项为同方差 σ^2,从而由一元线性模型的式(2.1.24)或多元线性模型的式(2.1.39)求出

$\mathrm{var}(b_j)$，进而得到 b_j 的估计标准差 $se(b_j)$ 的基础之上的，这两个公式称为同方差适用公式。如果出现了异方差性，利用同方差适用公式计算的方差 $\mathrm{var}(b_j)$，由此得到的标准差 $se(b_j)$ 用于计算 t 统计量是不可靠的，即使在大样本下也不服从标准的正态分布，从而使 t 检验失去意义。当异方差形式未知时，参数估计量协方差矩阵的计算不能采用式(2.1.38)的计算形式，3.1.5 小节给出异方差形式未知时，参数估计量协方差矩阵的计算公式。

3. 对预测的影响

尽管存在异方差时，参数的 OLS 估计量仍然是无偏的，并且基于此的预测也是无偏的，但是由于参数估计量不是有效的，从而对 y 的预测也将不是有效的。在 u_i 存在异方差时，参数 OLS 估计量的方差 $\mathrm{var}(b_j)$ 不能唯一确定，将导致 y 的预测区间难以确定，y 预测值的精确度也将会下降。

总之，在异方差存在的情况下，常用的假设检验不再可靠，会给回归模型的正确建立和统计推断带来严重后果，有可能得出错误的结论。因此，在计量经济分析中，有必要检验模型是否存在异方差。

3.1.3 异方差检验

检验异方差性最直观的方法是图示法，但为了分析异方差的结构，可以采用辅助回归的方式，基于原方程中得到的残差序列建立回归方程进行分析。异方差的检验对于原方程使用普通最小二乘法、二阶段最小二乘法和非线性最小二乘法都是适用的。

1. 图示法

对于异方差的检验，最直观的是图示法。

(1) 用 x-y 的散点图进行判断

如例 3.1 中的图 3.1.1，通过散点图可以看出是否存在明显的散点扩大、缩小或复杂型趋势，如果存在，说明很可能随机扰动项的方差相异。

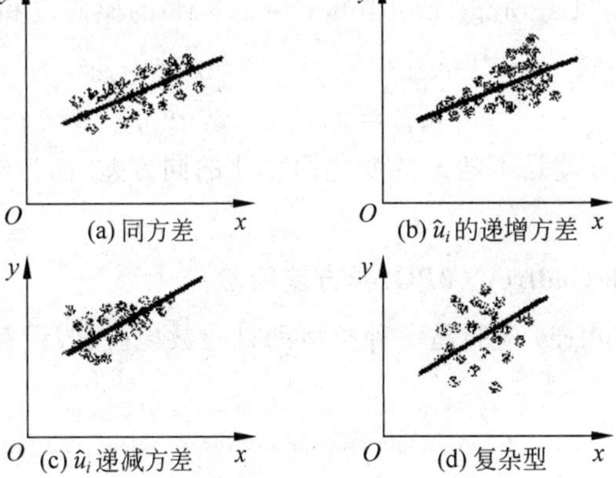

图 3.1.3　图示法判断异方差性

图3.1.3给出 x-y 散点图的几种可能情况。若散点图随着 x 的增加,散点分布的区域变宽、变窄或者出现偏离带状区域的复杂变化,则认为随机扰动项可能出现了异方差。

(2)通过 $x \sim \hat{u}_i^2$ 的散点图进行判断

首先采用OLS估计模型,以求得随机误差项方差的"近似估计量",用 $\hat{u}_i^2$ 表示,并且假定

$$\mathrm{var}(u_i)=E(u_i^2)\approx\hat{u}_i^2 \tag{3.1.6}$$

然后画出 x 与残差序列平方的散点图,观察是否随着 x 增加,出现方差的逐渐增加、下降或者不规则变化。这种判断异方差的想法可以由下面介绍的异方差检验正式地表达。

2. 异方差的拉格朗日乘数(LM)检验方法

对多元线性回归模型

$$y_i=\beta_0+\beta_1x_{1i}+\beta_2x_{2i}+\cdots+\beta_kx_{ki}+u_i,\quad i=1,2,\cdots,N \tag{3.1.7}$$

式中设解释变量 $\boldsymbol{x}_i=(1,x_{1i},x_{2i},\cdots,x_{ki})'$,在随机扰动项具有零条件均值的基本假定下,同方差性意味着

$$E(u_i^2\mid\boldsymbol{x}_i)=E(u_i^2)=\sigma^2 \tag{3.1.8}$$

即随机扰动项的平方 u^2 与一个或多个解释变量不相关。异方差的存在就意味着方差 σ_i^2 是部分或全部解释变量的函数:

$$\sigma_i^2=\sigma^2h(\boldsymbol{z}_i'\boldsymbol{\alpha}) \tag{3.1.9}$$

式中:$\boldsymbol{\alpha}=(\alpha_0,\alpha_1,\cdots,\alpha_q)'$,$q$ 为未知系数的数量;$\boldsymbol{z}_i=(1,z_{i1},z_{i2},\cdots,z_{iq})'$,$\boldsymbol{z}_i$ 为决定异方差的比例因子,一般地,$\boldsymbol{z}_i$ 的全部或部分是模型中的解释变量 $\boldsymbol{x}_i$。

由于函数 $h(\boldsymbol{z}_i'\boldsymbol{\alpha})$ 是未知的,因此需要对随机扰动项方差 σ_i^2 做简化假设,一般常用假设有3种:

$$\sigma_i^2=\alpha_0+\alpha_1z_{i1}+\alpha_2z_{i2}+\cdots+\alpha_qz_{iq} \tag{3.1.10}$$

$$\ln(\sigma_i^2)=\alpha_0+\alpha_1z_{i1}+\alpha_2z_{i2}+\cdots+\alpha_qz_{iq} \tag{3.1.11}$$

$$|\sigma_i|=\alpha_0+\alpha_1z_{i1}+\alpha_2z_{i2}+\cdots+\alpha_qz_{iq} \tag{3.1.12}$$

拉格朗日乘数检验(Lagrange multiplier test,LM)的原假设和备择假设为

$$H_0:\alpha_1=\alpha_2=\cdots=\alpha_q=0 \tag{3.1.13}$$

$$H_1:\alpha_j\neq0(j=1,2,\cdots,q)$$

接受原假设表明,方差是不随 z 的变化而变化的同方差,而拒绝原假设接受备择假设则表明存在异方差。

(1) Breusch-Pagan-Godfrey (BPG)异方差检验①

Breusch-Pagan-Godfrey 检验是一种拉格朗日乘数检验,假设存在如式(3.1.10)形式

---

① BREUSCH T S, PAGAN A R. A simple test for heteroskedasticity and random coefficient variation[J]. Econometrica, 1979(48): 1287-1294.

GODFREY L G. Testing for multiplicative heteroscedasticity[J]. Journal of Econometriccs, 1978(8): 227-236.

的异方差 $\sigma_i^2 = z_i'\boldsymbol{\alpha}$ 。由于无法观测到随机扰动项 u_i，则相应的式(3.1.10)中的 σ_i^2 是未知的，BPG 检验将多元线性回归模型(3.1.7)生成的残差 $\hat{u}_i$ 的平方序列作为因变量，建立一个包含原方程中所有 k 个解释变量的辅助回归方程：

$$\hat{\sigma}_i^2 = \hat{u}_i^2 = z_i'\boldsymbol{\alpha} + \varepsilon_i \tag{3.1.14}$$

式中：$q = k$，残差序列的平方 $\hat{u}_i^2$ 是作为多元线性回归模型(3.1.7)的随机误差项方差的估计量。

Breusch-Pagan-Godfrey 检验提供了 3 个统计量：

① 注意到对原假设 $H_0: \alpha_1 = \alpha_2 = \cdots = \alpha_q = 0$ 的假设检验等价于对方程(3.1.10)做 F 检验。通过 F 检验判断辅助回归方程(3.1.14)是否显著，能达到判断原方程是否存在异方差性的目的，即辅助回归显著则说明原方程存在异方差性。

② 用辅助回归方程(3.1.14)被解释变量的平方和除以 $2\hat{\sigma}^4$，构造出服从 χ^2 分布的 LM 统计量，自由度为解释变量的个数 k：

$$\sum_{i=1}^{N} (\hat{u}_i^2)^2 / (2\hat{\sigma}^4) \sim \chi^2(k) \tag{3.1.15}$$

式中：N 为样本容量；k 为自由度。

③ Koenker(1981)[①]简化了检验统计量，用观测值个数 N 乘以辅助回归方程的 R^2，这个统计量也服从自由度为解释变量个数 k 的 χ^2 分布。即

$$NR^2 \sim \chi^2(k) \tag{3.1.16}$$

如果计算的 χ^2 值大于给定显著性水平对应的临界值，则可以拒绝原假设，得出存在异方差的结论。也就是说，辅助回归方程(3.1.14)的 R^2 越大，说明残差平方受到解释变量影响越显著，也就越倾向于认为存在异方差。

(2) Harvey 异方差检验[②]

Harvey 检验与 Breusch-Pagan-Godfrey 检验很相像，原假设也是没有异方差性，但是，它的备选假设是存在如式(3.1.11)的异方差，即

$$\ln(\sigma_i^2) = z_i'\boldsymbol{\alpha} \tag{3.1.17}$$

符号的含义与 Breusch-Pagan-Godfrey 检验相同。Harvey 检验将原方程估计得到的残差平方 $\hat{u}_i^2$ 的对数序列作为因变量，建立一个包含原方程中所有解释变量的辅助回归方程：

$$\ln(\hat{u}_i^2) = z_i'\boldsymbol{\alpha} + \varepsilon_i \tag{3.1.18}$$

Harvey 检验提供了 3 个统计量：

① 用辅助回归方程(3.1.18)的 F 统计量检验模型是否显著，来判断原方程是否存在异方差性。

---

① KOENKER R. A note on studentizing a test for heteroskedasticity[J]. Journal of econometrics, 1981(17): 107-112.

② HARVEY A C. Estimating regression models with multiplicative heteroscedasticity[J]. Econometrica, 1976(44): 461-465.

② 仍然可以通过式(3.1.16)来判断,如果计算的 χ^2 值大于给定显著性水平对应的临界值,则可以拒绝原假设,得出存在异方差的结论。

③ 用辅助回归方程(3.1.18)被解释变量的平方和除以 $\psi'(0.5)$来构造 LM 统计量,$\psi'(0.5)$是对数伽马函数在 0.5 处的导数值,这个统计量服从自由度为解释变量个数 k 的 χ^2 分布:

$$\sum_{i=1}^{N} \ln(\hat{u}_i^2)^2 / \psi'(0.5) \sim \chi^2(k) \tag{3.1.19}$$

(3) Glejser 异方差检验①

Glejser 检验也与 Breusch-Pagan-Godfrey 检验很相像,原假设也是没有异方差性,备选假设是存在如下形式的异方差:

$$\sigma_i^2 = (\sigma^2 + \boldsymbol{z}'_i \boldsymbol{\alpha})^m \tag{3.1.20}$$

式中:$m=1,2$。实际检验时,假设存在如式(3.1.12)形式的异方差$|\sigma_i| = \boldsymbol{z}'_i\boldsymbol{\alpha}$,原方程的解释变量作为辅助回归方程的所有解释变量:

$$|\hat{u}_i| = \boldsymbol{z}'_i \boldsymbol{\alpha} + \varepsilon_i \tag{3.1.21}$$

Glejser 检验提供了 3 个统计量:

① 用辅助回归方程(3.1.21)的 F 统计量检验模型是否显著,来判断原方程是否存在异方差性。

② 仍然可以通过式(3.1.16)来判断,如果计算的 χ^2 值大于给定显著性水平对应的临界值,则可以拒绝原假设,得出存在异方差的结论。

③ 用辅助回归方程(3.1.21)被解释变量的平方和除以$[(1-2/\pi)\hat{\sigma}^2]$,构造服从自由度为解释变量个数 k 的 χ^2 分布的 LM 统计量:

$$\sum_{i=1}^{N} |\hat{u}_i|^2 / [(1-2/\pi)\hat{\sigma}^2] \sim \chi^2(k) \tag{3.1.22}$$

3. White 检验②

怀特(White)提出了不需要知道产生异方差的具体原因,直接对异方差进行检验的方法,这种方法实际应用很方便。假定模型形式为

$$y_i = \beta_0 + \beta_1 x_i + \beta_2 z_i + u_i \tag{3.1.23}$$

将原方程残差 $\hat{u}_i$ 的平方序列作为因变量,建立一个包含原方程中所有解释变量及其平方和交叉乘积项的辅助回归方程:

$$\hat{u}_i^2 = \alpha_0 + \alpha_1 x_i + \alpha_2 z_i + \alpha_3 x_i^2 + \alpha_4 z_i^2 + \alpha_5 x_i z_i + \varepsilon_i \tag{3.1.24}$$

原假设:不存在异方差[也就是,式(3.1.24)中除 α_0 以外的所有系数都为 0]成立。

---

① GLEJSER H. A new test for heteroscedasticity[J]. Journal of the American statistical association, 1969(64): 316-323.

② WHITE H. A heteroskedasticity-consistent covariance matrix and a direct test for heteroskedasticity[J]. Econometrica, 1980(48): 817-838.

White 检验提供了 3 个统计量：

① 用辅助回归方程(3.1.24)的 F 统计量检验模型是否显著，来判断原方程是否存在异方差性。

② 仍然可以通过式(3.1.16)来判断，如果计算的 χ^2 值大于给定显著性水平对应的临界值，则可以拒绝原假设，得出存在异方差的结论。

③ 用式(3.1.15)，构造 LM 统计量。

如果原模型中包含的解释变量较多，那么辅助回归中将包含太多的变量，这会迅速降低自由度。因此，White 检验的另外一种形式是辅助回归中不包含交叉乘积项。

例 3.2　White 异方差检验

本例用 White 异方差检验对例 3.1 的回归方程残差是否存在异方差进行检验。辅助回归模型为

$$\hat{u}_i^2 = \alpha_0 + \alpha_1 \times in_i + \alpha_2 \times in_i^2 + \varepsilon_i \tag{3.1.25}$$

用 OLS 估计得到

$$\hat{u}_i^2 = 26\,729.58 - 10.48 in_i + 0.001\,034 in_i^2 \tag{3.1.26}$$

$$se = (17\,977) \qquad (6.05) \qquad (0.000\,48)$$

$$t = (1.48) \qquad (-1.73) \qquad (2.16)$$

$$R^2 = 0.438\,5 \qquad F = 10.54 (p = 0.0)$$

由式(3.1.16)可以计算得到：$30 \times 0.438\,5 \approx 13.16$。查附录表 A2，自由度为 2 的 χ^2 分布 1%显著性水平对应的临界值是 9.21。因此，根据 White 检验，可以判定在 1%显著性水平下拒绝“不存在异方差”的原假设，即存在异方差。通过 p 值可以精确判断出可以拒绝原假设的最小概率为 0.14%。根据 F 统计量和 LM 统计量也可以得出同样的结论。

3.1.4　加权最小二乘估计

在古典线性回归模型的假定下，普通最小二乘法估计量是最优线性无偏估计量。在存在异方差时，可以证明普通最小二乘法估计量仍然是线性和无偏的，但是估计量不是有效的，即不再具有方差最小性。因为不具备有效性，所以通常的假设检验值不可靠。因此，怀疑存在异方差或者已经检测到异方差的存在，则要采取补救措施，可以使用加权最小二乘估计获得有效估计。加权最小二乘估计方法是将权重序列分别与每个变量的观测值相乘，然后对变化后的新的模型利用 OLS 进行估计。

1. 方差已知的情形

考虑一个一元线性回归方程：

$$y_i = \beta_0 + \beta_1 x_i + u_i, \quad i = 1, 2, \cdots, N \tag{3.1.27}$$

假设已知随机误差项的真实的方差，$\mathrm{var}(u_i) = \sigma_i^2$，则令 $w_i = 1/\sigma_i$，将模型两端同乘

w_i,变换为

$$w_i y_i = \beta_0 w_i + \beta_1 (w_i x_i) + w_i u_i \tag{3.1.28}$$

令 $u_i^* = w_i u_i$,则

$$\mathrm{var}(u_i^*) = \mathrm{var}(w_i u_i) = \mathrm{var}(u_i)/\sigma_i^2 = 1 \tag{3.1.29}$$

因此,变换后的模型(3.1.28)不再存在异方差的问题,可以用OLS估计。加权自变量和因变量最小化残差平方和:

$$S(\boldsymbol{b}) = \sum_i w_i^2 (y_i - b_0 - x_i b_1)^2 \tag{3.1.30}$$

由此获得的估计量就是权重序列为$\{w_i\}$的加权最小二乘估计量。

下面考虑多元线性回归模型(3.1.1)的矩阵形式

$$\boldsymbol{y} = \boldsymbol{X\beta} + \boldsymbol{u} \tag{3.1.31}$$

式中:$\boldsymbol{\beta} = (\beta_0, \beta_1, \cdots, \beta_k)'$为$k+1$维系数向量;$\boldsymbol{u} = (u_1, u_2, \cdots, u_N)'$为$N$维随机扰动项向量;$\boldsymbol{y} = (y_1, y_2, \cdots, y_N)'$为$N$维因变量数据向量;$\boldsymbol{X}$为$N\times(k+1)$维解释变量数据矩阵。

令权数序列$w_i = 1/\sigma_i$,$\boldsymbol{W}$为$N\times N$维的对角矩阵,对角线上为w_i,其他元素是零。

$$\boldsymbol{W} = \begin{pmatrix} w_1 & 0 & \cdots & 0 \\ 0 & w_2 & \cdots & 0 \\ \vdots & \vdots & \ddots & \vdots \\ 0 & 0 & \cdots & w_N \end{pmatrix} \tag{3.1.32}$$

用$\boldsymbol{W}$左乘式(3.1.31)两边,得到一个新的模型:

$$\boldsymbol{Wy} = \boldsymbol{WX\beta} + \boldsymbol{Wu} \tag{3.1.33}$$

式中:$\boldsymbol{Wy}$和$\boldsymbol{WX}$分别是加权因变量向量和加权解释变量数据矩阵。根据OLS系数估计量表达式,可以得到加权最小二乘估计量,记为$\boldsymbol{b}_{\mathrm{WLS}}$。

$$\boldsymbol{b}_{\mathrm{WLS}} = (\boldsymbol{X'W'WX})^{-1}\boldsymbol{X'W'Wy} \tag{3.1.34}$$

估计协方差矩阵为

$$\hat{\boldsymbol{\Sigma}}_{\mathrm{WLS}} = s^2 (\boldsymbol{X'W'WX})^{-1} \tag{3.1.35}$$

式中:s为回归标准差。

有时用权数序列除以其均值作为权序列,这对参数估计结果没有影响,但是使加权得到的残差序列与未加权残差更具可比性。

2. 方差未知的情形

更多的时候,随机误差项真实的方差是未知的。这时候,权数序列如何选择呢?一般地,对于一个k元线性回归模型,假设在检验过程中已经知道随机干扰项的方差与解释变量x_j之间存在相关性:

$$\mathrm{var}(u_i) = f(x_{ji})\sigma^2 \tag{3.1.36}$$

式中:σ^2为常数。则可以在模型两边同乘以$1/\sqrt{f(x_{ji})}$,变换模型为式(3.1.37)的形式:

$$\frac{1}{\sqrt{f(x_{ji})}}y_i=\beta_0\frac{1}{\sqrt{f(x_{ji})}}+\beta_1\frac{1}{\sqrt{f(x_{ji})}}x_{1i}+\cdots+$$

$$\beta_k\frac{1}{\sqrt{f(x_{ji})}}x_{ki}+\frac{1}{\sqrt{f(x_{ji})}}u_i \tag{3.1.37}$$

容易证明，变换后的模型随机误差项同方差，可以利用 OLS 进行估计，得到无偏、有效的模型参数估计量。这里，$1/\sqrt{f(x_{ji})}$ 即为权数序列。

例如，当一元回归模型的误差方差与 x 成比例，假定是如下的形式：

$$\mathrm{var}(u_i)=\sigma^2\times x_i \tag{3.1.38}$$

这时，可以令权序列 $w_i=1/\sqrt{x_i}$，然后在模型两边同乘 w_i，容易证明，变换后的模型满足同方差的假定，可以用 OLS 进行估计。这种变换称为平方根变换。

再如，当根据散点图或者异方差检验过程发现，一元回归模型的误差方差与解释变量的平方 x^2 成比例，则可令加权序列 $w_i=1/x_i$，同乘模型两端，再运用 OLS 进行估计。例 3.3 中的权数序列采用了这种形式。

例 3.3　加权最小二乘估计(一)

本例考虑对由 4 组家庭住房支出和年收入组成的截面数据进行研究(表 3.1.2)。

表 3.1.2　年收入和家庭住房支出　千美元

组别	住房支出					收　入
1	1.8	2.0	2.0	2.0	2.1	5.0
2	3.0	3.2	3.5	3.5	3.6	10.0
3	4.2	4.2	4.5	4.8	5.0	15.0
4	4.8	5.0	5.7	6.0	6.2	20.0

假设住房支出模型为

$$y_i=\alpha+\beta\times x_i+u_i \tag{3.1.39}$$

式中：y_i 为住房支出；x_i 为收入。普通最小二乘估计得出如下回归结果：

$$\hat{y}_i=0.89+0.237x_i \tag{3.1.40}$$

$$t=(4.4)\quad(15.9)$$

$$R^2=0.93\qquad F=252.7(p=0.0)$$

通过 $x_i\sim\hat{u}_i^2$ 的散点图进行判断及以前有关支出的研究结果，都说明这个模型具有异方差现象。

对住房支出模型进行异方差修正，然后进行估计。变换后的模型为

$$\frac{y_i}{x_i}=\beta+\alpha\frac{1}{x_i}+u_i^* \tag{3.1.41}$$

对式(3.1.41)和式(3.1.39)进行对比可以发现，新的模型(3.1.41)中的截距是原模型(3.1.39)中变量 x_i 的系数，而原模型(3.1.39)中的截距是新的模型(3.1.41)中

变量 $1/x_i$ 的系数。利用 OLS 可以估计此模型。其结果为

$$\frac{\hat{y}_i}{x_i}=0.249+0.7529\frac{1}{x_i} \tag{3.1.42}$$

$$t=(21.3)\qquad(7.7)$$

$$R^2=0.76\qquad F=58.7(p=0.0)$$

注意,修改后关于收入的回归系数的估计值为 0.249,比原来普通最小二乘估计值有所增加。R^2 下降,但是,并不能直接比较 R^2,因为因变量已经发生了变化。利用 *BPG* 方法和 White1 方法进行检验,修改后的方程已消除了异方差。

注:本例来自:平狄克,鲁宾费尔德. 计量经济模型与经济预测[M]. 钱小军,等,译. 4 版. 北京:机械工业出版社,1999:93.

前述异方差检验的常用方法都是基于原方程的残差序列 $\hat{u}_i$ 的平方或绝对值进行的,因此,还可以首先利用 OLS 估计原模型得到残差序列 $\hat{u}_i$,然后利用残差序列的绝对值的倒数序列 $1/|\hat{u}_i|$ 作为加权序列 w_i,即令权数序列 $w_i=1/|\hat{u}_i|$,$\boldsymbol{W}$ 为式(3.1.32)所示的 $N\times N$ 维的对角矩阵,对角线上为 w_i,其他元素是零。同乘模型两端,再利用 OLS 估计新得到的模型。例 3.4 利用这种方式进行加权。

例 3.4　加权最小二乘估计(二)

例 3.1 中已经利用 OLS 估计了原模型,并得到了残差序列 $\hat{u}_i$,用残差序列的绝对值的倒数序列

$$w_i=1/|\hat{u}_i|$$

作为加权序列 w_i,同乘模型两端,用 OLS 估计下面的模型:

$$cum_i^*=a\times w_i+\beta\times in_i^*+v_i \tag{3.1.43}$$

式中:加“*”号的变量为用加权序列 w_i 乘以原序列的新的变量。估计结果如下:

$$\widehat{cum}_i^*=-42.65\times w_i+0.055\times in_i^* \tag{3.1.44}$$

$$t=(-3.44)\qquad(24.01)$$

$$R^2=0.9\quad DW=2.49$$

加权最小二乘法得到的模型经过 BPG 方法和 White 方法检验,已经消除了异方差。

3.1.5　存在异方差时参数估计量的一致协方差

由式(2.1.38),OLS 得到的参数估计量 $\boldsymbol{b}$ 的协方差矩阵的一般形式为

$$\mathrm{cov}(\boldsymbol{b})=E\{[\boldsymbol{b}-E(\boldsymbol{b})][\boldsymbol{b}-E(\boldsymbol{b})]'\}=\boldsymbol{\Sigma}=(\boldsymbol{X}'\boldsymbol{X})^{-1}\boldsymbol{\Omega}(\boldsymbol{X}'\boldsymbol{X})^{-1} \tag{3.1.45}$$

其中

$$\boldsymbol{\Omega}=\boldsymbol{X}'\mathrm{cov}(\boldsymbol{u},\boldsymbol{u}')\boldsymbol{X} \tag{3.1.46}$$

当古典假设条件满足,即随机扰动项同方差、无序列相关时,式(3.1.45)退化为式(2.1.38);当存在异方差性但形式已知时,可以用加权最小二乘法估计式(3.1.35)所

示的协方差形式；当异方差形式未知时，如果用 OLS，协方差矩阵的计算不能采用式(2.1.38)的计算形式。

White(1980)得出在存在未知形式的异方差时，对系数协方差进行正确估计的异方差一致协方差估计量，White 用式(3.1.47)给出式(3.1.46)中 $\boldsymbol{\Omega}$ 的估计：

$$\hat{\boldsymbol{\Omega}}=\frac{N}{N-k}\sum_{i=1}^{N}\hat{u}_i^2\boldsymbol{x}_i\boldsymbol{x}_i' \tag{3.1.47}$$

式中：N 为观测值数；k 为回归变量数；$\hat{u}_i$，$\boldsymbol{x}_i$ 分别为观测点 i 处的最小二乘残差和解释变量数据阵的列向量。这意味着参数估计量的 White 异方差一致协方差(heteroskedasticity consistent covariance)为

$$\hat{\boldsymbol{\Sigma}}=\frac{N}{N-k}(\boldsymbol{X}'\boldsymbol{X})^{-1}\sum_{i=1}^{N}\hat{u}_i^2\boldsymbol{x}_i\boldsymbol{x}_i'(\boldsymbol{X}'\boldsymbol{X})^{-1} \tag{3.1.48}$$

这是非常重要的结论，这意味着不需要实际指明异方差的类型，仍然能够基于普通最小二乘估计结果进行合理的统计推断，大多数情况下都不能肯定异方差的确切性质，因此这是极其有用的。

White 协方差矩阵假设被估计方程的随机扰动项是序列不相关的。Newey 和 West(1987)提出了更一般的估计量，在存在未知形式的异方差和自相关时仍然是一致的，$\boldsymbol{\Omega}$ 的估计为

$$\hat{\boldsymbol{\Omega}}=\frac{N}{N-k}\left[\sum_{i=1}^{N}\hat{u}_i^2\boldsymbol{x}_i\boldsymbol{x}_i'+\sum_{v=1}^{q}w(v)\sum_{i=v+1}^{N}(\boldsymbol{x}_i\hat{u}_i\hat{u}_{i-v}\boldsymbol{x}_{i-v}'+\boldsymbol{x}_{i-v}\hat{u}_{i-v}\hat{u}_i\boldsymbol{x}_i')\right] \tag{3.1.49}$$

式中：q 为截尾的滞后阶数，表示 OLS 随机误差项 u_i 的最大自相关阶数，需要事先给定；$w(v)$为权数，$w(v)=1-v/(q+1)$。将式(3.1.49)代入式(3.1.45)得到参数估计量的 Newey-West 异方差和自相关一致协方差(heteroscedasticity and autocorrelation consistent covariance)为

$$\hat{\boldsymbol{\Sigma}}=\frac{N}{N-k}(\boldsymbol{X}'\boldsymbol{X})^{-1}\left[\sum_{i=1}^{N}\hat{u}_i^2\boldsymbol{x}_i\boldsymbol{x}_i'+\sum_{v=1}^{q}w(v)\sum_{i=v+1}^{N}(\boldsymbol{x}_i\hat{u}_i\hat{u}_{i-v}\boldsymbol{x}_{i-v}'+\boldsymbol{x}_{i-v}\hat{u}_{i-v}\hat{u}_i\boldsymbol{x}_i')\right](\boldsymbol{X}'\boldsymbol{X})^{-1} \tag{3.1.50}$$

例 3.5　White 异方差一致协方差

本例中，例 3.1 中的模型仍然采用普通最小二乘法估计，但是由于考虑到存在异方差性，因此系数标准差用 White 异方差一致协方差进行计算。估计结果如下：

$$\widehat{cum}_i=-56.92+0.058in_i \tag{3.1.51}$$

$$se=(60.23)\qquad(0.012)$$

$$t=(-0.94)\qquad(4.66)$$

$$R^2=0.74$$

与例 3.1 比较可知，系数估计值是相同的。不过，考虑到可能存在异方差，从而使用 White 异方差一致协方差时，参数估计量的标准差数值发生了变化。

3.2　内生解释变量和二阶段最小二乘法[①]

回归分析的一个基本假设是方程的解释变量与扰动项不相关。但是,由于解释变量测量误差的存在,用于估计模型参数的数据经常与它们的理论值不一致,或者由于遗漏了变量,随机误差项中含有可能与解释变量相关的因素,这些都可能导致解释变量与随机扰动项的相关,出现了内生解释变量问题,导致 OLS 和 WLS 估计量都有偏差且不一致。本节主要介绍内生解释变量的概念和工具变量法(instrumental variables method,IV)。

3.2.1　内生解释变量

考虑多元线性回归模型

$$y_i = \beta_1 + \beta_2 x_{2i} + \beta_3 x_{3i} + \cdots + \beta_k x_{ki} + u_i, \quad i = 1,2,\cdots,N \tag{3.2.1}$$

其基本假设之一是解释变量 $\boldsymbol{x}_2,\boldsymbol{x}_3,\cdots,\boldsymbol{x}_k$ 与随机扰动项不相关。如果存在一个或多个解释变量与随机扰动项相关,则称原模型存在内生解释变量问题。其中与随机扰动项相关的变量称为**内生变量**(endogenous variables),而与随机扰动项不相关的变量称为**外生变量**(exogenous variables)。为了讨论方便,不妨设式(3.2.1)中 $\boldsymbol{x}_k$ 为内生解释变量,即

$$\mathrm{cov}(\boldsymbol{x}_k,\boldsymbol{u}) \neq 0 \tag{3.2.2}$$

当方程中出现内生解释变量时,OLS 估计结果是有偏的且不一致。

3.2.2　工具变量法

假定内生解释变量 $\boldsymbol{x}_k$ 可以分解为两个部分:一部分与随机扰动项 $\boldsymbol{u}$ 相关,另一部分与 $\boldsymbol{u}$ 无关。如果我们能够找到另一个变量 $\boldsymbol{z}$ 或多个变量,它与 $\boldsymbol{x}_k$ 相关,但与 $\boldsymbol{u}$ 无关,就可以通过 $\boldsymbol{z}$ 将 $\boldsymbol{x}_k$ 中与 $\boldsymbol{u}$ 无关的部分分离出来,从而识别出 $\boldsymbol{x}_k$ 对 $\boldsymbol{y}$ 的边际影响,这个结果具有一致性。这种方法称为**工具变量法**。注意 IV 在大样本下能够得到一致估计量,在有限样本下 IV 的表现是不理想的。

1. 工具变量的选取

工具变量(instrumental variable),顾名思义,是在模型估计过程中被作为工具使用,以替代与随机扰动项相关的内生解释变量。满足下面两个条件的变量可以作为工具变量。

(1) 工具变量相关性

工具变量与内生解释变量高度相关,假设方程中有一个内生解释变量 $\boldsymbol{x}_k$,且有变量 $\boldsymbol{z}$,满足 $\mathrm{cov}(\boldsymbol{z},\boldsymbol{x}_k)\neq 0$,则称 $\boldsymbol{z}$ 满足工具变量相关性(instrument relevance)条件。在多变量的情况下,如果确定样本容量为 N,由 s 个变量的样本组成的矩阵 $\boldsymbol{Z}=(\boldsymbol{z}_1,\boldsymbol{z}_2,\cdots,\boldsymbol{z}_s)$,$\boldsymbol{Z}$ 为

① 李子奈,潘文卿. 计量经济学[M]. 4 版. 北京:高等教育出版社,2015:129-135.
靳云汇,金赛男,等. 高级计量经济学:上册[M]. 北京:北京大学出版社,2007:376-385.
伍德里奇. 计量经济学导论[M]. 4 版. 北京:中国人民大学出版社,2010:482-506.

$N\times s$ 维矩阵，$s\geqslant k$，$\boldsymbol{X}$ 为式(3.2.1)的 $N\times k$ 维解释变量矩阵，满足 $\text{rank}(\boldsymbol{Z}'\boldsymbol{X})=k$，即 $\boldsymbol{Z}'\boldsymbol{X}$ 是列满秩的，同时 $\boldsymbol{Z}$ 与 $\boldsymbol{X}$ 相关。这个条件称为工具变量相关性条件。

(2) 工具变量外生性

工具变量与随机扰动项 $\boldsymbol{u}$ 不相关，即选择 s 个工具变量 $\boldsymbol{z}_1,\boldsymbol{z}_2,\cdots,\boldsymbol{z}_s$，$s\geqslant k$，满足

$$\text{cov}(\boldsymbol{z}_j,\boldsymbol{u})=0,\quad j=1,2,\cdots,s \tag{3.2.3}$$

称为工具变量外生性(instrument exogeneity)条件。

当回归模型中有 k 个解释变量，而我们就找到 k 个工具变量，这种情形称为**"恰好识别"**，即工具变量个数与解释变量个数相等($s=k$)；当工具变量个数少于解释变量个数时($s<k$)，我们无法估计回归参数，这时回归模型是**"不可识别"**的；当工具变量的个数多于解释变量个数时($s>k$)，就出现了**"过度识别"**情形，只有在这种情形下，我们才能够对工具变量的外生性进行检验。

2. 工具变量法的原理

首先考虑一元线性总体回归模型

$$y_i=\beta_0+\beta_1 x_i+u_i,\quad i=1,2,\cdots,N \tag{3.2.4}$$

假设式(3.2.4)中的解释变量 x_i 和 u_i 相关，则 OLS 估计量是有偏差且不一致的，若有工具变量 z_i 满足工具变量的相关性和外生性条件，可以考虑 x_i 和 z_i 的总体回归方程

$$x_i=\alpha_0+\alpha_1 z_i+v_i,\quad i=1,2,\cdots,N \tag{3.2.5}$$

回归方程(3.2.5)提供了 x_i 所需的分解，其中的一部分 $\alpha_0+\alpha_1 z_i$ 是可由 z_i 预测 x_i 的部分，由于是外生的，因此 $\alpha_0+\alpha_1 z_i$ 与式(3.2.4)中的随机扰动项 u_i 无关，而 v_i 是 x_i 与 u_i 相关的部分。工具变量法就是利用 x_i 中与 u_i 不相关的部分 $\alpha_0+\alpha_1 z_i$，而忽略了与 u_i 相关的部分 v_i。

下面回到多元线性回归模型(3.2.1)，以及由 s 个变量的样本组成的工具变量矩阵 $\boldsymbol{Z}=(\boldsymbol{z}_1,\boldsymbol{z}_2,\cdots,\boldsymbol{z}_s)$。

考虑 $s=k$ 的情况，因为这时 $\boldsymbol{Z}'\boldsymbol{X}$ 为 k 阶方阵且可逆。模型(3.2.1)的矩阵形式为

$$\boldsymbol{y}=\boldsymbol{X\beta}+\boldsymbol{u} \tag{3.2.6}$$

式中：$\boldsymbol{y}$ 为 $N\times 1$ 维因变量；$\boldsymbol{X}$ 为 $N\times k$ 维解释变量矩阵；$\boldsymbol{\beta}$ 为 $k\times 1$ 维系数向量。在式(3.2.6)两端左乘 $\boldsymbol{Z}'$，得到

$$\boldsymbol{Z}'\boldsymbol{y}=\boldsymbol{Z}'\boldsymbol{X\beta}+\boldsymbol{Z}'\boldsymbol{u} \tag{3.2.7}$$

根据工具变量外生性条件(3.2.3)，有

$$E(\boldsymbol{Z}'\boldsymbol{u})=\boldsymbol{0}\quad 或\quad \text{Plim}\,\frac{1}{N}\boldsymbol{Z}'\boldsymbol{u}=\boldsymbol{0} \tag{3.2.8}$$

可得到工具变量估计结果为

$$\boldsymbol{b}_{\text{IV}}=(\boldsymbol{Z}'\boldsymbol{X})^{-1}\boldsymbol{Z}'\boldsymbol{y} \tag{3.2.9}$$

可以证明 $\boldsymbol{b}_{\text{IV}}$ 是一致估计量。

需要注意，通常情况下，工具变量矩阵 $\boldsymbol{Z}$ 由工具变量及原模型中的外生解释变量组成。这时，对于没有选择另外的变量作为工具变量的解释变量，可以认为用自身作为工具变量。

在 $s>k$ 的情况下,由于工具变量外生性式(3.2.3)的要求,$\boldsymbol{Z}$ 的每一列都与 $\boldsymbol{u}$ 无关,这时我们可以选择 $\boldsymbol{Z}$ 的列向量的 k 个线性组合,重新构造一个新的含 k 个变量的工具变量集,我们称之为加权工具变量。考虑工具变量 $\boldsymbol{Z}$ 的线性组合,设 $\boldsymbol{Z}^*$ 是 $N\times k$ 阶矩阵,则

$$\boldsymbol{Z}^{*\prime}=\boldsymbol{\Theta}\boldsymbol{Z}' \tag{3.2.10}$$

式中:$\boldsymbol{\Theta}$ 为 $k\times s$ 阶加权系数矩阵。选择合适的 $\boldsymbol{\Theta}$ 矩阵,使得 $\boldsymbol{Z}^{*\prime}\boldsymbol{X}$ 为 k 阶方阵且可逆,此时前述的工具变量法的原理仍然适用。

3.2.3　二阶段最小二乘法

二阶段最小二乘方法包括两个阶段[①]。

第一个阶段,找到一组工具变量组成矩阵 $\boldsymbol{Z}=(z_1,z_2,\cdots,z_s)$,$s\geqslant k$,模型中每个解释变量分别关于这组变量做最小二乘回归,矩阵形式为

$$\hat{\boldsymbol{X}}=\boldsymbol{Z}(\boldsymbol{Z}'\boldsymbol{Z})^{-1}\boldsymbol{Z}'\boldsymbol{X} \tag{3.2.11}$$

第二个阶段,所有解释变量用第一个阶段回归得到的拟合值来代替,对原方程进行回归,这样求得的回归系数就是 TSLS 估计值。可以证明二阶段最小二乘估计量是一致估计量。

不必分两步计算,可以推导得到二阶段最小二乘系数估计量的一步计算公式(3.2.12)。二阶段最小二乘的系数估计量记为 $\boldsymbol{b}_{\text{TSLS}}$:

$$\begin{aligned}\boldsymbol{b}_{\text{TSLS}}&=(\hat{\boldsymbol{X}}'\hat{\boldsymbol{X}})^{-1}\hat{\boldsymbol{X}}'\boldsymbol{y}\\&=[\boldsymbol{X}'\boldsymbol{Z}(\boldsymbol{Z}'\boldsymbol{Z})^{-1}\boldsymbol{Z}'\boldsymbol{X}]^{-1}\boldsymbol{X}'\boldsymbol{Z}(\boldsymbol{Z}'\boldsymbol{Z})^{-1}\boldsymbol{Z}'\boldsymbol{y}\end{aligned} \tag{3.2.12}$$

TSLS 本质上属于工具变量法。如果是恰好识别,式(3.2.12)将退化为 IV 估计量式(3.2.9)。

Sargan[②] 证明了如果式(3.2.10)中的 $\boldsymbol{\Theta}$ 矩阵取

$$\boldsymbol{\Theta}=\boldsymbol{X}'\boldsymbol{Z}(\boldsymbol{Z}'\boldsymbol{Z})^{-1} \tag{3.2.13}$$

所给出 IV 估计量为

$$(\boldsymbol{X}'\boldsymbol{Z}(\boldsymbol{Z}'\boldsymbol{Z})^{-1}\boldsymbol{Z}'\boldsymbol{X})\boldsymbol{b}_{\text{IV}}=\boldsymbol{X}'\boldsymbol{Z}(\boldsymbol{Z}'\boldsymbol{Z})^{-1}\boldsymbol{Z}'\boldsymbol{y} \tag{3.2.14}$$

有最优渐近方差,可见,式(3.2.14)的估计量与式(3.2.12)TSLS 估计量相同。

例 3.6　二阶段最小二乘估计

本例利用美国 1953—1984 年的年度数据建立美国消费方程:

$$CS_t=\alpha_0+\alpha_1(WP_t+WG_t)+\alpha_2CS_{t-1}+\alpha_3R_{t-1}+u_t \tag{3.2.15}$$

式中:CS_t,WP_t,WG_t,R_t 分别为美国消费、私人工资、政府工资和半年期商业票据利

① 格林. 计量经济分析[M]. 张成思,译. 6 版. 北京:中国人民大学出版社,2011:315-317.

② ARELLANO M. Sargan's instrumental variables estimation and the generalized method of moments [J]. Journal of business & economic statistics,2002,20(4):450-459.

率。采用二阶段最小二乘法估计方程(3.2.15)，工具变量取为Y_{t-1}、P_t、G_{t-1}、T_{t-1}、IM_t，分别为美国总产出、企业利润、政府非工资支出、间接税收和进口额：

$$\widehat{CS_t}=-14.20+0.33\times(WP_t+WG_t)+0.67\times CS_{t-1}-3.58\times R_{t-1} \quad (3.2.16)$$

$t=(-2.8)\quad(3.7)\quad(5.99)\quad(-4.1)$

$R^2=0.99$　$DW=1.66$　J 统计量$=1.64$　p 值(J 检验)$=0.43$

从美国消费方程(3.2.15)中可以看出总工资收入(WP_t+WG_t)的边际消费倾向是0.33；上期消费(CS_{t-1})代表了消费习惯的影响，说明当期消费受上期消费影响很大，上期消费增加1单位，当期将增加0.67单位；而利率的短期乘数为负，说明银行利率上升将导致消费降低。J 统计量及相应 p 值表明过度识别约束成立，工具变量外生。关于解释变量内生性检验和工具变量的相关检验在3.4节中将详细说明。

资料来源：威廉. 经济计量分析[M]. 王明舰，等，译. 北京：中国社会科学出版社，1998：689.

3.3 广义矩方法(GMM)[①]

由于传统的计量经济模型估计方法，如普通最小二乘法、二阶段最小二乘法和极大似然法等，都有它们的局限性，其参数估计量必须在模型满足某些假设时才具有良好的性质。广义矩方法(generalized method of moments，GMM)是由 Hansen(1982)首先提出的，GMM 是一个稳健估计量，因为它不要求扰动项的准确分布信息，允许随机误差项存在异方差和序列相关，所得到的参数估计量比其他参数估计方法更合乎实际。而且可以证明，GMM 包容了许多常用的估计方法，普通最小二乘法、二阶段最小二乘法和极大似然法都是它的特例。

3.3.1 矩法估计量

矩估计是基于实际参数满足一些矩条件而形成的一种参数估计方法，如果随机变量 Y 的期望值是 μ，即

$$E(Y-\mu)=0 \quad (3.3.1)$$

则 $\hat{\mu}$ 满足相应的样本矩条件，即

$$\frac{1}{N}\sum_{i=1}^{N}(y_t-\hat{\mu})=0 \quad (3.3.2)$$

现在，考虑一元古典线性回归模型中的假设条件：

$$E(u_i)=0 \quad (3.3.3)$$

$$E(x_iu_i)=0 \quad (3.3.4)$$

① 格林. 计量经济分析[M]. 张成思，译. 6版. 北京：中国人民大学出版社，2011：438-446.

其所对应的样本矩条件分别为

$$\frac{1}{N}\sum_{i=1}^{N}\hat{u}_i=\frac{1}{N}\sum_{i=1}^{N}(y_i-b_0-b_1x_i)=0$$
$$\frac{1}{N}\sum_{i=1}^{N}x_i\hat{u}_i=\frac{1}{N}\sum_{i=1}^{N}x_i(y_i-b_0-b_1x_i)=0 \tag{3.3.5}$$

这就是OLS估计量的正规方程组。因此,OLS估计量是一个矩法估计量。再如二阶段最小二乘法中,假定解释变量与随机扰动项可能相关,找到一组与扰动项不相关的工具变量,因而正规方程组发生变化,由式(3.2.3)的矩条件得到了式(3.2.12)的参数估计量形式。

3.3.2 广义矩估计

广义矩估计方法是矩估计方法的一般化。GMM估计仍然是设定参数满足的理论关系,把理论关系用样本近似值代替。一般地,假设参数 $\boldsymbol{\theta}$ 是 k 维参数向量,$m_j(\cdot)$ 是连续可微函数,其数学期望为各阶总体矩,如果要满足的理论关系为 $s(s\geqslant k)$ 个矩条件:

$$E[m_j(\boldsymbol{\theta})]=0,\quad j=1,2,\cdots,s \tag{3.3.6}$$

如果矩条件个数超过参数个数($s>k$),式(3.3.6)为过度识别系统,此时,为利用样本的所有信息,必须想办法来调和出现在过度识别系统(3.3.6)中的互相冲突的估计。GMM估计的基本思想是选择最小距离估计量。选择参数估计量 $\hat{\boldsymbol{\theta}}$ 的标准是使样本矩 $\bar{\boldsymbol{m}}$ 和0之间的加权距离最小,目标函数为

$$Q=\bar{\boldsymbol{m}}'(\boldsymbol{\theta})\boldsymbol{A}\bar{\boldsymbol{m}}(\boldsymbol{\theta}) \tag{3.3.7}$$

式中:$\bar{\boldsymbol{m}}$ 为 s 维样本矩向量,其第 j 个元素 $\bar{m}_j$ 是第 j 个样本矩;$\boldsymbol{A}$ 为加权矩阵。任何对称正定阵 $\boldsymbol{A}$ 都能得到 $\boldsymbol{\theta}$ 的一致估计,然而,要得到 $\boldsymbol{\theta}$ 的有效估计的必要条件是 $\boldsymbol{A}$ 等于 $\sqrt{N}\bar{\boldsymbol{m}}$ 的协方差矩阵的逆,N 是样本个数。

此时广义矩估计量的协方差矩阵为

$$\boldsymbol{\Sigma}=(\boldsymbol{G}'\boldsymbol{A}\boldsymbol{G})^{-1}/N \tag{3.3.8}$$

式中:$\boldsymbol{G}=\partial\bar{\boldsymbol{m}}/\partial\boldsymbol{\theta}$,为 s 行 k 列的导数矩阵。

GMM估计是一个大样本估计。在大样本的情况下,GMM估计量是渐近有效的,在小样本情况下是无效的。所以,只有在大样本情况下,才能使用GMM方法进行参数估计。

下面以多元线性回归模型的参数估计为例介绍GMM方法,假设回归方程为

$$y_i=\boldsymbol{x}'_i\boldsymbol{\beta}+u_i,\quad i=1,2,\cdots,N \tag{3.3.9}$$

式中:解释变量向量 $\boldsymbol{x}_i=(1,x_{2i},\cdots,x_{ki})'$;参数向量 $\boldsymbol{\beta}=(\beta_1,\beta_2,\cdots,\beta_k)'$;$N$ 为样本个数。对式(3.3.9)的参数向量 $\boldsymbol{\beta}$ 进行GMM估计,由于解释变量可能与随机扰动项相关,因此可以假设存在 $s(s\geqslant k)$ 个工具变量 $\boldsymbol{z}_j(j=1,2,\cdots,s)$ 与随机扰动项 $\boldsymbol{u}$ 不相关,则 $\boldsymbol{z}_j$ 与 $\boldsymbol{u}$ 满足 s 个正交的矩条件:

$$E(\boldsymbol{z}_j\boldsymbol{u})=0,\quad j=1,2,\cdots,s \tag{3.3.10}$$

相应的 s 个样本矩为

$$\bar{\boldsymbol{m}}=\frac{1}{N}\boldsymbol{Z}'\boldsymbol{u}(\hat{\boldsymbol{b}}) \tag{3.3.11}$$

式中：$\boldsymbol{Z}$ 为工具变量数据矩阵；$\boldsymbol{u}(\hat{\boldsymbol{b}})$ 为式(3.3.9)的残差序列。选择参数估计量 $\boldsymbol{b}$，使式(3.3.12)所示的加权距离最小。

$$Q=\frac{1}{N^2}[\boldsymbol{u}(\hat{\boldsymbol{b}})'\boldsymbol{Z}]\boldsymbol{A}[\boldsymbol{Z}'\boldsymbol{u}(\hat{\boldsymbol{b}})] \tag{3.3.12}$$

如前所述，要得到GMM的有效估计，必要条件是 $\boldsymbol{A}=\boldsymbol{\Omega}^{-1}$，其中，$\boldsymbol{\Omega}$ 是 $\sqrt{N}\bar{\boldsymbol{m}}$ 的协方差矩阵：

$$\boldsymbol{\Omega}=\frac{1}{N}\boldsymbol{Z}'\operatorname{cov}(\boldsymbol{u}(\hat{\boldsymbol{b}}),\boldsymbol{u}(\hat{\boldsymbol{b}})')\boldsymbol{Z} \tag{3.3.13}$$

在误差项同方差、无序列相关的假设下，$\boldsymbol{\Omega}=\hat{s}^2\boldsymbol{Z}'\boldsymbol{Z}/N$。其中，$\hat{s}^2$ 是误差方差估计量。或者，可以使用White异方差一致协方差或Newey-West HAC一致协方差估计 $\boldsymbol{\Omega}$ 矩阵[式(3.1.47)、式(3.1.49)]。

例3.7　GMM估计

与例3.6一样，本例仍然利用美国1953—1984年的年度数据建立美国消费方程，但本例采用GMM估计模型(3.2.15)，工具变量的选取也与例3.6完全相同。本例采用Newey-West HAC一致协方差估计式(3.3.13)的 $\boldsymbol{\Omega}$ 矩阵，估计结果如下：

$$\widehat{CS}_t=-14.3+0.35\times(WP_t+WG_t)+0.64\times CS_{t-1}-3.59\times R_{t-1} \tag{3.3.14}$$

$$t=(-7.5)\quad(4.0)\qquad\qquad(5.5)\qquad\qquad(-4.4)$$

$R^2=0.99$　$DW=1.65$　J 统计量$=1.92$　p 值(J 检验)$=0.38$

可以看出，本例中的估计结果与例3.6的TSLS的估计结果非常接近，总工资收入(WP_t+WG_t)的边际消费倾向是0.35；上期消费(CS_{t-1})增加1单位，当期将增加0.64单位。J 统计量及相应 p 值表明过度识别约束成立，工具变量外生。过度识别约束检验与工具变量相关的各种检验在3.4节中阐述。

3.4　解释变量内生性检验与工具变量的检验

当运用TSLS或者GMM估计时，工具变量的选择是否合适至关重要，在3.2节中我们已经说明工具变量应该具有与误差项无关的外生性和与内生解释变量的相关性，本节中将给出检验方法。

3.4.1　过度识别约束检验

在矩条件个数多于参数个数($s>k$)，即"过度识别"的情况下，过度识别约束条件是否成立？Sargan (1958)[①]提出了过度识别约束检验方法(overidentification restrictions

① SARGAN J D. The estimation of economic relationships using instrumental variables[J]. Econometrica, 1958(26): 393-415.

test),Hansen (1982)[①]又把 Sargan 检验扩展到了广义矩估计,因此也把过度识别检验方法称为 Sargan-Hansen 检验。

令 $\hat{\boldsymbol{\theta}}$ 表示 GMM 估计量,Hansen(1982)构造了如下的 J 统计量:

$$J = N\bar{\boldsymbol{m}}'(\hat{\boldsymbol{\theta}})\hat{\boldsymbol{\Omega}}^{-1}\boldsymbol{m}(\hat{\boldsymbol{\theta}}) \tag{3.4.1}$$

Hansen 证明,如果 GMM 估计量中权重矩阵 $\hat{\boldsymbol{\Omega}}^{-1}$ 是渐近有效的,则 J 统计量渐近服从 $\chi^2(s-k)$ 分布,自由度为过度识别约束个数。J 统计量是 GMM 估计的目标函数 Q[式(3.3.12)]的最小值乘以样本数 N,因此在 GMM 的估计过程中可以同时给出 J 统计量的估计结果,基于 J 的值进行过度识别检验,经常被称为 J 检验。由于 J 统计量是样本矩的加权距离,在原假设即过度识别约束成立时,J 值应该接近 0。如果计算出来的 J 值超过某个临界值,即显著大于 0,表明约束条件不都成立,即至少某一个约束是不成立的;如果 J 值小于临界值,则无法拒绝所有约束条件都成立的原假设。

如前文所述,当工具变量的个数多于解释变量的个数时($s>k$),即存在过度识别,此时,需要对所有工具变量的外生性进行检验。根据 J 检验的原理,如果计算出来的 J 值超过某个临界值,即显著大于 0,表明所有工具变量外生的原假设不成立,即至少某个工具变量不是外生的,与误差项相关,则需要进一步进行检验;如果 J 值小于临界值,则无法拒绝所有工具变量是外生的原假设,说明过度识别约束式(3.2.3)是有效的。

TSLS 估计量是 GMM 估计的特殊情形,当 GMM 的目标函数式(3.3.12)中加权矩阵 $\boldsymbol{A}=\boldsymbol{\Omega}^{-1}=(\hat{s}^2\boldsymbol{Z}'\boldsymbol{Z}/N)^{-1}$ 时,GMM 估计的估计结果与 TSLS 相同,此时 J 为

$$J = \frac{1}{N}[\hat{u}'(\boldsymbol{b})\boldsymbol{Z}](\hat{s}^2\boldsymbol{Z}'\boldsymbol{Z}/N)^{-1}[\boldsymbol{Z}'\hat{\boldsymbol{u}}(\boldsymbol{b})] \tag{3.4.2}$$

3.4.2 工具变量外生性检验

Eichenbaum,Hansen 和 Singleton(1988)[②]提出一种工具变量外生性检验方法,称为 C-检验,也称正交性检验(instrament or thogonality C Test)。假设我们要检验工具变量 $\boldsymbol{z}_j$ 的外生性,则首先将其在工具变量中去掉,对这个辅助方程进行 GMM 估计(工具变量矩阵去掉被检验工具变量 $\boldsymbol{z}_j$,记为 $\boldsymbol{Z}_1$),辅助方程由于减少了一个工具变量即减少了一个约束条件,J 值变小,因而将原方程和无约束的辅助回归方程的 J 统计量相减得到检验统计量:

$$C = \frac{1}{N}\boldsymbol{u}(\hat{\boldsymbol{b}})'\boldsymbol{Z}\hat{\boldsymbol{\Omega}}^{-1}\boldsymbol{Z}'\boldsymbol{u}(\hat{\boldsymbol{b}}) - \frac{1}{N}\boldsymbol{u}(\tilde{\boldsymbol{b}})'\boldsymbol{Z}_1\boldsymbol{\Omega}_1^{-1}\boldsymbol{Z}_1'\boldsymbol{u}(\tilde{\boldsymbol{b}}) \tag{3.4.3}$$

如果模型采用 TSLS 估计,检验统计量为

$$C = \frac{1}{N}\boldsymbol{u}(\hat{\boldsymbol{b}})'\boldsymbol{Z}(\hat{s}^2\boldsymbol{Z}'\boldsymbol{Z}/N)^{-1}\boldsymbol{Z}'\boldsymbol{u}(\hat{\boldsymbol{b}}) - \frac{1}{N}\boldsymbol{u}(\tilde{\boldsymbol{b}})'\boldsymbol{Z}_1(\tilde{s}^2\boldsymbol{Z}_1'\boldsymbol{Z}_1/N)^{-1}\boldsymbol{Z}_1'\boldsymbol{u}(\tilde{\boldsymbol{b}}) \tag{3.4.4}$$

---

① HANSEN L P. Large sample properties of generalized method of moments estimators [J]. Econometrica, 1982,50(4): 1029-1054.

② EICHENBAUM M,HANSEN L P,SINGLETON K J. A time series analysis of representative agent models of consumption and leisure choice under uncertainty[J]. The quarterly journal of economics,1988,103(1): 51-78.

式中：$\hat{\boldsymbol{b}}$ 为原方程的估计参数；$\hat{s}^2$ 为原方程误差方差估计值；$\tilde{\boldsymbol{b}}$ 为辅助回归的估计参数；$\tilde{s}^2$ 为辅助回归误差方差估计值；$\boldsymbol{Z}_1$ 为去掉被检验变量 $\boldsymbol{z}_j$ 的工具变量矩阵。检验统计量 C 服从 $\chi^2(s_1)$ 分布，s_1 是被检验工具变量的个数($s_1 \leqslant 2$)。原假设认为被检验变量 $\boldsymbol{z}_j$ 与 $\boldsymbol{u}(\hat{\boldsymbol{b}})$ 不相关，如果检验统计量 C(两个方程的 J 统计量之差)不显著，则无法拒绝原假设，表明 $\boldsymbol{z}_j$ 是外生的。

3.4.3 解释变量内生性检验

当解释变量是外生时，TSLS 不如 OLS 有效，因此检验解释变量是否存在内生性很有必要，存在内生性使用 TSLS，否则使用 OLS。

内生性检验比较多的是采用 Hausman(1978)[①]提出的检验方法：第一步将所有的外生变量对被怀疑为内生解释变量的 $\boldsymbol{x}_k$ 做回归；第二步把其回归残差 $\hat{\boldsymbol{v}}$ 作为解释变量放入原方程回归，然后检验 $\hat{\boldsymbol{v}}$ 是否显著为零，如果拒绝了显著为零的原假设，就判断 $\boldsymbol{x}_k$ 是内生的。

下面介绍 Durbin-Wu-Hausman 检验方法[②]，这种方法可以检验回归方程中的部分解释变量或全部解释变量的内生性。首先对原方程和有约束的辅助回归方程(工具变量矩阵加入被检验变量 $\boldsymbol{x}_k$，记为 $\boldsymbol{Z}_2$)进行 GMM 估计，得到各自的 J 统计量；其次由原方程和辅助回归方程的两个 J 统计量之差得到检验统计量：

$$H = \frac{1}{N}\boldsymbol{u}(\tilde{\tilde{\boldsymbol{b}}})'\boldsymbol{Z}_2\boldsymbol{\Omega}_2^{-1}\boldsymbol{Z}_2'\boldsymbol{u}(\tilde{\tilde{\boldsymbol{b}}}) - \frac{1}{N}\boldsymbol{u}(\hat{\boldsymbol{b}})'\boldsymbol{Z}\boldsymbol{\Omega}^{-1}\boldsymbol{Z}'\boldsymbol{u}(\hat{\boldsymbol{b}}) \tag{3.4.5}$$

特别地，如果模型采用 TSLS 估计，检验统计量为

$$H = \frac{1}{N}\boldsymbol{u}(\tilde{\tilde{\boldsymbol{b}}})'\boldsymbol{Z}_2(\tilde{\tilde{s}}^2\boldsymbol{Z}_2'\boldsymbol{Z}_2/N)^{-1}\boldsymbol{Z}_2'\boldsymbol{u}(\tilde{\tilde{\boldsymbol{b}}}) - \frac{1}{N}\boldsymbol{u}(\hat{\boldsymbol{b}})'\boldsymbol{Z}(\hat{s}^2\boldsymbol{Z}'\boldsymbol{Z}/N)^{-1}\boldsymbol{Z}'\boldsymbol{u}(\hat{\boldsymbol{b}}) \tag{3.4.6}$$

式中：$\hat{\boldsymbol{b}}$ 为原方程的估计参数；$\hat{s}^2$ 为原方程误差方差估计值；$\tilde{\tilde{\boldsymbol{b}}}$ 为辅助回归的估计参数；$\tilde{\tilde{s}}^2$ 为辅助回归误差方差估计值；$\boldsymbol{Z}_2$ 为加入被检验变量 $\boldsymbol{x}_k$ 的工具变量矩阵。检验统计量 H 服从 $\chi^2(k_1)$ 分布，k_1 是被检验内生变量的个数。原假设为被检验变量 $\boldsymbol{x}_k$ 是外生的，如果检验统计量 H(两个方程的 J 统计量之差)显著，则拒绝原假设，表明 $\boldsymbol{x}_k$ 存在内生性。

3.4.4 弱工具变量检验

如果工具变量 $\boldsymbol{Z}$ 与内生解释变量 $\boldsymbol{x}_k$ 相关性很弱，我们称 $\boldsymbol{Z}$ 为弱工具变量。使用这样的工具变量，在样本不是足够大的情况下，将导致 TSLS 和 GMM 估计量的样本分布不再是正态分布，从而导致统计推断失效。$\boldsymbol{Z}$ 与 $\boldsymbol{x}_k$ 的相关性越强，根据正态分布所进行的统计推断的可靠性就越高。因此一个好的工具变量，首先要看它是否与 $\boldsymbol{x}_k$ 存在高度相关性。

---

① HAUSMAN J A. Specification tests in econometrics[J]. Econometrica，1978，46：1251-1271.
靳云汇，金赛男，等. 高级计量经济学：上册[M]. 北京：北京大学出版社，2007：389.

② NAKAMURA A，NAKAMURA M. On the relationships among several specification error tests presented by Durbin，Wu，and Hausman[J]. Econometrica，1981，49(6)：1583-1588.

Cragg 和 Donald(1993)[①]提出了检验弱工具变量的统计量,称之为 Cragg-Donald F-统计量。设 $\boldsymbol{X}_X$ 是由外生解释变量(工具变量和解释变量中)组成的矩阵,$\boldsymbol{Z}_Z$ 是不包括解释变量的工具变量组成的矩阵,$\boldsymbol{X}_Z$ 是由 $\boldsymbol{X}_X$ 和 $\boldsymbol{Z}_Z$ 共同构成的全部工具变量组成的矩阵,则 Cragg-Donald F-统计量是

$$\boldsymbol{G}=\left(\frac{(N-k_1-k_2)^2}{k_2}\right)(\boldsymbol{X}'_E\boldsymbol{M}_{XZ}\boldsymbol{X}_E)^{-1/2}(\boldsymbol{M}_X\boldsymbol{X}_E)'\boldsymbol{M}_X\boldsymbol{Z}_Z((\boldsymbol{M}_X\boldsymbol{Z}_Z)'(\boldsymbol{M}_X\boldsymbol{Z}_Z))^{-1}$$

$$(\boldsymbol{M}_X\boldsymbol{Z}_Z)'(\boldsymbol{M}_X\boldsymbol{X}_E)(\boldsymbol{X}'_E\boldsymbol{M}_{XZ}\boldsymbol{X}_E)^{-1/2} \tag{3.4.7}$$

计算的矩阵 $\boldsymbol{G}$ 的最小特征值。式中,$\boldsymbol{X}_E$ 是由解释变量中的内生解释变量组成的矩阵,$\boldsymbol{M}_{XZ}=I-\boldsymbol{X}_Z(\boldsymbol{X}'_Z\boldsymbol{X}_Z)^{-1}\boldsymbol{X}'_Z$;$\boldsymbol{M}_X=I-\boldsymbol{X}_X(\boldsymbol{X}'_X\boldsymbol{X}_X)^{-1}\boldsymbol{X}'_X$;$k_1$:$\boldsymbol{X}_X$ 的列数;k_2:$\boldsymbol{Z}_Z$ 的列数。

Cragg-Donald F-统计量不服从某种标准的分布,不过,Stock 和 Yogo(2002,2005)[②]提供了 Cragg-Donald F-统计量各显著性水平的临界值表。原假设为工具变量 $\boldsymbol{Z}$ 为弱工具变量,当 Cragg-Donald F-统计量大于某个显著性水平的临界值,则表明在这个显著性水平下拒绝弱工具变量的原假设。

例 3.8　解释变量内生性检验和工具变量检验

例 3.6 和例 3.7 中分别利用 TSLS 和 GMM 方法估计美国消费方程,以 GMM 为例,表 3.4.1 给出了过度识别约束有效性、工具变量外生性、解释变量内生性和弱工具变量等的检验结果。

表 3.4.1　解释变量内生性检验和工具变量检验

检验类型	检验统计量	临界值或 p 值	结　论
过度识别约束有效性检验	J-统计量:1.92	$p=0.38$	无法拒绝所有工具变量外生的原假设
工具变量外生性检验	C-检验统计量:1.03	$p=0.31$	无法拒绝工具变量 Y_{t-1} 是外生的原假设
解释变量内生性检验	Durbin-Wu-Hausman 检验统计量:3.57	$p=0.06$	10%显著性水平下拒绝解释变量 WP_t+WG_t 外生的原假设
弱工具变量检验	Cragg-Donald F-统计量:13.59	Stock-Yogo TSLS 临界值: 5%　9.53 10%　6.61	5%显著性水平下拒绝弱工具变量的原假设

注:工具变量外生性检验结果以工具变量 Y_{t-1} 为例,其余工具变量也通过了外生性检验;解释变量内生性检验结果以解释变量 WP_t+WG_t 为例,变量 CS_{t-1} 经检验也是内生的,但变量 R_{t-1} 没能拒绝其外生的原假设

① CRAGG J G, DONALD S G. Testing identifiability and specification in instrumental variable models[J]. Econometric theory, 1993, 9(2): 222-240.

② STOCK J H, WRIGHT J H, YOGO M. A survey of weak instruments and weak identification in generalized method of moments[J]. Journal of business & economic statistics, 2002, 20(4): 518-529.

STOCK J H, YOGO M. Testing for weak instruments in linear Ⅳ regression[J]//Identification and inference for econometric models. New York: Cambridge University Press, 2005: 80-108.

3.5　多项式分布滞后(PDLS)模型

3.5.1　分布滞后模型的概念

对于时间序列数据,由于经济系统中的经济政策的传导、经济行为的相互影响和渗透都是需要一定时间的。它们的数值是由自身的滞后量或者其他变量的滞后量所决定的,因此要经常考虑变量之间的滞后关系。表现在计量经济模型中,即应当在解释变量中包含某些滞后变量。

例如在分析货币政策的效应时,经常会分析货币供给对产出的影响,这时要在模型中加入货币供给的多期滞后,以反映出货币政策的时滞性。再如消费理论告诉我们,人们的消费不仅是当期收入决定的,以前的收入水平和消费习惯等都对消费产生影响。因此,收入和消费的滞后变量可能都应该包含到模型中。这时的模型考虑了变量跨时期的影响关系,因此叫作动态模型(dynamic models)。如果模型中仅包含解释变量滞后,形如式(3.5.1)的模型叫作**分布滞后模型**(distributed lag models),这是因为解释变量每单位变化的影响分布到了多个时期:

$$y_t = \boldsymbol{w}_t'\boldsymbol{\delta} + \beta_0 x_t + \beta_1 x_{t-1} + \cdots + \beta_k x_{t-k} + u_t, \quad t = 1, 2, \cdots, T \tag{3.5.1}$$

式中:$\boldsymbol{w}_t = (w_{1t}, w_{2t}, \cdots, w_{dt})'$,为独立变量构成的解释变量向量;$\boldsymbol{\delta} = (\delta_1, \delta_2, \cdots, \delta_d)'$,为相应的系数向量。系数向量$\boldsymbol{\beta}$描述了 x 对 y 的乘数作用:β_0 是短期(当期)乘数作用,β_i 反映了 x 在 i 期后对 y 的乘数作用,$(\beta_0 + \beta_1 + \cdots + \beta_k)$反映出 x 对 y 的总影响或长期乘数。这样,这种模型可以用于经济中短期、长期分析,例如,货币中性在短期和长期是否存在等问题的分析。这个模型滞后项是有限项的,也可以有无穷的滞后项。

分布滞后模型在解释变量与随机误差项不相关的情况下,可以直接使用 OLS 估计参数。但是,当滞后项较多时,直接估计会耗费很大的自由度,而且 x 的当前和滞后值之间很可能具有高度共线性。存在共线性问题的一个直接后果是参数估计量失去意义,不能揭示 x 的各个滞后量对因变量的影响。同时,估计系数的标准差变大,造成根据常规计算的 t 值认为滞后系数不显著的结果。有时,滞后项系数的符号会出现正负交错的情况,这使得我们很难解释这些系数,所以必须寻求另外的估计方法。较为常用的方法是多项式分布滞后(polynomial distributed lags,PDLs)模型,也可称为 Almon 分布滞后模型。

3.5.2　多项式分布滞后模型方法

PDLs 假设 β_j 可以由次数较低的 p 阶多项式来很好地逼近。例如,滞后阶数最大是 6,假定用一个 2 次多项式来描述权重 β_j 的取值,则

$$\beta_j = a + bj + cj^2, \quad j = 0, 1, \cdots, 6 \tag{3.5.2}$$

对应的 2 次多项式的值就是 β_j 的近似值。需要注意,要保证多项式的次数小于滞后阶数,这样可以减少待估参数的个数(图 3.5.1)。

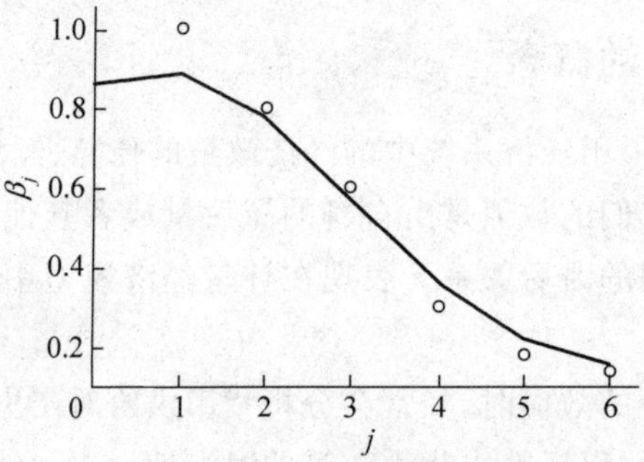

图 3.5.1　滞后系数 β_i 的分布

一般地,p 阶 PDLs 模型假定系数 β_j 服从如下形式的 p 阶多项式:

$$\beta_j = \gamma_1 + \gamma_2(j - \bar{c}) + \gamma_3(j - \bar{c})^2 + \cdots + \gamma_{p+1}(j - \bar{c})^p, \quad j = 0,1,2,\cdots,k, k > p \tag{3.5.3}$$

式中:$\bar{c}$ 为事先定义的常数,取值为

$$\bar{c} = \begin{cases} (k-1)/2, & p \text{ 是奇数} \\ k/2, & p \text{ 是偶数} \end{cases}$$

常数 $\bar{c}$ 仅用来避免共线性引起的数值问题,不影响 $\boldsymbol{\beta}$ 的估计。

将式(3.5.3)代入式(3.5.1),将产生如下形式方程:

$$y_t = \boldsymbol{w}'_t\boldsymbol{\delta} + \gamma_1 z_1 + \gamma_2 z_2 + \cdots + \gamma_{p+1} z_{p+1} + u_t \tag{3.5.4}$$

式中:

$$\begin{aligned} z_1 &= x_t + x_{t-1} + \cdots + x_{t-k} \\ z_2 &= -\bar{c}x_t + (1 - \bar{c})x_{t-1} + \cdots + (k - \bar{c})x_{t-k} \\ &\cdots \\ z_{p+1} &= (-\bar{c})^p x_t + (1 - \bar{c})^p x_{t-1} + \cdots + (k - \bar{c})^p x_{t-k} \end{aligned} \tag{3.5.5}$$

模型(3.5.4)减少了待估参数,一旦从式(3.5.4)估计出 $\boldsymbol{\gamma}$,利用式(3.5.3)就可得到 $\boldsymbol{\beta}$ 的各个系数和标准差。

如果考虑到 x 对 y 前期值没有影响,可以加上一个近端约束,限制超前一期作用为零,即

$$\beta_{-1} = \gamma_1 + \gamma_2(-1 - \bar{c}) + \gamma_3(-1 - \bar{c})^2 + \cdots + \gamma_{p+1}(-1 - \bar{c})^p = 0 \tag{3.5.6}$$

如果认为 x 对 y 的影响在 k 期后截止,则可以加上一个远端约束,限制 x 对 y 的作用在大于 k 后消失,即

$$\beta_{k+1} = \gamma_1 + \gamma_2(k + 1 - \bar{c}) + \gamma_3(k + 1 - \bar{c})^2 + \cdots + \gamma_{p+1}(k + 1 - \bar{c})^p = 0 \tag{3.5.7}$$

加上了近端或远端的限制,参数个数将发生变化:如果对近端和远端都施加约束,参数个数将减少 2 个;只加 1 个约束,参数个数减少 1 个。

例 3.9　含有 PDLs 项的投资模型

本例建立投资函数说明含有 PDLs 项的模型估计，采用美国 1947 年第一季度至 1994 年第四季度数据。

当年的投资额(inv)除了取决于当期的收入(GDP)外，由于投资的连续性，它还受到前 1,2,3,…,k 个时期投资额的影响。已经开工的项目总是要继续下去的，而每个时期的投资额又取决于每个时期的收入，所以应建立包含收入多期滞后的模型。考虑下面的投资模型：

$$inv_t = \delta_0 + \delta_1 inv_{t-1} + \beta_0 \times GDP_t + \beta_1 \times GDP_{t-1} + \cdots + \beta_k \times GDP_{t-k} + u_t \tag{3.5.8}$$

假如 $k=4$ 时，直接用 OLS 估计模型的结果为

$$\widehat{inv}_t = -16.2 + 0.97 inv_{t-1} + 0.3 GDP_t - 0.28 GDP_{t-1} - 0.04 GDP_{t-2} +$$

$$t = (-2.4) \quad (55.9) \quad (7.04) \quad (-3.8) \quad (-0.5)$$

$$0.046 GDP_{t-3} - 0.036 GDP_{t-4}$$

$$(0.6) \quad (-0.8)$$

$$R^2 = 0.996 \quad F = 8\,021.5 (p = 0.0) \quad DW = 2.15 \tag{3.5.9}$$

GDP 的滞后系数多数在统计上都不显著，但 F 值和 R^2 都较大，表明模型总体上是显著的，这是回归自变量存在多重共线性的典型现象。因此，可以考虑用多项式分布滞后模型，如估计一个无限制的 2 阶多项式滞后模型，估计结果为

$$\widehat{inv}_t = -17.4 + 0.97 inv_{t-1} + 0.18 GDP_t - 0.03 GDP_{t-1} - 0.12 GDP_{t-2} -$$

$$t = (-2.49) \quad (53.8) \quad (6.11) \quad (-1.72) \quad (-4.28)$$

$$0.09 GDP_{t-2} + 0.057 GDP_{t-4}$$

$$(-5.9) \quad (-1.89)$$

$$R^2 = 0.996 \quad F = 11\,206.6 \quad DW = 2.19 \tag{3.5.10}$$

随着滞后阶数增加，系数估计值接近 0，因此施加远端约束，重新估计模型，估计结果为

$$\widehat{inv}_t = -18.8 + 0.96 inv_{t-1} + 0.105 GDP_t + 0.023 GDP_{t-1} - 0.029 GDP_{t-2} -$$

$$t = (-2.6) \quad (52.3) \quad (5.64) \quad (6.02) \quad (-5.00)$$

$$0.05 GDP_{t-3} - 0.04 GDP_{t-4}$$

$$(-5.28) \quad (-5.35)$$

$$R^2 = 0.996 \quad F = 14\,177.0 (p = 0.0) \quad DW = 2.13 \tag{3.5.11}$$

施加远端约束后，显著性有了明显的改善。

注：资料来源是 EViews 5 软件的 Example Files\data 子目录下工作文件 cs. wfl。

3.6　EViews 软件的相关操作[①]

3.6.1　异方差检验

在方程估计完毕之后，如果想要进行异方差检验，在方程对象中选择“View/Residual Tests/ Heteroskedasticity Tests”，出现图 3.6.1 所示对话框。

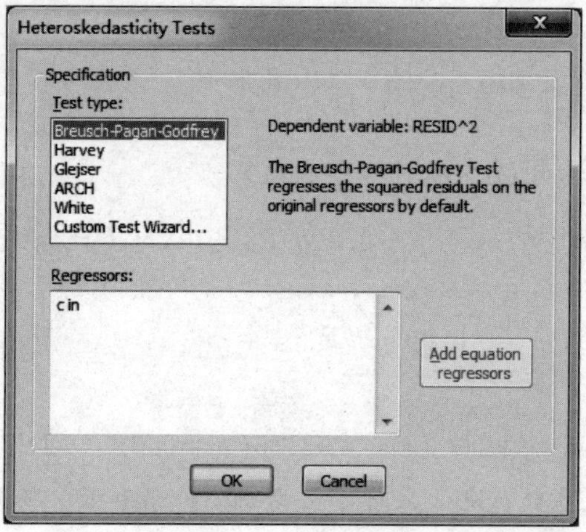

图 3.6.1　异方差检验

BPG、Harvey 和 Glejser 3 种检验允许选择辅助回归中的解释变量，系统默认状态下将包含原方程中所有的解释变量。如果错误地删除了一些变量，可以通过单击“Add equation regressors”恢复默认状态，即重新包含进所有变量。ARCH 检验允许选择滞后阶数，ARCH 检验参见本书的中高级第 5 章。

首先选择检验方法，也就设定了辅助回归因变量的形式，可以选择残差的平方、残差平方的对数和残差的绝对值序列，这分别对应 BPG、Harvey 和 Glejser 3 种检验情形下的因变量形式。

White 检验中解释变量的设定形式还要选择是否包括解释变量的交叉乘积项，默认是选择包含乘积项。还可以选择是否在解释变量中加入其他的变量或已有变量的函数形式。

可以通过检验向导(custom test wizard)，非常方便地对这几种检验进行组合，设定辅助回归方程的形式，向导共分 5 个步骤。

例 3.2 中对例 3.1 的 OLS 回归方程的 White 异方差检验的输出结果中，最上方显示 3 个检验统计量：F 统计量和两个 χ^2 统计量，第一个 χ^2 统计量通过式(3.1.16)计算得到，第二个 χ^2 统计量是不同的检验基于被解释变量平方和计算出来的。接下来显示的辅助回归方程的回归结果与 OLS 估计的模型输出结果的显示方式相同。

① EViews 10 Vser's Guide Ⅱ, ISH Global Inc., 2017. Chapter 20：22-28、47-51, Chapter 21：69-98、81-97, Chapter 24：197-205.

3.6.2 加权最小二乘法估计

采用加权最小二乘法，需要首先用OLS估计模型，然后得到残差序列，建立加权序列 $w_i=1/|\hat{u}_i|$。在EViews中设定模型后选择Options(图3.6.2)，在Weights下包含3个对话框：①Type下拉菜单用来提示权重的形式，如果用户设定的权重序列与误差的方差成正比，则选择Variance，此时系统将把权重序列开平方并取倒数作为权重乘在原模型的两侧，见式(3.1.37)；如果权重与误差项方差的倒数成正比，则选择Inverse variance，此时系统将把权重序列开平方作为权重乘在原模型的两侧，例3.4选择此项；如果权重与误差项标准差成正比，则选择std. deviation，此时系统将权重的倒数序列乘在原模型的两侧；如果权重与误差项标准差的倒数成正比，则选择Inverse std. dev.，此时系统直接将权重序列乘在原模型的两侧。②Weight series对话框中要求输入权重序列 $\boldsymbol{w}$。③Scaling对话框需要用户选择权重的调整方式，如果选择average，则EViews在进行估计时，将用户输入的加权序列除以其均值作为权重序列。

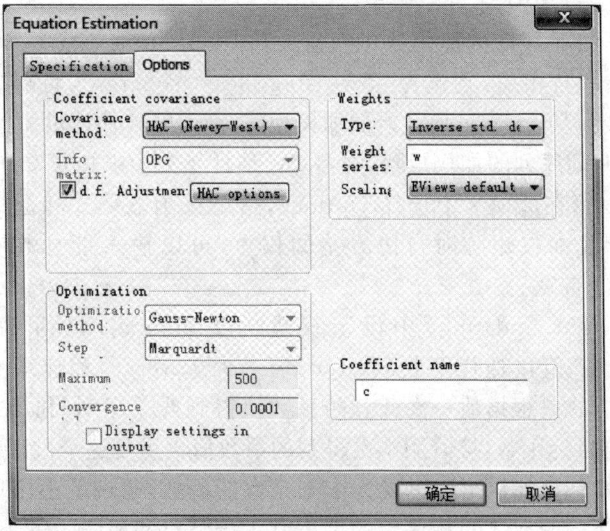

图3.6.2 Options窗口

单击“确定”估计方程，将显示加权最小二乘估计结果和没有采用加权的方法即原来的模型估计结果。

3.6.3 White异方差一致协方差和Newey-West异方差自相关一致协方差

以例3.4说明用White异方差一致协方差或Newey-West异方差自相关一致协方差修正参数估计量的标准差方法。设定模型后，在选项卡中选择Options(图3.6.2)，在Covariance method中选择Huber-White或者HAC(Newey-West)，单击“确定”估计方程。例3.5中使用了Huber-White方法，在输出结果中，EViews包含一行文字“White Heteroskedasticity-Consistent Standard Errors & Covariance”说明这点。

3.6.4　二阶段最小二乘法估计

使用二阶段最小二乘法估计，在方程设定对话框选择 Method 中的 TSLS 估计。两阶段最小二乘估计方程对话框包括一个工具变量列表对话框。在相应的编辑框中分别指定因变量、自变量和工具变量。

输入工具变量时应注意，方程设定必须满足识别的阶条件，即工具变量的个数至少与方程的系数一样多。另外，常数 c 是一个合适的工具变量，如果没有写明，EViews 会自动把它加进去。

3.6.5　GMM 估计

使用 GMM 估计，在方程设定窗口 Method 的选项中选择 GMM，将出现 GMM 估计对话框。在方程说明对话框的工具变量(Instrument list)列表中，列出工具变量名。如果要保证 GMM 估计量可识别，工具变量个数不能少于被估计参数个数。常数会自动被 EViews 加入工具变量表中。

在方程说明框的下方是目标函数中权重矩阵(weighting matrix)$\mathbf{A}$ 的选择。如果假定误差项无异方差和自相关，则选择"Two-stage least squares"，将得到与利用 TSLS 相同的结果；如果选择基于 White 协方差的加权矩阵，则 GMM 估计量关于未知异方差稳健；若选择基于 HAC 时间序列的加权矩阵，则 GMM 估计量关于未知异方差和自相关稳健。

对于 HAC 选项，在选项卡中选择 Options，指定核函数形式和选择带宽。核函数形式选项决定了在计算加权矩阵时自协方差的权重，可以输入带宽数或输入 nw 以使用 Newey-West 的固定带宽。

权重更新(weight updating)中设定权重的更新方式，包括 N 步迭代(N-step iterative，需要输入 N 值)、迭代至收敛(iterative to converge)和连续更新(continuously updating)，前两种方式是根据前一次计算的系数值得到残差序列，利用式(3.3.13)计算加权矩阵，然后最小化目标函数，接着用本次得到的系数值再重复这个过程固定的次数或者直至收敛；后一种方式是将加权矩阵也视为未知系数的函数，通过最小化目标函数得到系数估计值。结果的右下端显示了目标函数的最小值 J 统计量和相应的 p 值。

3.6.6　解释变量内生性检验与工具变量检验

当存在过度识别情况时，TSLS 或 GMM 估计输出结果会包含 J 统计量和相应的 p 值，用以判断工具变量的有效性。如果要进行解释变量内生性检验和工具变量检验，可在 TSLS 或 GMM 估计后方程的 view 菜单中选择"IV Diagnostics & Tests"，将显示 4 种选择(图 3.6.3)，包括工具变量外生性、解释变量内生性检验和弱工具变量检验。

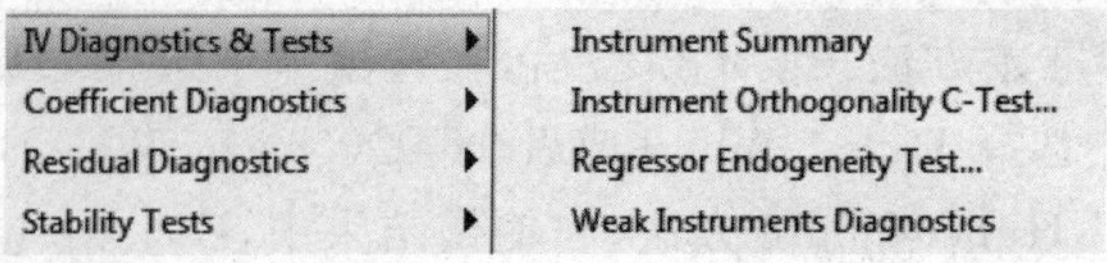

图 3.6.3　内生性检验和工具变量检验对话框

3.6.7 估计包含 PDLs 的模型

如果要在模型中设定 PDLs 项，应该遵循下面的规则：

PDL(序列名，滞后长度，多项式阶数[，数字码])

其中，数字码规则是：1 代表施加近端约束；2 代表施加远端约束；3 代表施加两个约束；如果不限制，可以省略。如设定方程对话框中输入

sales　c　pdl(y,8,3)

表示用常数、解释变量 y 的当前和直到 8 阶的滞后来拟合因变量 sales，这里解释变量 y 的滞后系数服从没有约束的 3 阶多项式。类似地，如果输入

y　c　pdl(x,12,4,2)

是用常数、解释变量 x 的当前和直到 12 阶的滞后拟合因变量 y，这里解释变量 x 的系数服从带有远端约束的 4 阶多项式。

PDL 也可用于二阶段最小二乘法。如果 PDL 序列是外生变量，应当在工具表中也包括序列的 PDL 项。为此，可以定义 PDL(*)作为一个工具变量，则所有的 PDL 变量都将被作为工具变量使用。例如：如果定义 TSLS 方程为

Sales　c　inc　pdl(y(−1),12,4)

使用工具变量 z　$z(-1)$　pdl(*)，则 y 的滞后和 z，$z(-1)$ 都被用作工具变量。以例 3.9 为例具体说明，在方程设定的对话框中输入：inv inv(−1) c　PDL(GDP,4,2)，单击确定估计模型，估计结果中显示的多项式估计系数 PDL01，PDL02，PDL03 分别对应方程(3.5.4)中 z_1，z_2，z_3 的系数 γ_p，原模型(3.5.1)中的系数 β_k 在表格底部显示。

3.7 习　题

1. 什么是异方差问题？

2. 异方差的后果是什么？

3. 为什么在存在异方差时，加权最小二乘法会得出比普通最小二乘法更有效的参数估计量？

4. 为分析城镇居民可支配收入 y 和消费小生支出 c，采用 2013 年微观调查数据建立了如下的计量经济模型：

$$c_i = 137\,422 + 0.722 \times y_i + e_i$$

$$t = (5.875) \quad (127.09)$$

$$R^2 = 0.999 \quad DW = 1.205 \quad F = 16\,151$$

$$|e_i| = -451.9 + 0.871 \times y_i$$

$$t = (0.283) \quad (5.103)$$

$$R^2 = 0.63 \quad DW = 1.91 \quad F = 26.04$$

(1) 根据上述结果判断模型中存在什么问题；判断该问题的发生，用了什么检验

方法？请再举出两种能够判断存在该问题的检验方法。

(2) 进一步的检验知道，$E(u_i^2)=\sigma^2 y_i$，应采用什么方法进行修正？请写出修正的步骤。

5. 对一元线性回归模型

$$y_i=\beta_0+\beta_1 x_i+u_i,\quad i=1,2,\cdots,N$$

如果已知 $\text{var}(u_i)=\sigma_i^2$，则可对原模型以权 $w_i=1/\sigma_i$ 相乘后变换成如下二元模型：

$$w_i y_i=w_i\beta_0+\beta_1(w_i x_i)+w_i u_i$$

试证明加权变换后的模型的随机扰动项是同方差的。

6. 给出内生解释变量的概念，当模型中出现内生解释变量时，普通最小二乘法估计量会出现什么问题？用什么估计方法来克服内生解释变量产生的不良后果？

7. 在模型估计过程中使用工具变量法时，工具变量个数出现什么情形分别称为“恰好识别”？“不可识别”？“过度识别”？

8. 满足什么条件的变量可以作为工具变量？

9. 什么样的工具变量称为弱工具变量？

10. 分布滞后模型使用OLS方法存在哪些问题？

11. 为了给制定医疗机构的规划提供依据，分析比较医疗机构与人口数量的关系，建立卫生医疗机构数与人口数的回归方程。表3.7.1给出四川省2000年各地区的数据。

表3.7.1　四川省2000年各地区医疗机构和人口数的样本数据

地区	人口数 X/万人	医疗机构数 Y/个	地区	人口数 X/万人	医疗机构数 Y/个
成都	1 013.3	6 304	眉山	339.9	827
自贡	315	911	宜宾	508.5	1 530
攀枝花	103	934	广安	438.6	1 589
泸州	463.7	1 297	达州	620.1	2 403
德阳	379.3	1 085	雅安	149.8	866
锦阳	518.4	1 616	巴中	346.7	1 223
广元	302.6	1 021	资阳	488.4	1 361
遂宁	371.0	1 375	阿坝	82.9	536
内江	419.9	1 212	甘孜	88.9	594
乐山	345.9	1 132	凉山	402.4	1 471
南充	709.2	4 064			

(1) 建立卫生医疗机构数与人口数的计量经济模型。

(2) 利用样本数据估计模型的参数，给出模型的表达式和分析检验统计量。

(3) 利用White检验方法检验模型是否存在异方差。

(4) 进行异方差修正，假定 $w_i=1/X_i^2$，给出修正后的模型表达式和分析检验统计量，并分析所估计模型的经济意义和作用。

12. 利用美国各州的香烟销售量 Q、香烟销售价格 P 建立香烟需求模型。考虑到香烟的销售价格同时也受香烟的需求量影响，因此 P 可能存在内生性。再引进政府的香烟

消费税 Tax，还有各州对香烟的特别消费税 $Taxz$，如表 3.7.1 表示。

表 3.7.2　1995 年美国 48 个州人均香烟消费、销售价格、税收的样本数据

地区	人均香烟消费量 Q/盒	香烟平均销售价格 P/(美分/盒)	香烟平均消费税 Tax/(美分/盒)	香烟平均特别消费税 $Taxz$/(美分/盒)
AL	101.09	103.92	26.57	0.92
AR	111.04	115.19	36.42	5.49
AZ	71.95	130.32	42.87	6.21
CA	56.86	138.13	40.03	9.04
CO	82.58	109.81	28.87	0.00
CT	79.47	143.23	48.56	8.11
DE	124.47	108.66	31.50	0.00
FL	93.07	123.17	37.99	6.97
GA	97.47	102.74	23.62	0.94
IA	92.40	125.26	39.37	5.96
ID	74.85	117.87	34.12	5.61
IL	83.27	130.23	44.62	7.37
IN	134.26	101.40	25.92	4.83
KS	88.75	114.97	31.50	5.47
KY	172.65	95.79	17.72	5.42
LA	105.18	110.10	28.87	4.23
MA	76.62	142.46	49.21	6.78
MD	77.47	122.07	39.37	5.81
ME	102.47	129.42	40.03	7.33
MI	81.39	158.04	64.96	8.95
MN	82.95	144.59	47.24	9.46
MO	122.45	103.17	26.90	0.91
MS	105.58	111.04	27.56	7.26
MT	87.16	102.50	27.56	0.00
NC	121.54	98.42	19.03	3.79
ND	79.81	126.15	44.62	7.14
NE	87.27	119.54	38.06	5.69
NH	156.34	109.34	32.15	0.00
NJ	80.37	133.26	41.99	7.54
NM	64.67	115.58	29.53	5.50
NV	93.53	135.56	38.71	8.87
NY	70.82	145.58	52.49	5.60
OH	111.38	108.85	31.50	5.18
OK	108.68	111.64	30.84	5.32
OR	92.16	124.87	40.68	0.00
PA	95.64	115.59	36.09	6.54
RI	92.60	147.28	52.49	9.64

续表

地区	人均香烟消费量 Q/盒	香烟平均销售价格 P/(美分/盒)	香烟平均消费税 Tax/(美分/盒)	香烟平均特别消费税 $Taxz$/(美分/盒)
SC	108.08	100.27	20.34	4.77
SD	97.22	110.26	30.84	4.24
TN	122.32	109.62	24.28	8.17
TX	73.08	130.05	42.65	7.36
UT	49.27	118.75	33.14	5.65
VA	105.39	109.36	17.39	5.21
VT	122.33	115.25	28.87	5.49
WA	65.53	156.90	52.82	10.26
WI	92.47	132.14	40.68	6.29
WV	115.57	109.26	26.90	6.18
WY	112.24	104.03	23.62	0.00

(1) 建立美国各州的香烟需求计量经济模型。

(2) 利用样本数据估计模型的参数,给出模型的表达式和分析检验统计量。

(3) 检验香烟销售价格是否是内生变量。

(4) 如果香烟销售价格 P 是内生变量,利用二阶段最小二乘法重新进行估计,检验政府的香烟消费税 Tax 和各州对香烟的特别消费税 $Taxz$ 是否是外生变量?并分析所估计模型的经济意义和作用。

第 4 章　时间序列模型

本章讨论平稳时间序列的建模方法，这一部分属于动态计量经济学的范畴。通常是运用时间序列的过去值、当期值及滞后随机扰动项的加权和建立模型，来“解释”时间序列的变化规律。

在时间序列模型的发展过程中，一个重要的特征是对统计均衡关系做某种形式的假设，其中一种非常特殊的假设就是平稳性的假设。通常一个平稳时间序列能够有效地用其均值、方差和自相关函数加以描述。本章首先通过讨论回归方程随机扰动项通常会存在的序列相关性问题，介绍如何应用时间序列数据的建模方法，修正随机扰动项序列的自相关性。进一步讨论时间序列的自回归移动平均模型(ARMA 模型)，并且讨论它们的具体形式、识别及估计方法。

由于传统的时间序列模型只能描述平稳时间序列的变化规律，而大多数经济时间序列都是非平稳的。因此，由 20 世纪 80 年代初 Granger 提出的协整概念，引发了非平稳时间序列建模从理论到实践的飞速发展。在本书的中高级第 2 章将介绍非平稳时间序列的单位根检验方法、ARIMA 模型的建模方法、协整理论的基本思想及误差修正模型。

4.1　序列相关及其检验

第 2 章在对随机扰动项 u 的一系列假设下，讨论了古典线性回归模型的估计、检验及预测问题。了解到如果线性回归方程的随机扰动项 u 满足古典回归假设，应用最小二乘法所得到的估计是线性无偏最优的。但是如果随机扰动项 u 不满足古典回归假设，回归方程的估计结果会发生怎样的变化呢？理论与实践均证明，随机扰动项 u 关于任何一条古典回归假设的违背，都将导致回归方程的估计结果不再具有上述的良好性质。因此，必须建立相关的理论，解决随机扰动项不满足古典回归假设所带来的模型估计问题。

4.1.1　序列相关及其产生的原因和后果①

1. 序列相关性

对于线性回归模型

$$y_t = \beta_0 + \beta_1 x_{1t} + \beta_2 x_{2t} + \cdots + \beta_k x_{kt} + u_t, \quad t = 1, 2, \cdots, T \tag{4.1.1}$$

---

① 李子奈，潘文卿. 计量经济学[M]. 4 版. 北京：高等教育出版社，2015.
庞皓. 计量经济学[M]. 3 版. 北京：科学出版社，2014.
王少平，杨继生，欧阳志刚. 计量经济学[M]. 北京：高等教育出版社，2015.
张晓峒. 计量经济学[M]. 北京：清华大学出版社，2017.

的一条基本假定为随机扰动项之间不相关：

$$\operatorname{cov}(u_i, u_j) = 0, \quad i \neq j \tag{4.1.2}$$

即任意两个不同样本点上的随机扰动都是不相关的。

如果随机扰动项序列 u 表现为

$$\operatorname{cov}(u_t, u_{t-s}) \neq 0, \quad s \neq 0 \tag{4.1.3}$$

即对于不同的样本点，随机扰动项之间不再是完全相互独立的，而是存在某种相关性，则认为出现了**序列相关性**(serial correlation)或称**自相关**(autocorrelation)。由于通常假设随机扰动项都服从均值为 0，同方差的正态分布，则序列相关性也可以表示为

$$E(u_t u_{t-s}) \neq 0, \quad s \neq 0 \tag{4.1.4}$$

如果仅存在

$$E(u_t u_{t-1}) \neq 0 \tag{4.1.5}$$

称为**一阶序列相关**，这是一种最为常见的序列相关问题。

一阶自相关可以写成如下形式：

$$u_t = \rho u_{t-1} + \varepsilon_t, \quad -1 < \rho < 1 \tag{4.1.6}$$

式中：ρ 为一阶自相关系数；ε_t 为满足以下标准普通最小二乘法假定的随机扰动项：

$$E(\varepsilon_t) = 0, \quad \operatorname{var}(\varepsilon_t) = \sigma^2, \quad \operatorname{cov}(\varepsilon_t \varepsilon_{t-s}) = 0, s \neq 0 \tag{4.1.7}$$

式(4.1.6)被称为**一阶自回归模型**[autoregressive model of order one，AR(1)]。更一般地，如果存在 p 阶序列相关，可以给出 ***p*** **阶自回归模型**，记为 AP (p)：

$$u_t = \rho_1 u_{t-1} + \rho_2 u_{t-2} + \cdots + \rho_p u_{t-p} + \varepsilon_t \tag{4.1.8}$$

2. 导致序列相关的原因

实际经济问题中，序列相关性产生的原因主要来自以下几个方面。

(1) 经济变量的惯性特征

大多数经济时间序列的一个显著的特征就是惯性。诸如国内生产总值、投资、消费、就业等经济指标都会呈现出周期性波动。当经济开始复苏时，宏观经济从谷底开始回升，这些经济指标也会持续上升；当经济出现衰退时，这些指标又会转而下降，并且会连续一段时期下滑，称这种现象为惯性。因此，在涉及时间序列数据的回归分析中，相继的观测值存在相互依赖性，随机扰动项往往具有序列相关性。有些经济活动具有的滞后效应也会表现为自相关，如居民当期可支配收入的增加，不会使居民的消费水平在当期就达到应有水平，而是要经过若干期才能达到。因为人的消费观念的改变存在一定的适应期。

(2) 数据处理造成的相关

在建立模型前一般要对数据进行处理和修正，这样可能会使数据序列产生自相关。例如，将月度数据调整为季度数据，由于采用合计或平均处理，减少了月度数据的波动，使季度数据具有平滑性，这种平滑性可能产生自相关。对缺失的历史资料，采用特定统计方

法进行内插处理，也可能使得数据前后期相关，而产生自相关。

（3）蛛网现象

蛛网现象是微观经济学中的一个概念。它表示某种商品的供给量 Y 受前一期价格 P 影响而表现出来的某种规律性，即呈蛛网状收敛或发散于供需的均衡点。许多农产品的供给呈现为蛛网现象，供给对价格的反应要滞后一段时间，因为供给的调整需要经过一定的时间才能实现。如果时期 t 的价格低于上一期的价格，农民就会减少时期 $t+1$ 的生产量。如此则形成蛛网现象，可能会产生自相关。

（4）模型设定偏误

如果模型中省略了某些重要的解释变量或者模型函数形式不正确，都会产生系统误差，这种误差存在于随机误差项中，从而带来了自相关。由于该现象是由于设定失误造成的自相关，一般也称虚假自相关，这在经济计量分析中经常可能发生。例如本应该用 2 个解释变量去解释 y，即

$$y_t = \beta_0 + \beta_1 x_{1t} + \beta_2 x_{2t} + u_t \tag{4.1.9}$$

而建立模型时，如果把模型设定为

$$y_t = \beta_0 + \beta_1 x_{1t} + u_t \tag{4.1.10}$$

这样，x_{2t} 对 y_t 的影响在式(4.1.9)中便归入随机误差项 u_t 中，由于 x_{2t} 在不同观测点上是相关的，就造成了 u_t 是自相关的。

模型函数形式设定错误也会导致自相关现象。例如，将本应是 U 形成本函数曲线的模型设定为线性成本曲线模型，则会导致自相关。由模型设定错误导致的自相关是一种虚假自相关，可以通过改变模型设定予以消除。

自相关关系主要存在于时间序列数据中，但是在横截面数据中也可能会出现自相关，通常称为**空间自相关**。例如，一个家庭或一个地区的消费行为可能会影响另外一些家庭或另外一些地区，就是说不同观测点的随机误差项可能是相关的。

3. 出现序列相关的后果

建立的模型如果出现序列相关性，仍采用普通最小二乘法(OLS)估计模型，将产生许多不良后果。序列相关可能引起的后果可以归纳为以下两点。

（1）普通最小二乘法(OLS)估计量不再是有效的

如果回归方程的随机扰动项存在序列相关，对参数 $\boldsymbol{\beta}=(\beta_0,\beta_1,\cdots,\beta_k)$ 应用最小二乘法得到参数估计值 $\boldsymbol{b}=(b_0,b_1,\cdots,b_k)$，那么从它的无偏性和有效性的证明过程可以看出，其仍然具有线性无偏性。但因为在有效性证明中用到无序列相关的假定，即 $E(\boldsymbol{uu}')=\sigma\boldsymbol{I}$，由于序列相关的存在，不满足这一假定，普通最小二乘估计得到的参数估计量 $\boldsymbol{b}$ 将不再有效，而且在大样本情况下，参数估计量虽然具有一致性，但仍然不具有渐近有效性。

(2) 变量的显著性检验失去意义

在变量的显著性检验中，t 统计量是建立在参数方差正确估计基础之上的，而存在序列相关时，使用OLS公式计算出的方差将被高估或者低估，其标准差不正确，导致检验参数显著性水平的 t 统计量将不再可信。如对一元线性回归模型

$$y_t = \beta_0 + \beta_1 x_t + u_t, \quad t = 1, 2, \cdots, T \tag{4.1.11}$$

由普通最小二乘估计给出 β_1 的估计量 b_1 的方差为

$$\operatorname{var}(b_1) = \sigma_{b_1}^2 = \frac{\sigma^2}{\sum (x_t - \bar{x})^2} \tag{4.1.12}$$

可以证明，存在式(4.1.6)所示的一阶自相关的情况下 b_1 正确的方差应为

$$\operatorname{var}(b_1) = \frac{\sigma^2}{\sum (x_t - \bar{x})^2} + \frac{2\sigma^2}{\sum (x_t - \bar{x})^2}\left[\rho \frac{\sum_{t=1}^{T-1}(x_t - \bar{x})(x_{t+1} - \bar{x})}{\sum (x_t - \bar{x})^2} + \rho^2 \frac{\sum_{t=1}^{T-2}(x_t - \bar{x})(x_{t+2} - \bar{x})}{\sum (x_t - \bar{x})^2} + \cdots + \rho^{T-1}\frac{(x_1 - \bar{x})(x_T - \bar{x})}{\sum (x_t - \bar{x})^2}\right] \tag{4.1.13}$$

显然，只有不存在序列相关性，式(4.1.12)和式(4.1.13)才会相同，否则普通最小二乘法给出的估计结果就会有偏差，在有偏差的方差基础上构造的 t 检验也就失去了意义。

4.1.2　序列相关的检验方法①

实际中，随机扰动项的序列相关性往往是由于模型中遗漏了重要的解释变量，或者是由于模型函数形式设定有误引起的，这种情形一般称为虚假序列相关性。有时在回归方程中添加不应被排除的重要的解释变量会消除序列相关，因此，建立模型时应首先确定合适的模型，排除虚假序列相关的情形，然后再进行序列相关检验，常用的检验序列相关的方法有4种。

1. DW统计量检验

Durbin-Watson统计量(简称DW统计量)是杜宾(J. Durbin)和瓦森(G. S. Watson)于1951年提出的，用于检验一阶序列相关的方法。对于随机扰动项 u_t 建立一阶自回归方程：

$$u_t = \rho u_{t-1} + \varepsilon_t, \quad t = 1, 2, \cdots, T \tag{4.1.14}$$

DW统计量检验的原假设：$\rho = 0$，备选假设是 $\rho \neq 0$。根据自相关系数 ρ 的符号可以判断

① 格林. 经济计量分析[M]. 王明舰，等译. 北京：中国社会科学出版社，1998.
王少平，杨继生，欧阳志刚. 计量经济学[M]. 北京：高等教育出版社，2015.

自相关的状态，如果 $\rho<0$，则 u_t 与 u_{t-1} 为负相关；如果 $\rho>0$，则 u_t 与 u_{t-1} 为正相关；如果 $\rho=0$，则 u_t 与 u_{t-1} 不相关。

关于 DW 检验统计量的具体形式如下：

$$DW=\frac{\sum_{t=2}^{T}(\hat{u}_t-\hat{u}_{t-1})^2}{\sum_{t=1}^{T}\hat{u}_t^2}$$

如果序列不相关，DW 值在 2 附近。如果存在正序列相关，DW 值将小于 2(最小为 0)，如果存在负序列相关，DW 值将在 2～4。正序列相关最为普遍，根据经验，对于有大于 50 个观测值和较少解释变量的方程，DW 值小于 1.5 的情况，说明残差序列存在强的正一阶序列相关。

Dubin-Waston 统计量检验序列相关有 4 个前提条件。

① 解释变量为非随机的。

② 回归方程右边如果存在滞后因变量，DW 检验不再有效。

③ 仅仅检验残差序列是否存在一阶序列相关。

④ 回归模型含有截距项。

下面介绍的相关图、Ljung-Box Q 统计量和 Breush-Godfrey LM 检验克服了上述不足，可以应用于扰动项存在高阶序列相关的检验，以及在方程中存在滞后因变量情况下的序列相关检验。

2. 相关图

也可以应用所估计回归方程残差序列 $\hat{u}_t$ 的自相关系数和偏自相关系数来检验序列相关。下面将引入自相关系数（autocorrelations，AC）和偏自相关系数（partial autocorrelations，PAC）。

（1）自相关系数

时间序列 u_t 滞后 k 阶的自相关系数由下式估计：

$$r_k=\frac{\sum_{t=k+1}^{T}(u_t-\bar{u})(u_{t-k}-\bar{u})}{\sum_{t=1}^{T}(u_t-\bar{u})^2} \tag{4.1.15}$$

式中：$\bar{u}$ 为序列的样本均值，这是相距 k 期值的相关系数。称 r_k 为时间序列 u_t 的自相关系数，自相关系数可以部分地刻画一个随机过程的性质。它告诉我们在序列 u_t 的邻近数据之间存在的相关性。通过自相关系数可以清楚地看出随机扰动项 u_t 存在多大程度的高阶序列相关。

（2）偏自相关系数

偏自相关系数是指在给定 $u_{t-1},u_{t-2},\cdots,u_{t-k+1}$ 的条件下，u_t 与 u_{t-k} 之间的条件相

关性。其相关程度用偏自相关系数 $\varphi_{k,k}$ 度量。在 k 阶滞后下估计偏相关系数的计算公式如下：

$$\varphi_{k,k}=\begin{cases} r_1, & k=1 \\ \dfrac{r_k-\sum\limits_{j=1}^{k-1}\varphi_{k-1,j}r_{k-j}}{1-\sum\limits_{j=1}^{k-1}\varphi_{k-1,j}r_{k-j}}, & k>1 \end{cases} \tag{4.1.16}$$

式中：r_k 为在 k 阶滞后时的自相关系数估计值。

$$\varphi_{k,j}=\varphi_{k-1,j}-\varphi_{k,k}\varphi_{k-1,k-j} \tag{4.1.17}$$

这是偏相关系数的一致估计。要得到 $\varphi_{k,k}$ 的更确切的估计，需要进行回归：

$$u_t=\varphi_{0,k}+\varphi_{1,k}u_{t-1}+\cdots+\varphi_{k-1,k}u_{t-(k-1)}+\varphi_{k,k}u_{t-k}+\varepsilon_t,\quad t=1,2,\cdots,T \tag{4.1.18}$$

因此，滞后 k 阶的偏相关系数是当 u_t 对 $u_{t-1},\cdots,u_{t-k}$ 做回归时 u_{t-k} 的系数。称之为偏相关是因为它度量了 k 期间距的相关而不考虑 $k-1$ 期的相关。如果这种自相关的形式可由滞后小于 k 阶的自相关表示，那么偏相关在 k 期滞后下的值趋于零。如果我们能求出关于 $\varphi_{k,k}$ 的估计值 $\hat{\varphi}_{k,k}$，用以检验其显著性水平，就能够确定随机扰动项 u_t 的自回归的阶数。

3. Q 统计量检验

我们还可以应用所估计回归方程残差序列 $\hat{u}_t$ 的 Ljung-Box Q 统计量来检验序列相关。Q 统计量的表达式为

$$Q_{LB}=T(T+2)\sum_{j=1}^{p}\frac{r_j^2}{T-j} \tag{4.1.19}$$

式中：r_j 为残差序列的 j 阶自相关系数；T 为样本容量；p 为设定的滞后阶数。

p 阶滞后的 Q 统计量的原假设是：序列不存在 p 阶自相关；备选假设为：序列存在 p 阶自相关。如果 Q 统计量在某一滞后阶数显著不为零，则说明序列存在某种程度上的序列相关。在实际的检验中，通常会计算出不同滞后阶数的 Q 统计量、自相关系数和偏自相关系数。如果各阶 Q 统计量都没有超过由设定的显著性水平决定的临界值，则接受原假设，即不存在序列相关，并且此时，各阶的自相关和偏自相关系数都接近于 0；如果在某一滞后阶数 p，Q 统计量超过设定的显著性水平的临界值，则拒绝原假设，说明残差序列存在 p 阶自相关。由于 Q 统计量的 p 值要根据自由度 p 来估算，因此，一个较大的样本容量是保证 Q 统计量有效的重要因素。

4. 序列相关的 LM 检验

与 DW 统计量仅检验随机扰动项是否存在一阶自相关不同，Breush-Godfrey LM 检

验也可应用于检验回归方程的残差序列是否存在高阶自相关，而且在方程中存在滞后因变量的情况下，LM 检验仍然有效。

LM 检验原假设为：直到 p 阶滞后不存在序列相关，p 为预先定义好的整数；备选假设是：存在 p 阶自相关。检验基本思想如下。

首先，估计回归方程，并求出残差 $\hat{u}_t$：

$$\hat{u}_t = y_t - \hat{\beta}_0 - \hat{\beta}_1 x_{1t} - \hat{\beta}_2 x_{2t} - \cdots - \hat{\beta}_k x_{kt}, \quad t = 1,2,\cdots,T \tag{4.1.20}$$

其次，基于如下辅助回归构造检验统计量：

$$\hat{u}_t = \boldsymbol{x}'_t \boldsymbol{\gamma} + \alpha_1 \hat{u}_{t-1} + \cdots + \alpha_p \hat{u}_{t-p} + v_t \tag{4.1.21}$$

这是对原始回归因子 $\boldsymbol{x}_t = (1, x_{1t}, x_{2t}, \cdots, x_{kt})'$ 和直到 p 阶的滞后残差的回归。LM 检验通常给出两个统计量：F 统计量和 $T \times R^2$ 统计量。F 统计量是对式(4.1.21)所有滞后残差联合显著性的一种检验。$T \times R^2$ 统计量是 Breusch-Godfrey LM 检验统计量，是观测值个数 T 乘以回归方程(4.1.21)的 R^2。一般情况下，$T \times R^2$ 统计量服从渐进的 $\chi^2(p)$分布。

在给定的显著性水平下，如果这两个统计量小于设定显著性水平下的临界值，说明序列在设定的显著性水平下不存在序列相关；相反，如果这两个统计量大于设定显著性水平下的临界值，则说明序列存在序列相关性。

例 4.1　回归方程扰动项序列相关的检验

考虑美国的一个投资方程。美国的 GNP 和国内私人总投资 INV 是单位为 10 亿美元的名义值，价格指数 P 为 GNP 的平减指数(1972=100)，利息率 R 为半年期商业票据利息。回归方程所采用的变量都是实际 GNP 和实际 INV；它们是通过将名义变量除以价格指数得到的，分别用小写字母 gnp，inv 表示。实际利息率的近似值 r 则是通过贴现率 R 减去价格指数变化率 p 得到的。样本区间：1963—1984 年。建立如下线性回归方程：

$$\ln(inv_t) = \beta_1 r_{t-1} + \beta_2 \ln(gnp_t) + u_t, \quad t = 1,2,\cdots,T$$

应用最小二乘法得到的估计方程如下：

$$\ln(inv_t) = -0.016 r_{t-1} + 0.734 \ln(gnp_t) + \hat{u}_t$$

$$t = (-1.32) \qquad (154.25)$$

$$R^2 = 0.80 \quad DW = 0.94$$

由于回归方程中不包含截距项，因此，不能通过 DW 统计量来判断回归方程的残差是否存在序列相关。从残差图 4.1.1 可以看到残差序列的变化有相似的波动。

首先，计算残差序列的自相关系数、偏自相关系数和 Q 统计量(图 4.1.2)。

虚线之间的区域是正负两倍于估计标准差所夹成的。如果自相关值或偏自相关值在这个区域内，则在显著水平为 5%的情形下与零没有显著区别。本例一阶的自相关系数和偏自相关系数都超出了虚线，说明存在一阶序列相关。Q 统计量前三阶的 p 值都小于 5%，说明在 5%的显著性水平下，拒绝原假设，残差序列存在序列相关。

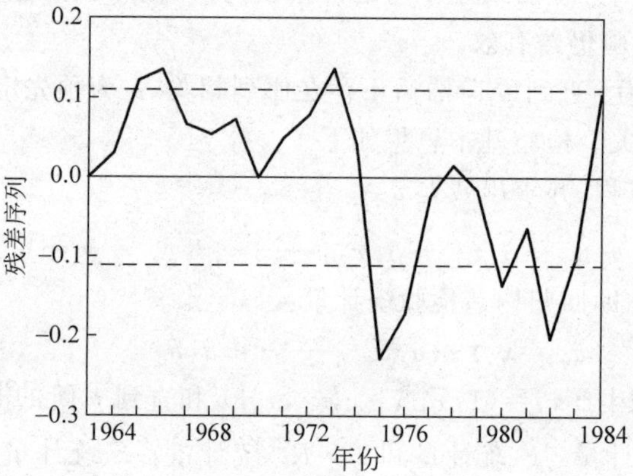

图 4.1.1　回归方程残差图

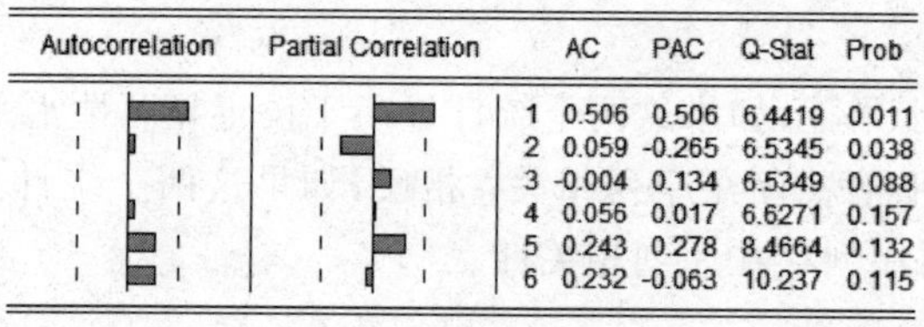

	AC	PAC	Q-Stat	Prob
1	0.506	0.506	6.4419	0.011
2	0.059	-0.265	6.5345	0.038
3	-0.004	0.134	6.5349	0.088
4	0.056	0.017	6.6271	0.157
5	0.243	0.278	8.4664	0.132
6	0.232	-0.063	10.237	0.115

图 4.1.2　残差序列的相关图

再采用 LM 统计量进行检验($p=2$),得到结果如下:

F 统计量:	5.167 470	概率值(p 值):	0.016 8
$T\times R^2$ 统计量:	8.019 946	概率值(p 值):	0.018 1

LM 统计量显示,在 5%的显著性水平拒绝原假设,回归方程的残差序列存在序列相关性。因此,回归方程的估计结果不再有效,必须采取相应的方式修正残差的自相关性。

资料来源:格林.经济计量分析[M].王明舰,王永宏,等,译.靳云汇,主审.北京:中国社会科学出版社,1998:688-693.

当方程存在滞后被解释变量(因变量)时,DW 检验不再有效,它将倾向于得出一个非序列相关的结论。这种情况可以利用前述的 Q 统计量和 LM 统计量进行检验,以及 2.1.6 节介绍的 Durbin-Watson h 检验。

例 4.2　含滞后因变量的回归方程扰动项序列相关的检验

考虑美国消费 CS 和 GDP 及前期消费之间的关系,数据期间:1947 年第一季度—1995 年第一季度,数据中已消除了季节要素,建立如下线性回归方程:

$$CS_t=c_0+c_1CS_{t-1}+c_2GDP_t+u_t,\quad t=1,2,\cdots,T$$

应用最小二乘法得到的估计方程如下：

$$CS_t = -10.15 + 0.93CS_{t-1} + 0.05GDP_t + \hat{u}_t$$
$$t = (-1.93)(41.24) \qquad (3.23)$$
$$R^2 = 0.999 \quad DW = 1.605$$

如果单纯从显著性水平、拟合优度及 DW 值来看，这个模型是一个很理想的模型。但是，由于方程的解释变量存在被解释变量的一阶滞后项，那么 DW 值就不能作为判断回归方程的残差是否存在序列相关的标准，如果残差序列存在序列相关，显著性水平、拟合优度和 F 统计量将不再可信。所以，采取本节中介绍的其他检验序列相关的方法检验残差序列的自相关性。采用 LM 统计量进行检验($p=2$)，得到结果如下：

F 统计量：	7.218 714	概率值(p 值)：	0.000 955
$T\times R^2$ 统计量：	13.761 03	概率值(p 值)：	0.001 028

LM 统计量显示，回归方程的残差序列存在明显的序列相关性，因此，回归方程的估计结果不再有效、可信，必须采取相应的方式修正残差的序列相关性。计算残差序列的自相关系数和偏自相关系数(图 4.1.3)：

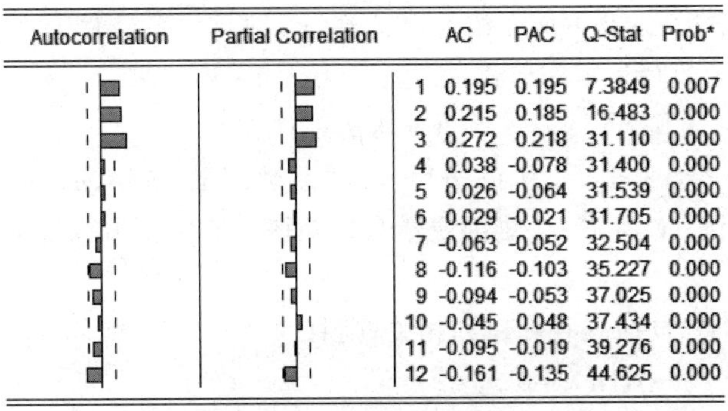

Autocorrelation	Partial Correlation		AC	PAC	Q-Stat	Prob*
		1	0.195	0.195	7.3849	0.007
		2	0.215	0.185	16.483	0.000
		3	0.272	0.218	31.110	0.000
		4	0.038	-0.078	31.400	0.000
		5	0.026	-0.064	31.539	0.000
		6	0.029	-0.021	31.705	0.000
		7	-0.063	-0.052	32.504	0.000
		8	-0.116	-0.103	35.227	0.000
		9	-0.094	-0.053	37.025	0.000
		10	-0.045	0.048	37.434	0.000
		11	-0.095	-0.019	39.276	0.000
		12	-0.161	-0.135	44.625	0.000

图 4.1.3　原方程的残差序列的相关图

自相关系数呈震荡式递减，偏自相关系数除了一、二和三阶显著不为 0 以外，其他各项均接近于 0。因此，残差序列存在三阶序列相关。

注：本例数据选自 EViews 5 Example files/Data/子目录中的工作文件 cs. wfl。

4.1.3　广义最小二乘估计与序列相关的修正①

线性回归模型随机扰动项序列相关的存在，会导致模型估计结果的失真。因此，必须对随机扰动项序列相关的结构给予正确的描述，以期消除序列相关对模型估计结果带来的不利影响。

通常可以用 AR(p) 模型来描述一个平稳序列的自相关结构，将随机扰动项定义如下：

① 李子奈，潘文卿. 计量经济学[M]. 4 版. 北京：高等教育出版社，2015.

$$y_t = \beta_0 + \beta_1 x_{1t} + \beta_2 x_{2t} + \cdots + \beta_k x_{kt} + u_t, \quad t = 1, 2, \cdots, T \tag{4.1.22}$$

$$u_t = \rho_1 u_{t-1} + \rho_2 u_{t-2} + \cdots + \rho_p u_{t-p} + \varepsilon_t \tag{4.1.23}$$

式中：u_t 为回归方程(4.1.22)的随机扰动项；参数 $\beta_0, \beta_1, \beta_2, \cdots, \beta_k$ 为回归模型的系数。式(4.1.23)为随机扰动项 u_t 的 p 阶自回归模型；参数 $\rho_1, \rho_2, \cdots, \rho_p$ 为 p 阶自回归模型的系数；ε_t 为 AR(p)模型的随机扰动项，并且是均值为0、方差为常数的白噪声序列，它是因变量真实值和以解释变量及以前预测误差为基础的预测值之差。由后面的4.2.3小节，随机扰动项 u_t 可以被表示为一系列均值为0、相互独立的随机变量序列的 ε_t 加权和，因此，将式(4.1.23)带入式(4.1.22)后，可以看出式(4.1.22)的随机扰动项变为均值为0、方差为常数的白噪声序列 ε_t，消除了序列相关，满足古典回归方程的基本假设。

本节将讨论如何利用式(4.1.23)形式的 AR(p) 模型修正扰动项的序列相关，以及用什么方法来估计消除随机扰动项序列相关后方程的未知参数。

1. 广义最小二乘估计

如果模型被检验出既存在异方差，同时又存在序列相关，则需要发展新的方法估计模型，最常用的估计方法是广义最小二乘法(generalized least squared, GLS)。普通最小二乘法、加权最小二乘法，以及下面介绍的广义差分法都是它的特例。

将式 (4.1.22) 改写为矩阵形式：

$$\boldsymbol{y} = \boldsymbol{X\beta} + \boldsymbol{u} \tag{4.1.24}$$

式中：$\boldsymbol{\beta} = (\beta_0, \beta_1, \beta_2, \cdots, \beta_k)'$，为 $(k+1) \times 1$ 维系数向量；$\boldsymbol{u} = (u_1, u_2, \cdots, u_T)'$，为 $T \times 1$ 维随机扰动项向量；$\boldsymbol{y}$ 为 $T \times 1$ 维因变量数据矩阵；$\boldsymbol{X}$ 为 $T \times (k+1)$ 维解释变量数据矩阵。

如果存在异方差，同时又存在序列相关，则有

$$E(\boldsymbol{u}) = 0 \tag{4.1.25}$$

$$E(\boldsymbol{uu}') = \sigma^2 \boldsymbol{\Omega} = \begin{bmatrix} \sigma_{11} & \sigma_{12} & \cdots & \sigma_{1T} \\ \sigma_{21} & \sigma_{22} & \cdots & \sigma_{2T} \\ \vdots & \vdots & \ddots & \vdots \\ \sigma_{T1} & \sigma_{T2} & \cdots & \sigma_{TT} \end{bmatrix} \tag{4.1.26}$$

式中：$\boldsymbol{\Omega}$ 为 $T \times T$ 维权重矩阵。设

$$\boldsymbol{\Omega} = \boldsymbol{DD}' \tag{4.1.27}$$

用 $\boldsymbol{D}^{-1}$ 左乘式 (4.1.24) 两边，得到一个新的模型：

$$\boldsymbol{D}^{-1}\boldsymbol{y} = \boldsymbol{D}^{-1}\boldsymbol{X\beta} + \boldsymbol{D}^{-1}\boldsymbol{u} \tag{4.1.28}$$

令 $\boldsymbol{y}^* = \boldsymbol{D}^{-1}\boldsymbol{y}, \boldsymbol{X}^* = \boldsymbol{D}^{-1}\boldsymbol{X}, \boldsymbol{u}^* = \boldsymbol{D}^{-1}\boldsymbol{u}$，式(4.1.28)写为

$$\boldsymbol{y}^* = \boldsymbol{X}^* \boldsymbol{\beta} + \boldsymbol{u}^* \tag{4.1.29}$$

式 (4.1.29) 所示的模型具有同方差和无序列相关性。因为

$$\begin{aligned} E[\boldsymbol{u}^*(\boldsymbol{u}^*)'] &= E[\boldsymbol{D}^{-1}\boldsymbol{uu}'(\boldsymbol{D}^{-1})'] = \boldsymbol{D}^{-1}[E(\boldsymbol{uu}')](\boldsymbol{D}^{-1})' \\ &= \boldsymbol{D}^{-1}\sigma^2\boldsymbol{\Omega}(\boldsymbol{D}^{-1})' = \sigma^2\boldsymbol{D}^{-1}\boldsymbol{DD}'(\boldsymbol{D}^{-1})' = \sigma^2\boldsymbol{I} \end{aligned} \tag{4.1.30}$$

于是可以用普通最小二乘法估计模型（4.1.29），得到参数的估计量为

$$\begin{aligned}\boldsymbol{b}&=[(\boldsymbol{X}^*)'\boldsymbol{X}^*]^{-1}(\boldsymbol{X}^*)'\boldsymbol{y}^*=[\boldsymbol{X}'(\boldsymbol{D}^{-1})'\boldsymbol{D}^{-1}\boldsymbol{X}]^{-1}\boldsymbol{X}'(\boldsymbol{D}^{-1})'\boldsymbol{D}^{-1}\boldsymbol{y}\\&=(\boldsymbol{X}'\boldsymbol{\Omega}^{-1}\boldsymbol{X})^{-1}\boldsymbol{X}'\boldsymbol{\Omega}^{-1}\boldsymbol{y}\end{aligned}\tag{4.1.31}$$

式（4.1.31）所示的估计量就是模型（4.1.24）的广义最小二乘估计量，是无偏、有效的估计量。但是随机扰动项方差—协方差矩阵 $\boldsymbol{\Omega}$ 是未知的，需要对随机扰动项自相关结构给出必要的假设和估计，最常见的是一阶序列相关。下面先讨论修正一阶序列相关，再讨论修正高阶序列相关问题。

2. 修正一阶序列相关

最简单且最常用的序列相关模型是一阶自回归 AR(1)模型。为了便于理解，先讨论一元线性回归模型，并且具有一阶序列相关的情形，即 $p=1$ 的情形：

$$y_t=\beta_0+\beta_1x_t+u_t,\quad t=1,2,\cdots,T\tag{4.1.32}$$

$$u_t=\rho u_{t-1}+\varepsilon_t\tag{4.1.33}$$

把式(4.1.33)代入式(4.1.32)中得到

$$y_t=\beta_0+\beta_1x_t+\rho u_{t-1}+\varepsilon_t\tag{4.1.34}$$

然而，由式(4.1.32)可得

$$u_{t-1}=y_{t-1}-\beta_0-\beta_1x_{t-1}\tag{4.1.35}$$

再把式(4.1.35)代入式(4.1.34)中，并整理得

$$y_t-\rho y_{t-1}=\beta_0(1-\rho)+\beta_1(x_t-\rho x_{t-1})+\varepsilon_t\tag{4.1.36}$$

令 $y_t^*=y_t-\rho y_{t-1}$，$x_t^*=x_t-\rho x_{t-1}$，代入式(4.1.36)中有

$$y_t^*=\beta_0(1-\rho)+\beta_1x_t^*+\varepsilon_t,\quad t=1,2,\cdots,T\tag{4.1.37}$$

如果已知 ρ 的具体值，那么式(4.1.37)便是一个随机扰动项满足古典假设条件的线性回归方程。这样便把一个含有序列相关性的问题转化为一个满足古典假设的回归问题，从而达到了消除随机扰动项序列相关的目的。式(4.1.37)也称为**广义差分方程**(generalized difference equation)，也是广义最小二乘法的特例，随机扰动项方差—协方差矩阵$\boldsymbol{\Omega}=DD'$的具体推导可参见李子奈老师的《计量经济学》第 160～161 页。

必须注意一点，随机扰动项序列相关形式的正确设定是消除序列相关最重要的步骤。由于并不能预先知道 ρ 的具体数值，所以不能直接地对式(4.1.37)应用最小二乘法得到参数的估计。通常可以采用 Gauss-Newton 迭代法(本书的中高级 7.1.3 小节介绍)，求解式(4.1.36)这样参数为非线性的回归方程，同时得到 ρ，β_0，β_1 的估计量。此时得到的参数估计值同直接用最小二乘估计式(4.1.32)得到的参数估计值并不一致，校正序列相关后的参数估计比未校正序列相关而直接回归估计的参数更为有效。

3. 修正高阶序列相关

通常如果随机误差项存在 p 阶序列相关，随机误差形式可以由 AR(p)过程给出。

对于高阶自回归过程,可以采取与一阶序列相关类似的方法,把滞后随机误差项逐项代入,最终得到一个随机扰动项为白噪声序列、参数为非线性的回归方程,并且采用 Gauss-Newton 迭代法求得非线性回归方程的参数。

例如,仍讨论一元线性回归模型,并且随机扰动项具有三阶序列相关的情形,即 $p=3$ 的情形:

$$y_t=\beta_0+\beta_1 x_t+u_t,\quad t=1,2,\cdots,T \tag{4.1.38}$$

$$u_t=\rho_1 u_{t-1}+\rho_2 u_{t-2}+\rho_3 u_{t-3}+\varepsilon_t \tag{4.1.39}$$

按照上面处理 AR(1)的方法,把扰动项的滞后项代入原方程中去,得到如下表达式:

$$\begin{aligned} y_t=&\beta_0+\beta_1 x_t+\rho_1(y_{t-1}-\beta_0-\beta_1 x_{t-1})+\rho_2(y_{t-2}-\beta_0-\beta_1 x_{t-2})+\\ &\rho_3(y_{t-3}-\beta_0-\beta_1 x_{t-3})+\varepsilon_t \end{aligned} \tag{4.1.40}$$

通过一系列的化简后,仍然可以得到参数为非线性、误差项 ε_t 为白噪声序列的广义差分方程。运用非线性最小二乘法,可以估计出广义差分方程的未知参数 $\beta_0,\beta_1,\rho_1,\rho_2,\rho_3$。

对于非线性形式为 $f(\boldsymbol{x}_t,\boldsymbol{\beta})$ 的非线性模型,$\boldsymbol{x}_i=(x_{1i},x_{2i},\cdots,x_{ki})'$,$\boldsymbol{\beta}=(\beta_1,\beta_2,\cdots,\beta_k)'$,若误差项序列存在 p 阶序列相关:

$$y_t=f(\boldsymbol{x}_t,\boldsymbol{\beta})+u_t,\quad t=1,2,\cdots,T \tag{4.1.41}$$

$$u_t=\rho_1 u_{t-1}+\rho_2 u_{t-2}+\cdots+\rho_p u_{t-p}+\varepsilon_t \tag{4.1.42}$$

也可用类似方法转换成误差项 ε_t 为白噪声序列的非线性回归方程,以 $p=1$ 为例:

$$y_t=\rho_1 y_{t-1}+f(\boldsymbol{x}_t,\boldsymbol{\beta})-\rho_1 f(\boldsymbol{x}_{t-1},\boldsymbol{\beta})+\varepsilon_t \tag{4.1.43}$$

使用 Gauss-Newton 算法来估计参数。

例 4.3 用 AR(p)模型修正回归方程残差序列的自相关(一)

例 4.1 中检验到美国投资方程的残差序列存在一阶序列相关。这里将采用 AR(1)模型来修正投资方程的残差序列的自相关性:

$$\ln(inv_t)=\beta_1 r_{t-1}+\beta_2\ln(gnp_t)+u_t,\quad t=1,2,\cdots,T$$

$$u_t=\rho_1 u_{t-1}+\varepsilon_t$$

采用广义最小二乘法(GLS)回归估计的结果如下:

$$\ln(inv_t)=-0.017r_{t-1}+0.74\ln(gnp_t)+\hat{u}_t$$

$$t=(-1.2)\qquad(99.93)$$

$$\hat{u}_t=0.53\hat{u}_{t-1}+\hat{\varepsilon}_t$$

$$t=(2.66)$$

$$R^2=0.86\quad DW=1.52$$

再对新的残差序列 $\hat{\varepsilon}$ 进行 LM 检验($p=2$),最终得到的检验结果如下:

F 统计量:	1.607 076	概率值(p 值):	0.229 5
$T\times R^2$ 统计量:	3.498 111	概率值(p 值):	0.173 9

检验结果不能拒绝原假设,即修正后的回归方程的残差序列不存在序列相关性。因此,用 AR(1)模型修正后的回归方程的估计结果是有效的。

例 4.4　用 AR(p)模型修正回归方程残差序列的自相关(二)

例 4.2 中检验到带有滞后因变量的回归方程的残差序列存在三阶序列自相关。这里将采用 AR(3)模型来修正回归方程的残差序列的自相关性。

$$CS_t = c_0 + c_1 CS_{t-1} + c_2 GDP_t + u_t, \quad t = 1,2,\cdots,T$$

$$u_t = \rho_1 u_{t-1} + \rho_2 u_{t-2} + \rho_3 u_{t-3} + \varepsilon_t$$

采用极大似然估计方法(ML),回归估计的结果如下:

$$CS_t = -65.86 + 0.65 CS_{t-1} + 0.25 GDP_t + \hat{u}_t$$

$$t = (-2.8) \qquad (16.72) \qquad (9.21)$$

$$\hat{u}_t = 0.37\hat{u}_{t-1} + 0.23\hat{u}_{t-2} + 0.22\hat{u}_{t-3} + \hat{\varepsilon}_t$$

$$t = (6.92) \qquad (4.0) \qquad (3.63)$$

$$R^2 = 0.999 \qquad DW = 1.94$$

计算残差序列的自相关系数和偏自相关系数(图 4.1.4):

Autocorrelation	Partial Correlation		AC	PAC	Q-Stat	Prob*
		1	0.021	0.021	0.0855	
		2	0.041	0.041	0.4167	
		3	0.070	0.068	1.3827	
		4	-0.062	-0.067	2.1441	0.143
		5	-0.019	-0.022	2.2169	0.330
		6	0.039	0.041	2.5198	0.472
		7	-0.046	-0.038	2.9514	0.566
		8	-0.089	-0.094	4.5700	0.471
		9	-0.065	-0.067	5.4240	0.491
		10	0.056	0.079	6.0663	0.532
		11	0.022	0.035	6.1620	0.629
		12	-0.043	-0.060	6.5424	0.685

图 4.1.4　修正序列相关后的回归方程的相关图

本例各阶的自相关系数和偏自相关系数都在虚线内,说明消除序列相关后的残差序列是一个随机扰动序列,不存在序列相关。Q 统计量的 p 值也表明不能拒绝原假设,残差序列不存在序列相关。因此,用 AR(3)模型修正后的回归方程的估计结果是有效的。[注意,采用极大似然估计方法(ML)进行估计,EViews 不能做 LM 检验]

4.2　平稳时间序列建模①

本节将不再仅仅以一个回归方程的残差序列为研究对象,而是直接讨论一个平稳时间序列的建模问题。在现实中很多问题,如利率波动、收益率变化及汇率变化等通常是一个平稳序列,或者通过差分等变换可以化成一个平稳序列。本节中介绍的 ARMA 模型可以用来研究这些经济变量的变化规律,这样的一种建模方式属于时间序列分析的研究范畴。

① 汉密尔顿.时间序列分析[M].夏晓华,译.北京:中国人民大学出版社,2015.
BOX G E P,JENKINS G M,REINSEL G C.时间序列分析:预测与控制[M].顾岚,主译,范金城,校译.北京:中国统计出版社,1997.

4.2.1　平稳时间序列的概念

经济时间序列不同于横截面数据存在重复抽样的情况,它是一个随机事件的唯一记录,如中国 1980—2004 年的进出口总额是唯一的实际发生的历史记录。从经济的角度看,这个过程是不可重复的。横截面数据中的随机变量可以非常方便地通过其均值、方差或生成数据的概率分布加以描述,但是在时间序列中这种描述很不清楚。因此,经济时间序列需要对均值和方差给出明晰的定义。

如果时间序列 u_t 的均值、方差和自协方差都不取决于时刻 t,则称时间序列 u_t 是**弱平稳或协方差平稳**,即满足下列 3 个性质:

$$E(u_t)=\mu, \quad \text{对于所有的 } t \tag{4.2.1}$$

$$\text{var}(u_t)=\sigma^2, \quad \text{对于所有的 } t \tag{4.2.2}$$

$$\text{cov}(u_t, u_{t-s})=\gamma_s, \quad \text{对于所有的 } t \text{ 和 } s \tag{4.2.3}$$

注意,如果一个时间序列 u_t 是弱平稳的,则 u_t 的均值和方差都是常数,u_t 与 u_{t-s} 之间的协方差不依赖于时刻 t 而仅依赖于 s,即仅与两个观测值之间的间隔长度 s 有关。本节的讨论是在此平稳性的假设成立下进行的,为了变量符号统一起见,本节仍用 u_t 表示平稳序列。

4.2.2　ARMA 模型

1. 自回归模型 AR(*p*)

p 阶自回归模型记作 AR(p),满足下面的方程:

$$u_t=c+\phi_1 u_{t-1}+\phi_2 u_{t-2}+\cdots+\phi_p u_{t-p}+\varepsilon_t, \quad t=1,2,\cdots,T \tag{4.2.4}$$

式中:c 为常数;$\phi_1,\phi_2,\cdots,\phi_p$ 为自回归模型系数;p 为自回归模型阶数;ε_t 为均值为 0、方差为 σ^2 的白噪声序列。

2. 移动平均模型 MA(*q*)

q 阶移动平均模型记作 MA(q),满足下面的方程:

$$u_t=\mu+\varepsilon_t+\theta_1\varepsilon_{t-1}+\cdots+\theta_q\varepsilon_{t-q}, \quad t=1,2,\cdots,T \tag{4.2.5}$$

式中:μ 为常数;$\theta_1,\theta_2,\cdots,\theta_q$ 为 q 阶移动平均模型的系数;ε_t 为均值为 0、方差为 σ^2 的白噪声序列。

3. ARMA(*p*,*q*)模型

$$u_t=c+\phi_1 u_{t-1}+\cdots+\phi_p u_{t-p}+\varepsilon_t+\theta_1\varepsilon_{t-1}+\cdots+\theta_q\varepsilon_{t-q}, \quad t=1,2,\cdots,T \tag{4.2.6}$$

显然此模型是模型(4.2.4)与模型(4.2.5)的组合形式,称为混合模型,常记作 ARMA(p,q)。当 $p=0$ 时,ARMA$(0,q)=$MA(q);当 $q=0$ 时,ARMA$(p,0)=$AR(p)。

4.2.3 ARMA 模型的平稳性

1. AR(p)模型的平稳性条件

为了理解 AR(p)、MA(q)和 ARMA(p,q)模型的理论结构，简单的算子理论是必不可少的。对于 AR(p)模型

$$u_t = c + \phi_1 u_{t-1} + \phi_2 u_{t-2} + \cdots + \phi_p u_{t-p} + \varepsilon_t, \quad t=1,2,\cdots,T \tag{4.2.7}$$

设 L 为滞后算子，则有 $Lu_t = u_{t-1}$，$L^p u_t = u_{t-p}$，特别地，$L^0 u_t = u_t$。则式(4.2.7)可以改写为

$$(1-\phi_1 L - \phi_2 L^2 - \cdots - \phi_p L^p)u_t = c + \varepsilon_t, \quad t=1,2,\cdots,T \tag{4.2.8}$$

若设 $\Phi(L) = 1-\phi_1 L-\phi_2 L^2-\cdots-\phi_p L^p$，令

$$\Phi(z) = 1-\phi_1 z - \phi_2 z^2 - \cdots - \phi_p z^p = 0 \tag{4.2.9}$$

则 $\Phi(z)$ 是一个关于 z 的 p 次多项式，称为 AR(p) 模型的特征多项式。

AR(p) 模型平稳的充要条件：特征多项式 $\Phi(z)$ 的根全部落在单位圆之外。

式(4.2.7)可以改写为滞后算子多项式的形式

$$\Phi(L)u_t = c + \varepsilon_t, \quad t=1,2,\cdots,T \tag{4.2.10}$$

可以证明如果 AR(p)模型满足平稳性条件，则式(4.2.10)可以表示为如下 MA(∞)的形式：

$$\begin{aligned} u_t &= \mu + \Theta(L)\varepsilon_t = \mu + \theta_0\varepsilon_t + \theta_1\varepsilon_{t-1} + \theta_2\varepsilon_{t-2} + \cdots \\ &= \mu + (\theta_0 + \theta_1 L + \theta_2 L^2 + \cdots)\varepsilon_t \end{aligned} \tag{4.2.11}$$

式中

$$\Theta(L) = \theta_0 + \theta_1 L + \theta_2 L^2 + \cdots = (1-\phi_1 L - \phi_2 L^2 - \cdots - \phi_p L^p)^{-1} = \Phi(L)^{-1} \tag{4.2.12}$$

且 $\theta_0 = 1$，$\sum_{j=0}^{\infty}\theta_j^2 < \infty$。假定平稳性条件满足，将式(4.2.7) 两端取期望可以求得均值

$$\mu = c + \phi_1\mu + \phi_2\mu + \cdots + \phi_p\mu \tag{4.2.13}$$

或

$$\mu = c/(1-\phi_1-\phi_2-\cdots-\phi_p) \tag{4.2.14}$$

式(4.2.11)表示 u_t 可以由一个白噪声序列的线性组合表示出来。现在可以看到，任何一个 AR(p)模型均可以表示为白噪声序列的线性组合。事实上，式(4.2.11)是沃尔德分解定理(Wold 定理)的特例。

沃尔德分解定理(Wold 定理)：任何零均值协方差平稳过程 u_t 可表示成如下形式：

$$u_t = \sum_{j=0}^{\infty}\theta_j\varepsilon_{t-j} + \kappa_t, \quad t=1,2,\cdots,T \tag{4.2.15}$$

式中：$\theta_0 = 1$，$\sum_{j=0}^{\infty}\theta_j^2 < \infty$。$\varepsilon_t$ 是白噪声序列，对于任意的 j，κ_t 的值与 ε_{t-j} 无关。κ_t 称为 u_t 的确定性分量，而 $\sum_{j=0}^{\infty}\theta_j\varepsilon_{t-j}$ 称为线性非确定性分量。

2. MA(q)模型的可逆性

考察 MA(q)模型：

$$u_t - \mu = (1 + \theta_1 L + \theta_2 L^2 + \cdots + \theta_q L^q)\varepsilon_t, \quad t = 1,2,\cdots,T \tag{4.2.16}$$

$$E(\varepsilon_t \varepsilon_\tau) = \begin{cases} \sigma^2, & t = \tau \\ 0, & t \neq \tau \end{cases}$$

设 $\theta(L) = 1 + \theta_1 L + \theta_2 L^2 + \cdots + \theta_q L^q$，令特征多项式 $\theta(z)$ 为

$$1 + \theta_1 z + \theta_2 z^2 + \cdots + \theta_q z^q = 0 \tag{4.2.17}$$

MA(q)模型可逆性条件：特征多项式 $\theta(z)$ 的根全部落在单位圆之外，式(4.2.16)的 MA 算子称为可逆的。

运用 MA 算子的逆运算，式(4.2.16)可写成 AR(∞)的形式：

$$(1 - \phi_1 L - \phi_2 L^2 - \phi_3 L^3 - \cdots)(u_t - \mu) = \varepsilon_t, \quad t = 1,2,\cdots,T \tag{4.2.18}$$

比较式(4.2.16)和式(4.2.18)，可知

$$(1 - \phi_1 L - \phi_2 L^2 - \phi_3 L^3 - \cdots) = (1 + \theta_1 L + \theta_2 L^2 + \cdots + \theta_q L^q)^{-1} \tag{4.2.19}$$

尽管不可逆时也可以表征任何给定的数据，但是一些参数估计和预测算法只有在使用可逆表示时才有效。

3. ARMA(p,q) 模型的平稳性条件

ARMA(p,q) 模型包括了一个自回归模型 AR(p)和一个移动平均模型 MA(q)：

$$u_t = c + \phi_1 u_{t-1} + \cdots + \phi_p u_{t-p} + \varepsilon_t + \theta_1 \varepsilon_{t-1} + \cdots + \theta_q \varepsilon_{t-q}, \quad t = 1,2,\cdots,T \tag{4.2.20}$$

或者以滞后算子多项式的形式表示：

$$(1 - \phi_1 L - \phi_2 L^2 \cdots - \phi_p L^p) u_t = c + (1 + \theta_1 L + \theta_2 L^2 + \cdots + \theta_q L^q)\varepsilon_t \tag{4.2.21}$$

若令

$$\Phi(z) = 1 - \phi_1 z - \phi_2 z^2 - \cdots - \phi_p z^p = 0 \tag{4.2.22}$$

ARMA(p,q)模型平稳的充要条件：自回归部分的特征多项式 $\Phi(z) = 0$ 的根全部落在单位圆之外。

在式(4.2.21)的两边除以$(1 - \phi_1 L - \phi_2 L^2 \cdots - \phi_p L^p)$，可以得到

$$u_t = \mu + \psi(L)\varepsilon_t, \quad t = 1,2,\cdots,T \tag{4.2.23}$$

式中

$$\psi(L) = \frac{(1 + \theta_1 L + \theta_2 L^2 + \cdots + \theta_q L^q)}{(1 - \phi_1 L - \phi_2 L^2 - \cdots - \phi_p L^p)}, \quad \sum_{j=0}^{\infty} |\psi_j| < \infty \tag{4.2.24}$$

$$\mu = c/(1 - \phi_1 - \phi_2 - \cdots - \phi_p) \tag{4.2.25}$$

ARMA 模型构造了一种更为复杂的白噪声序列的线性组合，近似逼近一个平稳序

列。可以看出 ARMA 模型的平稳性完全取决于自回归模型的参数($\phi_1, \phi_2, \cdots, \phi_p$),而与移动平均模型参数($\theta_1, \theta_2, \cdots, \theta_q$)无关。

例 4.5　利用 AR(1)模型描述上证指数的变化规律

本例取我国上证收盘指数(样本期间:1991 年 1 月—2007 年 8 月)的月度时间序列 sp 为研究对象,用 AR(1)模型描述其变化规律。首先对其做变化率,$sr_t = 100 \times (sp_t - sp_{t-1})/sp_{t-1} (t=1,2,\cdots,T)$,这样便得到了变化率序列。一般来讲,股价指数序列并不是一个平稳的序列,而通过变换后的变化率数据,是一个平稳序列,可以作为我们建模的对象。记上证股价指数变化率序列为 sr,建立如下模型:

$$sr_t = c + \phi sr_{t-1} + u_t, \quad t = 1, 2, \cdots, T$$

回归结果为

$$sr_t = 3.261 - 0.0436 sr_{t-1} + \hat{u}_t$$
$$t = (2.33) \quad (-0.62)$$
$$R^2 = 0.0019 \quad DW = 1.998$$

从图 4.2.1 可以看出我国上证股价指数变化率序列在 1991—1994 年变化很大,而后逐渐变小。实线是上证股价指数变化率序列 sr,虚线是 AR(1)模型的拟合值,拟合曲线基本代表了这一时期的均值。

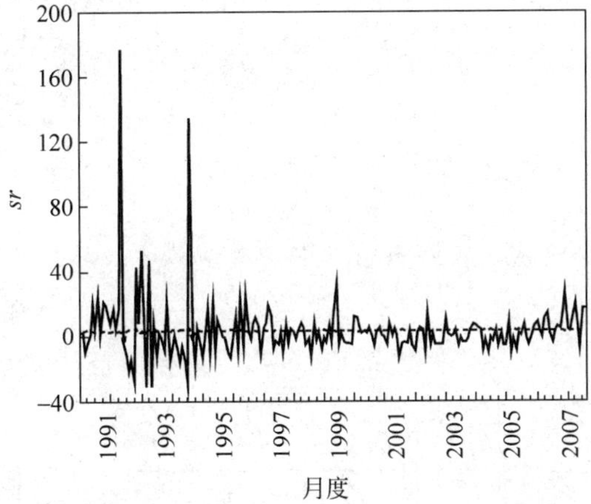

图 4.2.1　我国 1991 年 1 月—2007 年 8 月上证股价指数变化率序列

4.2.4　ARMA 模型的识别

1. 利用自相关系数和偏自相关系数识别 ARMA(p,q)模型

在实际研究中,通常的做法是根据经济指标时间序列数据的样本特征来推断经济指标的总体(真实)特征。在实际研究中,所能获得的只是经济指标时间序列 u_t 的数据,根据经济指标的样本特征,来推断其总体(真实)特征。下面介绍利用 u_t 的自相关系数和偏自相关系数这两个统计量去识别 ARMA(p,q)模型。

通常地，AR(p)模型的自相关系数是随着滞后阶数 k 的增加而呈现指数衰减或者震荡式的衰减，具体的衰减形式取决于 AR(p)模型滞后项的系数。因此，可以通过自相关系数来获得一些有关 AR(p)模型的信息，如低阶 AR(p)模型系数符号的信息。如果 $r_1 \neq 0$，意味着序列 u_t 是一阶自相关。如果 r_k 随着滞后阶数 k 的增加而呈几何级数减小，表明序列 u_t 服从低阶自回归过程。如果 r_k 在小的滞后阶数下趋于零，表明序列 u_t 服从低阶移动平均过程。

如果这种自相关的形式可由滞后小于 k 阶的自相关表示，那么偏相关在 k 期滞后下的值趋于零。一个纯的 p 阶自回归过程 AR(p)的偏相关系数在 p 阶截尾，而纯的移动平均过程 MA(q)的偏相关系数渐进趋于零。因此，如果我们能求出偏相关系数 $\varphi_{k,k}$ 的估计值 $\hat{\varphi}_{k,k}$，并检验其显著性水平，就能够确定时间序列 u_t 的自相关的阶数。

下面介绍 ARMA 模型的自相关系数和偏自相关系数的特点，读者可以借此理解自相关系数和偏自相关系数在识别 ARMA 模型过程中所起的作用。

2. MA 模型的识别

MA(q)模型：

$$u_t = \mu + \varepsilon_t + \theta_1 \varepsilon_{t-1} + \cdots + \theta_q \varepsilon_{t-q}, \quad t = 1, 2, \cdots, T \tag{4.2.26}$$

式中：ε_t 为均值为 0、方差为 σ^2 的白噪声序列；u_t 的均值为 μ，则自协方差 γ_k 为

$$\gamma_k = E(u_{t+k} - \mu)(u_t - \mu) = E\left(\varepsilon_t + \sum_{j=1}^{q} \theta_j \varepsilon_{t-j}\right)\left(\varepsilon_{t+k} + \sum_{i=1}^{q} \theta_i \varepsilon_{t+k-i}\right) \tag{4.2.27}$$

计算可得

$$\gamma_k = \begin{cases} \sigma^2(1 + \theta_1^2 + \cdots + \theta_q^2), & k = 0 \\ \sigma^2(\theta_k + \theta_1 \theta_{k+1} + \cdots + \theta_{q-k} \theta_q), & 0 < k \leqslant q \\ 0, & k > q \end{cases} \tag{4.2.28}$$

进而得到

$$r_k = \frac{\gamma_k}{\gamma_0} = \begin{cases} 1, & k = 0 \\ \dfrac{\theta_k + \theta_1 \theta_{k+1} + \cdots + \theta_{q-k} \theta_q}{1 + \theta_1^2 + \cdots + \theta_q^2}, & 0 < k \leqslant q \\ 0, & k > q \end{cases} \tag{4.2.29}$$

上式表明对 MA(q)模型，当 $k > q$ 时，$r_k = 0$。u_t 与 u_{t+k} 不相关，这种性质通常称为截尾，即 MA(q)模型的自相关函数在 q 步以后是截尾的。

MA(q)的偏自相关系数的具体形式随着 q 的增加变得越来越复杂，很难给出一个关于 q 的一般表达式，但是，一个 MA(q)模型对应于一个 AR(∞)模型。因此，MA(q)模型的偏自相关系数一定呈现出某种衰减的形式是拖尾的。故可以通过识别一个序列的偏自相关系数的拖尾特征，大致确定它是否服从一个 MA(q)过程。

3. AR 模型的识别

可以证明，AR(p)过程自相关系数的表达式为

$$r_k = g_1\lambda_1^k + g_2\lambda_2^k + \cdots + g_p\lambda_p^k \tag{4.2.30}$$

式中：$\lambda_1, \lambda_2, \cdots, \lambda_p$ 为 AR(p)模型的特征多项式

$$\lambda^p - \phi_1\lambda^{p-1} - \phi_2\lambda^{p-2} - \cdots - \phi_p = 0 \tag{4.2.31}$$

的 p 个特征根；$g_1, g_2, \cdots, g_p$ 为任意给定的 p 个常数。由此可知，AR(p)模型的自相关系数会由于 $g_1, g_2, \cdots, g_p$ 及 k 取值的不同，呈现出不同的衰减形式，可能是指数式的衰减，也可能是符号交替的震荡式的衰减。例如，对于 AR(1)模型，其自相关系数为 $r_k = \lambda_1^k$，($\lambda_1 = \phi_1$)，当 $\lambda_1 > 0$ 时，r_k 呈指数式的衰减；当 $\lambda_1 < 0$ 时，r_k 呈震荡式的衰减。

因此，可以通过自相关系数来获得一些有关 AR(p)模型的信息，如低阶 AR(p)模型系数符号的信息。但是，对于自回归过程 AR(p)，自相关系数并不能帮助我们确定 AR(p)模型的阶数 p。所以，可以考虑使用偏自相关系数 $\varphi_{k,k}$，以便更加全面地描述自相关过程 AR(p)的统计特征。

这里我们通过简单的证明给出 AR(p)模型的偏自相关系数。对于一个 AR(p)模型：

$$u_t = \phi_1 u_{t-1} + \phi_2 u_{t-2} + \cdots + \phi_p u_{t-p} + \varepsilon_t, \quad t = 1, 2, \cdots, T \tag{4.2.32}$$

将式(4.2.32)两边同时乘以 u_{t-k}($k = 1, 2, \cdots, p$)，再对方程两边取期望值并除以序列 u_t 的方差，得到如下关于系数 $\phi_1, \phi_2, \cdots, \phi_p$ 的线性方程组：

$$\begin{cases} \phi_1 + \phi_2 r_1 + \cdots + \phi_p r_{p-1} = r_1 \\ \phi_1 r_1 + \phi_2 + \cdots + \phi_p r_{p-2} = r_2 \\ \quad\vdots \\ \phi_1 r_{p-1} + \phi_2 r_{p-2} + \cdots + \phi_p = r_p \end{cases} \tag{4.2.33}$$

式中：$r_1, r_2, \cdots, r_p$ 分别为序列 u 的 $1, 2, \cdots, p$ 阶自相关系数。对于形如式(4.2.33)的 p($p = 1, 2, \cdots, k$)阶方程组求解，每个方程组的最后一个解就是相应的偏相关系数 $\varphi_{1,1}$，$\varphi_{2,2}, \cdots, \varphi_{k,k}, \cdots$。且对于一个 AR($p$)模型，$\varphi_{k,k}$ 的最高阶数为 p，也即 AR(p)模型的偏自相关系数是 p 阶截尾的。因此，可以通过识别 AR(p)模型的偏自相关系数的个数，来确定 AR(p)模型的阶数 p，进而设定正确的模型形式，并通过具体的估计方法估计出 AR(p)模型的参数。

4. 模型的识别与建立

我们引入了自相关系数和偏自相关系数这两个统计量来识别 ARMA(p, q)模型的系数特点与模型的阶数。但是，在实际操作中，自相关系数和偏自相关系数是通过要识别序列的样本数据估计出来的，并且随着抽样的不同而不同，其估计值只能同理论上的趋势大致保持一致，并不能精确地相同。因此，在实际的模型识别中，自相关系数和偏自相关系数只能作为模型识别过程中的一个参考，并不能通过它们准确地识别模型的具体形式。具体的模型形式，还要通过自相关系数和偏自相关系数给出的信息，经过反复的试验及检验，最终挑选出各项统计指标均符合要求的模型形式。

理论上可以通过样本数据估计出来的自相关系数和偏自相关系数来识别随机序列所

服从模型的阶数,但样本的随机性会导致计算上的不同,进而导致识别结果的不同。这就需要通过检验异于 0 的自相关系数和偏自相关系数来确定模型的阶数。一个可行的解决办法就是通过随机序列的分布,计算随机序列自相关系数和偏自相关系数的分布,确定显著性水平,进而通过假设检验来判断其异于 0 的程度。最终,在设定的显著性水平下确定非零的自相关系数和偏自相关系数的个数,进而确定模型的阶数。

对于一个样本个数为 T 的平稳时间序列,它的自相关系数的估计值在理论自相关系数为 0 的假设下的近似分布为

$$\hat{r} \sim N(0,1) \tag{4.2.34}$$

偏自相关系数的估计值在理论偏自相关系数 $\varphi_{k,k}$ 为 0 情况下的近似分布为

$$\hat{\varphi}_{k,k} \sim N\left(0,\frac{1}{\sqrt{n}}\right) \tag{4.2.35}$$

对于一个平稳序列 u_t,可以计算出序列 u_t 的自相关系数和偏自相关系数的估计值。根据计算出的数值还可以画出估计值序列的直方图,并且给出 2 倍标准差的边界线。我们知道,一个正态分布的随机变量的绝对值超出 2 倍标准差的概率约为 0.05。因此,可以通过自相关和偏自相关估计值序列的直方图来大致判断在 5%的显著性水平下模型的自相关系数和偏自相关系数不为零的个数,进而大致判断序列应选择的具体模型形式。

5. 模型阶数检验的 AIC 准则

关于 ARMA 模型等的估计与预测均是在模型确定的阶数条件下得到的,实际上,模型的真实阶数也是需要确定的未知参数。除了上述的自相关系数和偏自相关系数方法外,赤池弘次(Akaike)提出的 AIC 准则(Akaike information criterion)为给时间序列模型的定阶带来很大方便,在实际中得到广泛应用。

AIC 准则是使 AIC 准则函数:

$$AIC = -2\ln \text{模型极大似然值} + (\text{模型的独立参数个数}) \tag{4.2.36}$$

达到极小。将此准则用于 ARMA 模型,得到

$$AIC(p,q) = T\ln\hat{\sigma}_{\varepsilon}^{2} + 2(p+q+1) \tag{4.2.37}$$

式中:T 为样本个数;$\hat{\sigma}_{\varepsilon}^{2}$ 为 σ_{ε}^{2} 的极大似然估计。由于极大似然估计求解困难,实际应用中一般取 $\hat{\sigma}_{\varepsilon}^{2}$ 为基于残差平方和的估计。显然,随着模型阶数的增大,残差平方和将减少,式(4.2.37)中的第 1 项变小,第 2 项增大。理论上使得式(4.2.37)达到最小的 p,q 就是 ARMA 模型的阶数,但实际应用时,还需兼顾其他因素,如系统的稳定性、模型的拟合优度等。

4.2.5　ARMA 模型的估计及预测

设由平稳序列 u_t 来构建 AR(p)、MA(q)和 ARMA(p,q)三类模型,模型的阶数已初步确定。下面分别介绍这三类模型的简单估计和预测方法。

1. AR 模型的参数估计和预测方法

对于 AR(p)模型

$$u_t=\phi_1 u_{t-1}+\phi_2 u_{t-2}+\cdots+\phi_p u_{t-p}+\varepsilon_t,\quad t=p+1,\cdots,T \tag{4.2.38}$$

式中：ε_t 为白噪声序列，$E(\varepsilon_t)=0$，$\mathrm{var}(\varepsilon_t)=\sigma^2$。

模型参数 $\boldsymbol{\alpha}=(\phi_1,\phi_2,\cdots,\phi_p,\sigma^2)'$ 的 Yule-Walker 估计（又称矩估计）方法简单易操作且精度较高，与其他方法如最小二乘估计等的精估计比较相差甚微。其基本原理为，$\boldsymbol{\alpha}$ 满足方程

$$\begin{pmatrix} \hat{r}_0 & \hat{r}_1 & \cdots & \hat{r}_{p-1} \\ \hat{r}_1 & \hat{r}_0 & \cdots & \hat{r}_{p-2} \\ \vdots & \vdots & \ddots & \vdots \\ \hat{r}_{p-1} & \hat{r}_{p-2} & \cdots & \hat{r}_0 \end{pmatrix} \begin{pmatrix} \hat{\phi}_1 \\ \hat{\phi}_2 \\ \vdots \\ \hat{\phi}_p \end{pmatrix} = \begin{pmatrix} \hat{r}_1 \\ \hat{r}_2 \\ \vdots \\ \hat{r}_p \end{pmatrix} \tag{4.2.39}$$

式中：$\hat{r}_p$ 为序列 u_t 的 p 阶自相关系数的估计值。

由式(4.2.39)解得 $\hat{\phi}_1,\hat{\phi}_2,\cdots,\hat{\phi}_p$，可得序列在 t 时点的估计值：

$$\hat{u}_t=\hat{\phi}_1 u_{t-1}+\hat{\phi}_2 u_{t-2}+\cdots+\hat{\phi}_p u_{t-p},\quad t=p+1,p+2,\cdots,T \tag{4.2.40}$$

在模型(4.2.40)的基础上，做趋势外推可以得到预测值，即

$$\hat{u}_{T+j}=\hat{\phi}_1\hat{u}_{T+j-1}+\hat{\phi}_2\hat{u}_{T+j-2}+\cdots+\hat{\phi}_p\hat{u}_{T+j-p},\quad j=1,2,\cdots,h \tag{4.2.41}$$

式中：h 为预测的长度。

2. MA 模型的参数估计和预测方法

在 MA 模型的估计中，除了广泛使用的牛顿—拉夫森(Newton-Raphson)算法外，一种简单的估计方法是将其转化为 AR 模型进行估计。假定 MA(q)模型的算子形式为

$$u_t=\theta(L)\varepsilon_t \tag{4.2.42}$$

设 $\phi(L)=1-\phi_1 L-\phi_2 L^2-\cdots$ 是 $\theta(L)$ 的逆算子，即 $\phi(L)\theta(L)=1$，那么由式(4.2.42)可得

$$\phi(L)u_t=\phi(L)\theta(L)\varepsilon_t=\varepsilon_t \tag{4.2.43}$$

通常称式(4.2.43)为 MA(q) 的逆转形式，MA(q)模型就转换成无穷阶的 AR 模型了。根据 $\phi(L)$ 与 $\theta(L)$ 的关系

$$(1-\phi_1 L-\phi_2 L^2\cdots)(1-\theta_1 L-\theta_2 L^2-\cdots-\theta_q L^q)=1 \tag{4.2.44}$$

展开整理，并根据多项式的性质可以得到

$$\phi_1=-\theta_1 \tag{4.2.45}$$

$$\phi_j=\begin{cases} \sum\limits_{i=1}^{j-1}\phi_{j-i}\theta_i-\theta_j, & 2\leqslant j\leqslant q \\ \sum\limits_{i=1}^{q}\phi_{j-i}\theta_i, & j>q \end{cases} \tag{4.2.46}$$

当且仅当 $\theta(L)=0$ 的根全在单位圆外，且 MA(q)可逆时，可得

$$\sum_{j=1}^{\infty}|\phi_j|<+\infty \tag{4.2.47}$$

故存在 k 使 $\sum_{j>k}^{\infty}|\phi_j|$ 充分小，于是近似地有 $\left(1-\sum_{j=1}^{k}\phi_j L^j\right)u_t\approx\varepsilon_t$ 成立，即

$$u_t=\sum_{j=1}^{k}\phi_j u_{t-j}+\varepsilon_t,\quad t=k+1,k+2,\cdots,T \tag{4.2.48}$$

如式(4.2.48)所示，MA(q) 模型就转换成 AR(k) 阶模型了。参照 AR(p) 模型的估计与预测方法，既可以得到 u_t 样本期内的拟合值，也可得样本期外的预测值。

3. ARMA 模型参数估计和预测方法

设序列 u_t 的 ARMA 模型阶数 p,q 已初步设定，即

$$u_t=\phi_1 u_{t-1}+\phi_2 u_{t-2}\cdots+\phi_p u_{t-p}+\varepsilon_t-\theta_1\varepsilon_{t-1}-\cdots-\theta_q\varepsilon_{t-q} \tag{4.2.49}$$

由于 AR 模型的估计方法简单且精度高，实际应用中常采取分离参数的方法分步进行估计。首先根据式(4.2.39)计算自回归参数向量 $\boldsymbol{\varphi}=(\phi_1,\phi_2,\cdots,\phi_p)'$ 的矩估计

$$\hat{\boldsymbol{\varphi}}=(\hat{\phi}_1,\hat{\phi}_2,\cdots,\hat{\phi}_p)' \tag{4.2.50}$$

然后计算

$$\tilde{u}_t=u_t-(\hat{\phi}_1 u_{t-1}+\cdots+\hat{\phi}_p u_{t-p}),\quad t=p+1,p+2,\cdots,T \tag{4.2.51}$$

将 $\{\tilde{u}_t\}$ 近似视为 MA(q)型，即

$$\tilde{u}_t=\varepsilon_t-\theta_1\varepsilon_{t-1}-\cdots-\theta_q\varepsilon_{t-q} \tag{4.2.52}$$

如前所述，当式(4.2.52)满足可逆性条件时，设由式(4.2.48)估计出的参数为 $\hat{\hat{\phi}}_1$，$\hat{\hat{\phi}}_2,\cdots,\hat{\hat{\phi}}_k$，即

$$\hat{\tilde{u}}_t=\sum_{j=1}^{k}\hat{\hat{\phi}}_j\tilde{u}_{t-j},\quad t=k+1,\cdots,T \tag{4.2.53}$$

利用式(4.2.45)和式(4.2.46)中 ϕ_j 和 θ_j 的关系，可以进而求得 MA(q)中参数 θ_1，$\theta_2,\cdots,\theta_q$ 的估计 $\hat{\theta}_1,\hat{\theta}_2,\cdots,\hat{\theta}_q$ 后，就得到模型 ARMA(p,q)全部参数的估计值。与 AR 模型和 MA 模型类似，ARMA 模型可外推用于预测。

本节介绍的 ARMA 模型的估计方法较为简单且粗糙。ARMA 模型的估计一般都是采用极大似然估计方法、广义最小二乘法和条件最小二乘法(conditional least squared，CLS)，由于这些复杂的算法不能精确求解，因此计量经济学者开发出大量利用数值方法求解的最优化算法：如 BFGS 法 (Broyden-Fletcher-Goldfard-Shanno)，在本节的中高级 10.3.2 节介绍；高斯—牛顿方法(Gauss-Newton)、牛顿—拉夫森方法(Newton-Raphson)等方法在本书的中高级 7.1.3 节介绍。

前面已给出三类时间序列模型的参数估计与预测，它们均是在时间序列是平稳的前提下得到的，而经济时间序列大都具有较强的趋势性与周期性，不经过适当的处理，就不能对这些经济时间序列直接使用这三类模型。因此实际应用中需对序列进行平稳性检验，如果经检验序列是非平稳的，则将其变换为平稳序列。非平稳时间序列建模在本书的中高级的第 2 章介绍。

例 4.6　利用通货膨胀率研究模型识别和建模

本例将用 ARMA 模型模拟我国 1983 年 1 月—2010 年 8 月的通货膨胀率 π_t[采用居民消费价格指数(上年同月=100)减去 100 表示]的变化规律。实际上用后面学到的单位根检验可知 π_t 序列在这一样本区间上是一个平稳的序列。首先观察 π_t 序列的自相关系数和偏自相关系数的图形，如图 4.2.2 所示。

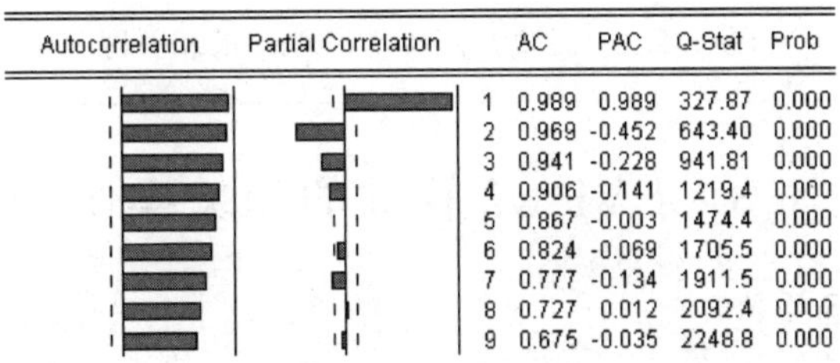

	AC	PAC	Q-Stat	Prob
1	0.989	0.989	327.87	0.000
2	0.969	-0.452	643.40	0.000
3	0.941	-0.228	941.81	0.000
4	0.906	-0.141	1219.4	0.000
5	0.867	-0.003	1474.4	0.000
6	0.824	-0.069	1705.5	0.000
7	0.777	-0.134	1911.5	0.000
8	0.727	0.012	2092.4	0.000
9	0.675	-0.035	2248.8	0.000

图 4.2.2　π_t 序列的相关图

从图 4.2.2 可以看出 π_t 序列的自相关系数是拖尾的，偏自相关系数在二阶截尾。由前面的知识可以判断 π_t 序列基本满足 AR(2)过程。采用极大似然估计方法(ML)，回归估计的结果如下：

$$\pi_t = 1.48\pi_{t-1} - 0.49\pi_{t-2} + \hat{u}_t$$

$$t = (42.87) \quad (-14.16)$$

$$R^2 = 0.985 \quad DW = 2.21$$

由图 4.2.3 可以观察到 AR(2)模型比较好地拟合了 π_t 序列，回归方程的残差序列基本上也是一个零均值的平稳序列。从图 4.2.4 的回归方程的残差序列的自相关系数和偏自相关系数可以看到不存在序列相关。因此，在实际建模中，可以借助 ARMA(p,q)模型去拟合一些具有平稳性的经济变量的变化规律。

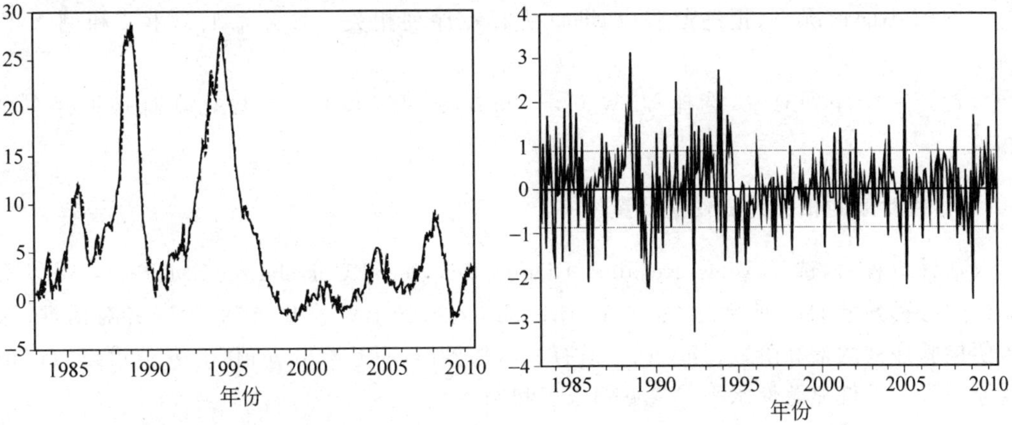

(a) π_t序列实际值(实线)和拟合值(虚线)　　(b) 残差序列 $\hat{u}_t$

图 4.2.3　π_t 序列的实际值和拟合值以及残差序列

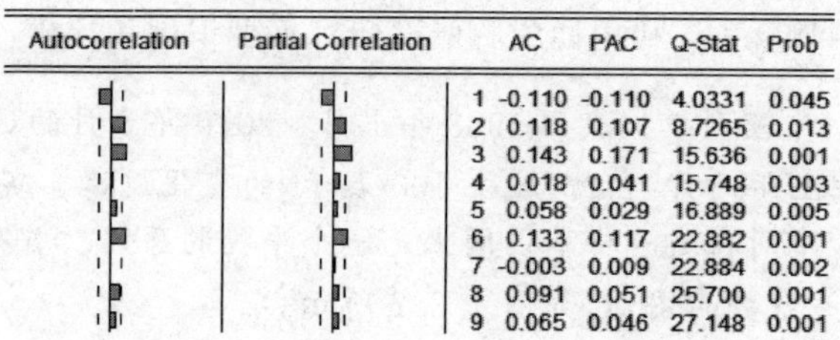

Autocorrelation	Partial Correlation		AC	PAC	Q-Stat	Prob
		1	-0.110	-0.110	4.0331	0.045
		2	0.118	0.107	8.7265	0.013
		3	0.143	0.171	15.636	0.001
		4	0.018	0.041	15.748	0.003
		5	0.058	0.029	16.889	0.005
		6	0.133	0.117	22.882	0.001
		7	-0.003	0.009	22.884	0.002
		8	0.091	0.051	25.700	0.001
		9	0.065	0.046	27.148	0.001

图 4.2.4　回归方程残差序列 $\hat{u}_t$ 的相关图

4.3　EViews 软件的相关操作①

4.3.1　检验序列相关性

EViews 提供了 3 种检验序列相关的方法。

1. DW 统计量检验方法

一般方程的回归结果都会给出 DW 统计量。但是 DW 统计量的检验结果比较粗糙，而且适用范围也有限，所以通常会采用 Q 统计量、相关图和 LM 统计量来检验序列相关。

2. 相关图和 Q 统计量

估计方程后，选择 View/Residual Diagnostics/Correlogram—Q-statistics，可以检验回归方程残差的序列相关性。通过观察自相关系数和偏自相关系数及对应于高阶序列相关的 Ljung-Box Q 统计量来判断是否存在序列相关。如果残差不存在序列相关，各阶滞后的自相关值和偏自相关值都接近于零，并且 Q 统计量的 p 值比较大。否则，在 Q 统计量的 p 值小的情况下，拒绝原假设，即认为存在序列相关。参见 4.1.2 小节和例 4.1、例 4.2。

打开一个序列对象，选择 View/Correlogram，可以检验一个序列本身是否存在自相关。

3. 检验序列相关的 LM 统计量

估计方程后，选择 View/Residual Diagnostics/Serial Correlation LM Tests，可以检验回归方程残差的序列相关性。执行 Breush-Godfrey LM 检验，在滞后定义对话框，输入要检验序列的最高阶数。EViews 没有显示临界值，而是给出 p 值，由 p 值可以知道接受原假设的最低显著性水平。参见例 4.1 和例 4.2。

① EViews 10 User's Guide Ⅱ，IHS Global Inc.，2017，Chapter 22：99-110，124-145.

4.3.2　修正序列相关

选择 Object / New Object/Equation 打开一个方程，输入方程变量，如例 4.3 和例 4.4 在因变量和解释变量后输入相应的 ar 项，修正方程残差的序列自相关。图 4.3.1 是例 4.4 在 cs c cs(−1) gdp 后输入 ar(1) ar(2) ar(3)的对话框。

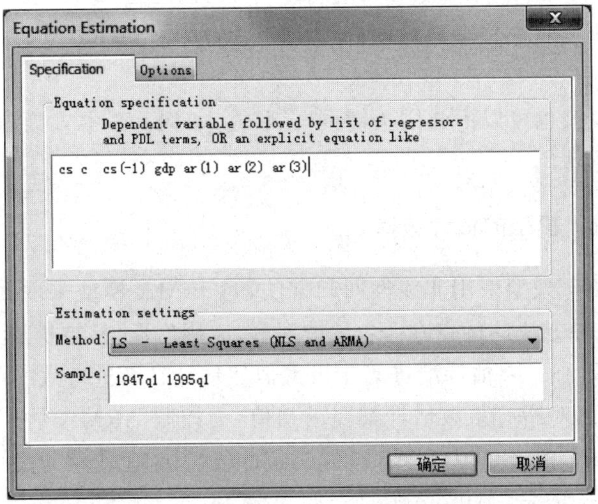

图 4.3.1　估计例 4.4 的 AR(3)模型窗口

注意，输入的 ar(1) ar(2) ar(3)分别代表方程残差的 3 个滞后项的系数，因此，如果我们认为残差仅仅在滞后 2 阶和滞后 4 阶存在自相关，其他滞后项不存在自相关，则估计时应输入 cs c cs(−1)gdp ar(2) ar(4)。

EViews 在消除序列相关时给予很大灵活性，可以输入模型中想包括的各个自回归项。例如，如果有季度数据而且想用一个单项来消除季节自回归，可以输入：cs c gdp cs(−1)ar(4)。

图 4.3.1 的 Options 选项页里包含了 ARMA 模型估计方法的选择：极大似然估计(ML)、广义最小二乘(GLS)和条件最小二乘(CLS)，缺省的是 ML 方法，选择条件最小二乘(CLS)方法还可选择系数协方差矩阵(coefficient covariance)的几种形式。同时还可以选择最优化算法(optimization)：BFGS，Gauss-Newton，Newton-Raphson。

极大似然估计(ML)在本书的中高级第 7 章介绍，最优化算法(BFGS，Gauss-Newton，Newton-Raphson)在本书的中高级 10.3.2 小节和 7.1.3 小节介绍。

对于具有修正方程残差序列自相关 ar 项的方程输出表，在写方程表达式时应注意估计系数和表达式的写法，如例 4.4 中，输入 cs c cs(−1) gdp ar(1) ar(2) ar(3)后，由于是对方程残差建立 AR(p)模型，因此得到的结果表达式应写成两个表达式：

$$\begin{aligned} CS_t &= \hat{c}_0 + \hat{c}_1 CS_{t-1} + \hat{c}_2 GDP_t + \hat{u}_t \\ \hat{u}_t &= \hat{\rho}_1 \hat{u}_{t-1} + \hat{\rho}_2 \hat{u}_{t-2} + \hat{\rho}_3 \hat{u}_{t-3} + \hat{\varepsilon}_t \end{aligned} \tag{4.3.1}$$

4.3.3　ARMA(p,q)模型的估计

1. ARMA(p,q)模型的输入形式

ARMA(p,q)模型中 AR 和 MA 部分应使用关键词 ar 和 ma 定义。例如,估计一个平稳序列 y 的 2 阶自回归过程 AR(2),应将 y c ar(1),ar(2)写入回归方程中。如果采用公式法输入方程,则要将 AR 项系数明确列出,形式为：y=c(1)+(ar(1)=c(2),ar(2)=c(3))。

对于 AR(p)模型也可以不必用关键词 ar 形式,如例 4.5 中直接输入：sr c sr(−1),估计一个 AR(1)模型。

2. ARMA(p,q) 模型的估计选择

EViews 估计 AR 模型采用非线性回归方法,对于 MA 模型采取回推技术 (Box and Jenkins,1976)。这种方法的优点在于：易被理解,应用广泛,易被扩展为非线性定义的模型。注意：非线性最小二乘估计渐进等于极大似然估计且渐进有效。

非线性估计方法对所有系数估计都要求初值,为控制 ARMA 估计初值,在方程定义对话框单击 Options。在 Starting ARMA coefficient 中,有几项设置 ARMA 初值的选择。EViews 缺省方法是“Automatic”。如果选择“User Supplied”,在这个选项下,EViews 使用系数向量 $\boldsymbol{C}$ 中的值。为设置初值,双击图标,打开系数向量 $\boldsymbol{C}$ 窗口,进行编辑。为适当地设置初值,需对 EViews 如何为 ARMA 设置系数多些了解。系数向量 $\boldsymbol{C}$ 按下列规则为变量安排系数。

① 变量系数,以输入为序。

② 定义的 AR 项,以输入为序。

③ SAR,MA,SMA 系数(按阶数)。

这样,下面两种定义将有同样规格的系数：

Y　c　X　ma(2)　ma(1)　sma(4)　ar(1)

Y　sma(4)　c　ar(1)　ma(2)　X　ma(1)

有时当迭代达到最大值时,方程终止迭代,尽管还未达到收敛。再估计时,从前一步初值重新开始,使方程从中止处开始而不是从开始处开始。也可以试试不同的初值来保证估计是全部而不是局部平方误差最小,可以通过提供初值加速估计过程。

3. ARMA(p,q)模型的输出形式

当估计某个含有 ARMA 项的模型时,在解释结果时一定要小心。在用通常的方法解释估计系数、系数标准误差和 t 统计量时,涉及残差的结果会不同于 OLS 的估计结果。含有 AR 项的模型有两种残差。

第一种是无条件残差 $\hat{u}_t$。

第二种残差是估计的一期向前预测误差 $\hat{\varepsilon}_t$。$\hat{\varepsilon}_t$ 代表预测误差,通过利用滞后残差的

预测能力，可以改善无条件预测和残差。

对于含有 ARMA 项的模型，基于残差的回归统计量，如 R^2 和 DW 值都是以一期向前预测误差 $\hat{\varepsilon}_t$ 为基础计算的。含有 AR 项的模型独有的统计量是估计的 AR 系数。对于简单 AR(1)模型，ϕ_1 是无条件残差的一阶序列相关系数。在输出表中 ϕ_1 用 AR(1)表示，MA(1)模型的系数 θ_1 用 MA(1)表示。所以在根据输出表写 ARMA(p,q)模型表达式时应注意估计系数和表达式的写法，如估计 y 的 ARMA(2,1)模型，输入 y c ar(1) ma(1) ar(2)后，输出表中 ar(1)，ma(1)，ar(2)分别是 $\hat{\phi}_1$，$\hat{\theta}_1$ 和 $\hat{\phi}_2$。结果表达式应写成两个表达式：

$$y_t = \hat{c} + \hat{u}_t$$

$$\hat{u}_t = \hat{\phi}_1 \hat{u}_{t-1} + \hat{\phi}_2 \hat{u}_{t-2} + \hat{\varepsilon}_t + \hat{\theta}_1 \hat{\varepsilon}_{t-1} \tag{4.3.2}$$

由于 $\hat{u}_t = y_t - \hat{c}$，回归表达式也可写为

$$y_t = \hat{c} + \hat{\phi}_1 (y_{t-1} - \hat{c}) + \hat{\phi}_2 (y_{t-2} - \hat{c}) + \hat{\varepsilon}_t + \hat{\theta}_1 \hat{\varepsilon}_{t-1} \tag{4.3.3}$$

注意，如果式(4.3.3)是式(4.2.6)的形式，用一个表达式即可，如例 4.6 中通货膨胀率 π_t 的 AR(2)模型的表达式。

对于平稳 AR(1)模型，ϕ_1 在 −1(极端负序列相关)和 +1(极端正序列相关)之间。一般 AR(p)模型平稳条件是：滞后算子多项式的根的倒数在单位圆内。

含有 AR 项或 MA 项的模型的估计输出和 OLS 模型一样，只是在回归输出的底部增加了一个 AR，MA 多项式的根的倒数(inverted AR roots 或 inverted MA roots)。如果 AR 模型滞后多项式有实根或一对复根的倒数在单位圆外(绝对值大于 1，或模大于 1)，这意味着自回归过程是发散的。如果 MA 模型滞后多项式的根的倒数有在单位圆外的，说明 MA 过程是不可逆的，应使用不同的初值重新估计模型，直到得到满足可逆性的动平均。如果估计的 MA 模型的根的模接近于 1，有可能是对数据差分过多，这就很难估计和预测。如果可能，则应减少差分阶数重新估计。

4.4 习　　题

1. 解释下列概念：

(1) 序列相关。

(2) 一阶自相关。

(3) 空间相关。

2. 在经济计量分析中，产生序列相关问题的原因大体有哪几种？

3. 如果存在序列相关，仍用 OLS 方法估计模型参数会有什么后果？

4. 诊断序列相关有哪些不同的方法？简述各种方法的特点。

5. 如何使用 DW 统计量来进行自相关检验？该检验方法的前提条件和局限性有哪些？

6. 判断正误并说明理由。

(1) 当存在自相关时,OLS 估计量是有偏误的而且是非有效的。

(2) 如果模型中含有被解释变量的一阶滞后项,DW 统计量是无效的。

(3) 在修正一阶自相关的方法中,方程 $u_t=\rho u_{t-1}+\varepsilon_t$ 中的自相关系数 ρ 必须为 -1。

(4) 当存在自相关时,变量的显著性检验失去意义。

7. 请给出时间序列是弱平稳或协方差平稳的定义。

8. ARMA(p,q)模型平稳的充要条件是什么?

9. 表 4.4.1 列出了 1985—2002 年全社会固定资产投资(X)和工业增加值(Y)数据。

表 4.4.1　1985—2002 年全社会固定资产投资(X)和工业增加值(Y)数据　　亿元

年份	全社会固定资产投资(X)	工业增加值(Y)	年份	全社会固定资产投资(X)	工业增加值(Y)
1985	2 543.2	3 448.7	1994	17 042.1	19 480.7
1986	3 120.6	3 967.0	1995	20 019.3	24 950.6
1987	3 791.7	4 585.8	1996	22 913.5	29 447.6
1988	4 753.8	5 777.2	1997	24 941.1	32 921.4
1989	4 410.4	6 484.0	1998	28 406.2	34 018.4
1990	4 517.0	6 858.0	1999	29 854.7	35 861.5
1991	5 594.5	8 087.1	2000	32 917.7	40 033.6
1992	8 080.1	10 284.5	2001	37 213.5	43 580.6
1993	13 072.3	14 188.0	2002	43 499.9	47 431.3

(1) 利用表 4.4.1 的数据建立模型,模型设定为 $\ln Y_t=\beta_0+\beta_1\ln X_t+u_t$ 时,利用样本数据估计模型的参数,给出模型的表达式和主要统计量,分析检验结果。

(2) 检验该模型随机扰动项是否存在序列相关。

(3) 如果存在序列相关,修正模型,消除序列相关。

第 5 章 离散因变量模型

经济分析中经常会遇到大量的个体和企业的调查数据，这些数据具有很多与时间序列数据不同的特点，常存在离散选择、数据审查（截断）、选择性样本等问题，一般来说需要采用微观计量经济学方法进行定量分析。微观计量经济学最突出的问题是所谓选择问题和定性因变量问题。

本章关注的一类问题是经济决策中经常面临的选择问题，如购买者对某种商品的购买决策问题，求职者对某种职业的选择问题，投票人对候选人的投票决策，银行对客户的贷款决策等。与通常的经济计量模型假定因变量是连续的不同，这样的决策结果经常是离散的，因此在实际经济分析中，作为研究对象的因变量的观测值是离散的。由离散因变量建立的计量经济模型称为**离散因变量模型**（models with discrete dependent variables）或**离散选择模型**（discrete choice model，DCM）。

在本书的中高级第 6 章还将介绍因变量受到某种限制的受限因变量模型、赫克曼基于微观经济理论来解释样本选择问题所提出的 Heckman 样本选择模型、计数模型以及广义线性模型。

5.1 二元选择模型①

在离散选择模型中，最简单的情形是在两个可供选择的方案中选择其一，此时被解释变量只取两个值（通常记为 1，0），称为**二元选择模型**（binary choice model）。在实际生活中，我们经常遇到二元选择问题。例如，在买车与不买车的选择中，买车记为 1，不买记为 0。是否买车与两类因素有关系：一类是车本身所具有的属性，如价格、型号等；另一类是决策者所具有的属性，如收入水平、对车的偏好程度等。我们研究是否买车与收入之间的关系，即研究具有某一收入水平的个体买车的可能性。因此，二元选择模型的目的是研究具有给定特征的个体做某种而不做另一种选择的概率。

5.1.1 线性概率模型及二元选择模型的形式

为了深刻地理解二元选择模型，首先从最简单的线性概率模型开始讨论。线性概率模型的回归形式为

$$y_i=\beta_1 x_{1i}+\beta_2 x_{2i}+\cdots+\beta_k x_{ki}+u_i \quad i=1,2,\cdots,N \tag{5.1.1}$$

式中：N 为样本容量；k 为解释变量个数；x_j 为第 j 个个体特征的取值。例如，x_1 表示

---

① 平狄克，鲁宾费尔德. 计量经济模型与经济预测[M]. 钱小军，等，译. 4 版. 北京：机械工业出版社，1999. 李子奈，叶阿忠. 高级应用计量经济学[M]. 北京：清华大学出版社，2012.

收入，x_2 表示汽车的价格，x_3 表示消费者的偏好等。设 y_i 表示取值为0和1的离散型随机变量：

$$y_i=\begin{cases}1, & \text{如果作出的是第一种选择(如买车)}\\0, & \text{如果作出的是第二种选择(如不买车)}\end{cases}$$

式(5.1.1)中 u_i 为相互独立且均值为0的随机扰动项。令 $p_i=P(y_i=1)$，那么 $1-p_i=P(y_i=0)$，于是

$$E(y_i)=1\cdot P(y_i=1)+0\cdot P(y_i=0)=p_i \tag{5.1.2}$$

又因为 $E(u_i)=0$，所以 $E(y_i)=\boldsymbol{x}'_i\boldsymbol{\beta}$，$\boldsymbol{x}_i=(x_{1i},x_{2i},\cdots,x_{ki})'$，$\boldsymbol{\beta}=(\beta_1,\beta_2,\cdots,\beta_k)'$，从而有下面的等式：

$$E(y_i)=P(y_i=1)=p_i=\boldsymbol{x}'_i\boldsymbol{\beta} \tag{5.1.3}$$

只有当 $\boldsymbol{x}'_i\boldsymbol{\beta}$ 的取值在(0,1)之间时式(5.1.3)才成立，否则就会产生矛盾，而在实际应用时很可能超出这个范围。因此，线性概率模型常常写成下面的形式：

$$p_i=\begin{cases}\boldsymbol{x}'_i\boldsymbol{\beta}, & 0<\boldsymbol{x}'_i\boldsymbol{\beta}<1\\1, & \boldsymbol{x}'_i\boldsymbol{\beta}\geqslant 1\\0, & \boldsymbol{x}'_i\boldsymbol{\beta}\leqslant 0\end{cases} \tag{5.1.4}$$

此时就可以把因变量看成一个概率。

扰动项的方差为

$$E(u_i^2)=(1-\boldsymbol{x}'_i\boldsymbol{\beta})^2p_i+(-\boldsymbol{x}'_i\boldsymbol{\beta})^2(1-p_i)=p_i(1-p_i) \tag{5.1.5}$$

或

$$\sigma_i^2=E(u_i^2)=E(y_i)[1-E(y_i)] \tag{5.1.6}$$

由此可以看出，误差项具有异方差性。异方差性使得参数估计不再是有效的，修正异方差的一个方法就是使用加权最小二乘估计。但是加权最小二乘法无法保证预测值 $\hat{y}_i$ 在(0,1)之内，这是线性概率模型一个严重的弱点。由于上述问题，我们考虑对线性概率模型进行一些变换，由此得到下面要讨论的二元选择模型。

假设有一个未被观察到的潜在变量 y_i^*，它与 $\boldsymbol{x}_i$ 之间具有线性关系，即

$$y_i^*=\boldsymbol{x}'_i\boldsymbol{\beta}+u_i^* \tag{5.1.7}$$

式中：u_i^* 为扰动项。y_i 和 y_i^* 的关系如下：

$$y_i=\begin{cases}1, & y_i^*>0\\0, & y_i^*\leqslant 0\end{cases} \tag{5.1.8}$$

即 y_i^* 大于临界值0时，$y_i=1$；y_i^* 小于等于0时，$y_i=0$。这里把临界值选为0，但事实上只要 x_i 包含常数项，临界值的选择就是无关的，所以不妨设为0。这样

$$P(y_i=1\mid\boldsymbol{x}_i,\boldsymbol{\beta})=P(y_i^*>0)=P(u_i^*>-\boldsymbol{x}'_i\boldsymbol{\beta})=1-F(-\boldsymbol{x}'_i\boldsymbol{\beta})$$

$$P(y_i=0\mid\boldsymbol{x}_i,\boldsymbol{\beta})=P(y_i^*\leqslant 0)=P(u_i^*\leqslant-\boldsymbol{x}'_i\boldsymbol{\beta})=F(-\boldsymbol{x}'_i\boldsymbol{\beta}) \tag{5.1.9}$$

式中：F 为 u_i^* 的分布函数，要求它是一个连续函数，并且是单调递增的。因此，原始的回归模型可以看成如下的一个回归模型：

$$y_i = 1 - F(-\boldsymbol{x}'_i\boldsymbol{\beta}) + u_i \tag{5.1.10}$$

即 y_i 关于它的条件均值的一个回归。

分布函数的类型决定了二元选择模型的类型,根据分布函数 F 的不同,二元选择模型可以有不同的类型,常用的二元选择模型如表 5.1.1 所示。

表 5.1.1　常用的二元选择模型

u_i^* 对应的分布	$P=(y_i=1 \mid \boldsymbol{x}_i,\boldsymbol{\beta})$	相应的二元选择模型
标准正态分布	$\Phi(\boldsymbol{x}'_i\boldsymbol{\beta})$	Probit 模型
逻辑分布	$\mathrm{e}^{\boldsymbol{x}'_i\boldsymbol{\beta}}/(1+\mathrm{e}^{\boldsymbol{x}'_i\boldsymbol{\beta}})$	Logit 模型
极值分布	$\exp(-\mathrm{e}^{-\boldsymbol{x}'_i\boldsymbol{\beta}})$	Extreme 模型

注：$\Phi(\cdot)$是标准正态分布函数。

5.1.2　二元选择模型的估计

1. 二元选择模型的估计方法

二元选择模型一般采用极大似然估计。当 $F(x)$ 为对称函数时,存在

$$F(-x) = 1 - F(x) \tag{5.1.11}$$

式中：$F(x)$ 为概率分布函数。于是式 (5.1.9) 可以改写为

$$\begin{aligned} P(y_i = 1 \mid \boldsymbol{x}_i,\boldsymbol{\beta}) &= 1 - F(-\boldsymbol{x}'_i\boldsymbol{\beta}) = F(\boldsymbol{x}'_i\boldsymbol{\beta}) \\ P(y_i = 0 \mid \boldsymbol{x}_i,\boldsymbol{\beta}) &= F(-\boldsymbol{x}'_i\boldsymbol{\beta}) = 1 - F(\boldsymbol{x}'_i\boldsymbol{\beta}) \end{aligned} \tag{5.1.12}$$

于是,可以得到模型(5.1.7)的似然函数为

$$L(\boldsymbol{y},\boldsymbol{\beta}) = \prod_{y_i=0}[1 - F(\boldsymbol{x}'_i\boldsymbol{\beta})]\prod_{y_i=1}F(\boldsymbol{x}'_i\boldsymbol{\beta}) \tag{5.1.13}$$

即

$$L(\boldsymbol{y},\boldsymbol{\beta}) = \prod_{i=1}^{N}[F(\boldsymbol{x}'_i\boldsymbol{\beta})]^{y_i}[1 - F(\boldsymbol{x}'_i\boldsymbol{\beta})]^{1-y_i} \tag{5.1.14}$$

极大似然原理就是寻求参数 $\boldsymbol{\beta}$ 的估计值 $\hat{\boldsymbol{\beta}}$,使得所给样本值 $y_1,y_2,\cdots,y_N$ 的概率密度(似然函数)的值在这个参数值之下达到最大,$\hat{\boldsymbol{\beta}}$ 被称为极大似然估计量。

在 $L(\boldsymbol{y},\boldsymbol{\beta})$ 关于 $\beta_j(j=1,2,\cdots,k)$ 的偏导数存在时,要使 $L(\boldsymbol{y},\boldsymbol{\beta})$ 取最大值,$\boldsymbol{\beta}$ 必须满足

$$\frac{\partial}{\partial\beta_j}L(\boldsymbol{y},\boldsymbol{\beta}) = 0,\quad j = 1,2,\cdots,k \tag{5.1.15}$$

由式(5.1.15)可解得 $k\times 1$ 向量 $\boldsymbol{\beta}$ 的极大似然估计值 $\hat{\boldsymbol{\beta}}$。

因为 $L(\boldsymbol{y},\boldsymbol{\beta})$与 $\ln L(\boldsymbol{y},\boldsymbol{\beta})$在同一点取极值,所以 $\hat{\boldsymbol{\beta}}$ 也可以由

$$\frac{\partial}{\partial\beta_j}\ln L(\boldsymbol{y},\boldsymbol{\beta}) = 0,\quad j = 1,2,\cdots,k \tag{5.1.16}$$

求得,因为对数可将乘积变成求和,所以式(5.1.16) 往往比直接使用式 (5.1.15) 来得方

便。$\ln L(\boldsymbol{y},\boldsymbol{\beta})$被称为对数似然函数。

模型(5.1.7)的对数似然函数为

$$\ln L(\boldsymbol{y},\boldsymbol{\beta})=\sum_{i=1}^{N}\{y_i\ln F(\boldsymbol{x}'_i\boldsymbol{\beta})+(1-y_i)\ln[1-F(\boldsymbol{x}'_i\boldsymbol{\beta})]\} \tag{5.1.17}$$

对数似然函数的一阶条件为

$$\frac{\partial\ln L(\boldsymbol{y},\boldsymbol{\beta})}{\partial\beta_j}=\sum_{i=1}^{N}\left[\frac{y_i f_i}{F_i}+(1-y_i)\frac{-f_i}{(1-F_i)}\right]\boldsymbol{x}'_i=0,\quad j=1,2,\cdots,k \tag{5.1.18}$$

式中：f_i 为概率密度函数；F_i 为概率密度分析函数。那么如果已知分布函数和密度函数的表达式及样本值,求解该方程组,就可以得到参数的极大似然估计量。例如,将表 5.1.1 的 3 种分布函数和密度函数(标准正态分布、逻辑分布、极值分布)代入式(5.1.18)就可以得到 3 种模型(Probit 模型、Logit 模型、Extreme 模型)的参数极大似然估计。但是式(5.1.18) 通常是非线性的,需用迭代法进行求解。在本书的中高级第 7 章将介绍极大似然估计的基本原理和各种迭代方法。

2. 二元选择模型估计系数的特点和检验

① 二元选择模型中估计的系数不能被解释成对因变量的边际影响,只能从符号上判断。如果系数为正,表明解释变量越大,因变量取 1 的概率越大；相反,如果系数为负,表明相应的概率将越小。

② 在二元选择模型估计出系数 $\hat{\beta}_j$ 的同时也估计得到其渐近的标准误差,这样就可以和 OLS 估计量一样,进行系数显著性检验和构造置信区间。在样本很大时,极大似然估计具有系数估计量为正态分布的性质。利用这一性质,在对回归系数进行显著性统计推断时使用 z 统计量而不是 t 统计量,即对于临界点使用标准正态分布表。注意：t 统计量适用于总体方差未知,且是小样本情况。z 统计量适用于总体方差已知且为正态分布或者总体不是正态分布但样本容量很大时。

③ 由于二元选择模型的因变量为取值为 0 和 1 的离散型随机变量,因此通常所计算的拟合优度 R^2 没有显示意义。麦克法登(McFadden，1974)[①]提出的一种度量,称为 McFadden R^2：

$$\text{McFadden } R^2=1-L(\hat{\beta})/L(\tilde{\beta}) \tag{5.1.19}$$

式中：$L(\hat{\beta})$为被估计模型的对数似然函数值；$L(\tilde{\beta})$为只有截距项的模型的对数似然函数值。由于对数似然函数值为负,因此 $L(\hat{\beta})/L(\tilde{\beta})=|L(\hat{\beta})|/|L(\tilde{\beta})|$,且 $|L(\hat{\beta})|\leqslant|L(\tilde{\beta})|$。如果自变量解释能力不强,那么 $|L(\hat{\beta})|/|L(\tilde{\beta})|$ 接近于 1,McFadden R^2 便接近零,正如通常没有解释能力的线性回归中 R^2 为零。一般 $|L(\hat{\beta})|<|L(\tilde{\beta})|$,此时

① MCFADDEN D L. Conditional logit analysis of qualitative choice behavior[M]//ZAREMBKA P. Frontiers in econometrics. New York：Wiley，1974：105-142.

McFadden $R^2=1-L(\hat{\beta})/L(\tilde{\beta})>0$，若 $L(\hat{\beta})$ 等于 0，则 McFadden R^2 等于 1。实际上，$L(\hat{\beta})$ 不可能达到 0，因为这就要求在 $y_i=1$ 时估计的概率都为 1，而在 $y_i=0$ 时估计的概率都为 0。McFadden R^2 只是 Pseudo R^2（伪 R^2）其中的一种形式，Pseudo R^2 还有其他的形式。

④ 二元选择模型中的残差类型由表 5.1.2 给出。表 5.1.2 中 $\hat{p}_i=1-F(-\boldsymbol{x}_i'\hat{\boldsymbol{\beta}})$ 是拟合概率，分布函数 F 和密度函数 f 依赖于指定的分布。标准化的残差简单地用普通残差除以理论上的标准差的估计值得到。广义残差是从定义最大似然估计（ML）的一阶条件中产生的。

表 5.1.2　残差类型

普通残差（ordinary）	$e_{0i}=y_i-\hat{p}_i$
标准化残差（standardized）	$e_{si}=\dfrac{y_i-\hat{p}_i}{\sqrt{\hat{p}_i(1-\hat{p}_i)}}$
广义残差（generalized）	$e_{gi}=\dfrac{(y_i-\hat{p}_i)f(-\boldsymbol{x}_i'\hat{\boldsymbol{\beta}})}{\hat{p}_i(1-\hat{p}_i)}$

例 5.1　二元选择模型实例 1

考虑 Greene 给出的斯佩克特和马泽欧（1980）的例子，在例子中分析了某种教学方法对成绩的有效性。式（5.1.1）中的因变量 y 取为 $Grade$，代表在接受新教学方法后成绩是否改善，如果改善为 1，未改善为 0。解释变量（PSI）代表是否接受新教学方法，如果接受为 1，不接受为 0。还有对新教学方法量度的其他解释变量：平均分数（GPA）和测验得分（$TUCE$）来分析新的教学方法的效果。

利用式（5.1.10），分布函数采用标准正态分布，即 Probit 模型，计算结果为

$$\hat{y}_i^*=-7.4523+1.6258GPA_i+0.0517TUCE_i+1.4263PSI_i \quad (5.1.20)$$

$$z=(-2.93)\qquad(2.34)\qquad(0.62)\qquad(2.39)$$

McFadden $R^2=0.377$

分布函数采用逻辑分布，即 Logit 模型，计算结果为

$$\hat{y}_i^*=-13.021+2.826GPA_i+0.095TUCE_i+2.379PSI_i$$

$$z=\ (-2.64)\qquad(2.24)\qquad(0.67)\qquad(2.23) \quad (5.1.21)$$

McFadden $R^2=0.374$

分布函数采用极值分布，即 Extreme 模型，计算结果为

$$\hat{y}_i^*=-7.14+1.584GPA_i+0.06TUCE_i+1.616PSI_i \quad (5.1.22)$$

$$z=(-2.68)\qquad(2.28)\qquad(0.65)\qquad(2.4)$$

McFadden $R^2=0.383$

由于从二元选择模型中估计的系数不能被解释成对因变量的边际影响,对系数的解释就显得复杂。对 x_j 的条件概率的边际影响由下式给出:

$$\frac{\partial E(y_i \mid \boldsymbol{x}_i, \boldsymbol{\beta})}{\partial x_{ij}} = f(-\boldsymbol{x}'_i\boldsymbol{\beta})\beta_j \tag{5.1.23}$$

f 是 F 的密度函数。注意 β_j 用因子 f 加权,f 依赖于 $\boldsymbol{x}_i$ 中的所有回归项的值。还要注意到既然密度函数是非负的,x_{ij} 中一个变化的影响方向就只依赖于系数 β_j 的符号。β_j 正值意味增加 x_{ij} 将会增加反应的概率;负值则意味着相反的结果。

利用式(5.1.20)的 Probit 模型的系数,本例按如下公式给出新教学法对学习成绩影响的概率。当 $PSI=0$ 时:

$$\text{Prob}(Grade=1)=\Phi(-7.452+1.6258GPA_i+0.0517\times 21.938) \tag{5.1.24}$$

当 $PSI=1$ 时:

$$\text{Prob}(Grade=1)=\Phi(-7.452+1.6258GPA_i+0.0517\times 21.938+1.4263) \tag{5.1.25}$$

式中测验得分 $TUCE$ 取均值(21.938),平均分数 GPA 是按从小到大重新排序后的序列。

图 5.1.1 表明 PSI 对学习成绩影响的概率是重大的,接受新教学法成绩改善的概率要明显高于不接受的概率。表 5.1.3 给出了是否接受教学方法的效果分析数据。

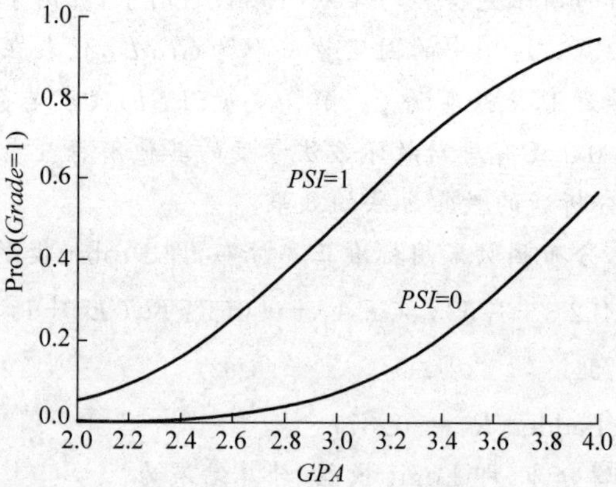

图 5.1.1　新教学法对学习成绩影响的概率

表 5.1.3　用于分析学习效果的数据

样本序号	*Grade*	*PSI*	*GPA*	*TUCE*	样本序号	*Grade*	*PSI*	*GPA*	*TUCE*
1	0	0	2.66	20	4	0	0	2.92	12
2	0	0	2.89	22	5	1	0	4.00	21
3	0	0	3.28	24	6	0	0	2.86	17

续表

样本序号	Grade	PSI	GPA	TUCE	样本序号	Grade	PSI	GPA	TUCE
7	0	0	2.76	17	20	1	1	3.16	25
8	0	0	2.87	21	21	0	1	2.06	22
9	0	0	3.03	25	22	1	1	3.62	28
10	1	0	3.92	29	23	0	1	2.89	14
11	0	0	2.63	20	24	0	1	3.51	26
12	0	0	3.32	23	25	1	1	3.54	24
13	0	0	3.57	23	26	1	1	2.83	27
14	1	0	3.26	25	27	1	1	3.39	17
15	0	0	3.53	26	28	0	1	2.67	24
16	0	0	2.74	19	29	1	1	3.65	21
17	0	0	2.75	25	30	1	1	4.00	23
18	0	0	2.83	19	31	0	1	3.10	21
19	0	1	3.12	23	32	1	1	2.39	19

资料来源：格林. 经济计量分析[M]. 王明舰，等，译. 北京：中国社会科学出版社，1998：699.

例 5.2　二元选择模型实例(二)

某商业银行从历史贷款客户中随机抽取 78 个样本，根据设计的指标体系分别计算它们的“商业信用支持度”(*CC*)和“市场竞争地位等级”(*CM*)，式(5.1.1)中的因变量 y 取为对它们贷款的结果，是二元离散变量，$y_i=1$ 表示贷款成功，$y_i=0$ 表示贷款失败。本例的目的是研究 y 与 *CC*、*CM* 之间的关系，并为正确贷款决策提供支持。“商业信用支持度”是由一个指标体系计算得到的，表征客户的财务状况，该变量越大，表明客户财务状况越差；“市场竞争地位等级”也是由一个指标体系计算得到的，该变量越大，表明客户市场状况越好。

利用式(5.1.10)，分布函数采用标准正态分布，即 Probit 模型，计算结果为

$$\hat{y}_i^* = 8.797 - 0.258CC_i + 5.062CM_i \tag{5.1.26}$$

$$z = (1.17) \quad (-1.13) \quad (1.135)$$

$$\text{McFadden } R^2 = 0.97$$

从回归结果可以看出商业信用支持度的值越大，贷款成功的概率越小；而市场竞争地位等级的值越大，贷款成功的概率越大。将自变量的取值代入式(5.1.9)，就可以预测贷款成功和失败的概率。例如，将第 9 个样本观测值 $CC=23$，$CM=0$ 代入得

$$P(y_i=1 \mid \boldsymbol{x}_i,\boldsymbol{\beta}) = 1-\Phi(-\boldsymbol{x}_i'\boldsymbol{\beta}) = 1-\Phi(-8.797+0.258\times 23-5.062\times 0)$$
$$=0.9979$$

$$P(y_i=0 \mid \boldsymbol{x}_i,\boldsymbol{\beta}) = \Phi(-\boldsymbol{x}_i'\boldsymbol{\beta}) = \Phi(-8.797+0.258\times 23-5.062\times 0) = 0.0021$$

表 5.1.4 给出了利用式(5.1.26)计算的 78 个样本的样本值和贷款概率的预测值，从中可以看出商业信用支持度(*CC*)的值越大，也就是财务状况越差，贷款成功的概率越小；而市场竞争地位等级(*CM*)的值越大，贷款成功的概率越大。

表 5.1.4　样本观测值和贷款概率预测值

序号	y	CC	CM	$P(y=1)$	序号	y	CC	CM	$P(y=1)$
1	0	125	−2	0	40	0	28	−2	0
2	0	599	−2	0	41	1	25	0	0.990 6
3	0	100	−2	0	42	1	23	0	0.997 9
4	0	160	−2	0	43	1	14	0	1
5	0	46	−2	0	44	0	49	−1	0
6	0	80	−2	0	45	0	14	−1	0.549 8
7	0	133	−2	0	46	0	61	0	2.1E-12
8	0	350	−1	0	47	1	40	2	1
9	1	23	0	0.997 9	48	0	30	−2	0
10	0	60	−2	0	49	0	112	−1	0
11	0	70	−1	0	50	0	78	−2	0
12	1	−8	0	1	51	1	0	0	1
13	0	400	−2	0	52	0	131	−2	0
14	0	72	0	0	53	0	54	−1	0
15	0	120	−1	0	54	1	42	2	1
16	1	40	1	0.999 8	55	0	42	0	0.020 9
17	1	35	1	0.999 9	56	1	18	2	1
18	1	26	1	1	57	0	80	1	6.4E-12
19	1	15	−1	0.447 2	58	1	−5	0	1
20	0	69	−1	0	59	0	326	2	0
21	0	107	1	0	60	0	261	1	0
22	1	29	1	1	61	1	−2	−1	0.999 9
23	1	2	1	1	62	0	14	−2	3.9E-07
24	1	37	1	0.999 9	63	1	22	0	0.999 1
25	0	53	−1	0	64	0	113	1	0
26	0	194	0	0	65	1	42	1	0.998 7
27	0	1 500	−2	0	66	1	57	2	0.999 9
28	0	96	0	0	67	0	146	0	0
29	1	−8	0	1	68	1	15	0	1
30	0	375	−2	0	69	0	26	−2	4.4E-16
31	0	42	−1	6.5E-13	70	0	89	−2	0
32	1	5	2	1	71	1	5	1	1
33	0	172	−2	0	72	1	−9	−1	1
34	1	−8	0	1	73	1	4	1	1
35	0	89	−2	0	74	0	54	−2	0
36	0	128	−2	0	75	1	32	1	1
37	1	6	0	1	76	0	54	0	1.5E-07
38	0	150	−1	0	77	0	131	−2	0
39	1	54	2	1	78	1	15	0	1

如果有一个新客户，根据客户资料，计算其“商业信用支持度”（CC）和“市场竞争地位等级”（CM），然后代入到式(5.1.9)就可以预测贷款成功和失败的概率，以此决定是否给予贷款。

资料来源：李子奈，叶阿忠．高级应用计量经济学[M]．北京：清华大学出版社，2012：128．

5.1.3　二元选择模型变量的假设检验

1. 系数检验

对于二元选择模型，与经典模型中采用的变量显著性 t 检验类似，可以通过极大似然估计时给出的 z 统计量检验系数的显著性。另外，还可以利用 Wald 统计量、LR 统计量(最大似然比)和 LM 统计量(拉格朗日乘子)对模型进行检验。例如，有如下的假设检验问题：

零假设为　$H_0: y = \boldsymbol{x}_1'\boldsymbol{\beta}_1 + u$　(5.1.27)

备择假设为　$H_1: y = \boldsymbol{x}_1'\boldsymbol{\beta}_1 + \boldsymbol{x}_2'\boldsymbol{\beta}_2 + u$　(5.1.28)

式中：$\boldsymbol{x}_1$ 为保留的变量向量；$\boldsymbol{x}_2$ 为省略的变量向量。用于检验的统计量为 Wald 统计量(W)、LR 统计量(最大似然比，LR)和 LM 统计量(拉格朗日乘子，LM)，具体计算方法如下：

$$W = \hat{\boldsymbol{\beta}}_2'\mathbf{V}_2^{-1}\hat{\boldsymbol{\beta}}_2 \tag{5.1.29}$$

式中：$\hat{\boldsymbol{\beta}}_2$ 的渐近协方差矩阵记为 $\mathbf{V}_2 = \mathrm{AsyVar}(\hat{\boldsymbol{\beta}}_2)$。

$$LR = -2(\ln\hat{L}_0 - \ln\hat{L}_1) \tag{5.1.30}$$

式中：$\hat{L}_0$ 和 $\hat{L}_1$ 分别为 H_0 情形和 H_1 情形下的似然函数值的估计量。

$$LM = \boldsymbol{g}_0'\mathbf{V}_0^{-1}\boldsymbol{g}_0 \tag{5.1.31}$$

式中：$\boldsymbol{g}_0$ 为 H_1 情形下的对数似然函数对参数估计量的一阶导数向量，用 H_0 情形下的极大似然参数估计量代入计算；$\mathbf{V}_0$ 为 H_1 情形下参数极大似然估计量的方差矩阵估计量。

上述 3 个统计量服从 χ^2 分布、自由度为 $\boldsymbol{x}_2$ 中的变量数目。给定显著性水平 α，查 χ^2 分布临界值，与计算得到的统计量实际值进行比较，如果统计量实际值大于临界值，拒绝 H_0，接受 H_1。

2. 拟合优度检验

对于二元选择模型，可以采用两种拟合优度检验，分别是 Hosmer-Lemeshow 检验和 Andrews 检验。这两种检验的基本思想是分组比较拟合值和实际值，如果二者的差异比较大，则模型拟合得不好。简单地说，这两种检验的区别在于如何对观测值进行分组和检验统计量的渐进分布两个方面。

(1) Hosmer-Lemeshow 检验

Hosmer-Lemeshow 检验主要依据 $y=1$ 的预测概率对观测值进行分组，假设数据被

分成了 $j=1,2,\cdots,J$ 组，n_j 表示第 j 组观测值的个数，定义第 j 组 $y=1$ 的观测值个数和预测概率的平均值如下：

$$y(j)=\sum_{i\in j}y_i \tag{5.1.32}$$

$$\bar{p}(j)=\sum_{i\in j}p_i/n_j=\sum_{i\in j}(1-F(-\boldsymbol{x}'_i\boldsymbol{\beta}))/n_j \tag{5.1.33}$$

Hosmer-Lemeshow 统计量计算如下：

$$HL=\sum_{j=1}^{J}\frac{(y(j)-n_j\bar{p}(j))^2}{n_j\bar{p}(j)(1-\bar{p}(j))} \tag{5.1.34}$$

HL 统计量的分布是未知的，但是 Hosmer 和 Lemeshow (1989)[①]指出如果模型被正确地设定，其渐进地服从自由度为 $J-2$ 的 χ^2 分布，这一结论依据于当 J 接近于 n 时的模拟分析。

(2) Andrews 检验

Andrews 检验是一个更一般的检验，除了可以用和 Hosmer-Lemeshow 检验类似方法将数据进行分组，也可以依据任何一个序列或者序列的表达式进行分组。如果原假设成立，即模型被正确地设定，Andrews 检验统计量渐进服从 χ^2 分布。更多详细的论证参见 Andrews(1988a,1988b)[②]。

5.2　排序因变量模型

5.2.1　排序因变量模型的形式

当因变量超过两种选择时，称为**多元选择模型**(multiple choice model)。**排序因变量模型**(ordered dependent variable model)是多元选择模型的一种。多元离散选择问题普遍存在于经济生活中。例如：

① 一个人面临多种职业选择，将可供选择的职业排队，用 0、1、2、3 表示。影响选择的因素有不同职业的收入、发展前景和个人偏好等。

② 同一种商品，不同的消费者对其偏好不同。例如，十分喜欢、一般喜欢、无所谓、一般厌恶和十分厌恶，分别用 0、1、2、3、4 表示。而影响消费者偏好的因素有商品的价格、性能、收入及对商品的需求程度等。

③ 一个人选择上班时所采用的方式——自己开车，乘出租车，乘公共汽车，骑自行车。

上述 3 个例子代表了多元选择问题的不同类型。前两个例子属于排序选择问题，“排

---

① HOSMER D W, LEMESHOW S. Applied logistic regression[M]. New York: John Wiley & Sons, 1989.

② ANDREWS D W K. Chi-square diagnostic tests for econometric models: theory[J]. Econometrica, 1988(56): 1419-1453.

ANDREWS, DONALD W K. Chi-square diagnostic tests for econometric models: introduction and applications[J]. Journal of econometrics, 1988(37): 135-156.

序”是指在各个选择项之间有一定的顺序或级别种类。而第 3 个例子只是同一个决策者面临多种选择，多种选择之间没有排序，不属于排序选择问题。与一般的多元选择模型不同，排序选择问题需要建立排序因变量模型。下面我们主要介绍排序因变量模型。

与二元选择模型类似，设有一个潜在变量 y_i^*，是不可观测的，可观测的是 y_i，设 y_i 有 $0,1,2,\cdots,M$ 等 $M+1$ 个取值。

$$y_i^* = \boldsymbol{x}'_i\boldsymbol{\beta} + u_i^*,\quad i=1,2,\cdots,N \tag{5.2.1}$$

式中：u_i^* 为独立同分布的随机变量；y_i 可以通过 y_i^* 按下式得到

$$y_i = \begin{cases} 0, & y_i^* \leqslant c_1 \\ 1, & c_1 < y_i^* \leqslant c_2 \\ 2, & c_2 < y_i^* \leqslant c_3 \\ \vdots & \vdots \\ M, & c_M < y_i^* \end{cases} \tag{5.2.2}$$

式中：$c_1, c_2, \cdots, c_M$ 为临界值。

设 u^* 的分布函数为 $F(x)$，可以得到如下的概率：

$$\begin{aligned} P(y_i=0) &= F(c_1 - \boldsymbol{x}'_i\boldsymbol{\beta}) \\ P(y_i=1) &= F(c_2 - \boldsymbol{x}'_i\boldsymbol{\beta}) - F(c_1 - \boldsymbol{x}'_i\boldsymbol{\beta}) \\ P(y_i=2) &= F(c_3 - \boldsymbol{x}'_i\boldsymbol{\beta}) - F(c_2 - \boldsymbol{x}'_i\boldsymbol{\beta}) \\ &\vdots \\ P(y_i=M) &= 1 - F(c_M - \boldsymbol{x}'_i\boldsymbol{\beta}) \end{aligned} \tag{5.2.3}$$

进一步地，

$$\frac{\partial P(y_i=0)}{\partial \boldsymbol{x}_i} = -f(c_1 - \boldsymbol{x}'_i\boldsymbol{\beta})\boldsymbol{\beta},\quad \frac{\partial P(y_i=M)}{\partial \boldsymbol{x}_i} = f(c_M - \boldsymbol{x}'_i\boldsymbol{\beta})\boldsymbol{\beta}$$

式中：u^* 的密度函数为 $f(x)$。因此，$P(y_i=0)$ 的变动随 $\boldsymbol{x}_i$ 变动方向与 $\boldsymbol{\beta}$ 的符号相反；而 $P(y_i=M)$ 的变动随 $\boldsymbol{x}_i$ 变动方向与 $\boldsymbol{\beta}$ 的符号相同，但是对于中间取值概率的变动与 $\boldsymbol{x}_i$ 的关系是模糊不清的。

5.2.2　排序因变量模型的估计

和二元选择模型一样，根据分布函数 $F(x)$ 的不同，排序因变量模型可以有 3 种常见的模型：Probit 模型、Logit 模型和 Extreme value 模型。仍然采用极大似然方法估计参数，需要指出的是，M 个临界值 $c_1, c_2, \cdots, c_M$ 事先也是不确定的，所以也作为参数和回归系数一起估计。

排序因变量模型的广义残差由下式给出：

$$e_{gi}(y_i=k) = \frac{f(c_{k+1} - \boldsymbol{x}'_i\hat{\boldsymbol{\beta}}) - f(c_k - \boldsymbol{x}'_i\hat{\boldsymbol{\beta}})}{F(c_{k+1} - \boldsymbol{x}'_i\hat{\boldsymbol{\beta}}) - F(c_k - \boldsymbol{x}'_i\hat{\boldsymbol{\beta}})},\quad k=0,1,2,\cdots,M \tag{5.2.4}$$

式中：$c_0=-\infty$；$c_{M+1}=\infty$。

例 5.3 排序模型的实例(一)

在调查执政者的支持率的民意测验中，由于执政者执行了对某一收入阶层有利的政策而使得不同收入的人对其支持不同，所以收入成为决定人们是否支持的因素。通过调查取得了市民收入(inc)与支持与否(y)的数据，其中如果选民支持则 y_i 取 0，中立取 1，不支持取 2。我们选取 24 个样本进行排序因变量模型分析，如表 5.2.1 所示。

表 5.2.1 选民态度和收入的数据

观测值序号	*inc*	*y*	观测值序号	*inc*	*y*	观测值序号	*inc*	*y*
1	550	0	9	850	1	17	1 250	2
2	600	0	10	950	1	18	1 350	2
3	650	0	11	1 050	1	19	1 450	2
4	700	0	12	1 100	1	20	1 500	2
5	750	0	13	1 150	1	21	1 550	2
6	800	0	14	1 200	1	22	1 600	2
7	900	0	15	1 300	1	23	1 650	2
8	1 000	0	16	1 400	1	24	1 700	2

分布函数采用标准正态分布，即 Ordered Probit 模型，计算结果为

$$\hat{y}_i^* = 0.008\,7 inc_i \tag{5.2.5}$$

$$z = (3.05)$$

$$\text{Pseudo } R^2 = 0.67$$

另外，两个临界值的估计为 $\hat{c}_1=8.093$，$\hat{c}_2=11.578$。

回归系数为正，表示收入越高，潜在变量 y^* 的取值越大，从而因变量 y 的取值为 1 的概率越大，即不支持的可能性越大。在本例中收入在 930 元以下的市民支持这项政策；收入在 930 元至 1 330 元的市民保持中立；而收入超过 1 330 元的市民不支持。

根据模型估计结果可以预测因变量取各可能值的概率，结果如表 5.2.2 所示。

表 5.2.2 因变量取值的预测结果

观测值序号	$\hat{y}$	$\hat{y}^*$	$P(y=0)$	$P(y=1)$	$P(y=2)$
1	0	4.813	0.999	0.001	0.000
2	0	5.251	0.998	0.002	0.000
3	0	5.688	0.992	0.008	0.000
4	0	6.126	0.975	0.025	0.000
5	0	6.564	0.937	0.063	0.000
6	0	7.001	0.863	0.137	0.000
7	0	7.876	0.586	0.414	0.000
8	1^*	8.751	0.255	0.743	0.002

续表

观测值序号	$\hat{y}$	$\hat{y}^*$	$P(y=0)$	$P(y=1)$	$P(y=2)$
9	0*	7.439	0.744	0.256	0.000
10	1	8.314	0.413	0.587	0.001
11	1	9.189	0.137	0.855	0.008
12	1	9.627	0.063	0.913	0.024
13	1	10.064	0.024	0.913	0.063
14	1	10.502	0.008	0.855	0.137
15	1	11.377	0.001	0.587	0.413
16	2*	12.252	0.000	0.256	0.744
17	1*	10.939	0.002	0.743	0.255
18	2	11.815	0.000	0.414	0.586
19	2	12.690	0.000	0.137	0.863
20	2	13.127	0.000	0.063	0.937
21	2	13.565	0.000	0.025	0.975
22	2	14.002	0.000	0.008	0.992
23	2	14.440	0.000	0.002	0.998
24	2	14.878	0.000	0.001	0.999

注：带＊号的数字表示预测值与实际值不一致。

表 5.2.2 中 $P(y=0)$，$P(y=1)$，$P(y=2)$分别是支持、中立、不支持的概率。

资料来源：易丹辉. 数据分析与 EViews 应用[M]. 北京：中国统计出版社，2002：228.

例 5.4　排序模型的实例(二)

本例利用 2010 年中国社会综合调查数据库中的 184 个问卷调查数据，按照调查问卷的原始问题以幸福程度(y)为因变量建立排序因变量模型，研究幸福感的影响因素。将幸福程度(y)分为 4 个等级，分别为：不幸福(用 1 表示)，介于幸福和不幸福之间(用 2 表示)，比较幸福(用 3 表示)和完全幸福(用 4 表示)。参考现有关于幸福的研究，选取与幸福程度相关的 7 个变量作为解释变量，分别为教育水平 x_1(1 为接受过高等教育，0 为没接受过高等教育)、健康状况 x_2(1 为健康，0 为不健康)、婚姻状况 x_3(已婚为 1，未婚或丧偶、离异等为 0)、住房面积 x_4、收入水平 x_5、所在地是否为乡村 x_6(1 为是，0 为否)、宗教信仰 x_7(1 为信仰宗教，0 为不信仰宗教)。建立排序因变量模型，分布函数采用标准正态分布，即 Ordered Probit 模型，估计结果为

$$\hat{y}^*=0.07x_1+0.9x_2-0.16x_3+0.0023x_4+0.24\ln(x_5)+0.18x_6+0.68x_7 \quad (5.2.6)$$

$$z=(0.30)\quad(4.57)\quad(-0.73)\quad(2.07)\quad(2.38)\quad(0.78)\quad(2.41)$$

$$\text{Pseudo } R^2=0.11$$

另外，3 个临界值的估计为 $\hat{c}_1=2.01$，$\hat{c}_2=2.63$，$\hat{c}_3=4.71$，并且均为显著的。

回归系数为正表示解释变量的取值越大，潜在变量 y^* 取较大值的概率越大，从而幸福的可能性越大。利用本例所选取的样本数据进行估计表明，影响幸福感的主要因素包括健康状况、是否具有宗教信仰、住房面积和收入水平。而婚姻似乎没有提升个人的幸福感，教育水平和居住地也非影响幸福感的主要因素。去掉不显著变量重新进行回归，分布函数采用 Ordered Logit 模型，估计结果为

$$\hat{y}^* = 1.51x_2 + 0.004x_4 + 0.38\ln(x_5) + 1.18x_7 \tag{5.2.7}$$

$$z = (4.38) \qquad (1.91) \qquad (2.71) \qquad (2.41)$$

$$\text{Pseudo } R^2 = 0.104$$

另外，3个临界值的估计为 $\hat{c}_1 = 3.24$，$\hat{c}_2 = 4.32$，$\hat{c}_3 = 7.84$，并且均为显著的。由此得出结论：健康是幸福的最重要因素，其次是宗教信仰和收入。

资料来源：2010年中国社会综合调查数据库. http://www.cnsda.org/index.php.

5.3　EViews 软件的相关操作[①]

5.3.1　二元选择模型

1. 模型的估计

估计二元选择模型，从主菜单中选择 Object/New Object，并从该菜单中选择 Equation 选项后显示 Equation Estimation 对话框。在 Estimation settings 区域的 Method 对话框中，选择 Binary 估计方法。二元模型的设定中分为两部分：首先，在 Equation Specification 区域中，键入二元因变量的名字，随后键入一列回归项。由于二元变量估计只支持列表形式的设定，所以不能输入公式；其次，在 Binary estimation 中选择 Probit，Logit，Extreme value 3种估计方法的一种。以例5.1为例，对话框如图5.3.1所示。

2. 估计结果输出

参数估计结果的上半部分包含与一般的回归结果类似的基本信息，标题包含关于估计方法(ML 表示极大似然估计)和估计中所使用的样本的基本信息，也包括达到收敛要求的迭代次数和计算系数协方差矩阵所使用方法的信息。在其下面显示的是系数的估计、渐近的标准误差、z 统计量和相应的概率值及各种有关统计量。

另外，在回归结果中还提供几种似然函数。

① log likelihood 是对数似然函数的最大值 $L(\hat{\boldsymbol{\beta}})$。

① EViews 10 User's Guide Ⅰ, IHS Global Inc., 2017. Chapter 29: 331-357.

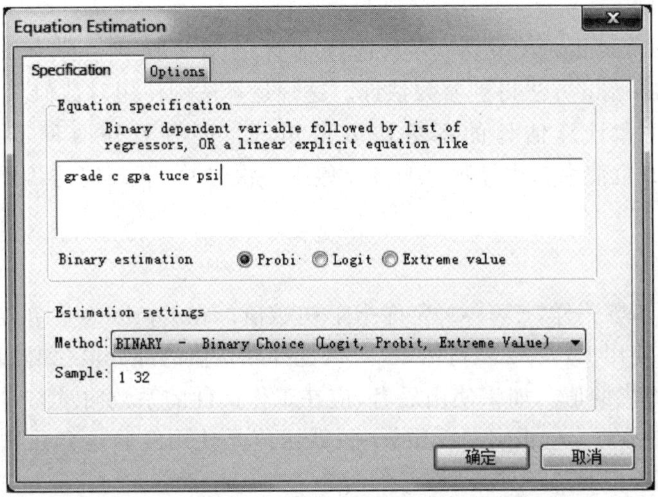

图 5.3.1　二元选择模型估计对话框

② Avg. log likelihood 是用观察值的个数 N 去除以对数似然函数 $L(\hat{\boldsymbol{\beta}})$，即对数似然函数的平均值。

③ Restr. Log likelihood 是除了常数以外所有系数被限制为 0 时的极大似然函数 $L(\tilde{\boldsymbol{\beta}})$。

④ LR 统计量检验除了常数以外所有系数都是 0 的假设，用 $-2[L(\tilde{\boldsymbol{\beta}})-L(\hat{\boldsymbol{\beta}})]$ 计算。这类似于线性回归模型中的 F 统计量，测试模型整体的显著性。圆括号中的数字表示自由度，它是该测试下约束变量的个数。

⑤ Probability(LR stat)是 LR 检验统计量的 p 值。在零假设下，LR 检验统计量近似服从于自由度等于检验下约束变量的个数的 χ^2 分布。

⑥ McFadden R-squared 是用 $1-L(\hat{\boldsymbol{\beta}})/L(\tilde{\boldsymbol{\beta}})$ 计算的似然比率指标，这里 $L(\tilde{\boldsymbol{\beta}})$ 是有约束时的似然函数。正像它的名字所表示的，它同线性回归模型中的 R^2 是类似的。它具有总是介于 0 和 1 之间的性质。

3. 估计选项

因为 EViews 是用迭代法求极大似然函数的最大值，所以 Options 选项可以从估计选项中设定估计算法与迭代限制。单击 Options 按钮打开对话框，Option 对话框有以下几项设置。

(1) 稳健标准差(robust standard errors)

查看右侧 Coefficient covariance 对话框，缺省是 Ordinary，利用估计的信息矩阵计算。对二元因变量模型而言，EViews 允许使用准—极大似然函数(Huber/White)或广义的线性模型(GLM)方法估计标准误差。当使用选项估计二元选择模型时，公式输出的顶部将显示用于计算系数协方差矩阵的方法。

(2) 估计法则

在 Optimization algorithm 一栏中选择估计的运算法则。默认地，EViews 使用 quadratic hill-climbing 方法得到参数估计。这种运算法则使用对数似然分析二次导数的矩阵来形成迭代和计算估计的系数协方差矩阵。还有另外两种不同的估计法则，Newton-Raphson 也使用二次导数，BHHH 使用一次导数，既确定迭代更新，又确定协方差矩阵估计。

(3) 初始值

和其他估计步骤一样，EViews 允许指定初始值。在 Options 菜单，从联合对话框中选择一项。可以使用 EViews 默认值，也可以选择默认值的部分值(如默认值的若干倍)、零系数，或用户提供的值。如果使用后者，应在工作文件的系数向量 $\boldsymbol{C}$ 中输入数值，然后在对话框中选择 User supplied。EViews 的默认值是使用经验运算法则而选择出来的，适用于二元选择模型的每一种类型。

4. 预测

从方程工具栏选择 Forecast，然后单击想要预测的对象。既可以计算拟合概率，$\hat{p}=1-F(-\boldsymbol{x}_i'\hat{\boldsymbol{\beta}})$，也可以计算指标 $\boldsymbol{x}_i'\hat{\boldsymbol{\beta}}$ 的拟合值。

像其他方法一样，可以选择预测样本，显示预测图。如果解释变量向量 $\boldsymbol{x}_t$ 包括二元因变量 y_t 的滞后值，选择 Dynamic 选项预测，EViews 使用拟合值 $\hat{p}_{t-1}$ 得到预测值；而选择 Static 选项，将使用实际的(滞后的)y_{t-1} 得到预测值。

对于这种估计方法，无论是预测评价还是预测标准误差通常都无法自动计算。后者能够通过使用 View/Covariance Matrix 显示的系数方差矩阵，或者使用@covariance 函数来计算。

可以在各种方式上使用拟合指标，如按式(5.1.23)计算解释变量的边际影响。计算预测拟合的指标 $\boldsymbol{x}_i'\hat{\boldsymbol{\beta}}$，并在序列 xb 中保存这个结果。然后生成序列@dnorm(-xb)、@dlogistic(-xb)、@dextreme(-xb)，可以与估计的系数 β_j 相乘，提供一个 y_i 的期望值对 $\boldsymbol{x}_i$ 的第 j 个分量的导数的估计。

5. 产生残差序列

通过 Procs/Make Residual Series 选项产生表 5.1.2 中的 3 种残差类型中的一种类型。

6. 系数检验和拟合优度检验

① 从方程工具栏选择 View/Coefficient Diagnosticske，可以利用 Wald 统计量和 LR 统计量(最大似然比)对模型系数进行检验。

② 从方程工具栏选择 View/Goodness-of-Fit Test 进行拟合优度检验，出现 Goodness-of-Fit Test 对话框。可以看到对话框上半部分有两种选择，如果按照 EViews

默认的选择，即选择 Predicted risk（Hosmer-Lemeshow test），在输出结果中会同时给出 Hosmer-Lemeshow 检验统计量和 Andrews 检验统计量；如果选择 Series or series expression，则需输入分组的序列名，并且在输出结果中只给出 Andrews 检验统计量。

5.3.2 排序因变量模型

1. 模型的估计

与二元选择模型类似，从主菜单中选择 Objects/New Object，并从该菜单中选择 Equation 选项显示 Equation Estimation 对话框（图 5.3.2）。在 Estimation settings 区域的 Method 对话框中，选择估计方法 ORDERED，标准估计对话框将会改变以匹配这种设定。在 Equation specification 区域，键入排序因变量的名字，其后列出回归项。排序估计也只支持列表形式的设定。然后选择 Normal，Logistic，Extreme value 三种误差分布中的一种（分别对应 Ordered Probit 模型、Ordered Logit 模型、Ordered Extreme Value 模型），单击确定按钮即可。

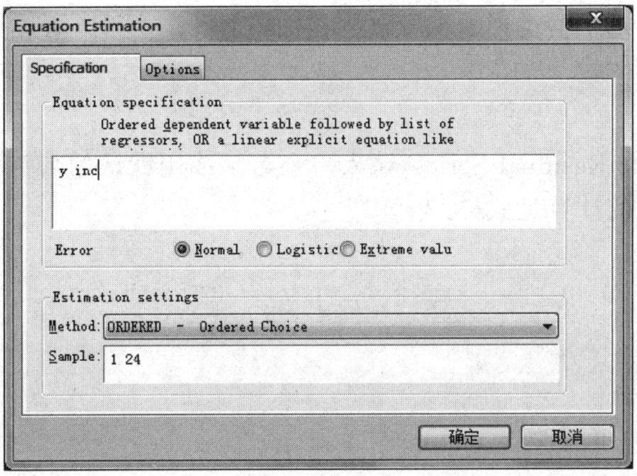

图 5.3.2 排序因变量模型估计对话框

有两点需要指出：首先，EViews 不能把常数项和临界值区分开，因此在变量列表中设定的常数项会被忽略，即有无常数项都是等价的。其次，EViews 要求因变量是整数，否则将会出现错误信息，并且估计将会停止。然而，由于我们能够在表达式中使用 @round、@floor 或@ceil 函数自动将一个非整数序列转化成整数序列，因此这并不是一个很严格的限制。

2. 估计结果输出

估计收敛后，EViews 将会在方程窗口显示估计结果。表头包含通常的标题信息，包括假定的误差分布、估计样本、迭代和收敛信息、y 的排序选择值的个数和计算系数协方差矩阵的方法。在标题信息之下是系数估计和渐近的标准误差、相应的 z 统计量及概率值。然后，还给出了临界值的估计值，如例 5.3 中给出 c_1 和 c_2 的估计值：LIMIT_1：C(2)，

LIMIT_2：C(3)，以及相应的统计量。

3. 常用的两个过程

① Make Ordered Limit Vector 产生一个临界值向量 $\boldsymbol{c}$，此向量被命名为 LIMITS01，如果该名称已被使用，则命名为 LIMITS02，以此类推。

② Make Ordered Limit Covariance Matrix 产生临界值向量 $\boldsymbol{c}$ 的估计值的协方差矩阵。命名为 VLIMITS01，如果该名称已被使用，则命名为 VLIMITS02，以此类推。

4. 预测

因为排序选择模型的因变量代表种类或等级数据，所以不能从估计排序模型中直接预测。选择 Procs/Make Model，打开一个包含方程系统的没有标题的模型窗口，单击模型窗口方程栏的 Solve 按钮。例 5.3 中因变量 $\boldsymbol{y}$ 的拟合线性指标 $\boldsymbol{x}_i'\hat{\boldsymbol{\beta}}$ 序列被命名为 i_Y_0，拟合值落在第一类中的拟合概率被命名为 Y_0_0 的序列，落在第二类中的拟合概率被命名为 Y_1_0 的序列，落在第三类中的拟合概率被命名为 Y_2_0 的序列，等等。注意对每一个观察值，落在每个种类中的拟合概率相加值为 1。预测结果详见表 5.2.2。

5. 产生残差序列

选择 Proc/Make Residual Series，输入一个名字或用默认的名字，保存所产生的广义残差序列，残差序列的计算见式(5.2.4)。

5.4　习　　题

1. 解释下列概念：
   (1) 离散因变量模型。
   (2) 二元选择模型。
   (3) 排序因变量模型。
2. 请写出线性概率模型的形式。线性概率模型有什么缺点？
3. 常用的二元选择模型有哪几种类型？写出各自分布函数的类型。
4. 二元选择模型一般采用极大似然估计，请写出对数似然函数表达式和对数似然函数的一阶条件方程。
5. 排序因变量模型有哪几种类型？排序因变量模型的 M 个临界值 $c_1, c_2, \cdots, c_M$ 也是需要估计的未知参数吗？
6. 表 5.4.1 列出了美国某市学校税收投票调查的数据①，1973 年美国密歇根州 Troy 市关于当地学校税收的公民投票调查(95 个样本)。该调查包括，投票结果(Y)：投赞成票取值为 1，投反对票取值为 0；投票者有 1～2 个孩子上公立学校(X_1)；3～4 个孩子上

① 平狄克，鲁宾费尔德. 计量经济学模型与经济预测[M]. 钱小军，等，译. 4 版. 北京：机械工业出版社，1999.

公立学校(X_2)；5 个及以上孩子上公立学校(X_3)；至少一个孩子上私立学校(X_4)；在 Troy 社区居住的年数(X_5)；学校(公立或私立)的教师(X_6)；家庭年收入(美元)的自然对数(X_7)；年财产税(美元)的自然对数(X_8)。

表 5.4.1　美国某市学校预算投票调查的数据

序号	Y	X_1	X_2	X_3	X_4	X_5	X_6	X_7	X_8
1	1	0	1	0	0	10	1	9.77	7.05
2	0	0	1	0	0	8	0	10.02	7.05
3	0	1	0	0	0	4	0	10.02	7.05
4	0	0	1	0	0	13	0	9.43	6.40
5	1	0	1	0	0	3	1	10.02	7.28
6	0	1	0	0	0	5	0	10.46	7.05
7	0	0	0	0	0	4	0	10.02	7.05
8	1	0	1	0	0	5	0	10.02	7.28
9	0	1	0	0	0	10	0	10.22	7.05
10	1	0	1	0	0	5	0	9.43	7.05
11	1	1	0	0	0	3	0	10.02	7.05
12	0	1	0	0	0	30	0	9.77	6.40
13	1	1	0	0	0	1	0	9.77	6.75
14	1	0	1	0	0	3	0	10.02	7.05
15	1	0	1	0	0	3	0	10.82	6.75
16	1	0	1	0	0	42	0	9.77	6.75
17	1	0	1	0	0	5	1	10.22	7.05
18	0	1	0	0	0	10	0	10.02	7.05
19	1	1	0	0	0	4	0	10.22	7.05
20	1	1	0	0	1	4	0	10.22	6.75
21	1	0	1	0	0	11	1	10.46	7.05
22	1	0	0	0	0	5	0	10.22	7.05
23	1	0	1	0	0	35	0	9.77	6.75
24	1	0	1	0	0	3	0	10.46	7.28
25	1	1	0	0	0	16	0	10.02	6.75
26	0	0	0	0	1	7	0	10.46	7.05
27	1	1	0	0	0	5	1	9.77	6.75
28	0	1	0	0	0	11	0	9.77	7.05
29	0	1	0	0	0	3	0	9.77	6.75
30	1	1	0	0	1	2	0	10.22	7.05
31	1	0	1	0	0	2	0	10.02	6.75
32	0	1	0	0	0	2	0	9.43	6.75
33	0	0	1	0	0	2	1	8.29	7.05
34	1	0	0	0	1	4	0	10.46	7.05
35	1	1	0	0	0	2	0	10.02	7.05
36	0	0	1	0	0	3	0	10.22	7.28
37	1	1	0	0	0	3	0	10.22	7.05
38	1	1	0	0	0	2	0	10.22	7.50
39	0	0	1	0	0	10	0	10.02	7.05
40	1	1	0	0	0	2	0	10.22	7.05

续表

序号	Y	X_1	X_2	X_3	X_4	X_5	X_6	X_7	X_8
41	0	1	0	0	0	2	0	10.02	7.05
42	0	1	0	0	0	3	0	10.82	7.50
43	1	1	0	0	0	3	0	10.02	7.05
44	1	0	1	0	0	3	0	10.02	7.05
45	1	1	0	0	0	6	0	10.02	6.75
46	1	0	1	0	0	2	0	10.02	7.05
47	0	1	0	0	0	26	0	9.77	6.75
48	0	0	0	0	1	18	0	10.22	7.50
49	0	0	0	0	0	4	0	9.77	6.75
50	0	0	0	0	0	6	0	10.02	7.05
51	1	0	0	0	0	12	0	10.02	6.75
52	1	1	0	0	0	49	0	9.43	6.75
53	1	1	0	0	0	6	0	10.46	7.28
54	0	0	0	0	1	18	0	9.77	7.05
55	1	1	0	0	0	5	0	10.02	7.05
56	1	1	0	0	0	6	0	9.77	6.00
57	0	1	0	0	0	20	0	9.43	7.05
58	1	1	0	0	0	1	1	9.77	6.40
59	1	1	0	0	0	3	0	10.02	6.75
60	0	1	0	0	0	5	0	10.46	7.05
61	1	1	0	0	0	2	0	10.02	7.05
62	0	0	0	1	1	5	0	10.82	7.28
63	0	1	0	0	0	18	0	9.43	6.75
64	1	1	0	0	0	20	0	9.77	6.00
65	0	0	0	0	0	14	0	8.92	6.40
66	0	0	0	1	0	3	0	9.43	7.50
67	0	1	0	0	0	17	0	9.43	6.75
68	0	1	0	0	0	20	1	10.02	7.05
69	1	0	1	0	1	3	0	10.02	7.05
70	1	0	1	0	0	2	0	10.02	7.05
71	1	0	0	0	0	5	0	10.22	7.05
72	1	1	0	0	0	35	0	9.77	7.05
73	0	0	1	0	0	10	0	10.02	7.28
74	1	0	1	0	0	8	0	9.77	7.05
75	0	1	0	0	0	12	0	9.77	7.05
76	1	0	1	0	0	7	0	10.22	6.75
77	1	1	0	0	0	3	0	10.46	6.75
78	0	0	1	0	0	25	0	10.22	6.75
79	1	1	0	0	0	5	1	9.77	6.75
80	1	0	1	0	0	4	0	10.22	7.05
81	1	1	0	0	0	2	0	10.02	7.28
82	1	0	1	0	0	5	0	10.46	6.75
83	0	1	0	0	0	3	0	9.77	7.05
84	1	1	0	0	0	2	0	10.82	7.50
85	0	0	0	0	1	6	0	8.92	6.00

续表

序号	Y	X_1	X_2	X_3	X_4	X_5	X_6	X_7	X_8
86	1	1	0	0	1	3	0	9.77	7.05
87	1	0	0	1	0	12	0	9.43	6.40
88	1	0	0	0	0	3	0	9.77	6.75
89	1	0	1	0	0	3	0	10.02	7.05
90	1	0	0	0	0	3	0	10.02	6.75
91	1	1	0	0	0	3	0	10.22	7.28
92	1	0	1	0	0	3	1	10.02	7.05
93	1	0	0	1	0	5	0	10.02	7.05
94	1	0	0	0	0	35	1	8.92	6.00
95	0	0	1	0	0	3	0	10.46	7.50

(1) 利用表5.4.1美国某市学校预算投票调查的数据建立投票决定模型，利用Probit方法和Logit方法分别估计模型的参数，给出模型的表达式和主要统计量。

(2) 分析比较Probit方法和Logit方法的结果。

第 6 章　面板数据模型[①]

在进行经济分析时经常会遇到时间序列和横截面两者相结合的数据。例如，在企业投资需求分析中，我们会遇到多个企业的若干指标的月度或季度时间序列；在城镇居民消费分析中，我们会遇到不同省市地区反映居民消费和居民收入的年度时间序列。本章将前述的企业或地区等统称为截面，这种具有三维（截面、时期、变量）信息的数据结构称为**面板数据**（panel data），有的书中也称为平行数据。本章将利用面板数据的计量模型，简称为**面板数据模型**（panel data model）。

经典线性计量经济学模型在分析时只利用了面板数据中的某些二维数据信息，如使用若干经济指标的时间序列建模或利用横截面数据建模。然而，在实际经济分析中，这种仅利用二维信息的模型在很多时候往往不能满足人们分析问题的需要。例如，在生产函数分析中，仅利用横截面数据只能对规模经济进行分析，仅利用混合规模经济和技术革新信息的时间序列数据只有在假设规模收益不变的条件下才能实现技术革新的分析，而利用面板数据可以同时分析企业的规模经济（选择同一时期的不同规模的企业数据作为样本观测值）和技术革新（选择同一企业的不同时期的数据作为样本观测值），可以实现规模经济和技术革新的综合分析。面板数据含有截面、时期和变量三维信息，利用面板数据模型可以构造和检验比以往单独使用截面数据或时间序列数据更为真实的行为方程，可以进行更加深入的分析。基于实际经济分析的需要，面板数据模型已经成为近年来计量经济学理论方法的重要分支。本章主要介绍两种常用的面板数据模型：变截距模型和变系数模型。

6.1　面板数据模型的基本原理

6.1.1　面板数据模型概述

设有因变量 y_{it} 与 $k\times 1$ 维解释变量向量 $\boldsymbol{x}_{it}=(x_{1,it},x_{2,it},\cdots,x_{k,it})'$，满足线性关系

$$y_{it}=\alpha_{it}+\boldsymbol{x}'_{it}\boldsymbol{\beta}_{it}+u_{it},\quad i=1,2,\cdots,N,\quad t=1,2,\cdots,T \tag{6.1.1}$$

式(6.1.1)是考虑 k 个经济指标在 N 个截面成员及 T 个时间点上的变动关系。其中，N 为截面成员的个数；T 为每个截面成员的观测时期总数；参数 α_{it} 为模型的常数项；$\boldsymbol{\beta}_{it}$ 为对应于解释变量向量 $\boldsymbol{x}_{it}$ 的 $k\times 1$ 维系数向量；k 为解释变量个数；随机误差项

① 萧政．面板数据分析[M]．李杰，译．2 版．北京：中国人民大学出版社，2012.
白仲林．面板数据计量经济学[M]．北京：清华大学出版社，2019.
李子奈，叶阿忠．高级应用计量经济学[M]．北京：清华大学出版社，2012：174-196.
格林．经济计量分析[M]．王明舰，王永宏，等，译．北京：中国社会科学出版社，1998：484-530.

u_{it} 相互独立，且满足零均值、等方差为 σ_u^2 的假设。

在式(6.1.1)描述的模型中，自由度(NT)远远小于参数个数①，这使模型无法估计。为了实现模型的估计，可以分别建立以下两类模型：从截面成员角度考虑，建立含有 N 个截面成员方程的面板数据模型；在时期点上考虑，建立含有 T 个时期截面方程的面板数据模型。

1. 含有 N 个截面成员方程的面板数据模型

面板数据模型简化为如下形式：

$$\boldsymbol{y}_i=\alpha_i\boldsymbol{e}+\boldsymbol{x}_i\boldsymbol{\beta}_i+\boldsymbol{u}_i,\quad e=(1,1,\cdots,1)',\quad i=1,2,\cdots,N \tag{6.1.2}$$

式中：$\boldsymbol{y}_i$ 为 $T\times 1$ 维被解释变量向量；α_i 为截距项；$\boldsymbol{x}_i$ 为 $T\times k$ 维解释变量矩阵，$\boldsymbol{y}_i$ 和 $\boldsymbol{x}_i$ 的各分量是截面成员的经济指标时间序列，如若截面成员代表各不同地区，则 $\boldsymbol{y}_i$ 和 $\boldsymbol{x}_i$ 代表 i 地区的消费和收入、物价等指标的经济时间序列。截距项 α_i 和 $k\times 1$ 维系数向量 $\boldsymbol{\beta}_i$，其取值受不同个体的影响。$\boldsymbol{u}_i$ 为 $T\times 1$ 维扰动项向量，满足均值为零、方差为 σ_u^2 的假设。

式(6.1.2)写成矩阵的回归形式为

$$\begin{pmatrix}\boldsymbol{y}_1\\ \boldsymbol{y}_2\\ \vdots\\ \boldsymbol{y}_N\end{pmatrix}=\begin{pmatrix}\alpha_1\boldsymbol{e}\\ \alpha_2\boldsymbol{e}\\ \vdots\\ \alpha_N\boldsymbol{e}\end{pmatrix}+\begin{pmatrix}\boldsymbol{x}_1 & \boldsymbol{0} & \cdots & \boldsymbol{0}\\ \boldsymbol{0} & \boldsymbol{x}_2 & \cdots & \vdots\\ \vdots & \vdots & \ddots & \boldsymbol{0}\\ \boldsymbol{0} & \cdots & \boldsymbol{0} & \boldsymbol{x}_N\end{pmatrix}\begin{pmatrix}\boldsymbol{\beta}_1\\ \boldsymbol{\beta}_2\\ \vdots\\ \boldsymbol{\beta}_N\end{pmatrix}+\begin{pmatrix}\boldsymbol{u}_1\\ \boldsymbol{u}_2\\ \vdots\\ \boldsymbol{u}_N\end{pmatrix} \tag{6.1.3}$$

式(6.1.3)含有 N 个截面方程。

2. 含有 T 个时间截面方程的面板数据模型

面板数据模型简化为如下形式：

$$\boldsymbol{y}_t=\mu_t\boldsymbol{e}+\boldsymbol{x}_t\boldsymbol{\gamma}_t+\boldsymbol{v}_t\quad e=(1,1,\cdots,1)',\quad t=1,2,\cdots,T \tag{6.1.4}$$

式中：$\boldsymbol{y}_t$ 为 $N\times 1$ 维被解释变量向量；μ_t 为截距项；$\boldsymbol{x}_t$ 为 $N\times k$ 维解释变量矩阵，$\boldsymbol{y}_t$ 和 $\boldsymbol{x}_t$ 的各分量是对应于某个时点 t 的各截面成员的经济指标序列。例如，2003 年各不同地区的消费和收入、物价等的经济指标序列。截距项 μ_t 和 $k\times 1$ 维系数向量 $\boldsymbol{\gamma}_t$，其取值受不同时期的影响。$\boldsymbol{v}_t$ 为 $N\times 1$ 维扰动项向量，满足均值为零、方差为 σ_v^2 的假设。

式(6.1.4)写成矩阵的回归形式为

$$\begin{pmatrix}\boldsymbol{y}_1\\ \boldsymbol{y}_2\\ \vdots\\ \boldsymbol{y}_T\end{pmatrix}=\begin{pmatrix}\mu_1\boldsymbol{e}\\ \mu_2\boldsymbol{e}\\ \vdots\\ \mu_T\boldsymbol{e}\end{pmatrix}+\begin{pmatrix}\boldsymbol{x}_1 & 0 & \cdots & 0\\ 0 & \boldsymbol{x}_2 & \cdots & \vdots\\ \vdots & \vdots & \ddots & 0\\ 0 & \cdots & 0 & x_T\end{pmatrix}\begin{pmatrix}\boldsymbol{\gamma}_1\\ \boldsymbol{\gamma}_2\\ \vdots\\ \boldsymbol{\gamma}_t\end{pmatrix}+\begin{pmatrix}\boldsymbol{v}_1\\ \boldsymbol{v}_2\\ \vdots\\ \boldsymbol{v}_T\end{pmatrix} \tag{6.1.5}$$

式(6.1.5)含有 T 个时期方程。

---

① 对于截面成员方程，待估计参数的个数为[$NT(k+1)+N$]，对于时间截面方程，待估计参数的个数为[$NT(k+1)+T$]。

6.1.2　面板数据模型分类

由于含有 N 个截面方程的式(6.1.2)和含有 T 个时期方程的式(6.1.4)两种形式的模型在估计方法上类似,因此本章主要讨论含有 N 个截面方程的面板数据模型的估计方法。根据截距项向量 $\boldsymbol{\alpha}$ 和系数向量 $\boldsymbol{\beta}$ 中各分量的不同限制要求,又可以将式(6.1.2)所描述的面板数据模型划分为 3 种类型:无个体影响的不变系数模型、变截距模型和变系数模型。

① 无个体影响的不变系数模型的单方程回归形式可以写成

$$\boldsymbol{y}_i=\alpha\boldsymbol{e}+\boldsymbol{x}_i\boldsymbol{\beta}+\boldsymbol{u}_i,\quad i=1,2,\cdots,N \tag{6.1.6}$$

在该模型当中,假设在截面成员上既无个体影响也没有结构变化,即对于各截面方程,截距项 α 和 $k\times1$ 维系数向量 $\boldsymbol{\beta}$ 均相同。对于该模型,将各截面成员的时间序列数据堆积在一起作为样本数据,利用普通最小二乘法便可求出参数 α 和 $\boldsymbol{\beta}$ 的一致有效估计。因此,该模型也被称为联合回归模型(pooled regression model)。

② 变截距模型的单方程回归形式可以写成

$$\boldsymbol{y}_i=\alpha_i\boldsymbol{e}+\boldsymbol{x}_i\boldsymbol{\beta}+\boldsymbol{u}_i,\quad i=1,2,\cdots,N \tag{6.1.7}$$

在该模型当中,我们假设在截面成员上存在个体影响而无结构变化,并且个体影响可以用截距项 $\alpha_i(i=1,2,\cdots,N)$ 的差别来说明,即在该模型中各截面成员方程的截距项 α_i 不同,而 $k\times1$ 维系数向量 $\boldsymbol{\beta}$ 相同,故称该模型为变截距模型。从估计方法角度,有时也称该模型为个体均值修正回归模型(individual-mean corrected regression model)。

③ 变系数模型的单方程回归形式可以写成

$$\boldsymbol{y}_i=\alpha_i\boldsymbol{e}+\boldsymbol{x}_i\boldsymbol{\beta}_i+\boldsymbol{u}_i,\quad i=1,2,\cdots,N \tag{6.1.8}$$

在该模型中,假设在截面成员上既存在个体影响,又存在结构变化,即在允许个体影响由变化的截距项 $\alpha_i(i=1,2,\cdots,N)$ 来说明的同时还允许 $k\times1$ 维系数向量 $\boldsymbol{\beta}_i(i=1,2,\cdots,N)$ 依截面成员的不同而变化,用以说明截面成员之间的结构变化。我们称该模型为变系数模型或无约束模型(unrestricted model)。

6.2　模型形式设定检验

在对面板数据模型进行估计时,使用的样本数据包含截面、时期和变量 3 个方向上的信息。如果模型形式设定不正确,估计结果将与所要模拟的经济现实偏离甚远。因此,建立面板数据模型的第一步便是检验被解释变量 y_{it} 的参数 α_i 和 $\boldsymbol{\beta}_i$ 是否对所有截面都是一样的,即检验样本数据究竟符合上面哪种面板数据模型形式,从而避免模型设定的偏差,改进参数估计的有效性。经常使用的检验是协方差分析检验,主要检验如下两个假设:

$$H_1:\quad \boldsymbol{\beta}_1=\boldsymbol{\beta}_2=\cdots=\boldsymbol{\beta}_N$$

$$H_2:\quad \alpha_1=\alpha_2=\cdots=\alpha_N$$

$$\boldsymbol{\beta}_1=\boldsymbol{\beta}_2=\cdots=\boldsymbol{\beta}_N$$

可见如果不拒绝假设 H_2 则可以认为样本数据符合模型(6.1.6),为不变系数模型,无须进行进一步的检验。如果拒绝假设 H_2,则需检验假设 H_1。如果不拒绝假设 H_1,则认为样本数据符合变截距模型(6.1.7)；反之，则认为样本数据符合模型(6.1.8)，为变系数模型。下面介绍假设检验的 F 统计量的计算方法。

1. 计算 3 个模型的残差平方和

① 计算变系数模型(6.1.8)的残差平方和，记

$$\boldsymbol{W}_{xx,i}=\sum_{t=1}^{T}(\boldsymbol{x}_{it}-\bar{\boldsymbol{x}}_i)(\boldsymbol{x}_{it}-\bar{\boldsymbol{x}}_i)',\quad \boldsymbol{W}_{xy,i}=\sum_{t=1}^{T}(\boldsymbol{x}_{it}-\bar{\boldsymbol{x}}_i)'(y_{it}-\bar{y}_i),$$

$$\boldsymbol{W}_{yy,i}=\sum_{t=1}^{T}(y_{it}-\bar{y}_i)^2 \tag{6.2.1}$$

式中：$\boldsymbol{x}_{it}=(x_{1,it},x_{2,it},\cdots,x_{k,it})'$；$\bar{\boldsymbol{x}}_i=\frac{1}{T}\sum_{t=1}^{T}\boldsymbol{x}_{it}$；$\bar{y}_i=\frac{1}{T}\sum_{t=1}^{T}y_{it}$。

变系数模型(6.1.8)的残差平方和记为 S_1：

$$S_1=\sum_{i=1}^{N}RSS_i=\sum_{i=1}^{N}(W_{yy,i}-\boldsymbol{W}'_{xy,i}\boldsymbol{W}^{-1}_{xx,i}W_{xy,i}) \tag{6.2.2}$$

② 计算变截距模型(6.1.7)的残差平方和，记

$$\boldsymbol{W}_{xx}=\sum_{i=1}^{N}\boldsymbol{W}_{xx,i},\quad \boldsymbol{W}_{xy}=\sum_{i=1}^{N}\boldsymbol{W}_{xy,i},\quad W_{yy}=\sum_{i=1}^{N}W_{yy,i} \tag{6.2.3}$$

变截距模型(6.1.7)的残差平方和记为 S_2：

$$S_2=W_{yy}-\boldsymbol{W}'_{xy}\boldsymbol{W}^{-1}_{xx}\boldsymbol{W}_{xy} \tag{6.2.4}$$

计算不变系数模型(6.1.6)的残差平方和，记

$$\boldsymbol{T}_{xx}=\sum_{i=1}^{N}\sum_{t=1}^{T}(\boldsymbol{x}_{it}-\bar{\boldsymbol{x}})(\boldsymbol{x}_{it}-\bar{\boldsymbol{x}})',\quad \boldsymbol{T}_{xy}=\sum_{i=1}^{N}\sum_{t=1}^{T}(\boldsymbol{x}_{it}-\bar{\boldsymbol{x}})'(y_{it}-\bar{y}),$$

$$\boldsymbol{T}_{yy}=\sum_{i=1}^{N}\sum_{t=1}^{T}(y_{it}-\bar{y})^2 \tag{6.2.5}$$

式中：$\bar{\boldsymbol{x}}=\frac{1}{NT}\sum_{i=1}^{N}\sum_{t=1}^{T}\boldsymbol{x}_{it}$；$\bar{y}=\frac{1}{NT}\sum_{i=1}^{N}\sum_{t=1}^{T}y_{it}$。

不变系数模型(6.1.6)的残差平方和记为 S_3：

$$S_3=T_{yy}-\boldsymbol{T}'_{xy}\boldsymbol{T}^{-1}_{xx}\boldsymbol{T}_{xy} \tag{6.2.6}$$

2. 计算检验统计量 F_2 和 F_1

由于

① $S_1/\sigma_u^2\sim\chi^2[N(T-k-1)]$。

② 在 H_2 下，$S_3/\sigma_u^2\sim\chi^2[NT-(k+1)]$和$(S_3-S_1)/\sigma_u^2\sim\chi^2[(N-1)(k+1)]$。

③ $(S_3-S_1)/\sigma_u^2$ 与 S_1/σ_u^2 独立。

所以，在假设 H_2 下检验统计量 F_2 服从相应自由度下的 F 分布，即

$$F_2=\frac{(S_3-S_1)/[(N-1)(k+1)]}{S_1/[NT-N(k+1)]}\sim F[(N-1)(k+1),N(T-k-1)] \tag{6.2.7}$$

若计算所得到的统计量 F_2 的值不小于给定置信度下的相应临界值,则拒绝假设 H_2,继续检验假设 H_1;反之,则认为样本数据符合不变系数模型(6.1.6)。

类似地,由于

① 在 H_1 下,$S_2/\sigma_u^2 \sim \chi^2[N(T-1)-k]$ 和 $(S_2-S_1)/\sigma_u^2 \sim \chi^2[(N-1)k]$。

② $(S_2-S_1)/\sigma_u^2$ 与 S_1/σ_u^2 独立。

所以,在假设 H_1 下检验统计量 F_1 也服从相应自由度下的 F 分布,即

$$F_1=\frac{(S_2-S_1)/[(N-1)k]}{S_1/[NT-N(k+1)]} \sim F[(N-1)k, N(T-k-1)] \tag{6.2.8}$$

若计算所得到的统计量 F_1 的值不小于给定置信度下的相应临界值,则拒绝假设 H_1,用变系数模型(6.1.8)拟合样本;反之,则认为样本数据符合变截距模型(6.1.7)。

例 6.1　企业投资需求模型类型的设定检验

利用美国研究企业投资需求的部分数据[Greene(1998)][①],数据包括美国5家企业的3个经济变量的1935—1954年的20年的观测值:

企业名称	指标名称
1. 通用汽车(GM)	I_t:企业的总投资
2. 克莱斯勒(CH)	M_t:前一年企业市场价值
3. 通用电气(GE)	K_t:前一年末工厂存货及设备价值
4. 西屋(WE)	
5. 美国钢铁(US)	

建立一个研究5家企业投资需求状况的面板数据模型:

$$\boldsymbol{I}_i=\alpha_i+\boldsymbol{M}_i\beta_{1i}+\boldsymbol{K}_i\beta_{2i}+\boldsymbol{u}_i,\quad i=1,2,\cdots,5$$

式中:企业标识数字1～5,分别对应通用汽车(GM)、克莱斯勒(CH)、通用电气(GE)、西屋(WE)和美国钢铁(US);被解释变量 $\boldsymbol{I}=(\boldsymbol{I}_1,\boldsymbol{I}_2,\boldsymbol{I}_3,\boldsymbol{I}_4,\boldsymbol{I}_5)$ 分别是5家企业的总投资变量的时间序列(反映企业的预期利润);解释变量 $\boldsymbol{M}=(\boldsymbol{M}_1,\boldsymbol{M}_2,\boldsymbol{M}_3,\boldsymbol{M}_4,\boldsymbol{M}_5)$ 分别是5家企业前一年企业市场价值变量的时间序列;$\boldsymbol{K}=(\boldsymbol{K}_1,\boldsymbol{K}_2,\boldsymbol{K}_3,\boldsymbol{K}_4,\boldsymbol{K}_5)$ 分别是5家企业前一年末工厂存货及设备价值变量的时间序列(反映企业必要重置投资期望值)。

利用模型形式设定检验方法($N=5, k=2, T=20$),首先分别估计变系数模型(6.1.8)、变截距模型(6.1.7)和不变系数模型(6.1.6),得到残差平方和分别为

$$S_1=339\,121.5,\quad S_2=444\,288.4,\quad S_3=1\,570\,884$$

由式(6.2.7)和式(6.2.8)计算得到的两个 F 统计量分别为:

$$F_2=\frac{(S_3-S_1)/[(N-1)(k+1)]}{S_1/[NT-N(k+1)]}=\frac{(1\,570\,884-339\,121.5)/12}{339\,121.5/85}=25.73$$

$$F_1=\frac{(S_2-S_1)/[(N-1)k]}{S_1/[NT-N(k+1)]}=\frac{(444\,288.4-339\,121.5)/8}{339\,121.5/85}=3.29$$

---

① 格林.经济计量分析[M].王明舰,王永宏,等,译.靳云汇,主审.北京:中国社会科学出版社,1998:485-487.

查 F 分布表，在给定 5% 的显著性水平下，得到相应的临界值为

$$F_{2\alpha}(12,85)=1.87 \qquad F_{1\alpha}(8,85)=2.05$$

由于 $F_2>1.87$，所以拒绝 H_2；又由于 $F_1>2.05$，所以也拒绝 H_1。因此，模型采用变系数的形式。

6.3 变截距模型

变截距模型是面板数据模型中最常见的一种形式。该模型允许截面成员上存在个体影响，并用截距项的差别来说明。模型的回归方程形式如下：

$$\boldsymbol{y}_i=\alpha_i\boldsymbol{e}+\boldsymbol{x}_i\boldsymbol{\beta}+\boldsymbol{u}_i,\quad i=1,2,\cdots,N \tag{6.3.1}$$

式中：$\boldsymbol{y}_i$ 为 $T\times1$ 维被解释变量向量；$\boldsymbol{x}_i$ 为 $T\times k$ 维解释变量矩阵；$\boldsymbol{\beta}$ 为 $k\times1$ 维系数向量，i 个截面成员方程间的截距项 α_i 不同，用来说明个体影响，即反映模型中忽略的反映截面差异的变量的影响；随机误差项 $\boldsymbol{u}_i$ 反映模型中忽略的随截面成员和时期变化因素的影响。个体影响分为固定影响(fixed effects)和随机影响(random effects)两种情形，根据个体影响的不同形式，变截距模型又分为固定影响变截距模型和随机影响变截距模型两种。

6.3.1 固定影响变截距模型

1. 模型形式及参数估计

(1) 最小二乘虚拟变量形式的固定影响变截距模型

固定影响变截距模型假定截面成员上的个体影响可以由常数项的不同来说明，即在式(6.3.1)所表示的模型中，各截面成员方程中的截距项 α_i 为跨截面变化的常数。模型对应的向量形式如下：

$$\boldsymbol{Y}=\begin{pmatrix}\boldsymbol{y}_1\\\boldsymbol{y}_2\\\vdots\\\boldsymbol{y}_N\end{pmatrix}=\begin{pmatrix}\boldsymbol{e}\\0\\\vdots\\0\end{pmatrix}\alpha_1+\begin{pmatrix}0\\\boldsymbol{e}\\\vdots\\0\end{pmatrix}\alpha_2+\cdots+\begin{pmatrix}0\\0\\\vdots\\e\end{pmatrix}\alpha_N+\begin{pmatrix}\boldsymbol{x}_1\\\boldsymbol{x}_2\\\vdots\\\boldsymbol{x}_N\end{pmatrix}\boldsymbol{\beta}+\begin{pmatrix}\boldsymbol{u}_1\\\boldsymbol{u}_2\\\vdots\\\boldsymbol{u}_N\end{pmatrix} \tag{6.3.2}$$

式中：$\boldsymbol{y}_i,\boldsymbol{e},\boldsymbol{u}_i$ 为 $T\times1$ 维向量；$\boldsymbol{x}_i$ 为 $T\times k$ 维矩阵，即

$$\boldsymbol{y}_i=\begin{pmatrix}y_{i1}\\y_{i2}\\\vdots\\y_{iT}\end{pmatrix}_{T\times1},\quad \boldsymbol{e}=\begin{pmatrix}1\\1\\\vdots\\1\end{pmatrix}_{T\times1},\quad \boldsymbol{x}_i=\begin{pmatrix}x_{i,11}x_{i,12} & \cdots & x_{i,1k}\\x_{i,21}x_{i,22} & \cdots & x_{i,2k}\\\vdots & \ddots & \vdots\\x_{i,T1}x_{i,T2} & \cdots & x_{i,Tk}\end{pmatrix}_{T\times k},\quad \boldsymbol{u}_i=\begin{pmatrix}u_{i1}\\u_{i2}\\\vdots\\u_{iT}\end{pmatrix}_{T\times1}$$

并且，$E\boldsymbol{u}_i=\boldsymbol{0}_{T\times1}$，$E\boldsymbol{u}_i\boldsymbol{u}_i'=\sigma_u^2\boldsymbol{I}_T$，$E\boldsymbol{u}_i\boldsymbol{u}_j'=\boldsymbol{0}_{T\times T}$，$i\neq j$，其中 $i=1,2,\cdots,N$ ，$\boldsymbol{I}_t$ 为 $T\times T$

维单位矩阵。

利用普通最小二乘法可以得到固定影响变截距模型的参数 α_i 和 $\boldsymbol{\beta}$ 的最优线性无偏估计,记为 $\hat{\boldsymbol{\beta}}_{FE}$:

$$\hat{\boldsymbol{\beta}}_{FE}=\left[\sum_{i=1}^{N}\sum_{t=1}^{T}(\boldsymbol{x}_{it}-\bar{\boldsymbol{x}}_i)(\boldsymbol{x}_{it}-\bar{\boldsymbol{x}}_i)'\right]^{-1}\left[\sum_{i=1}^{N}\sum_{t=1}^{T}(\boldsymbol{x}_{it}-\bar{\boldsymbol{x}}_i)(y_{it}-\bar{y}_i)\right] \tag{6.3.3}$$

$$\hat{\alpha}_i=\bar{y}_i-\bar{\boldsymbol{x}}'_i\hat{\boldsymbol{\beta}}_{FE} \tag{6.3.4}$$

式中：$\bar{\boldsymbol{x}}_i=\dfrac{1}{T}\sum\limits_{t=1}^{T}\boldsymbol{x}_{it}$；$\bar{y}_i=\dfrac{1}{T}\sum\limits_{t=1}^{T}y_{it}$；$\boldsymbol{x}_{it}=(x_{1,it},x_{2,it},\cdots,x_{k,it})'$。

在模型(6.3.2)中,参数 α_i 被写为可观测的虚拟变量的系数的形式。因此,式(6.3.3)和式(6.3.4)所表示的 OLS 估计也称为**最小二乘虚拟变量**(least squares dummy variable, LSDV)估计。

从式(6.3.3)和式(6.3.4)给出的参数估计表达式中可以看出,在解释变量矩阵中并没有包含引进的虚拟变量。因此,将各截面方程中的变量观测值减去其在该截面成员上的平均值,并用转换后的数据,通过普通最小二乘法便可计算出相应的估计量。

若将转换矩阵记为

$$\boldsymbol{Q}=\boldsymbol{I}_T-\frac{1}{T}\boldsymbol{ee}' \tag{6.3.5}$$

则由式(6.3.3)所表示的估计结果可以记为

$$\hat{\boldsymbol{\beta}}_{CV}=\left[\sum_{i=1}^{N}\boldsymbol{x}'_i\boldsymbol{Q}\boldsymbol{x}_i\right]^{-1}\left[\sum_{i=1}^{N}\boldsymbol{x}'_i\boldsymbol{Q}\boldsymbol{y}_i\right] \tag{6.3.6}$$

模型(6.3.2)也被称为**协方差分析模型**,因此参数 $\boldsymbol{\beta}$ 的 LSDV 估计量 $\hat{\boldsymbol{\beta}}_{FE}$ 有时也被称为**协方差估计**(covariance estimator, CV) $\hat{\boldsymbol{\beta}}_{CV}$。参数 $\boldsymbol{\beta}$ 的协方差估计是无偏的,且当 N 或 T 趋于无穷大时,其为一致估计。对应的协方差矩阵为

$$\text{var}(\hat{\boldsymbol{\beta}}_{CV})=\sigma_u^2\left[\sum_{i=1}^{N}\boldsymbol{x}'_i\boldsymbol{Q}\boldsymbol{x}_i\right]^{-1} \tag{6.3.7}$$

相应地,由式(6.3.4)给出的截距 α_i 的估计也是无偏估计,但仅当 T 趋于无穷大时才为一致估计。对应的协方差矩阵为

$$\text{var}(\hat{\alpha}_i)=\sigma_u^2/T+\bar{\boldsymbol{x}}'_i\,\text{var}(\hat{\boldsymbol{\beta}}_{FE})\bar{\boldsymbol{x}}_i \tag{6.3.8}$$

方差 σ_u^2 对应的估计量为

$$s^2=\frac{1}{NT-N-k}\left[\sum_{i=1}^{N}\sum_{t=1}^{T}(y_{it}-\hat{\alpha}_i-\boldsymbol{x}'_{it}\hat{\boldsymbol{\beta}}_{FE})^2\right] \tag{6.3.9}$$

(2) 引进总体均值截距项的固定影响变截距模型

如果引进总体均值截距项(m),可以将模型(6.3.1)写成如下的等价形式:

$$y_{it}=m+\boldsymbol{x}'_{it}\boldsymbol{\beta}+\alpha_i^*+u_{it},\quad i=1,2,\cdots,N,\quad t=1,2,\cdots,T \tag{6.3.10}$$

在该形式下,模型(6.3.1)中的反映个体影响的跨成员方程变化的截距项被分解成在

各截面成员方程中都相等的总体均值截距项(m)和跨成员方程变化的表示截面对总体均值偏离的截面截距项(α_i^*)。截面截距项 α_i^* 表示的是截面成员 i 对总体平均状态的偏离,所有偏离之和应该为零,即

$$\sum_{i=1}^{N}\alpha_i^* = 0 \tag{6.3.11}$$

在该约束下,可以得到模型(6.3.10)中的各参数的最优线性无偏估计:

$$\hat{\boldsymbol{\beta}}_{FE} = \left[\sum_{i=1}^{N}\sum_{t=1}^{T}(\boldsymbol{x}_{it}-\bar{\boldsymbol{x}}_i)(\boldsymbol{x}_{it}-\bar{\boldsymbol{x}}_i)'\right]^{-1}\left[\sum_{i=1}^{N}\sum_{t=1}^{T}(\boldsymbol{x}_{it}-\bar{\boldsymbol{x}}_i)(y_{it}-\bar{y}_i)\right] \tag{6.3.12}$$

$$\hat{m} = \bar{y} - \bar{\boldsymbol{x}}'\hat{\boldsymbol{\beta}}_{FE} \tag{6.3.13}$$

$$\hat{\alpha}_i^* = \bar{y}_i - \hat{m} - \bar{\boldsymbol{x}}_i'\hat{\boldsymbol{\beta}}_{FE} \tag{6.3.14}$$

式中:$\bar{\boldsymbol{x}} = \dfrac{1}{NT}\left(\sum_{i=1}^{N}\sum_{t=1}^{T}\boldsymbol{x}_{it}\right)$;$\boldsymbol{x}_{it} = (x_{1,it}, x_{2,it}, \cdots, x_{k,it})'$;$\bar{y} = \dfrac{1}{NT}\left(\sum_{i=1}^{N}\sum_{t=1}^{T}y_{it}\right)$。

值得注意的是,在计算变截距模型中的个体影响时,不同的软件给出的个体影响形式不同。本书所介绍的 EViews 软件,给出的是总体均值 $\hat{m}$ 和不含总体均值的个体影响 $\hat{\alpha}_i^*$,即 EViews 给出的个体影响反映的是各截面成员对总体平均状态的偏离。

例 6.2　城镇居民消费的固定影响变截距模型(一)

根据 Keynes 的绝对收入假说,利用 29 个省市的居民收入、消费数据建立城镇居民的消费模型,对各省市的居民消费结构进行对比分析。模型中的被解释变量 CS 为城镇居民人均全年消费,解释变量为城镇居民人均全年可支配收入 YD(单位:元),变量均为年度数据,样本区间为 1991—1994 年。利用上节所介绍的模型形式设定检验方法($N=29, k=1, T=4$),由式(6.2.7)和式(6.2.8)计算得到的两个 F 统计量分别为

$$F_2 = 2.8 \qquad F_1 = 1.17$$

查 F 分布表,在给定 5%的显著性水平下,得到相应的临界值为

$$F_{2\alpha}(56,58) = 1.55 \qquad F_{1\alpha}(28,58) = 1.67$$

由于 $F_2 > 1.55$,所以拒绝 H_2;又由于 $F_1 < 1.67$,所以接受 H_1。因此,模型采用变截距形式。因为主要是做省市之间的对比分析,所以在本例中建立的是城镇居民消费的固定影响变截距模型。

模型形式为

$$CS_{it} = \alpha + \alpha_i^* + \boldsymbol{\beta}\cdot YD_{it} + \boldsymbol{u}_{it}, \quad i = 1,2,\cdots,29, \quad t = 1,2,\cdots,T$$

式中:α 为 29 个省市的平均自发消费水平;α_i^* 为 i 地区自发消费对平均自发消费的偏离,用来反映省市间的消费结构差异。使用普通最小二乘方法对模型进行估计,估计结果如下:

$$\widehat{CS}_{it} = 146.0 + \hat{\alpha}_i^* + 0.77YD_{it}$$
$$t = (8.4) \qquad\qquad (112.9)$$

其中反映各地区消费结构差异的 α_i^* 的估计结果由表 6.3.1 给出。

表 6.3.1　各地区自发消费对平均自发消费偏离($\boldsymbol{\alpha}_i^*$)的估计结果

地区 i	α_i^* 估计值	地区 i	α_i^* 估计值
安徽(AH)	7.15	江西(JX)	−55.22
北京(BJ)	78.98	辽宁(LN)	79.05
福建(FJ)	48.91	内蒙古(NMG)	−4.63
广东(GD)	87.58	宁夏(NX)	16.03
甘肃(GS)	12.31	青海(QH)	74.18
广西(GX)	56.39	四川(SC)	37.81
贵州(GZ)	−52.91	山东(SD)	−98.08
河北(HB)	−27.77	上海(SH)	55.82
河南(HEN)	1.11	陕西(SHX)	−23.51
黑龙江(HLJ)	5.49	山西(SX)	−78.97
海南(HN)	−75.94	天津(TJ)	50.87
湖北(HUB)	4.82	新疆(XJ)	−125.55
湖南(HUN)	−73.78	云南(YN)	−4.96
吉林(JL)	−31.07	浙江(ZJ)	−8.03
江苏(JS)	43.93		

从估计结果可以看出,对于本例中的 29 个省市来说,虽然它们的城镇居民消费倾向相同,但是 1991—1994 年其城镇居民的自发消费存在显著的差异。其中,广东的城镇居民自发消费最高,其次为辽宁;而城镇居民自发消费最低的是新疆,其次是山东。

(3) 包含时期个体恒量的固定影响变截距模型

模型(6.3.1)还可以推广为包含时期个体恒量的形式,即

$$y_{it}=m+\boldsymbol{x}'_{it}\boldsymbol{\beta}+\alpha_i^*+\gamma_t+u_{it},\quad i=1,2,\cdots,N,\quad t=1,2,\cdots,T \tag{6.3.15}$$

式中:γ_t 为时期个体恒量,反映时期特有的影响。类似地,通过引进相应的截面成员和时期虚拟变量,利用普通最小二乘法可以得到该形式下的各参数的 OLS 估计,即

$$\hat{\boldsymbol{\beta}}_{FE}=\left[\sum_{i=1}^{N}\sum_{t=1}^{T}(\boldsymbol{x}_{it}-\bar{\boldsymbol{x}}_i\bar{\boldsymbol{x}}_t+\bar{\boldsymbol{x}})(\boldsymbol{x}_{it}-\bar{\boldsymbol{x}}_i\bar{\boldsymbol{x}}_t+\bar{\boldsymbol{x}})'\right]^{-1}\left[\sum_{i=1}^{N}\sum_{t=1}^{T}(\boldsymbol{x}_{it}-\bar{\boldsymbol{x}}_i\bar{\boldsymbol{x}}_t+\bar{\boldsymbol{x}})(y_{it}-\bar{y}_i-\bar{y}_t+\bar{y})\right] \tag{6.3.16}$$

$$\hat{m}=\bar{y}-\bar{\boldsymbol{x}}'\hat{\boldsymbol{\beta}}_{FE} \tag{6.3.17}$$

$$\hat{\alpha}_i=(\bar{y}_i-\bar{y})-(\bar{\boldsymbol{x}}_i-\bar{\boldsymbol{x}})'\hat{\boldsymbol{\beta}}_{FE} \tag{6.3.18}$$

$$\hat{\gamma}_t = (\bar{y}_t - \bar{y}) - (\bar{\boldsymbol{x}}_t - \bar{\boldsymbol{x}})' \hat{\boldsymbol{\beta}}_{FE} \tag{6.3.19}$$

式中：

$$\bar{\boldsymbol{x}}_i = \frac{1}{T}\sum_{t=1}^{T}\boldsymbol{x}_{it}, \quad \bar{y}_i = \frac{1}{T}\sum_{t=1}^{T}y_{it}, \quad \bar{\boldsymbol{x}} = \frac{1}{NT}\left(\sum_{i=1}^{N}\sum_{t=1}^{T}\boldsymbol{x}_{it}\right),$$

$$\bar{y} = \frac{1}{NT}\left(\sum_{i=1}^{N}\sum_{t=1}^{T}y_{it}\right), \quad \bar{\boldsymbol{x}}_t = \frac{1}{N}\sum_{i=1}^{N}\boldsymbol{x}_{it}, \quad \bar{y}_t = \frac{1}{N}\sum_{i=1}^{N}y_{it}$$

（4）固定影响的显著性检验

利用统计检验方法可以对变截距模型中所存在的截面或时期固定影响的显著性进行检验，即判断变截距模型是否应该包含相应的截面固定影响或时期固定影响。检验的基本思想为：将含有截面或时期固定影响的变截距模型看作无约束回归，将不含相应固定影响的变截距模型看作约束各固定影响均相等的受约束回归，通过检验约束是否为真，从而判断变截距模型中是否应该包含相应的固定影响。具体的检验过程如下。

① 估计含有截面或时期固定影响的变截距模型，并计算其残差平方和，记为 RSS_U。

② 估计不含相应固定影响的变截距模型，并计算其残差平方和，记为 RSS_R。

③ 计算 F 统计量：

$$F = \frac{(RSS_R - RSS_U)/q}{RSS_U/(NT-p)} \sim F(q, NT-p) \tag{6.3.20}$$

式中：q 为受约束回归的约束个数，当检验截面固定影响显著性时其为 $N-1$，当检验时期固定影响显著性时其为 $T-1$，当同时检验截面和时期固定影响显著性时其为 $N+T-2$；p 为含有截面或时期固定影响的变截距模型中待估参数的个数，可以证明在约束为真的条件下，该 F 统计量服从 F 分布。该方法也可以推广到同时检验截面和时期固定影响显著性的联合检验。

例 6.3　城镇居民消费的固定影响变截距模型（二）

为了在研究各地区消费差异的同时能够进一步分析 1991—1994 年各时期的消费状况，现在将例 6.2 中的模型扩展为含有时期影响的变截距模型，模型形式如下：

$$CS_{it} = \alpha + \alpha_i^* + \beta \times YD_{it} + \gamma_t + u_{it}, \quad i = 1,2,\cdots,29, \quad t = 1,2,\cdots,T$$

式中：α 为 29 个省市的平均自发消费水平，α_i^* 为 i 地区自发消费对平均自发消费的偏离，用来反映省市间的消费结构差异；γ_t 为反映时期影响的时期个体恒量，反映时期变化所带来的消费结构的变化。本例采用普通最小二乘 OLS 方法对模型进行估计，估计结果如下：

$$\widehat{CS}_{it} = 192.26 + \hat{\alpha}_i^* + 0.75YD_{it} + \hat{\gamma}_t$$
$$t = (4.76) \qquad\qquad (45.66)$$

反映各地区消费差异的 α_i^* 的估计结果由表 6.3.2 给出，反映时期消费差异的 γ_t

的估计结果由表6.3.3给出。下面对模型中的个体固定影响、时期固定影响进行显著性检验,以及对个体固定影响和时期固定影响进行联合显著性检验,由式(6.3.20)计算得到的3个F统计量($N=29, T=4, p=35$)分别为

$$F_{\text{个体}}=5.77 \qquad F_{\text{时期}}=13.54 \qquad F_{\text{联合}}=6.76$$

表6.3.2　各地区自发消费对平均自发消费偏离(α_i^*)的估计结果

地区 i	α_i^* 估计值	地区 i	α_i^* 估计值
安徽(AH)	1.51	江西(JX)	−65.93
北京(BJ)	95.27	辽宁(LN)	75.51
福建(FJ)	53.48	内蒙古(NMG)	−16.92
广东(GD)	122.79	宁夏(NX)	10.17
甘肃(GS)	2.65	青海(QH)	66.10
广西(GX)	60.23	四川(SC)	36.12
贵州(GZ)	−56.48	山东(SD)	−98.84
河北(HB)	−32.07	上海(SH)	83.80
河南(HEN)	−69.43	陕西(SHX)	−31.93
黑龙江(HLJ)	4.93	山西(SX)	−89.49
海南(HN)	9.96	天津(TJ)	55.84
湖北(HUB)	2.47	新疆(XJ)	−129.06
湖南(HUN)	−70.60	云南(YN)	−4.47
吉林(JL)	−41.64	浙江(ZJ)	9.34
江苏(JS)	46.45		

表6.3.3　全国各时期自发消费对平均自发消费偏离(γ_t)的估计结果

时期 t/年	γ_t 估计值	时期 t/年	γ_t 估计值
1991	17.69	1993	−15.87
1992	−40.07	1994	38.25

查F分布表,在给定5%的显著性水平下,得到相应的临界值为

$$F_{\text{个体}}(28,83)=1.61 \qquad F_{\text{时期}}(3,83)=2.714 \qquad F_{\text{联合}}(31,83)=1.59$$

可见,模型中的个体固定影响和时期固定影响以及联合检验的F统计量值均大于相应的临界值,说明均显著,模型形式正确。

从表6.3.2的估计结果可以看出,在模型中加入时期影响之后,29个省市自发消费的差异在数值上虽有所变化,但总的差异趋势相同,其中自发消费最高的地区是广东,最低的是新疆。同时,从表6.3.3的估计结果可以进一步看出在1991—1994年,全国自发消费最高的时期是1994年,其次是1991年,而自发消费最低的时期是1992年。

2. 非平衡数据的固定影响模型

前面的讨论都是假设在所使用的面板数据中，各截面成员的观测数据个数相同。然而在实际分析中，经常会遇到各截面成员观测数据个数不等的情况，即在所获得的面板数据中，一些截面成员的数据较多而另一些截面成员的数据较少。这种情况下的面板数据被称为非平衡数据。对于非平衡数据的固定影响模型，只需将上面所介绍的估计方法进行简单修正，便可得到参数相应的协方差估计。

如果设第 i 个截面成员的观测数据个数为 T_i，则观测数据总数为 $\sum_{i=1}^{N} T_i$，变量的总体平均为

$$\bar{\boldsymbol{x}}=\frac{\sum_{i=1}^{N}\sum_{t=1}^{T_i} x_{it}}{\sum_{i=1}^{N} T_i}=\sum_{i=1}^{N}\bar{\omega}_i\bar{\boldsymbol{x}}_i \quad \bar{y}=\frac{\sum_{i=1}^{N}\sum_{t=1}^{T_i} y_{it}}{\sum_{i=1}^{N} T_i}=\sum_{i=1}^{N}\bar{\omega}_i\bar{y}_i \tag{6.3.21}$$

式中：$\bar{\omega}_i=T_i/\left(\sum_{i=1}^{N} T_i\right)$

模型参数$\boldsymbol{\beta}$对应的估计量为

$$\hat{\boldsymbol{\beta}}_{FE}=\left[\sum_{i=1}^{N}\boldsymbol{x}'_i\boldsymbol{Q}_i\boldsymbol{x}_i\right]^{-1}\left[\sum_{i=1}^{N}\boldsymbol{x}'_i\boldsymbol{Q}_i\boldsymbol{y}_i\right] \tag{6.3.22}$$

式中：$\boldsymbol{Q}_i=\boldsymbol{I}_{T_i}-\frac{1}{T_i}\boldsymbol{ee}',\boldsymbol{e}'=(1\quad 1\quad \cdots\quad 1)_{1\times T_i}$

估计出参数 $\boldsymbol{\beta}$ 后，根据式(6.3.4)可以求出最小二乘虚拟变量形式下的固定影响变截距模型的截距项；根据式(6.3.13)和式(6.3.14)可以求出引进总体均值截距项形式下的固定影响变截距模型中的 $\hat{m}$ 和 $\hat{\alpha}_i^*$；根据式(6.3.17)～式(6.3.19)可以求出包含时期个体恒量的固定影响变截距模型中的 $\hat{m}$、$\hat{\alpha}_i^*$ 和 γ_t。

3. 固定影响变截距模型的广义最小二乘估计

在固定影响变截距模型中，如果随机误差项不满足等方差或相互独立的假设，则需要使用广义最小二乘法(GLS)对模型进行估计。关于广义最小二乘法(GLS)在 4.1.3 小节中已有详细介绍，本节只介绍各种情形下的 GLS 估计的基本思想。

固定影响变截距模型的广义最小二乘法主要考虑 4 种基本的方差结构：截面异方差、时期异方差、同期相关协方差和时期间相关协方差。对应于各种方差结构的 GLS 估计过程的主要步骤均为：先估计系数，然后计算 GLS 的转换权重，之后在加权数据的基础上重新估计，或者利用迭代的方法，重复上面的步骤直至系数和权重收敛为止。由于假定参数满足时间一致性，即参数值不随时间的不同而变化，因此下面只介绍截面异方差和同期相关协方差两种情形。

(1) 截面异方差情形的GLS估计

截面异方差是指各截面成员方程的随机误差项之间存在异方差,但截面成员之间和时期之间的协方差为零,对应的假设为

$$
\begin{aligned}
&E(u_{it}u_{it})=\sigma_i^2 \\
&E(u_{is}u_{jt})=0,\quad i\neq j, s\neq t
\end{aligned}
\tag{6.3.23}
$$

该情形用广义最小二乘法进行估计非常简单,即先对方程进行普通的最小二乘估计,然后计算各截面成员的残差向量,并用其来估计截面成员的样本方差 s_i^2:

$$
s_i^2=\sum_{t=1}^{T}(y_{it}-\hat{y}_{it})^2/T,\quad i=1,2,\cdots,N \tag{6.3.24}
$$

式中: $\hat{y}_{it}$ 为OLS的拟合值。截面成员方程截面异方差的协方差矩阵的估计为

$$
\hat{\boldsymbol{\Sigma}}_N=\begin{bmatrix} s_1^2 & 0 & \cdots & 0 \\ 0 & s_2^2 & \cdots & 0 \\ \vdots & \vdots & \ddots & \vdots \\ 0 & 0 & \cdots & s_N^2 \end{bmatrix}
$$

用得到的样本方差估计 s_i^2 作为各截面成员的权重,即加权矩阵为$\boldsymbol{\Sigma}_N\otimes\boldsymbol{I}_t$[①],利用加权最小二乘方法得到相应的GLS估计。

$$
\begin{aligned}
\hat{\boldsymbol{\beta}}_{FE}&=\left[(\boldsymbol{X}-\bar{\boldsymbol{X}})'(\hat{\boldsymbol{\Sigma}}\otimes\boldsymbol{I}_T)^{-1}(\boldsymbol{X}-\bar{\boldsymbol{X}})\right]^{-1}\left[(\boldsymbol{X}-\bar{\boldsymbol{X}})'(\hat{\boldsymbol{\Sigma}}\otimes\boldsymbol{I}_T)^{-1}(\boldsymbol{Y}-\bar{\boldsymbol{Y}})\right] \\
&=\left[\sum_{i=1}^{N}\frac{1}{s_i^2}(\boldsymbol{x}_i-\bar{\boldsymbol{x}}_i)'(\boldsymbol{x}_i-\bar{\boldsymbol{x}}_i)\right]^{-1}\left[\sum_{i=1}^{N}\frac{1}{s_i^2}(\boldsymbol{x}_i-\bar{\boldsymbol{x}}_i)'(\boldsymbol{y}_i-\bar{\boldsymbol{y}}_i)\right]
\end{aligned}
\tag{6.3.25}
$$

式中:

$$
\boldsymbol{Y}=\begin{bmatrix}\boldsymbol{y}_1\\ \boldsymbol{y}_2\\ \vdots\\ \boldsymbol{y}_N\end{bmatrix},\quad \bar{\boldsymbol{Y}}=\begin{bmatrix}\bar{\boldsymbol{y}}_1\\ \bar{\boldsymbol{y}}_2\\ \vdots\\ \bar{\boldsymbol{y}}_N\end{bmatrix},\quad \bar{\boldsymbol{X}}=\begin{bmatrix}\bar{\boldsymbol{x}}_1\\ \bar{\boldsymbol{x}}_2\\ \vdots\\ \bar{\boldsymbol{x}}_N\end{bmatrix}
$$

$\boldsymbol{y}_i$ 为 $T\times 1$ 维因变量向量; $\boldsymbol{x}_i$ 为 $T\times k$ 维解释变量矩阵; $\bar{\boldsymbol{x}}_i=\dfrac{1}{T}\sum_{t=1}^{T}\boldsymbol{x}_{it}$; $\bar{\boldsymbol{y}}_i=\dfrac{1}{T}\sum_{t=1}^{T}\boldsymbol{y}_{it}$。

---

① 设 $\boldsymbol{A}=(a_{ij})_{n\times m}$,$\boldsymbol{B}=(b_{ij})_{p\times q}$,定义 $\boldsymbol{A}$ 与 $\boldsymbol{B}$ 的克罗内克积(简称叉积)为

$$
\boldsymbol{A}\otimes\boldsymbol{B}=\begin{pmatrix} a_{11}\boldsymbol{B} & a_{12}\boldsymbol{B} & \cdots & a_{1m}\boldsymbol{B}\\ a_{21}\boldsymbol{B} & a_{22}\boldsymbol{B} & \cdots & a_{2m}\boldsymbol{B}\\ \vdots & \vdots & \ddots & \vdots\\ a_{n1}\boldsymbol{B} & a_{n2}\boldsymbol{B} & \cdots & a_{nm}\boldsymbol{B}\end{pmatrix}
$$

显然,$\boldsymbol{A}\otimes\boldsymbol{B}$ 是 $np\times mq$ 阶矩阵,是分块矩阵,第(i,j)块是 $a_{ij}\boldsymbol{B}$。

类似地，可以得到含有 T 个时期方程情形下的时期异方差的 GLS 估计。

（2）同期相关协方差情形的 SUR 估计

同期相关协方差是指不同的截面成员 i 和 j 的同一时期的随机误差项是相关的，但其在不同时期之间是不相关的，相应的假设为

$$\begin{aligned} E(u_{it}u_{jt}) &= \sigma_{ij} \\ E(u_{is}u_{jt}) &= 0, \quad s \neq t \end{aligned} \tag{6.3.26}$$

需要指出的是同期相关协方差是允许同一时期即 t 不变时，不同截面成员之间存在非零协方差。如果把假设(6.3.26)中的第一个表达式写成向量的形式：

$$E(\boldsymbol{u}_t\boldsymbol{u}'_t) = \boldsymbol{\Sigma}_N \tag{6.3.27}$$

对于任意的 t 有

$$\boldsymbol{\Sigma}_N = \begin{pmatrix} \sigma_{11} & \sigma_{12} & \cdots & \sigma_{1N} \\ \sigma_{21} & \sigma_{22} & \cdots & \sigma_{2N} \\ \vdots & \vdots & \ddots & \vdots \\ \sigma_{N1} & \sigma_{N2} & \cdots & \sigma_{NN} \end{pmatrix} \tag{6.3.28}$$

此时这种截面成员之间存在协方差的方差结构有些类似于截面成员方程框架下的**近似不相关回归**(seemingly unrelated regression，SUR)，因此将这种结构称为**截面 SUR**(cross-section SUR)。

近似不相关回归法(SUR)是考虑到方程间的误差项存在异方差和同期相关的条件下，估计多个方程所构成的系统的参数。这种方法经常将系统所包含的一系列内生变量作为一组处理，因为理论上，这些变量彼此之间存在着密切的联系。

① $\boldsymbol{\Sigma}_N$ 已知的情况。本节的 SUR 方法适合于方程间的残差可能具有异方差和同期相关，但是单个方程不存在序列相关的情形。如果 $\boldsymbol{\Sigma}_N$ 是已知的，则参数 $\boldsymbol{\beta}$ 的 SUR 估计为

$$\hat{\boldsymbol{\beta}}_{SUR} = [(\boldsymbol{X}-\bar{\boldsymbol{X}})'(\boldsymbol{\Sigma}_N \otimes \boldsymbol{I}_T)^{-1}(\boldsymbol{X}-\bar{\boldsymbol{X}})]^{-1}[(\boldsymbol{X}-\bar{\boldsymbol{X}})'(\boldsymbol{\Sigma}_N \otimes \boldsymbol{I}_T)^{-1}(\boldsymbol{Y}-\bar{\boldsymbol{Y}})] \tag{6.3.29}$$

② $\boldsymbol{\Sigma}_N$ 未知的情况。但在一般的情况下，$\boldsymbol{\Sigma}_N$ 是未知的，这时，就需要利用普通最小二乘法先估计未加权系统的参数，得到$\boldsymbol{\Sigma}_N$ 的一致估计矩阵$\hat{\boldsymbol{\Sigma}}$，$\boldsymbol{\Sigma}_N$ 中的元素 σ_{ij} 的估计值 s_{ij} 为

$$s_{ij} = \frac{[(\boldsymbol{y}_i - \hat{\alpha}_i - \boldsymbol{x}_i\hat{\boldsymbol{\beta}}_{FE})'(\boldsymbol{y}_j - \hat{\alpha}_i - \boldsymbol{x}_i\hat{\boldsymbol{\beta}}_{FE})]}{T}, \quad i,j = 1,2,\cdots,N \tag{6.3.30}$$

式中：$\hat{\boldsymbol{\beta}}_{FE}$ 和 $\hat{\alpha}_i$ 可由式(6.3.3)和式(6.3.4)得到。计算 $\hat{\boldsymbol{\Sigma}}$ 后，再进行广义最小二乘估计，此时$\boldsymbol{\beta}$ 的 SUR 估计为

$$\hat{\boldsymbol{\beta}}_{SUR} = [(\boldsymbol{X}-\bar{\boldsymbol{X}})'(\hat{\boldsymbol{\Sigma}}_N \otimes \boldsymbol{I}_T)^{-1}(\boldsymbol{X}-\bar{\boldsymbol{X}})]^{-1}[(\boldsymbol{X}-\bar{\boldsymbol{X}})'(\hat{\boldsymbol{\Sigma}}_N \otimes \boldsymbol{I}_T)^{-1}(\boldsymbol{Y}-\bar{\boldsymbol{Y}})] \tag{6.3.31}$$

简单地说，截面 SUR 加权最小二乘法就是对由各截面成员方程所构成的系统进行 GLS 估计，系统中允许存在截面成员异方差和同期相关。估计过程为：先利用第一阶段的普通最小二乘估计获得$\boldsymbol{\Sigma}_N$ 的估计，然后在第二阶段获得相应的 GLS 估计。类似地，可以得到时

期近似不相关(period SUR)(时期方程框架下的近似不相关)情形下的 GLS 估计。

4. 固定影响变截距模型的二阶段最小二乘估计

在固定影响变截距模型中,当各截面成员方程的误差项之间既不存在异方差,也不存在同期相关,但随机误差项与解释变量相关时,无论是 OLS 估计量还是 GLS 估计量都是有偏非一致估计,此时需要采用二阶段最小二乘方法(two stage least square,TSLS/2SLS)对模型进行估计。关于二阶段最小二乘方法在 3.2 节中已有详细介绍,在这里只给出相应于固定影响变截距模型中各参数的 TSLS 估计量的计算公式。

如果矩阵 $\boldsymbol{Z}_i=(z_{i1},z_{i2},\cdots,z_{iq})$中的 $q(>k)$个变量同解释变量相关,但同随机误差项不相关,则可用 $\boldsymbol{Z}_i$ 作为工具变量对模型进行二阶段最小二乘估计,参数相应的估计结果为

$$\hat{\boldsymbol{\beta}}_{IV}=\left[\sum_{i=1}^{N}\boldsymbol{x}'_i\boldsymbol{Q}\boldsymbol{P}_{\widetilde{Z}_i}\boldsymbol{Q}\boldsymbol{x}_i\right]^{-1}\left[\sum_{i=1}^{N}\boldsymbol{x}'_i\boldsymbol{Q}\boldsymbol{P}_{\widetilde{Z}_i}\boldsymbol{Q}\boldsymbol{y}_i\right] \tag{6.3.32}$$

$$\hat{\alpha}_i=\bar{y}_i-\bar{\boldsymbol{x}}'_i\hat{\boldsymbol{\beta}}_{IV} \tag{6.3.33}$$

式中:

$$\boldsymbol{Q}=\boldsymbol{I}_T-\frac{1}{T}\boldsymbol{e}\boldsymbol{e}',\quad \widetilde{\boldsymbol{Z}}_i=\boldsymbol{Q}\boldsymbol{Z}_i,\quad \boldsymbol{P}_{\widetilde{Z}_i}=\widetilde{\boldsymbol{Z}}_i(\widetilde{\boldsymbol{Z}}'_i\widetilde{\boldsymbol{Z}}_i)^{-1}\widetilde{\boldsymbol{Z}}'_i$$

二阶段最小二乘方法本质上属于工具变量法,因此二阶段最小二乘估计也称为工具变量估计。

6.3.2　随机影响变截距模型

当数据中所包含的截面成员是所研究总体的所有单位时,即截面成员单位之间的差异可以被看作回归系数的参数变动时,固定影响模型是一个合理的面板数据模型。例如,在进行各省比较分析时,数据包括了所有的省份,此时使用固定影响模型进行分析是合理的。然而,当截面成员单位是随机地抽自一个大的总体时,固定影响模型便仅适用于所抽到的截面成员单位,而不适用于样本之外的其他单位。在这种情况下,如果仅仅对样本自身进行分析,选用固定影响模型仍然是合适的。如果想以样本结果对总体进行分析,则应该选用随机影响模型,即把反映截面差异的特定常数项看作跨截面成员的随机分布。例如,在企业投资需求研究中,如果只关心所选取企业的投资需求状况,便可以选用固定影响模型来进行分析,而如果关心的是所有同等规模企业的投资需求状况,把选取的企业当作所有同等规模企业的随机抽样,便应该选用随机影响模型进行分析。变截距模型中的这种固定影响模型和随机影响模型的选择原则,对下节所介绍的变系数模型也同样适用。

1. 随机影响变截距模型的形式

与固定影响模型不同,随机影响变截距模型把变截距模型中用来反映截面差异的截距项分为常数项和随机变量项两部分,并用其中的随机变量项来表示模型中被忽略的、反映截面差异的变量的影响。模型的基本形式为

$$y_{it}=\alpha+\boldsymbol{x}'_{it}\boldsymbol{\beta}+v_i+u_{it},\quad i=1,2,\cdots,N,\quad t=1,2,\cdots,T \tag{6.3.34}$$

式中：$\boldsymbol{x}_{it}=(x_{1,it},x_{2,it},\cdots,x_{k,it})'$；$\alpha$ 为截距中的常数项部分；v_i 为截距中的随机变量部分，代表截面的随机影响。对于式(6.3.34)所表示的模型，一般有如下的进一步假定。

① v_i 与 $\boldsymbol{x}_{it}$ 不相关；　(6.3.35)

② $E(u_{it})=E(v_i)=0$；　(6.3.36)

③ $E(u_{it}v_j)=0,\quad i,j=1,2,\cdots,N$；　(6.3.37)

④ $E(u_{it}u_{js})=0,\quad i\neq j,t\neq s$；　(6.3.38)

⑤ $E(v_iv_j)=0,\quad i\neq j$；　(6.3.39)

⑥ $E(u_{it}^2)=\sigma_u^2,\quad E(v_i^2)=\sigma_v^2$。　(6.3.40)

为了分析方便，可以将模型(6.3.34)写成如下形式：

$$y_{it}=\tilde{\boldsymbol{x}}'_{it}\boldsymbol{\delta}+w_{it} \tag{6.3.41}$$

式中：$\tilde{\boldsymbol{x}}_{it}=(1,\boldsymbol{x}'_{it})'$，$\boldsymbol{\delta}=(\alpha,\boldsymbol{\beta}')'$，$w_{it}=v_i+u_{it}$。

如果令 $\boldsymbol{w}_i=(w_{i1},w_{i2},\cdots,w_{iT})$，$\boldsymbol{w}=(\boldsymbol{w}_1,\boldsymbol{w}_2,\cdots,\boldsymbol{w}_N)$，则有如下假定。

① w_{it} 与 $\boldsymbol{x}_{it}$ 不相关；　(6.3.42)

② $E(w_{it})=0$；　(6.3.43)

③ $E(w_{it}^2)=\sigma_u^2+\sigma_v^2$，$E(w_{it}w_{is})=\sigma_v^2(t\neq s)$；　(6.3.44)

④ $E(\boldsymbol{w}_i'\boldsymbol{w}_i)=\sigma_u^2\boldsymbol{I}_T+\sigma_v^2\boldsymbol{ee}'=\boldsymbol{\Omega}$；　(6.3.45)

⑤ $E(\boldsymbol{w}'\boldsymbol{w})_{NT\times NT}=\boldsymbol{I}_N\otimes\boldsymbol{\Omega}=\mathbf{V}$。　(6.3.46)

可见，随机影响变截距模型的误差项为两种随机误差之和，方差为各随机误差的方差之和，因此各随机误差的方差（σ_u^2 和 σ_v^2）有时也被称为**方差成分**，相应地称该模型为**方差成分模型**(variance component model)或**误差成分模型**(error component model)。

从式(6.3.46)给出的结果可以看出，在由式(6.3.41)所表示的随机影响变截距模型中，随机误差项与解释变量不相关，但同一截面成员、不同时期的随机误差项之间存在一定的相关性。普通 OLS 估计虽然仍是无偏和一致估计，但其不再是最有效估计。因此，一般用广义最小二乘法对随机影响模型进行估计。

2. 随机影响变截距模型的估计

对于广义最小二乘法，主要是求转换矩阵。在式(6.3.46)中可以看出 NT 个观测值的扰动协方差矩阵为 $\mathbf{V}=\boldsymbol{I}_N\otimes\boldsymbol{\Omega}$，所以有 $\mathbf{V}^{-1}=\boldsymbol{I}_N\otimes\boldsymbol{\Omega}^{-1}$。

(1) 方差成分（$\boldsymbol{\sigma}_u^2$ 和 $\boldsymbol{\sigma}_v^2$）已知的情形

由于

$$\boldsymbol{\Omega}=\begin{pmatrix}\sigma_u^2+\sigma_v^2 & \sigma_v^2 & \cdots & \sigma_v^2\\ \sigma_v^2 & \sigma_u^2+\sigma_v^2 & \cdots & \sigma_v^2\\ \vdots & \vdots & \ddots & \vdots\\ \sigma_v^2 & \sigma_v^2 & \cdots & \sigma_u^2+\sigma_v^2\end{pmatrix}=\sigma_u^2\boldsymbol{I}_T+\sigma_v^2\boldsymbol{ee}' \tag{6.3.47}$$

式中：$e'=(1,\ 1,\ \cdots,\ 1)_{1\times T}$。因此有

$$\boldsymbol{\Omega}^{-1}=\frac{1}{\sigma_u^2}\left(\boldsymbol{I}_T-\frac{\sigma_v^2}{\sigma_u^2+T\sigma_v^2}\boldsymbol{ee}'\right) \tag{6.3.48}$$

当方差成分(σ_u^2 和 σ_v^2)已知时，可以求出模型(6.3.41)中参数$\boldsymbol{\delta}$ 的 GLS 估计量：

$$\hat{\boldsymbol{\delta}}_{GLS}=\left[\sum_{i=1}^{N}\tilde{\boldsymbol{x}}'_i\boldsymbol{\Omega}^{-1}\tilde{\boldsymbol{x}}_i\right]^{-1}\left[\sum_{i=1}^{N}\tilde{\boldsymbol{x}}'_i\boldsymbol{\Omega}^{-1}\boldsymbol{y}_i\right] \tag{6.3.49}$$

式中：$\tilde{\boldsymbol{x}}_i=(\tilde{\boldsymbol{x}}_{i1},\tilde{\boldsymbol{x}}_{i2},\cdots,\tilde{\boldsymbol{x}}_{iT})$，对应的协方差阵为

$$\text{var}(\hat{\boldsymbol{\delta}}_{GLS})=\sigma_u^2\left[\sum_{i=1}^{N}\tilde{\boldsymbol{x}}'_i\boldsymbol{\Omega}^{-1}\tilde{\boldsymbol{x}}_i\right]^{-1} \tag{6.3.50}$$

可见，当方差成分(σ_u^2 和 σ_v^2)已知时，可以很容易地计算出参数的 GLS 估计量。

(2) 方差成分($\boldsymbol{\sigma_u^2}$ 和 $\boldsymbol{\sigma_v^2}$)未知的情形

在实际分析中，方差成分几乎都是未知的。因此，需要采用可行广义最小二乘估计法(feasible generalized least squares，FGLS)对模型进行估计，即先利用数据求出未知方差成分的无偏估计，然后再进行广义最小二乘估计。

在计算方差成分的估计值时，经常使用的是 Swamy-Arora 方法①，即利用内部回归和均值回归的残差计算方差成分的估计值。虽然该方法在估计的过程中有一些多余模型的计算，但其方差成分估计量的表达式相对简单，各方差成分的无偏估计分别为

$$\hat{\sigma}_u^2=\frac{\sum_{i=1}^{N}\sum_{t=1}^{T}[(y_{it}-\bar{y}_i)-(\boldsymbol{x}_{it}-\bar{\boldsymbol{x}}_i)'\hat{\boldsymbol{\beta}}_{FE}]^2}{NT-N-k} \tag{6.3.51}$$

$$\hat{\sigma}_v^2=\frac{\sum_{i=1}^{N}(\bar{y}_i-\hat{\alpha}_i-\bar{\boldsymbol{x}}'_i\hat{\boldsymbol{\beta}}_{FE})^2}{N-k-1}-\frac{\hat{\sigma}_u^2}{T} \tag{6.3.52}$$

式中：$\bar{\boldsymbol{x}}_i=\left(\sum_{t=1}^{T}\boldsymbol{x}_{it}\right)/T$；$\bar{y}_i=\left(\sum_{t=1}^{T}y_{it}\right)/T$；$\hat{\boldsymbol{\beta}}_{FE}$ 和 $\hat{\alpha}_i$ 为参数的协方差估计，分别由式(6.3.3)和式(6.3.4)得到。

有了方差成分的无偏估计后，便可以得到未知矩阵 $\boldsymbol{\Omega}^{-1}$ 的相应估计：

$$\hat{\boldsymbol{\Omega}}^{-1}=\frac{1}{\hat{\sigma}_u^2}\left(\boldsymbol{I}_T-\frac{\hat{\sigma}_v^2}{\hat{\sigma}_u^2+T\hat{\sigma}_v^2}\boldsymbol{ee}'\right) \tag{6.3.53}$$

进而得到参数$\boldsymbol{\delta}$ 相应的 FGLS 估计量：

$$\hat{\boldsymbol{\delta}}_{FGLS}=\left[\sum_{i=1}^{N}\tilde{\boldsymbol{x}}'_i\hat{\boldsymbol{\Omega}}^{-1}\tilde{\boldsymbol{x}}_i\right]^{-1}\left[\sum_{i=1}^{N}\tilde{\boldsymbol{x}}'_i\hat{\boldsymbol{\Omega}}^{-1}\boldsymbol{y}_i\right] \tag{6.3.54}$$

个体随机影响 v_i 相应的估计为

$$\hat{v}_i=\frac{\hat{\sigma}_v^2}{\hat{\sigma}_B^2}\sum_{t=1}^{T}(y_{it}-\tilde{\boldsymbol{x}}'_{it}\hat{\boldsymbol{\delta}}_{GLS}),\quad i=1,2,\cdots,N \tag{6.3.55}$$

① SWAMY P. Efficient inference in a random coefficient regression model[J]. Econometrica, 1970(38): 311-323.

式中：

$$\hat{\sigma}_B^2=\frac{\sum_{i=1}^{N}(\bar{y}_i-\hat{\alpha}_i-\bar{\boldsymbol{x}}'_i\hat{\boldsymbol{\beta}}_{FE})^2}{N-k-1} \tag{6.3.56}$$

3. 非平衡数据的随机影响模型

在随机影响模型中，如果使用的数据是非平衡数据，则需要对 GLS 估计过程中的转换矩阵和 FGLS 估计过程中的方差成分估计做相应的修正。

如果设第 i 个截面成员的观测数据个数为 T_i，则转换矩阵 $\mathbf{V}^{-1}$ 的第 i 个对角分块为

$$\boldsymbol{\Omega}^{-1}=\frac{1}{\sigma_u^2}\left(\boldsymbol{I}_{T_i}-\frac{\sigma_v^2}{\sigma_u^2+T_i\sigma_v^2}\boldsymbol{ee}'\right) \tag{6.3.57}$$

方差成分的相应估计分别为

$$\hat{\sigma}_u^2=\frac{\sum_{i=1}^{N}\sum_{t=1}^{T_i}[(y_{it}-\bar{y}_i)-(\boldsymbol{x}_{it}-\bar{\boldsymbol{x}}_i)'\hat{\boldsymbol{\beta}}_{FE}]^2}{\sum_{i=1}^{N}T_i-N-k} \tag{6.3.58}$$

$$\hat{\sigma}_v^2=\frac{\sum_{i=1}^{N}(\bar{y}_i-\hat{\alpha}_i-\bar{\boldsymbol{x}}'_i\hat{\boldsymbol{\beta}}_{FE})^2}{N-k-1}-\frac{1}{N}\sum_{i=1}^{N}\frac{\hat{\sigma}_u^2}{T_i} \tag{6.3.59}$$

获得方差成分的估计后，根据式(6.3.54)和式(6.3.55)可以得到参数 $\boldsymbol{\delta}$ 和个体影响 v_i 相应的估计。

4. 随机影响模型的二阶段最小二乘估计

由于在随机影响变截距模型中同一截面成员不同时期的随机误差项之间存在一定的相关性，所以，当随机误差项与解释变量相关时，普通的 TSLS 估计虽然仍是无偏和一致估计，但其不再是最有效估计，此时，需要采用广义二阶段最小二乘（generalized two-stage least squares，GTSLS）对随机影响变截距模型进行估计。

广义二阶段最小二乘法是广义最小二乘法的二阶段法。该方法首先用 $\boldsymbol{Z}_i$ 作为工具变量对模型进行二阶段最小二乘估计，即根据式(6.3.32)和式(6.3.33)求出 $\hat{\boldsymbol{\beta}}_{IV}$ 和 $\hat{\alpha}_i$。然后，根据估计出来的方程方差对方差成分进行估计。方差成分相应的估计如下：

$$\hat{\sigma}_u^2=\frac{\sum_{i=1}^{N}\sum_{t=1}^{T}[(y_{it}-\bar{y}_i)-(\boldsymbol{x}_{it}-\bar{\boldsymbol{x}}_i)'\hat{\boldsymbol{\beta}}_{IV}]^2}{NT-N-k} \tag{6.3.60}$$

$$\hat{\sigma}_v^2=\frac{\sum_{i=1}^{N}(\bar{y}_i-\hat{\alpha}_i-\bar{\boldsymbol{x}}'_i\hat{\boldsymbol{\beta}}_{IV})^2}{N-k-1}-\frac{\hat{\sigma}_u^2}{T} \tag{6.3.61}$$

式中：$\bar{\boldsymbol{x}}_i = \left(\sum_{t=1}^{T} \boldsymbol{x}_{it}\right)/T$；$\bar{y}_i = \left(\sum_{t=1}^{T} y_{it}\right)/T$；$\hat{\boldsymbol{\beta}}_{IV}$ 和 $\hat{\alpha}_i$ 为参数的二阶段最小二乘估计。

有了方差成分的无偏估计后，便可以得到未知矩阵 $\boldsymbol{\Omega}^{-1/2}$ 的相应估计：

$$\hat{\boldsymbol{\Omega}}^{-1/2} = \frac{1}{\hat{\sigma}_u}\left(\boldsymbol{I}_T - \frac{\hat{\theta}}{T}\boldsymbol{ee}'\right) \tag{6.3.62}$$

式中：$\hat{\theta} = 1 - \frac{\hat{\sigma}_u}{(T\hat{\sigma}_v^2 + \hat{\sigma}_u^2)^{1/2}}$。

进而得到参数 $\boldsymbol{\delta}$ 相应的 GTSLS 估计量：

$$\hat{\boldsymbol{\delta}}_{GIV} = \left[\sum_{i=1}^{N} \tilde{\boldsymbol{x}}'_i \hat{\boldsymbol{\Omega}}^{-1/2} \boldsymbol{P}_{Z_i^*} \hat{\boldsymbol{\Omega}}^{-1/2} \tilde{\boldsymbol{x}}_i\right]^{-1} \left[\sum_{i=1}^{N} \tilde{\boldsymbol{x}}'_i \hat{\boldsymbol{\Omega}}^{-1/2} \boldsymbol{P}_{Z_i^*} \hat{\boldsymbol{\Omega}}^{-1/2} \boldsymbol{y}_i\right] \tag{6.3.63}$$

式中：$\tilde{\boldsymbol{x}}_i = (\tilde{\boldsymbol{x}}_{i1}, \tilde{\boldsymbol{x}}_{i2}, \cdots, \tilde{\boldsymbol{x}}_{iT})'$；$\tilde{\boldsymbol{x}}_{it} = (1, \boldsymbol{x}_{it})_{1\times(k+1)}$；$\boldsymbol{Z}_i^* = \hat{\boldsymbol{\Omega}}^{-1/2}\ \boldsymbol{Z}_i$；$\boldsymbol{P}_{Z_i^*} = \boldsymbol{Z}_i^* (\boldsymbol{Z}_i^{*\prime} \boldsymbol{Z}_i^*)^{-1} \boldsymbol{Z}_i^{*\prime}$。

个体随机影响 v_i 相应的估计为

$$\hat{v}_i = \frac{\hat{\sigma}_v^2}{\hat{\sigma}_B^2} \sum_{t=1}^{T} (y_{it} - \tilde{\boldsymbol{x}}'_{it} \hat{\boldsymbol{\delta}}_{GIV}), \quad i = 1, 2, \cdots, N \tag{6.3.64}$$

式中：

$$\hat{\sigma}_B^2 = \frac{\sum_{i=1}^{N} (\bar{y}_i - \hat{\alpha}_i - \bar{\boldsymbol{x}}'_i \hat{\boldsymbol{\beta}}_{GIV})^2}{N - k - 1} \tag{6.3.65}$$

6.3.3 Hausman 检验

根据对个体影响处理形式的不同，变截距模型分为固定影响模型和随机影响模型两种，因此，在利用面板数据建模时所面临的主要问题便是如何在固定影响模型和随机影响模型中进行选择。究竟应该将模型中的个体影响设定为固定影响还是随机影响？Hausman(1978)①等学者认为应该总是把个体影响处理为随机的，即随机影响模型优于固定影响模型，其主要原因为：固定影响模型将个体影响设定为跨截面变化的常数使分析过于简单，并且从实践的角度看，在估计固定影响模型时将损失较多的自由度，特别是对"宽而短"的面板数据。但相对于固定影响模型，随机影响模型也存在明显的不足：在随机影响模型中是假设随机变化的个体影响与模型中的解释变量不相关，而在实际建模过程中这一假设很有可能由于模型中省略了一些变量而不满足，从而导致估计结果出现不一致性。

因此，在确定固定影响还是随机影响时，一般的做法是：先建立随机影响的模型，然后检验该模型是否满足个体影响与解释变量不相关的假设，如果满足就将模型确定为随

---

① HAUSMAN J A. Specification tests in econometrics[J]. Econometrica, 1978, 46(6): 1251-1271.
HAUSMAN J A, TAYLOR W E. Panel data and unobservable individual effects[J]. Econometrica, 1981, 49(6): 1377-1398.

机影响的形式，反之则将模型确定为固定影响的形式。

对于如何检验模型中个体影响与解释变量之间是否相关，Hausman(1978)提出了一种严格的统计检验方法——Hausman 检验。该检验的原假设是：随机影响模型中个体影响与解释变量不相关，检验过程中所构造的统计量(W)形式如下：

$$W=[\boldsymbol{b}-\hat{\boldsymbol{\beta}}]'\hat{\boldsymbol{\Sigma}}^{-1}[\boldsymbol{b}-\hat{\boldsymbol{\beta}}] \tag{6.3.66}$$

式中：$\boldsymbol{b}$ 为固定影响模型中回归系数的估计结果；$\hat{\boldsymbol{\beta}}$ 为随机影响模型中回归系数的估计结果；$\hat{\boldsymbol{\Sigma}}$ 为两类模型中回归系数估计结果之差的方差，即

$$\hat{\boldsymbol{\Sigma}}=\mathrm{var}[\boldsymbol{b}-\hat{\boldsymbol{\beta}}] \tag{6.3.67}$$

Hausman 证明在原假设下，式(6.3.66)给出的统计量 W 服从自由度为 k 的 χ^2 分布，k 为模型中解释变量的个数。

例 6.4　城镇居民消费行为的区域差异分析

为了进一步对城镇居民消费行为的区域差异性进行分析，本例按照国家有关部门的划分标准将 29 个省(区、市)划分为 3 个区域——东部、中部和西部，其中东部区域包括北京市、天津市、河北省、辽宁省、上海市、江苏省、浙江省、福建省、山东省、广东省和海南省($N_1=11$)；中部区域包括山西省、吉林省、黑龙江省、安徽省、江西省、河南省、湖北省和湖南省($N_2=8$)；西部区域包括内蒙古自治区、四川省、广西壮族自治区、贵州省、云南省、陕西省、甘肃省、青海省、宁夏回族自治区和新疆维吾尔自治区($N_3=10$)。利用 29 个省市的居民收入、消费数据，分别建立东部、中部和西部的城镇居民的消费模型，对各区域的城镇居民消费结构进行对比分析。

各模型中的被解释变量为城镇居民人均全年消费 CS，解释变量为城镇居民人均全年可支配收入 YD(单位：元)，变量均为年度数据，样本区间为 1991—1994 年。东部、中部和西部城镇居民消费模型形式设定检验结果由表 6.3.4 给出。

表 6.3.4　东部、中部和西部城镇居民消费模型形式设定检验结果

检验统计量	东部	中部	西部
F_2	3.67** (2.07)	2.72** (2.37)	2.04* (2.15)
F_1	1.90 (2.30)	1.05 (2.66)	0.52 (2.39)
Hausman 检验 (W 统计量)	2.51 (3.84)	0.29 (3.84)	0.001 (3.84)

注：统计量 F_2 和 F_1 分别由式(6.2.7)和式(6.2.8)计算得到，括号内数值为 F 统计量的临界值，“*”“**”分别表示在 10%、5%的显著性水平下拒绝原假设。Hausman 检验是由式(6.3.66)计算得到的 W 统计量，括号内为自由度为 1 的 χ^2 统计量的临界值。

从表 6.3.4 中可以看出,东部、中部和西部城镇居民消费模型的 F_2 均在 5%或 10%的显著性水平下显著,而各模型的 F_1 均小于相应临界值,可见,对 3 个模型进行模型形式设定检验时均拒绝 H_2 且接受 H_1,因此,东部、中部和西部城镇居民消费模型均应采用变截距形式。

同时,从 3 个模型的进一步 Hausman 检验结果中可以看出,3 个模型的 W 统计量均小于临界值,这说明各模型均无法拒绝个体影响与解释变量不相关的原假设,因此应该将 3 个区域的城镇居民消费模型中的个体影响确定为随机影响形式,即分别建立东部、中部和西部城镇居民消费的随机影响变截距模型。

模型形式为

$$CS_{j,it}=\alpha_j+\beta_j\times YD_{j,it}+v_{j,i}+u_{j,it}$$

式中:$j=1,2,3$ 分别代表东部、中部和西部地区;$i=1,2,\cdots,N_j$,N_j 分别表示东、中、西部包含的地区个数,$N_1=11$,$N_2=8$,$N_3=10$;t 表示时间期间;α_j 为东、中、西部地区的平均自发消费水平;$v_{j,i}$ 为随机变量,代表 j 地区中 i 城市或省份的随机影响,用来反映地区内部不同省市间的消费特征差异;β_j 为各地区的平均边际消费倾向,反映不同地区城镇居民消费行为的差异。

使用 Swamy-Arora 方法估计方差成分,对 3 个随机影响变截距模型进行估计,估计结果由表 6.3.5 给出(其中各模型中随机影响 $v_{j,i}$ 的估计结果略)。

表 6.3.5　各地区边际消费倾向($\boldsymbol{\beta}_j$)的估计结果

参数	东部	中部	西部
α_j	175.77(5.24)*	101.24(3.80)*	112.19(3.02)*
β_j	0.766(80.99)*	0.777(70.88)*	0.784(53.83)*
R^2	0.993	0.994	0.987
样本容量	44	32	40

注:括号内数值为估计值对应的 t 统计量;"*"表示在 5%的显著性水平下拒绝原假设。

从估计结果可以看出,1991—1994 年,东部、中部和西部 3 个区域的城镇居民消费特征存在明显的差异。从自发消费水平上看,东部地区的平均城镇居民自发消费明显高于中部和西部地区,西部地区的城镇居民自发消费水平略高于中部地区。从平均边际消费倾向上看,东部、中部和西部 3 个区域中西部地区的城镇居民边际倾向最高,而东部地区的城镇居民边际消费倾向最低,这主要是由于西部地区的城镇居民收入水平较低,而东部地区的城镇居民收入水平相对较高。

6.4　变系数模型

前面所介绍的变截距模型中,横截面成员的个体影响是用变化的截距来反映的,即用变化的截距来反映模型中忽略的反映个体差异的变量的影响。然而现实中变化的经济结构或不同的社会经济背景等因素有时会导致反映经济结构的参数随着横截面个体的变化而变化。因此，当现实数据不支持不变系数模型（变截距模型）时，便需要考虑这种系数随横截面个体的变化而改变的变系数模型。

变系数模型的基本形式如下：

$$y_{it}=\alpha_i+\boldsymbol{x}'_{it}\boldsymbol{\beta}_i+u_{it},\quad i=1,2,\cdots,N,\quad t=1,2,\cdots,T \tag{6.4.1}$$

式中：y_{it} 为因变量；$\boldsymbol{x}_{it}=(x_{1,it},x_{2,it},\cdots,x_{k,it})'$，为 $k\times1$ 维解释变量向量；N 为截面成员个数；T 为每个截面成员的观测时期总数；参数 α_i 为模型的常数项；$\boldsymbol{\beta}_i$ 为对应于解释变量向量 $\boldsymbol{x}_{it}$ 的系数向量；随机误差项 u_{it} 相互独立，且满足零均值、等方差的假设。

在式(6.4.1)所表示的变系数模型中，常数项 α_i 和系数向量 $\boldsymbol{\beta}_i$ 都是随着横截面个体的改变而变化的，因此可以将变系数模型改写成如下形式：

$$y_{it}=\tilde{\boldsymbol{x}}'_{it}\boldsymbol{\delta}_i+u_{it},\quad i=1,2,\cdots,N,\quad t=1,2,\cdots,T \tag{6.4.2}$$

式中：$\tilde{\boldsymbol{x}}_{it}=(1,\boldsymbol{x}'_{it})'$；$\boldsymbol{\delta}'_i=(\alpha_i,\boldsymbol{\beta}'_i)$。

模型相应的矩阵形式为

$$\boldsymbol{Y}=\widetilde{\boldsymbol{X}}\boldsymbol{\Delta}+\boldsymbol{u} \tag{6.4.3}$$

式中：$\boldsymbol{Y}=\begin{pmatrix}\boldsymbol{y}_1\\\boldsymbol{y}_2\\\vdots\\\boldsymbol{y}_N\end{pmatrix}_{NT\times1}$；$\boldsymbol{y}_i=\begin{pmatrix}y_{i1}\\y_{i2}\\\vdots\\y_{iT}\end{pmatrix}_{T\times1}$；$\widetilde{\boldsymbol{X}}=\begin{pmatrix}\tilde{\boldsymbol{x}}_1&0&\cdots&0\\0&\tilde{\boldsymbol{x}}_2&\cdots&0\\\vdots&\vdots&\ddots&\vdots\\0&0&\cdots&\tilde{\boldsymbol{x}}_N\end{pmatrix}_{NT\times N(k+1)}$；

$\tilde{\boldsymbol{x}}_i=\begin{pmatrix}\tilde{x}_{i,11}&\tilde{x}_{i,12}&\cdots&\tilde{x}_{i,1(k+1)}\\\tilde{x}_{i,21}&\tilde{x}_{i,22}&\cdots&\tilde{x}_{i,2(k+1)}\\\vdots&\vdots&\ddots&\vdots\\\tilde{x}_{i,T1}&\tilde{x}_{i,T2}&\cdots&\tilde{x}_{i,T(k+1)}\end{pmatrix}_{T\times(k+1)}$；$\boldsymbol{\Delta}=\begin{pmatrix}\delta_1\\\delta_2\\\vdots\\\delta_N\end{pmatrix}_{N(k+1)\times1}$；$\boldsymbol{u}=\begin{pmatrix}\boldsymbol{u}_1\\\boldsymbol{u}_2\\\vdots\\\boldsymbol{u}_N\end{pmatrix}_{NT\times1}$；

$\boldsymbol{u}_i=\begin{pmatrix}u_{i1}\\u_{i2}\\\vdots\\u_{iT}\end{pmatrix}_{T\times1}$

类似于变截距模型，根据系数变化的不同形式，变系数模型也分为固定影响变系数模型和随机影响变系数模型两种类型。

6.4.1　固定影响变系数模型

1. 不同截面之间随机误差项不相关的固定影响变系数模型

在固定影响变系数模型中，系数向量 $\boldsymbol{\delta}_i$ 为跨截面变化的常数向量。因此，当不同横截面之间的随机误差项不相关时，固定影响变系数模型的估计是极为简单的。可以将模型分成对应于横截面的 N 个单方程，利用各横截面的时间序列数据采用经典的单方程模型估计方法分别估计各单方程中的参数。

2. 不同截面之间随机误差项相关的固定影响变系数模型

当不同横截面的随机误差项之间存在相关性时,即 $E(\boldsymbol{u}_i\boldsymbol{u}_j')=\boldsymbol{\Omega}_{ij}\neq 0(i\neq j)$时,各截面上的单方程 OLS 估计量虽然仍是一致和无偏的,但不是最有效的,因此需要使用广义最小二乘法对模型进行估计。如果协方差矩阵 $\boldsymbol{\Omega}_{ij}$ 已知,即

$$\boldsymbol{V}=\begin{bmatrix}\boldsymbol{\Omega}_{11} & \boldsymbol{\Omega}_{12} & \cdots & \boldsymbol{\Omega}_{1N}\\ \boldsymbol{\Omega}_{21} & \boldsymbol{\Omega}_{22} & \cdots & \boldsymbol{\Omega}_{2N}\\ \vdots & \vdots & \ddots & \vdots\\ \boldsymbol{\Omega}_{N1} & \boldsymbol{\Omega}_{N2} & \cdots & \boldsymbol{\Omega}_{NN}\end{bmatrix}_{NT\times NT} \tag{6.4.4}$$

则可以直接得到参数的 GLS 估计:

$$\hat{\boldsymbol{\delta}}_{GLS}=(\widetilde{\boldsymbol{X}}'\boldsymbol{V}^{-1}\widetilde{\boldsymbol{X}})^{-1}\widetilde{\boldsymbol{X}}'\boldsymbol{V}^{-1}\boldsymbol{Y} \tag{6.4.5}$$

如果协方差矩阵 $\boldsymbol{\Omega}_{ij}$ 未知,则需要先进行横截面上的单方程的 OLS 估计,用相应的残差估计值构造协方差矩阵的估计量,然后进行 GLS 估计。

例 6.5　研究企业投资需求的固定影响变系数模型

例 6.1 的检验结果认为研究 5 家美国企业的投资需求状况的模型应采用变系数的形式,同时由于研究仅集中于 5 家企业的投资需求状况,因此选取固定影响的变系数模型进行分析。模型形式为

$$I_i=\alpha_i+\boldsymbol{M}_i\beta_{1i}+\boldsymbol{K}_i\beta_{2i}+\boldsymbol{u}_i,\quad i=1,2,\cdots,5$$

由于数据中的 5 家企业分属于 3 个不同的行业,2 家汽车企业,2 家电气企业,而美国钢铁公司是另 4 家公司的主要供应商,影响这些企业的微观因素在不同程度上影响它们全体,因此允许模型中存在横截面异方差和同期相关,用相应的 GLS 法(cross-section SUR)对模型进行估计,由于 α_i 不显著,所以模型中不包含截距项。估计结果由表 6.4.1 给出。

表 6.4.1　系数 $\boldsymbol{\beta}_{1i}$ 和 $\boldsymbol{\beta}_{2i}$ 的估计结果

企　业	β_{1i} 估计值	β_{1i} 的 t 统计量	β_{2i} 估计值	β_{2i} 的 t 统计量
通用汽车(GM)	0.083	12.1	0.392	11.65
克莱斯勒(CH)	0.069	11.63	0.314	12.21
通用电气(GE)	0.026	5.34	0.129	6.22
西　　屋(WE)	0.058	9.68	0.045 4	1.18
美国钢铁(US)	0.136	6.91	0.435	3.69

从估计结果可以看出,5 家企业的投资需求结构具有明显的差异。在 5 家企业中,预期利润边际投资倾向最高是美国钢铁公司,其次是汽车制造行业的两家公司——通用汽车和克莱斯勒,而资产存量边际投资倾向最高的仍是美国钢铁公司,最低的是西屋公司。

例 6.6　城镇居民消费的固定影响变系数模型

如果将例6.2的样本区间调整为1991—2003年，则利用6.2节所介绍的模型形式设定检验方法($N=29, k=1, T=13$)，计算得到的两个F统计量分别为

$$F_2=8.635 \qquad F_1=6.491$$

查F分布表，在给定5%的显著性水平下，得到相应的临界值为

$$F_{2\alpha}(56,319)=1.37 \qquad F_{1\alpha}(28,319)=1.51$$

由于$F_2>1.37$，所以拒绝H_2；又由于$F_1>1.51$，所以也拒绝H_1。

可见，随着时间的推移，省市之间的消费结构进一步发生了变化，当样本区间为1991—2003年时，反映城镇居民消费的面板数据模型应采用变系数形式，即模型具体形式如下：

$$CS_{it}=\alpha+\alpha_i^*+\beta_i\times YD_{it}+u_{it}, \quad i=1,2,\cdots,29, t=1,2,\cdots,T$$

式中：α为29个省市的平均自发消费水平；α_i^*为i地区自发消费对平均自发消费的偏离；β_i为i地区的边际消费倾向，α_i^*和β_i一起刻画了省市间的消费结构差异。

仍然使用GLS法对模型进行估计，估计结果如下：

$$\widehat{CS}_{it}=222.23+\hat{\alpha}_i^*+\hat{\beta}_i\times YD_{it}$$
$$t=(4.628)$$

其中反映各地区消费差异的β_i的估计结果由表6.4.2给出。

从估计结果可以看出，对于例子中的29个省市来说，从1991—2003年的平均状况来看，不仅各地区的城镇居民自发消费显著不同，而且各地区的城镇居民的平均边际消费倾向也存在显著的差异，其中山西的城镇居民边际消费倾向最高，为0.84，其次为湖南和宁夏，均为0.82，而城镇居民平均边际消费倾向最低地区是江西，其次是海南。

表 6.4.2　各地区边际消费倾向($\boldsymbol{\beta}_i$)的估计结果

地区i	β_i估计值	地区i	β_i估计值
安徽(AH)	0.74	江西(JX)	0.67
北京(BJ)	0.79	辽宁(LN)	0.80
福建(FJ)	0.69	内蒙古(NMG)	0.73
广东(GD)	0.78	宁夏(NX)	0.82
甘肃(GS)	0.79	青海(QH)	0.77
广西(GX)	0.72	四川(SC)	0.80
贵州(GZ)	0.76	山东(SD)	0.72
河北(HB)	0.72	上海(SH)	0.72
河南(HEN)	0.75	陕西(SHX)	0.73

续表

地区 i	β_i 估计值	地区 i	β_i 估计值
黑龙江(HLJ)	0.71	山西(SX)	0.84
海南(HN)	0.69	天津(TJ)	0.74
湖北(HUB)	0.81	新疆(XJ)	0.79
湖南(HUN)	0.82	云南(YN)	0.78
吉林(JL)	0.78	浙江(ZJ)	0.72
江苏(JS)	0.70		

3. 含有 AR(p)项的固定影响变系数模型

对于含有 AR(p)项的固定影响变系数模型，经适当的变换，可以将其转换成基本的固定影响变系数模型进行估计。

例如，含有 AR(1)项的固定影响变系数模型的基本形式如下：

$$y_{it}=\alpha_i+\boldsymbol{x}'_{it}\boldsymbol{\beta}_i+u_{it},\quad i=1,2,\cdots,N,\quad t=1,2,\cdots,T \tag{6.4.6}$$

$$u_{it}=\rho_i u_{it-1}+\varepsilon_{it} \tag{6.4.7}$$

式中：ε_{it} 为白噪声。

则含有 AR(1)项的固定影响变系数模型(6.4.6)可变形为

$$y_{it}=\rho_i y_{it-1}+\alpha_i(1-\rho_i)+(\boldsymbol{x}_{it}-\rho_i\boldsymbol{x}_{it-1})'\boldsymbol{\beta}_i+\varepsilon_{it} \tag{6.4.8}$$

利用前面所介绍的固定影响变系数模型的估计方法，能够实现对于变形后的模型(6.4.8)的估计。

类似地，对于含有 AR(p)项的固定影响变截距模型，也可以经适当变换转变为基本的固定影响变截距模型进行估计。

6.4.2　随机影响变系数模型

1. 随机影响模型的形式

考虑如下形式的变系数模型：

$$y_{it}=\tilde{\boldsymbol{x}}'_{it}\boldsymbol{\delta}_i+u_{it},\quad i=1,2,\cdots,N,\quad t=1,2,\cdots,T \tag{6.4.9}$$

式中：$\tilde{\boldsymbol{x}}_{it}=(1,\boldsymbol{x}'_{it})'$；$\boldsymbol{\delta}'_i=(\alpha_i,\boldsymbol{\beta}'_i)$。

在随机影响变系数模型中，系数向量 $\boldsymbol{\delta}_i$ 为跨截面变化的随机值向量，其一个基本的模型设定为

$$\boldsymbol{\delta}_i=\bar{\boldsymbol{\delta}}+\boldsymbol{v}_i,\quad i=1,2,\cdots,N \tag{6.4.10}$$

式中：$\bar{\boldsymbol{\delta}}$ 为跨截面变化的系数的均值部分；$\boldsymbol{v}_i$ 为随机变量，表示变化系数的随机部分，其服从如下假设[Swamy(1970)]：

① $E(\boldsymbol{v}_i)=\boldsymbol{0}_{k+1}$；　(6.4.11)

② $E\left(\underset{(k+1)\times(k+1)}{\boldsymbol{v}_i\boldsymbol{v}_j'}\right)=\begin{cases}\lambda\boldsymbol{I}_{k+1}, & i=j\\ \boldsymbol{0}_{(k+1)\times(k+1)}, & i\neq j\end{cases}$；　(6.4.12)

③ $E(\tilde{\boldsymbol{x}}_{it}'\boldsymbol{v}_j')=\boldsymbol{0}_{(k+1)\times(k+1)}$，$E(\boldsymbol{v}_i\boldsymbol{u}_j')=\boldsymbol{0}_{(k+1)\times T}$；　(6.4.13)

④ $E(\boldsymbol{u}_i\boldsymbol{u}_j')=\begin{cases}\sigma_i^2\boldsymbol{I}_T, & i=j\\ \boldsymbol{0}_{T\times T}, & i\neq j\end{cases}$。　(6.4.14)

此时，模型(6.4.9)的矩阵形式可以改写为

$$\boldsymbol{Y}=\tilde{\boldsymbol{X}}\bar{\boldsymbol{\delta}}+\boldsymbol{D}\boldsymbol{v}+\boldsymbol{u} \tag{6.4.15}$$

式中：$\boldsymbol{v}=(\boldsymbol{v}_1,\boldsymbol{v}_2,\cdots,\boldsymbol{v}_N)'$；$\tilde{\boldsymbol{X}}=(\tilde{\boldsymbol{x}}_1,\tilde{\boldsymbol{x}}_2,\cdots,\tilde{\boldsymbol{x}}_N)'_{NT\times(k+1)}$；$\boldsymbol{D}=diag(\tilde{\boldsymbol{x}}_1,\tilde{\boldsymbol{x}}_2,\cdots,\tilde{\boldsymbol{x}}_N)_{NT\times N(k+1)}$，$\boldsymbol{D}$ 是 $\tilde{\boldsymbol{x}}_i$ 的分块对角矩阵；复合误差项 $\boldsymbol{D}\boldsymbol{v}+\boldsymbol{u}$ 的协方差矩阵 $\boldsymbol{\Lambda}$ 为分块对角阵，即有

$$\boldsymbol{\Lambda}=\begin{pmatrix}\boldsymbol{\Phi}_1 & \boldsymbol{0} & \cdots & \boldsymbol{0}\\ \boldsymbol{0} & \boldsymbol{\Phi}_2 & \cdots & \boldsymbol{0}\\ \vdots & \vdots & \ddots & \vdots\\ \boldsymbol{0} & \boldsymbol{0} & \cdots & \boldsymbol{\Phi}_N\end{pmatrix}_{NT\times NT} \tag{6.4.16}$$

式中：$\boldsymbol{\Phi}_i=\tilde{\boldsymbol{x}}_i\boldsymbol{H}\tilde{\boldsymbol{x}}_i'+\sigma_i^2\boldsymbol{I}_T$，$\boldsymbol{H}=\lambda\boldsymbol{I}_{k+1}$。

2. 随机影响模型的估计

同随机影响变截距模型类似，在 Swamy(1970)的假设下，如果$(1/NT)\tilde{\boldsymbol{X}}\tilde{\boldsymbol{X}}'$收敛于非零常数矩阵，则通过 $\boldsymbol{y}$ 对$\tilde{\boldsymbol{X}}$ 的简单回归而得到的参数 $\bar{\boldsymbol{\delta}}$ 的估计是无偏和一致的，但其不是最有效的。$\bar{\boldsymbol{\delta}}$ 的最优线性无偏估计是下面由式(6.4.17)给出的广义最小二乘估计：

$$\hat{\bar{\boldsymbol{\delta}}}_{GLS}=\left[\sum_{i=1}^{N}\tilde{\boldsymbol{x}}_i'\boldsymbol{\Phi}_i^{-1}\tilde{\boldsymbol{x}}_i\right]^{-1}\left[\sum_{i=1}^{N}\tilde{\boldsymbol{x}}_i'\boldsymbol{\Phi}_i^{-1}\boldsymbol{y}_i\right]=\sum_{i=1}^{N}\boldsymbol{W}_i\hat{\boldsymbol{\delta}}_i \tag{6.4.17}$$

式中：$\boldsymbol{W}_i=[\boldsymbol{H}+\sigma_i^2(\tilde{\boldsymbol{x}}_i'\tilde{\boldsymbol{x}}_i)^{-1}]^{-1}/\sum_{i=1}^{N}[\boldsymbol{H}+\sigma_i^2(\tilde{\boldsymbol{x}}_i'\tilde{\boldsymbol{x}}_i)^{-1}]^{-1}$；$\hat{\boldsymbol{\delta}}_i=(\tilde{\boldsymbol{x}}_i'\tilde{\boldsymbol{x}}_i)^{-1}\tilde{\boldsymbol{x}}_i'\boldsymbol{y}_i$。

从式(6.4.17)可以看出参数 $\bar{\boldsymbol{\delta}}$ 的 GLS 估计是各横截面上 OLS 估计的矩阵加权平均，权重同各自的协方差成正比。如果各随机误差项的方差（$\boldsymbol{H}$ 和 σ_i^2）已知，根据式(6.4.17)可以很容易地计算出参数的 GLS 估计量。然而，在实际分析中，这两项方差几乎都是未知的，因此需要采用可行广义最小二乘估计法对模型进行估计，即先利用数据求出未知方差的无偏估计，然后再进行广义最小二乘估计。

经常使用的 Swamy-Arora 方法给出的两项方差的无偏估计分别为

$$s_i^2=\frac{\hat{\boldsymbol{u}}_i\hat{\boldsymbol{u}}_i'}{T-k-1} \tag{6.4.18}$$

式中：s_i^2 为 σ_i^2 的估计值；$\hat{\boldsymbol{u}}_i$ 为对横截面个体 i 所对应的单方程进行 OLS 估计后得到

的残差项。

$$\hat{\boldsymbol{H}}=\frac{1}{(N-1)}\sum_{i=1}^{N}\left(\hat{\boldsymbol{\delta}}_i-\frac{1}{N}\sum_{j=1}^{N}\hat{\boldsymbol{\delta}}_j\right)\left(\hat{\boldsymbol{\delta}}_i-\frac{1}{N}\sum_{j=1}^{N}\hat{\boldsymbol{\delta}}_j\right)'-\frac{1}{N}\sum_{i=1}^{N}s_i^2(\tilde{\boldsymbol{x}}'_i\tilde{\boldsymbol{x}}_i)^{-1} \tag{6.4.19}$$

式中：$\hat{\boldsymbol{\delta}}_i=(\tilde{\boldsymbol{x}}'_i\tilde{\boldsymbol{x}})^{-1}\tilde{\boldsymbol{x}}'_i\boldsymbol{y}_i$。

有了两项方差的无偏估计后，便可以得到未知矩阵 $\boldsymbol{\Phi}_i$ 的相应估计：

$$\hat{\boldsymbol{\Phi}}_i=\tilde{\boldsymbol{x}}_i H\tilde{\boldsymbol{x}}'_i+s_i^2\boldsymbol{I}_T \tag{6.4.20}$$

对于由式(6.4.10)给出的含有随机部分 $\boldsymbol{v}_i$ 的变化的系数 $\boldsymbol{\delta}_i$，利用 GLS 法便可以很容易得到 $\boldsymbol{\delta}_i$ 的 FGLS 估计：

$$\hat{\boldsymbol{\delta}}_i^*=\bar{\boldsymbol{\delta}}_{GLS}+\hat{\boldsymbol{H}}\tilde{\boldsymbol{x}}'_i(\tilde{\boldsymbol{x}}_i\hat{\boldsymbol{H}}\tilde{\boldsymbol{x}}'_i+\sigma_i^2\boldsymbol{I}_T)^{-1}(\boldsymbol{y}_i-\tilde{\boldsymbol{x}}_i\bar{\boldsymbol{\delta}}_{GLS}) \tag{6.4.21}$$

6.5　EViews 软件的相关操作[①]

EViews 对面板数据模型的估计有 2 种方式：①在时间序列工作文件(Dated-regular frequency)上通过 Pool 对象建立面板数据模型；②在具有面板结构的工作文件(Panel Workfile)上建立面板数据模型。本节仅介绍第①种方式，第②种方式在本书的中高级的第 9 章介绍。

6.5.1　含有 Pool 对象的工作文件

Pool 对象在 EViews 中扮演着两种角色。首先，Pool 对象中包含了一系列的标识名。这些标识名描述了工作文件中的面板数据的数据结构。在这个角色中，Pool 对象在管理和处理面板数据上的功能与组对象有些相似。其次，利用 Pool 对象中的过程可以实现对各种面板数据模型的估计及对估计结果的检验和处理。在这个角色中，Pool 对象与方程对象有些相似。

1. Pool 对象的基本操作

(1) 创建 Pool 对象

创建 Pool 对象，首先选择 Objects/New Object/Pool，并在图 6.5.1 的编辑窗口中输入截面成员的识别名称。如例 6.1 的截面成员识别名称为：_GM，_CH，_GE，_WE，_US 。

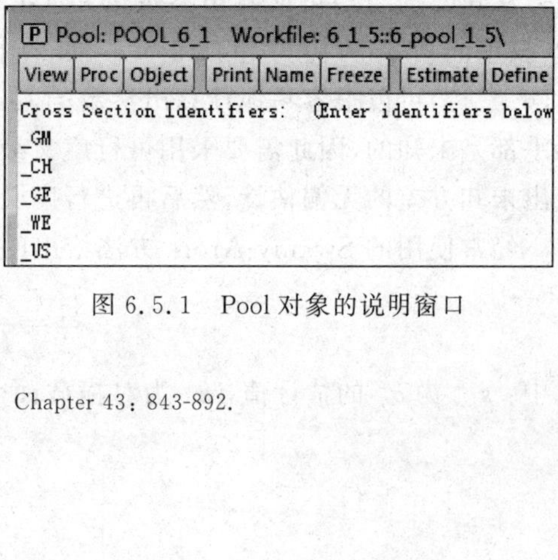

图 6.5.1　Pool 对象的说明窗口

在编辑窗口中输入的截面成员识别名称之间可用空格、换行或回车分隔，图 6.5.1 中

① EViews 10 User's Guide Ⅰ，IHS Global Inc.，2017. Chapter 43：843-892.

的列表是将例子中 5 个截面成员名称在不同的行中给出。对截面成员的识别名称没有特别要求，但是由于编辑窗口中所输入的截面成员识别名称将作为相应序列的名称的一部分，因此要求能使用这些截面成员识别名称构成合法的 EViews 序列名称。需要指出的是，此处在每个识别名中所使用的"_"字符并不是必需的，但如果把它作为序列名的后半部分，可以很容易识别该序列属于哪个截面成员。

值得注意的是，一个 Pool 对象只是对数据结构的一种基本描述，其本身并不包含序列和数据，这种对象和数据的分离使得一个工作文件中可以有多个不同 Pool 对象，而不同的 Pool 对象可以对工作文件中不同组合的数据进行分别处理。删除一个 Pool 并不会同时删除它所使用的序列。不过还是可以利用 Pool 对象对其所使用的序列数据进行删除、建立和相应的操作。

(2) 观察或编辑 Pool 定义

单击工具条的 Define 按钮或选择 View/Cross－Section Identifiers，显示 Pool 中的截面成员识别名称。如果需要，也可以对识别名称列进行编辑。

2. Pool 数据

所有的 Pool 数据都被存放在普通的 EViews 序列中。这些序列可以按通常方式使用：可以列表显示，图形显示，产生新序列，或用于估计。同时也可以使用 Pool 对象来处理各单独序列。在含有 Pool 对象的工作文件中有两类序列：普通序列和 Pool 序列。

(1) 普通序列

普通序列是指其某一时期的数据值对各截面成员都是相同的。我们可以用单独的一个序列来存放变量的数据，每个截面成员都可以使用这一序列中的数据。例如，在一个包含由多个企业构成的 Pool 对象的工作文件中，关于宏观经济状况的变量，像全国的 GDP 和货币供应量这些宏观经济指标，在某一时期对各个企业来说都是不变的。因此，需要用两个单独的序列来分别存放 GDP 和货币供应量的数据。由于普通序列与截面成员无关，因此可以不用参照 Pool 对象对其进行定义。

(2) Pool 序列

一个 Pool 序列在工作文件中实际就是一组序列，但是 Pool 序列又有其自身的特点。Pool 序列中每一个序列的序列名都是由基本名和截面识别名构成的。一般基本名表示经济指标名，截面识别名表示个体。Pool 序列的序列名使用的是基本名和"?"占位符，其中"?"代表截面识别名。例如，在例 6.1 中，Pool 对象中的截面成员为："_GM""_CH""_GE""_WE"和"_US"，并且有各截面成员的总投资数据，因此在工作文件中应该建立 5 个分别对应各个截面成员企业的总投资序列。5 个总投资序列的序列名分别为 I_GM，I_CH，I_GE，I_WE 和 I_US，则相应的 Pool 序列的序列名为 I?。如果 5 个总投资序列的序列名分别为 GM_I，CH_I，GE_I，WE_I 和 US_I，则相应的 Pool 序列的序列名为 ?I。

当使用一个 Pool 序列时，EViews 默认为准备使用 Pool 序列中的所有序列。EViews 会自动循环查找所有截面识别名称并用识别名称替代"?"，然后 EViews 就会按指令使用这些含有截面成员识别名的替代后的序列名称。

在这里需要强调一点：如果没有截面识别名称列表，占位符“?”的使用也就没有意义了，因此这种功能仅仅在Pool对象中存在。如果在Pool对象外使用Pool序列，EViews会把“?”作为通配符，从而会显示“变量没有定义”的错误提示信息。

6.5.2 Pool对象中数据处理

1. Pool对象中数据的输入

在Pool对象中的三维数据包括了3方面的信息：截面成员、时期和变量。如例6.1中，有截面成员：GM，CH，GE，WE，US；时期：1935—1954年；变量：I?，M?，K?。但使用三维数据比较困难，一般都要转化成二维数据。对于这种表示形式的转化有几种常用的方法。

(1) 非堆积数据

这种形式中，每个截面成员的每个变量的观测值按时间序列分别建立各自的序列对象，如例6.1中，I_CH，I_GE，…但是需要注意的是，所输入的序列名称应该与建立的Pool对象中命名规则相对应。

(2) 堆积数据

Pool数据可排列成堆积形式，即每个变量的所有数据堆积在一起。堆积方式有两种。

① **按截面成员堆积**。对第1个时期依次排列不同截面成员的数据，然后按时期依次按同样顺序排列。

② **按日期堆积**。对第1个截面成员按时间序列排列数据，然后按截面成员次序依次排列不同截面成员的时间序列数据。

打开Pool序列的堆积式数据表。在表中可以单击Order +/-按钮，进行按截面成员堆积和按日期堆积之间的转换。

(3) 数据的输入和显示

打开Pool，单击View/Spreadsheet View，EViews会给出如图6.5.2所示的序列列表对话框，并要求输入序列名列表，用户可以根据需要输入普通序列名或Pool序列名。如果是已有序列，EViews会显示序列数据；如果这个序列不存在，EViews会使用已说明的Pool序列的截面成员识别名称建立新序列或序列组。单击Edit+/-按钮，打开数据编辑模式输入数据，或者使用剪切和粘贴输入数据。

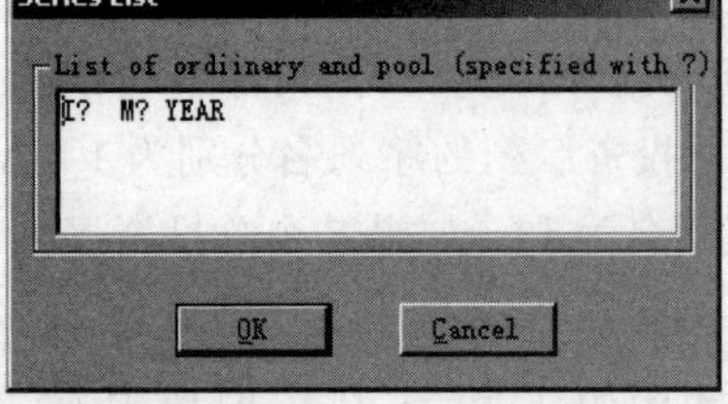

图6.5.2 序列列表对话框

2. Pool数据的使用

每个截面成员的基础序列都是普通序列，因此EViews中对应于普通序列的工具对各单个截面成员序列都适用。另外，EViews 还提供了适用于 Pool 数据的专用工具，并且可以使用 EViews 对一个与特定变量相对应的所有序列进行类似操作。

(1) 生成数据

使用 PoolGenr(panelgenr)过程可以生成或者修改 Pool 序列。单击 Pool 对象下的工具栏中的 Poolgenr 按钮，然后在弹出的对话框中使用适当的 Pool 序列名称输入方程式。例如，输入：

```
ratio? = M?/M_US
```

相当于输入下面 5 个命令：

```
ratio_GM = M_GM/ M_US
ratio_CH = M_CH/ M_US
ratio_GE = M_ GE / M_US
ratio_WE = M_WE/ M_US
ratio _US = M_US / M_US
```

PoolGenr 按照输入的方程在各截面成员间进行循环计算，生成新的序列或修改已有序列。

也可联合使用 PoolGenr 和 Genr 生成新的变量。例如，要生成一个虚拟变量，在美国钢铁(US)时取 1，其他企业时取 0，先选择 PoolGenr，再输入：dum? =0，从而初始化所有虚拟变量序列为 0。然后把 US 值设置为 1，在主菜单选择 Genr，最后输入：dum_US=1。

同时还可以利用数据的内在循环特性进行给定时期的截面成员间的计算。例如，建立一普通序列 sum，初始值设为 0，然后选择 PoolGenr 并输入：sum=sum+I?，相当于对普通序列从 Genr 输入下列计算：sum=sum+I_GM，sum=sum+I_CH，sum=sum+I_GE，sum=sum+I_WE，sum=sum+I_US。这个例子只是说明内在循环这个概念。其结果相当于 sum=I_GM+I_CH+I_GE +I_WE +I_US。

(2) 计算序列的描述统计量

可以使用 Pool 对象计算序列的描述统计量。在 Pool 工具栏选择 View/Descriptive Statistics，在对话框的编辑栏中输入要计算描述统计量的普通序列或 Pool 序列的名称并选定样本类型和数据结构后单击 OK 按钮，EViews 便会依照上面选定的样本及数据结构选项，以列表的形式给出相应统计量的计算结果。利用此功能，可以计算序列的平均值、中位数、最小值、最大值、标准差、偏度、峰度和 Jarque-Bera 统计量。

3. 生成联立方程模型系统

对于比较复杂的对象，仅利用 Pool 对象的内置工具进行估计具有一定的难度。例如，要估计一个具有大量的任意系数约束的合并方程或要进行 Pool 对象中无法实现的 GMM。此时，可以通过在 Pool 对象中生成一个联立方程模型系统对象(联立方程模型系统对象概念参见第 7 章)，利用系统估计中可以获得的技术进行相应的估计。

在 Pool 工具栏选择 Procs/Make System，EViews 会打开相应的对话框，在对话框中需要分别输入被解释变量、具有不变系数的变量和具有截面特有系数的变量的名称，以及所使用的各类的工具变量名称。变量中可以包含被解释变量和解释变量的滞后项。EViews 会按照对话框中指定的特征建立一个新的联立方程模型系统对象，联立方程模型系统对象会按照指定的特征对各截面成员分别建立相应的方程。

6.5.3　Pool 对象的模型估计

利用 Pool 对象可以实现对固定影响变截距模型、随机影响变截距模型和固定影响变系数模型的估计，估计方法有最小二乘法、估计截面权重的加权最小二乘法或近似不相关回归(SUR)。这些方法的使用都不改变原数据的排序。

单击 Pool 工具栏的 Estimate 选项或在 Pool 对象的菜单中选择 Proc/Estimate，EViews 将打开 Pool 对象方程估计(Pool Estimation)对话框(图 6.5.3)。在方程估计对话框中有如下几项设置。

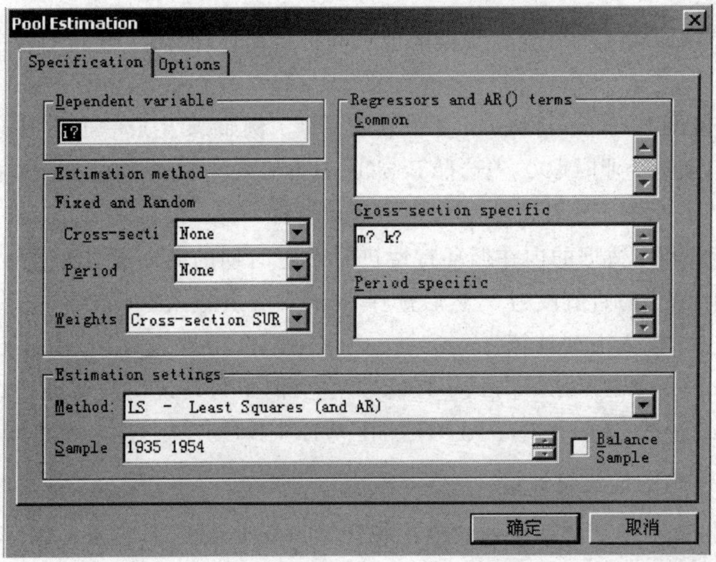

图 6.5.3　Pool 对象方程估计对话框

1. 因变量

在因变量(Dependent variable)对话框中输入 Pool 变量或 Pool 变量表达式。

2. 样本

在最下方的编辑窗口中输入样本(sample)说明。样本的缺省值是各截面成员中的最大样本值。如果得不到某时期截面成员的解释变量或因变量的值，那么此观测值会被排除掉。

3. 解释变量

在指定解释变量时，需要在 3 个编辑框中分别输入相应的解释变量。

① Common coefficients：此栏中输入的变量对所有截面成员都有相同的系数，而各变量的系数则不同，并用原有的变量表示输出结果。

② Cross-section specific coefficients：此栏中输入的变量对 Pool 中每个截面成员的系数不同。EViews 会对每个截面成员估计不同的系数，并以截面成员识别名和一般序列名复合的形式输出结果。

③ Period specific coefficients：此栏中输入的变量在各观测时期的系数不同。EViews 会对各观测时期估计不同的系数，并以时期识别名和一般序列名复合的形式输出结果。

如例 6.5 中，如果在共同系数编辑框中输入普通变量 TIME 和 M?，会输出 TIME 和 M? 的估计系数。如果在截面成员特定系数编辑框中输入这两个变量，会输出如下形式的系数："_GM—TIME""_CH—TIME""_GE—TIME""_WE—TIME""_US—TIME"和"_GM—I_GM""_CH—I_CH""_GE—I_GE""_WE—I_WE""_US—I_US"。

注意，对截面成员或时期特定系数模型进行估计会生成很多系数。如果是截面成员特有系数模型，则估计生成的系数个数就等于 Pool 中截面成员数和所列变量数的乘积；如果是时期特有系数模型，则估计生成的系数个数就等于回归样本时期数和所列变量数的乘积。

在前两个解释变量编辑框中也可以输入要估计的 AR 项。如果 AR 项列在共同系数栏中，EViews 会假设共同的 AR 误差进行模型估计；如果 AR 项列在截面成员特定系数栏中，EViews 会对每个截面成员分别估计 AR 项。

还需注意的是，EViews 中的 Pool 对象只能依据编辑框中的变量说明进行线性一般估计。如果要进行非线性估计，必须首先建立一个系统对象，并进行相应的系统说明。

4. 估计形式设定

在估计形式(Estimation method)部分，可以对估计形式进行设定。通过固定或随机影响(Fixed and Random Effects)的设定，可以对各截面单位或各时期的影响进行描述。EViews 默认的是没有影响，即相应的各选项的初始给定状态为无(None)。可以根据设定的需要在下拉菜单中选择相应的固定(Fixed)或随机(Random)影响状态。但是，目前还不能用截面成员特定系数、AR 项或者加权进行随机影响模型估计。

需要指出的是，在选择固定或随机影响时，EViews 在估计时会自动在相同系数变量一栏中加入一常数项，从而确保所有影响之和为零。即 EViews 给出的是不含总体均值的个体影响，其反映的是各截面个体对总体平均状态的偏离。

5. 权重

在 Pool 方程估计中，缺省值为没有加权，但是可以选择加权项。有 5 种权重选择，如表 6.5.1 所示。

表 6.5.1 Pool 方程估计权重选择

No weighting	所有观测值赋予相同的权重
Cross-section weights	GLS 使用估计的截面残差的方差
Cross-section SUR	类似近似不相关回归——GLS 使用估计的截面成员残差协方差矩阵
Period weights	GLS 使用估计的时期残差的方差
Period SUR	类似近似不相关回归——GLS 使用估计的时期残差协方差矩阵

如果选择 Cross-section weights 选项,EViews 会假设出现截面异方差,对模型进行广义最小二乘估计;如果选择 Cross-section SUR 选项,EViews 会假设出现截面异方差和同期相关,对模型进行相应的广义最小二乘估计;类似地,如果选择 Period weights 选项,EViews 会假设出现时期异方差,从而对模型进行相应的广义最小二乘估计;如果选择 Period SUR 选项,EViews 会进行相应的广义最小二乘估计修正时期异方差和同期相关。

6. 估计方法

在这里所提供的估计方法主要有两种:最小二乘法[LS-Least Squares(and AR)]、二阶段最小二乘法(工具变量)[TSLS-Two-Stage Least Squares(and AR)]。如果选择后一估计方法,则会出现相应的描述工具变量的对话框。

7. 选项

单击 Pool 估计对话窗口中的"Option"标签,EViews 将打开相应的选项页。

在该选项页中可以根据需要对 Pool 估计的各估计选项进行选定。灰色区为当前不能选定区。

选项页的设定分为如下几个部分。

(1) 系数的协方差形式

对于系数的协方差形式(Coef Covariance Method),列表中包含 8 种选项。默认的是最上方的 Ordinary 项,对应式(6.3.7) 和式(6.3.8)给出的系数协方差形式。

(2) 迭代控制

如果估计的过程中要进行 GLS 加权估计和系数迭代至收敛,那么可以通过规定收敛准则和最大迭代次数来控制迭代过程,此时只要在相应编辑框中输入最大迭代次数和收敛半径即可。

如果模型中含有 AR 项,则还要进行 AR 项系数初始值的设定。关于 AR 项对应的系数初始值 EViews 在 AR starting coefficient values 下提供了 3 种选择:系数的最小二乘估计(无 AR 项)、零、用户指定值。

选中复选框 Display Settings,EViews 将在输出结果的上方给出收敛设置和系数初始值的信息。

迭代控制最下面的部分是对系数及 GLS 加权矩阵进行迭代的设置部分。共有 4 个设置选择项。前两项为同步修正(Simultaneous updating)和顺次修正(Sequential updating)。为了确保系数和权重矩阵迭代后收敛,需要在迭代的过程中进行修正。同步修正是指在每次迭代中,同时修正系数向量和 GLS 权重;顺次修正是指系数向量先迭代至收敛,然后修正权重,之后再进行迭代,直至均收敛。后两项设置为迭代系数至收敛(Iterate coefs to convergence)和修正一次系数(Update coefs once)。在这两种设置下,GLS 权重仅被修正一次,先在无权重的情况下将系数迭代至收敛,然后再使用得到的一阶系数估计值计算权重。如果选择的是"迭代系数至收敛",EViews 将使用权重的一阶估计值将系数迭代至收敛;如果选择的是"修正一次系数",EViews 将只对得到的系数一阶估计值进行一次迭代。上面所介绍的 4 个设置对没有 AR 项的 GLS 模型同样适用。

默认情况下,EViews 对 GLS 权重修正一次后修正系数至收敛。

(3) 权重选项

如果估计的模型中含有随机影响设定,选项页中的权重选项(Weighting options)部分便为可选项,我们可以在此选定计算随机影响模型中的方差成分估计值的方法。EViews 一共提供了 Swamy-Arora、Wallace-Hussain 和 Wansbeek-Kapteyn 3 种可供选择的方法,默认的为最常用的 Swamy-Arora 法。一般来说,特别是在大样本情况下,这 3 种方法的计算结果是相近的。复选框 Keep GLS weights 说明在估计过程中,无论结果多大,都保持所有方程的 GLS 估计过程中的权重结果不变。

8. 工具变量

如果选择二阶段最小二乘法,需要利用工具变量来对模型进行估计。当在 Pool 估计的主菜单中选择的估计方法为 TSLS-Two-Stage Least Squares(and AR)时,EViews 将相应地给出一个含有 3 项选项页的对话框,在中间选项页(Instruments)中我们可以对所使用的工具变量进行设定。

对应于回归形式设置,工具变量列表也分为 3 部分:相同工具变量栏(Common)、截面成员特有工具变量栏(Cross-section)和时期特有工具变量栏(Period),关于各栏中变量的解释同回归方程设定中相同。对于截面成员特有工具变量,其个数应该等于截面成员数与列表中的变量数的乘积;对于时期特有工具变量,其个数应该等于样本时期数与列表中变量数的乘积。

如果估计方程中含有 AR 项,那么将显示最下面的复选框 Include lagged regressors for equations with AR terms。默认情况下是选定该复选框的,即将因变量和解释变量的滞后变量加入工具变量当中。当然我们也可以根据需要不选择此复选框。

9. 估计结果

以例 6.5 为例说明输出结果。在输出结果的最上方 EViews 给出了因变量、估计方法和样本的信息。接着在下面给出了 2 个解释变量对应于各截面成员的系数的估计结果。

输出结果的最下方给出了评价总体估计效果的统计量,如果估计方法选择的是 Cross-section SUR 加权的 GLS 估计,则结果将给出加权和未加权两种情况下的评价统计量。

10. 固定效应检验

在 EViews 中可以实现固定影响的显著性检验。具体的实现过程如下：首先，估计包含相应固定影响的无约束模型。其次，选择 View/Fixed/Random Effects Testing/Redundant Fixed Effects-Likelihood Ratio。EViews 将估计相应受约束的模型，同时显示检验结果和受约束模型的估计结果。如果无约束模型包含个体和时期两方面的固定影响，EViews 将同时对两类影响进行分别和联合的显著性检验。

11. Pool 对象的视图和过程

估计出方程结果后，可以按下述方法检验输出结果。

① 选择 View/Coef Covariance Matrix 检查系数协方差矩阵的估计。

② 选择 View/Wald Coefficient Tests 并输入要检验的限制条件，可以对估计参数进行系数检验。

③ 选择 View/Residuals/Table 或 View/Residuals/Graph 可把残差表示成表格形式或图形形式。EViews 会显示每个截面方程的残差。残差命名形式为基本名 RES 后跟截面识别名。如果想用这些名称存储残差序列，选择 Procs/Make Resids。这一功能在进行模型说明或假设检验说明时是很有用的。

④ 选择 View/Residual，然后选择 Correlation Matrix 或 Covariance Matrix 可以查看估计残差的同步协方差矩阵和相关矩阵。

⑤ 先要在 Pool 对象下使用估计出来的方程进行预测必须先建立一个模型。选择 Procs/Make Model 建立一个包括所有估计系数的未命名模型对象。模型可以根据需要进行编辑。求解模型能对每个截面成员的因变量进行预测。

6.5.4　Hausman 检验的实现

EViews 中可以实现检验模型中个体影响与解释变量之间是否相关的 Hausman 检验。为了实现 Hausman 检验，必须首先估计一个随机效应模型。其次，选择 View/Fixed/Random Effects Testing/Correlated Random Effects-Hausman Test，EViews 将自动估计相应的固定效应模型，计算检验统计量，显示检验结果和辅助回归结果。

6.6　习　题

1. 解释下列概念：

(1) 面板数据。

(2) 不变系数面板数据模型。

(3) 变截距面板数据模型。

(4) 变系数面板数据模型。

2. 请写出面板数据模型形式设定的检验方法。

3. 简述固定影响变截距模型和随机影响变截距模型的概念。

4. 简述 Hausman 检验的思想,并写出检验方法。

5. 表 6.6.1 列出了关于投资(y)和利润(x)的 $n=3$ 个企业 $T=10$ 个时期的面板数据[①]。

表 6.6.1　关于投资(x)的 3 个企业 10 个时期的面板数据

年份	$i=1$		$i=2$		$i=3$	
	y	x	y	x	y	x
1971	13.32	12.85	20.30	22.93	8.85	8.65
1972	26.30	25.69	17.47	17.96	19.60	16.55
1973	2.62	5.48	9.31	9.16	3.87	1.47
1974	14.94	13.79	18.01	18.73	24.19	24.91
1975	15.80	15.41	7.63	11.31	3.99	5.01
1976	12.20	12.59	19.84	21.15	5.73	8.34
1977	14.93	16.64	13.76	16.13	26.68	22.70
1978	29.82	26.45	10.00	11.61	11.49	8.36
1979	20.32	19.64	19.51	19.55	18.49	15.44
1980	4.77	5.43	18.32	17.06	20.84	17.87

(1) 利用表 6.6.1 的数据建立面板数据模型,首先对模型形式进行检验,确定是应该采用不变系数模型、变截距模型还是变系数模型。

(2) 估计面板数据模型,并分析结果。

6. 表 6.6.2 列出了北京、上海和广州的面板数据[②]。

表 6.6.2　北京、上海和广州的面板数据　　元

市	年份	人均 GDP Y	人均社会消费品零售总额 S	人均固定资产投资完成额 I
北京	2003	32 961	17 185	19 108
	2004	38 075	17 436	22 645
	2005	60 919	25 518	24 903
	2006	68 661	29 294	29 165
	2007	80 593	32 590	33 863
	2008	89 106	38 856	32 234
	2009	101 921	44 371	39 991
	2010	117 128	51 545	44 782
	2011	132 666	55 771	46 924
	2012	143 636	61 266	50 604
	2013	154 298	65 585	54 221
	2014	166 567	74 907	57 646

① 格林. 经济计量分析[M]. 王明舰,等,译. 北京：中国社会科学出版社,1998：525.

② 数据来源于中经网统计数据库和《中国城市统计年鉴 2016》《中国统计年鉴 2016》,经计算得出。

续表

市	年份	人均 GDP Y	人均社会消费品零售总额 S	人均固定资产投资完成额 I
上海	2003	48 354	14 910	19 081
	2004	57 180	16 428	23 857
	2005	70 213	20 067	27 146
	2006	79 024	22 639	29 729
	2007	92 167	29 162	33 339
	2008	102 598	34 070	35 702
	2009	111 707	38 551	39 075
	2010	126 336	44 845	38 662
	2011	140 468	49 629	37 496
	2012	146 830	53 671	38 659
	2013	156 434	58 475	41 376
	2014	169 903	67 231	42 874
广州	2003	54 188	23 714	18 500
	2004	63 200	26 120	20 704
	2005	77 638	28 913	22 991
	2006	90 256	32 848	25 158
	2007	103 186	38 675	27 062
	2008	117 069	46 118	30 018
	2009	128 456	52 395	37 509
	2010	148 721	63 867	45 283
	2011	171 498	73 946	46 156
	2012	183 701	83 363	50 133
	2013	206 038	94 741	58 359
	2014	240 387	97 304	62 904

(1) 利用表 6.6.2 的数据建立面板数据模型,首先对模型形式进行检验,确定是应该采用不变系数模型、变截距模型还是变系数模型。

(2) 估计面板数据模型,并分析结果。

第 7 章　联立方程模型的估计与模拟[①]

前述的单方程计量经济模型是用单一方程描述某一经济变量与影响该变量变化的诸因素之间的数量关系，一个变量（因变量 Y）可以表示为一个或多个变量（解释变量 X）的函数。因此，它适用于单一经济现象的研究。但是，在很多情况下，经济现象是极为复杂的，其中经济变量之间的关系是相互依存、互为因果的，即一个经济变量影响另一个经济变量（或多个变量），反过来，这个变量又受到其他经济变量的影响，并且多个变量的行为是同时决定的，我们称这些经济现象为**经济系统**。在这种情况下，单方程模型就无法准确地描述这种相互依存关系的经济现象，这时，就必须用一组联立方程模型才能描述清楚。

经济系统是一个广泛的概念。国民经济是一个系统，一个地区的经济也是一个系统，某一项经济活动也是一个系统。例如，企业进行某项投资决策，由于存在外部投资环境、企业资产结构等因素的制约，在选择投资方案时，还必须考虑到预期收益和风险，这些因素之间是互相影响、互为因果关系的。那么，这种投资决策就是一个经济系统。

联立方程模型系统的一个共同特征是，它们都包含若干个内生变量，而且，这些内生变量的值是一系列相互联系的方程共同确定的。利用一些多元方法可以对联立方程系统进行估计，这些方法考虑到了方程之间的相互依存关系。

7.1　联立方程系统概述

联立方程系统（simultaneous equation systems）是相对于单方程计量经济学模型而言的。本章将包含一组未知参数，并且变量之间存在着反馈关系的联立方程组称为“系统”，可以利用 7.2 节介绍的多种估计方法求解未知参数。联立方程系统以经济理论为基础，以揭示经济系统中各部分、各因素之间的数量关系和模型的数值特征为目标。**联立方程模型**是一组描述内生变量的已知方程组，本章将其称为“模型”，当给定了联立方程模型中外生变量的信息就可以使用联立方程模型对内生变量进行模拟、评价和预测，从而为政策的制定者提供政策决策参考，为企业家提供财务决策评价，并为经济走势提供分析和预测，7.3 节将介绍。

一般的联立方程系统形式是

$$f(\boldsymbol{y}_t,\boldsymbol{z}_t,\boldsymbol{\Delta})=\boldsymbol{u}_t,\quad t=1,2,\cdots,T \tag{7.1.1}$$

---

① 格林. 计量经济分析[M]. 张成思，译. 6 版. 北京：中国人民大学出版社，2011.
古亚拉蒂. 经济计量学精要[M]. 张涛，等，译. 4 版. 北京：机械工业出版社，2000.
平狄克，鲁宾费尔德. 计量经济学模型与经济预测[M]. 钱小军，等，译. 4 版. 北京：机械工业出版社，1999.
王少平，杨继生，欧阳志刚. 计量经济学[M]. 北京：高等教育出版社，2011.
张晓峒. 计量经济学[M]. 北京：清华大学出版社，2017.

式中：$\boldsymbol{y}_t$ 为内生变量向量；$\boldsymbol{z}_t$ 为外生变量向量；$\boldsymbol{u}_t$ 为一个可能存在序列相关的随机扰动项向量；T 为样本容量。估计的任务是寻找未知参数向量 $\boldsymbol{\Delta}$ 的估计量。

考虑下面这个广泛使用的联立方程模型例子，克莱因(Klein，1950)模型[①]可以写成

$$\begin{cases} CS_t = \alpha_0 + \alpha_1 P_t + \alpha_2 P_{t-1} + \alpha_3 (W_t^p + W_t^g) + u_{1t} & (\text{消费}) \\ I_t = \beta_0 + \beta_1 P_t + \beta_2 P_{t-1} + \beta_3 K_{t-1} + u_{2t} & (\text{投资}) \\ W_t^p = \gamma_0 + \gamma_1 Y_t + \gamma_2 Y_{t-1} + \gamma_3 Trend_t + u_{3t} & (\text{私人工资}) \\ Y_t = CS_t + I_t + G_t & (\text{均衡需求}) \\ P_t = Y_t - T_t - W_t^p & (\text{私人利润}) \\ K_t = K_{t-1} + I_t & (\text{资本存量}) \end{cases}, \quad t = 1,2,\cdots,T \tag{7.1.2}$$

式中：第 1 个方程表示消费(CS_t)由私人利润(P_t)及其滞后(P_{t-1})、私人工资(W_t^p)和政府工资(W_t^g)决定；第 2 个方程表示投资(当年固定资本形成)(I_t)由私人利润(P_t)及其滞后(P_{t-1})、上期的资本存量(K_{t-1})决定；第 3 个方程是表示私人工资(W_t^p)的行为方程，它由需求(Y_t)及其滞后(Y_{t-1})和时间趋势($Trend_t$)决定；第 4 个方程是恒等方程，它表示总需求(去掉净出口)(Y_t)由总消费(CS_t)、总投资(I_t)和政府非工资支出(G_t)组成；第 5、第 6 个方程是会计等式，其中的 T_t 是间接税收。前 3 个方程称为行为方程，后 3 个方程称为恒等方程。这是一个简单描述宏观经济的联立方程模型。式(7.1.2)中的前 3 个行为方程构成联立方程系统：

$$\begin{cases} CS_t = \alpha_0 + \alpha_1 P_t + \alpha_2 P_{t-1} + \alpha_3 (W_t^p + W_t^g) + u_{1t} & (\text{消费}) \\ I_t = \beta_0 + \beta_1 P_t + \beta_2 P_{t-1} + \beta_3 K_{t-1} + u_{2t} & (\text{投资}) \\ W_t^p = \gamma_0 + \gamma_1 Y_t + \gamma_2 Y_{t-1} + \gamma_3 Trend_t + u_{3t} & (\text{私人工资}) \end{cases}, \quad t = 1,2,\cdots,T \tag{7.1.3}$$

待估计出未知参数后，与式(7.1.2)中的后 3 个恒等方程一起组成联立方程模型。

在联立方程模型中，描述经济系统中变量之间的行为关系的方程称为**行为方程**(behavioral equations)。例如，式(7.1.2)中的消费、投资和私人工资方程，这类方程都含有一个随机的扰动项；而式(7.1.2)中的均衡需求、私人利润和资本存量方程被称为**恒等方程**(identity)，这类方程不含有未知参数和扰动项，所以不能出现在联立方程系统中，而是和已估计出来的联立方程系统一起构成联立方程模型参与求解和模拟。

7.1.1　联立方程系统的基本概念

在联立方程系统中，有些概念在单方程中没有出现过，即使已经出现的概念，其内涵也出现了新的含义，所以本节将介绍一些联立方程系统中出现的重要概念。

① 格林. 经济计量分析[M]. 王明舰，等，译. 北京：中国社会科学出版社，1998：635.

1. 变量

对于联立方程系统中的每个方程，其变量(variables)仍然有被解释变量与解释变量之分。但是对于整个联立方程系统来说，由于各个经济变量之间的关系已经不是单方程所描述的那样简单的单向对应关系，而是联立关系，同一个变量，虽然在这个方程中作为被解释变量，在另一个方程中则可能作为解释变量，所以已经不能用被解释变量与解释变量来划分变量。一般来讲，我们将变量分为内生变量(endogenous variables)和外生变量(exogenous variables)两大类，外生变量与滞后内生变量又被统称为前定变量，也称为先决变量(predetermined variables)。内生变量被视为随机的，而前定变量则被视为非随机的。

(1) 内生变量

在联立方程系统中，由模型体现的经济系统本身所决定的变量称为**内生变量**，每个内生变量都要用一个方程来表示。内生变量一般都是经济变量，内生变量影响系统且受系统影响，它与外生变量的最大区别是，内生变量是具有某种概率分布的随机变量。在式(7.1.2)中，变量 CS、I、W^p、P、K、Y 是内生变量。但是，在“系统”的式(7.1.3)中，内生变量是 CS、I、W^p，而不包含恒等方程中的内生变量 P、K、Y。只有在“模型”中，恒等方程的因变量才作为内生变量处理。

(2) 外生变量

外生变量一般是确定性变量，其变化不是由联立方程系统确定的。外生变量是联立方程系统外决定的变量，影响系统但是本身不受系统的影响。外生变量一般是经济变量、条件变量、政策变量和虚拟变量。在式(7.1.2)中，变量 G、T、W^g、$Trend$ 是外生变量。在式(7.1.3)中，将系统方程右端出现的恒等方程中的因变量也作为外生变量处理，这样，式(7.1.3)中的外生变量就是 P、Y、W^g、K、$Trend$。

(3) 先决变量

外生变量和滞后内生变量统称为**先决变量**或**前定变量**，包含滞后内生变量的方程的误差项一般可以假定不存在序列相关。滞后内生变量是联立方程系统中重要的不可缺少的一部分变量，用以反映经济系统的动态性与连续性。在式(7.1.2)中，变量 K_{t-1}、P_{t-1} 和 Y_{t-1} 是先决变量。

在单方程中，内生变量作为被解释变量，外生变量与滞后内生变量作为解释变量。而在联立方程系统中，内生变量既作为被解释变量，又可以在不同的方程中作为解释变量。例如，在式(7.1.3)中，内生变量 W^p 在私人工资方程中是作为被解释变量出现的，而在消费方程中，则是解释变量。

2. 结构式联立方程系统

根据经济理论和行为规律建立的描述经济变量之间直接关系结构的计量经济方程系统称为**结构式形式**(structural-form)。式(7.1.3)就是一个结构式联立方程系统。

在结构方程中，方程的左侧是内生变量(被解释变量)，而右侧的解释变量既可以包含先决变量,也可以包含内生变量。将一个内生变量表示为其他内生变量、先决变量和随机误差项的函数形式,被称为结构方程的正规形式。结构方程中的系数称为**结构系数**(structural coefficient)。

结构式联立方程系统可以写成

$$\boldsymbol{BY}+\boldsymbol{\Gamma Z}=\boldsymbol{u} \tag{7.1.4}$$

或

$$(\boldsymbol{B},\boldsymbol{\Gamma})\begin{pmatrix}\boldsymbol{Y}\\ \boldsymbol{Z}\end{pmatrix}=\boldsymbol{u} \tag{7.1.5}$$

式中:$\boldsymbol{Y}$ 为 $k\times T$ 的内生变量矩阵,T 为样本容量,k 为内生变量个数;$\boldsymbol{Z}$ 为 $g\times T$ 的先决变量矩阵,g 为先决变量个数;$\boldsymbol{u}$ 为 $k\times T$ 的结构性扰动项矩阵;$\boldsymbol{B}$ 为内生变量的 $k\times k$ 结构参数矩阵;$\boldsymbol{\Gamma}$ 为先决变量的 $k\times g$ 结构参数矩阵,如果模型中有常数项,可以看成一个外生的虚拟变量向量 $\boldsymbol{Z}_0$,它的观测值始终取1。这种含有 k 个内生变量、g 个先决变量、k 个结构方程的系统被称为完备的结构式系统。在完备的结构式系统中,独立的结构方程的数目等于内生变量的数目,每个内生变量都分别由一个方程来描述。式(7.1.4)中的矩阵可表示为

$$\boldsymbol{Y}=\begin{pmatrix}\boldsymbol{y}_1\\ \boldsymbol{y}_2\\ \vdots\\ \boldsymbol{y}_k\end{pmatrix}\quad \boldsymbol{Z}=\begin{pmatrix}\boldsymbol{z}_1\\ \boldsymbol{z}_2\\ \vdots\\ \boldsymbol{z}_g\end{pmatrix}\quad \boldsymbol{u}=\begin{pmatrix}\boldsymbol{u}_1\\ \boldsymbol{u}_2\\ \vdots\\ \boldsymbol{u}_k\end{pmatrix}$$

式中:$\boldsymbol{y}_i,\boldsymbol{u}_i$ 分别为第 $i(i=1,2,\cdots,k)$ 个内生变量和扰动项的 $1\times T$ 向量;$\boldsymbol{z}_j$ 为第 $j(j=1,2,\cdots,g)$ 个外生变量的 $1\times T$ 向量。参数矩阵 $\boldsymbol{B},\boldsymbol{\Gamma}$ 为

$$\boldsymbol{B}=\begin{pmatrix}\beta_{11} & \beta_{12} & \cdots & \beta_{1k}\\ \beta_{21} & \beta_{22} & \cdots & \beta_{2k}\\ \vdots & \vdots & \ddots & \vdots\\ \beta_{k1} & \beta_{k2} & \cdots & \beta_{kk}\end{pmatrix}$$

$$\boldsymbol{\Gamma}=\begin{pmatrix}\gamma_{11} & \gamma_{12} & \cdots & \gamma_{1g}\\ \gamma_{21} & \gamma_{22} & \cdots & \gamma_{2g}\\ \vdots & \vdots & \ddots & \vdots\\ \gamma_{k1} & \gamma_{k2} & \cdots & \gamma_{kg}\end{pmatrix}$$

式(7.1.5)的$(\boldsymbol{B},\boldsymbol{\Gamma})$矩阵为

$$(\boldsymbol{B},\boldsymbol{\Gamma})=\begin{pmatrix}\beta_{11} & \beta_{12} & \cdots & \beta_{1k} & \gamma_{11} & \gamma_{12} & \cdots & \gamma_{1g}\\ \beta_{21} & \beta_{22} & \cdots & \beta_{2k} & \gamma_{21} & \gamma_{22} & \cdots & \gamma_{2g}\\ \vdots & \vdots & \ddots & \vdots & \vdots & \vdots & \ddots & \vdots\\ \beta_{k1} & \beta_{k2} & \cdots & \beta_{kk} & \gamma_{k1} & \gamma_{k2} & \cdots & \gamma_{kg}\end{pmatrix}$$

$(\boldsymbol{B},\boldsymbol{\Gamma})$称为结构参数矩阵。参数矩阵的每一行是特定方程的系数,而每一列对应于一个

具体的变量的系数。

基本理论将暗含关于 $\boldsymbol{B}$ 和 $\boldsymbol{\Gamma}$ 的大量约束。每个方程中有一个变量为因变量，所以，在系统中它的系数为1。这样，在 $\boldsymbol{B}$ 的每一行中至少有一个为1。由于并非所有的变量都出现在所有的方程中，故某些参数是零。

克莱因模型Ⅰ的联立方程系统(7.1.3)写成结构式形式为

$$\boldsymbol{BY}+\boldsymbol{\Gamma Z}=\boldsymbol{u} \tag{7.1.6}$$

式中的各个变量矩阵和系数矩阵为

$$\boldsymbol{Y}_t=\begin{pmatrix} CS_t \\ I_t \\ W_t^p \end{pmatrix},\quad t=2,3,\cdots,T$$

$$\boldsymbol{Z}_t=(1\quad Y_t\quad P_t\quad P_{t-1}\quad W_t^g\quad K_{t-1}\quad Y_{t-1}\quad Trend_t)'\quad t=2,3,\cdots,T$$

$$\boldsymbol{u}_t=\begin{pmatrix} u_{1t} \\ u_{2t} \\ u_{3t} \end{pmatrix},\quad t=2,3,\cdots,T$$

$$(\boldsymbol{B},\boldsymbol{\Gamma})=\begin{pmatrix} 1 & 0 & -\alpha_3 & -\alpha_0 & 0 & -\alpha_1 & -\alpha_2 & -\alpha_3 & 0 & 0 & 0 \\ 0 & 1 & 0 & -\beta_0 & 0 & -\beta_1 & -\beta_2 & 0 & -\beta_3 & 0 & 0 \\ 0 & 0 & 1 & -\gamma_0 & -\gamma_1 & 0 & 0 & 0 & 0 & -\gamma_2 & -\gamma_3 \end{pmatrix}$$

3. 简化式联立方程系统

将联立方程系统的每个内生变量表示成所有先决变量和随机误差项的函数，即用所有先决变量作为每个内生变量的解释变量，所形成的系统称为**简化式形式**(reduced-form)。显然，简化式联立方程系统并不反映经济系统中变量之间的直接关系，并不是经济系统的客观描述。简化式联立方程系统中每个方程简称为简化式方程，方程的参数称为简化式参数。通常用 $\boldsymbol{\Pi}$ 表示简化式参数，简化式联立方程系统的矩阵形式为

$$\boldsymbol{Y}=-\boldsymbol{B}^{-1}\boldsymbol{\Gamma Z}+\boldsymbol{B}^{-1}\boldsymbol{u}=\boldsymbol{\Pi Z}+\boldsymbol{E} \tag{7.1.7}$$

式中

$$\boldsymbol{\Pi}=-\boldsymbol{B}^{-1}\boldsymbol{\Gamma}=\begin{pmatrix} \pi_{11} & \pi_{12} & \cdots & \pi_{1g} \\ \pi_{21} & \pi_{22} & \cdots & \pi_{2g} \\ \vdots & \vdots & \ddots & \vdots \\ \pi_{k1} & \pi_{k2} & \cdots & \pi_{kg} \end{pmatrix},\quad \boldsymbol{E}=\boldsymbol{B}^{-1}\boldsymbol{u}=\begin{pmatrix} \boldsymbol{E}_1 \\ \boldsymbol{E}_2 \\ \vdots \\ \boldsymbol{E}_k \end{pmatrix}$$

这里的完备性条件要求 $\boldsymbol{B}$ 是非奇异的。

7.1.2 联立方程系统的识别

联立方程系统由多个方程组成。由于各个方程包含的变量之间可能存在互为因果的关系，某个方程的自变量可能就是另一个方程中的因变量，所以需要对系统中的各个方程

之间的关系进行严格的定义,否则联立方程系统中的系数就可能无法估计。因此,在进行联立方程系统估计之前首先要判断它是否可以估计,这就是联立方程系统的识别(identification)。

从已知的简化式形式确定其结构式方程的系数的问题,就是联立方程系统的识别问题。如果从联立方程系统的简化式形式中能够估计出所有的结构式参数,称该方程是**可识别的**(identified);如果无法从简化式形式中得到结构式参数的值,就说这个方程是**不可识别的**(unidentified)。方程中每个需要估计其参数的随机方程都存在识别问题。如果一个模型中的所有随机方程都是可以识别的,则认为该联立方程系统是可以识别的。反过来,只要存在一个不可识别的随机方程,就认为该联立方程系统是不可识别的。

当某一个随机方程,在给定有关变量的样本观测值时,其参数具有确定的估计量,这包括两种情况:一种是只有唯一一组参数估计量,另一种是具有多组参数估计量。如果方程的结构式参数存在唯一的估计量,称这个方程为**恰好识别**(exactly identified);如果某一个随机方程具有多组参数估计量,称其为**过度识别**(overidentified)。

1. 结构式识别条件

假设联立方程系统的结构式(7.1.4)

$$\boldsymbol{BY}+\boldsymbol{\Gamma Z}=\boldsymbol{u}$$

中的第 i 个方程中包含 k_i 个内生变量(含被解释变量)和 g_i 个先决变量(含常数项),系统中的内生变量和先决变量的数目仍用 k 和 g 表示,矩阵$(\boldsymbol{B}_0,\boldsymbol{\Gamma}_0)$表示第 i 个方程中未包含的变量(包括内生变量和先决变量)在其他 $k-1$ 个方程中对应的系数所组成的矩阵。于是,判断第 i 个结构方程识别状态的结构式识别条件为

如果 $\text{rank}(\boldsymbol{B}_0,\boldsymbol{\Gamma}_0)<k-1$,则第 i 个结构方程不可识别。

如果 $\text{rank}(\boldsymbol{B}_0,\boldsymbol{\Gamma}_0)=k-1$,则第 i 个结构方程可以识别,并且

如果 $g-g_i=k_i-1$,则第 i 个结构方程恰好识别;

如果 $g-g_i>k_i-1$,则第 i 个结构方程过度识别。

式中:符号 rank( )表示矩阵的秩。一般将该条件的前一部分称为秩条件(rank condition),用以判断结构方程是否可以识别;后一部分称为阶条件(order condition),用以判断结构方程的恰好识别或过度识别。

方程识别的秩条件可以表述为:在一个含有 k 个内生变量的 k 个方程的联立方程系统中,一个方程是可识别的,当且仅当,能从系统的不含该方程外的所有变量的系数矩阵中构造出至少一个$(k-1)\times(k-1)$阶的非零行列式。方程识别的秩条件是一个充要条件,也就是说,如果联立方程系统中的方程满足秩条件,那么这个方程就是可以识别的。但是,它是恰好识别还是过度识别,要依靠识别的阶条件。

方程识别的阶条件就是:如果一个方程是可识别的,那么它不包含的先决变量的个数必须大于等于它所包含的内生变量的个数减 1。识别的阶条件仅仅是必要条件而非充分条件,可以用阶条件来识别该方程是恰好识别或者是过度识别,这对于选择正确的联立方程系统估计方法具有很重要的应用意义。

2. 简化式识别条件

联立方程系统的简化式识别条件，是根据联立方程系统的简化式结构参数进行判断的。对于简化式模型(7.1.7)：

$$\boldsymbol{Y}=\boldsymbol{\Pi Z}+\boldsymbol{E}$$

简化式识别条件为

如果 $\text{rank}(\boldsymbol{\Pi}_2)<k_i-1$，则第 i 个结构方程不可识别。

如果 $\text{rank}(\boldsymbol{\Pi}_2)=k_i-1$，则第 i 个结构方程可以识别，并且

如果 $g-g_i=k_i-1$，则第 i 个结构方程恰好识别；

如果 $g-g_i>k_i-1$，则第 i 个结构方程过度识别。

式中：$\boldsymbol{\Pi}_2$ 是简化式参数矩阵 $\boldsymbol{\Pi}$ 中划去第 i 个结构方程中不包含的内生变量所对应的行和第 i 个结构方程中包含的先决变量所对应的列之后，剩下的参数按原次序组成的矩阵。其他符号、变量的含义与结构式识别条件相同。一般也将该条件的前一部分称为秩条件，用以判断结构方程是否识别；后一部分称为阶条件，用以判断结构方程的恰好识别或过度识别。

7.1.3　一个中国小型宏观经济联立方程模型

本节利用中国 1978—2006 年的数据建立一个需求导向的中国小型宏观经济联立方程模型。模型的形式如下：

$$\ln(CU_t/P3_t)=c_{11}\ln(IU_t/P3_t\times PU_t)+ c_{12}\ln(CU_{t-1}/P3_{t-1})+c_{13}D1+u_{1t} \quad \text{（城镇居民消费）} \tag{7.1.8a}$$

$$\ln(CR_t/P4_t)=c_{21}\ln(IR_t/P4_t\times PR_t)+ c_{22}\ln(CR_{t-1}/P4_{t-1})+c_{23}D2+u_{2t} \quad \text{（农村居民消费）} \tag{7.1.8b}$$

$$\ln(I_t/P5_t)=c_{30}+c_{31}\ln(Y_{t-1}/P2_{t-1})+c_{32}\{RL_t-[100\times(P5_t/P5_{t-1}-1)]\}+ c_{33}\ln(DL_t/P5_t)+u_{3t} \quad \text{（投资）} \tag{7.1.8c}$$

$$\ln(IR_t/P4_t)=c_{41}\ln[(Y1_t/P1_t-T1_t/P4_t)/PR_t]+ c_{42}\ln(IR_{t-1}/P4_{t-1})+u_{4t} \quad \text{（农村人均收入）} \tag{7.1.8d}$$

$$\ln(Y1_t/P1_t)=c_{51}\ln(I_{t-1}\times IA_{t-1}/P5_{t-1})+c_{52}\ln(T1_{t-1}/P4_{t-1})+ c_{53}\ln(Y1_{t-1}/P1_{t-1})+c_{54}D3+u_{5t} \quad \text{（第一产业总产出）} \tag{7.1.8e}$$

$$\ln(IU_t/P3_t)=c_{61}[\ln((Y_t/P2_t-Y1_t/P1_t)/PU_t)]+ c_{62}\ln(IU_{t-1}/P3_{t-1})+c_{63}D3+u_{6t} \quad \text{（城镇人均收入）} \tag{7.1.8f}$$

$$\ln(DL_t/P5_t)=c_{70}+c_{71}\{RL_t-[100\times(P5_t/P5_{t-1}-1)]\}+ c_{72}\ln(M2_t/P6_t)+c_{73}D2+u_{7t} \quad \text{（固定资产贷款）} \tag{7.1.8g}$$

$$\ln[(M2_t-M1_t)/P6_t]=c_{81}\{RD_t-[100\times(P6_t/P6_{t-1}-1)]\}+c_{82}\ln(Y_t/P2_t)+ c_{83}\ln(M1_t/P6_t+u_{8t}) \quad \text{（准货币 }M2-M1\text{）} \tag{7.1.8h}$$

$$Y_t = CU_t + CR_t + IG_t + CG_t + I_t \tag{7.1.8i}$$

模型(7.1.8)中的内生变量和外生变量在表 7.1.1 中列出。图 7.1.1 为中国小型宏观经济联立方程模型流程。

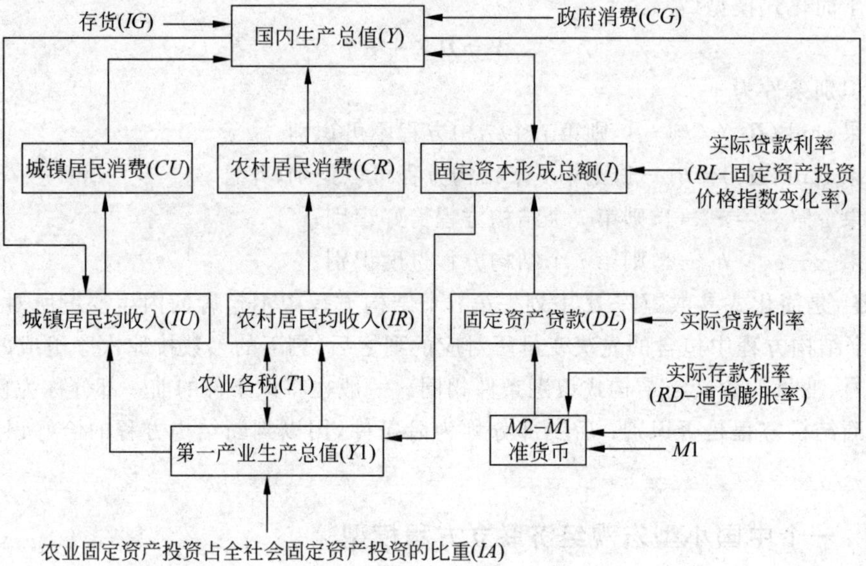

图 7.1.1　中国小型宏观经济联立方程模型流程

表 7.1.1　模型(7.1.8)中的变量

内 生 变 量	指 标 名 称	单　位
CU	城镇居民消费	亿元
CR	农村居民消费	亿元
I	固定资本形成总额	亿元
IU	城镇居民人均收入	元
IR	农村居民人均收入	元
DL	固定资产贷款	亿元
*M*2	广义货币	亿元
Y	减去净出口的总产出	亿元
*Y*1	第一产业增加值	亿元
外 生 变 量	**指标名称**	**单位**
IG	存货	亿元
*M*1	狭义货币供给量	亿元
CG	政府消费	亿元
*T*1	农业各税	亿元
IA	农业固定资产投资占全社会固定资产投资的比重	
RL	一年期贷款利率	%
RD	一年期存款利率	%
*D*1	虚拟变量(2000 年以后为 1,2000 年及以前全部为 0)	

续表

外生变量	指标名称	单　位
$D2$	虚拟变量(1997年以后为1,1997年及以前全部为0)	
$D3$	虚拟变量(2001年以后为1,2001年及以前全部为0)	
PU	城镇人口	亿人
PR	农村人口	亿人
$P1$	第一产业平减指数(1978=1)	
$P2$	GDP 平减指数(1978=1)	
$P3$	城镇居民消费价格指数(1978=1)	
$P4$	农村居民消费价格指数(1978=1)	
$P5$	固定资产投资价格指数(1978=1)	
$P6$	居民消费价格指数(1978=1)	

注：如未说明，表中变量均为名义变量。内生变量 Y 是名义 GDP 减去净出口($Y=CU+CR+I+IG+CG$)，$P1$=第一产业名义增加值/第一产业实际增加值，$P2$=名义 GDP/实际 GDP，通货膨胀率$=100\times(P6_t/P6_{t-1}-1)$。

资料来源：国家统计局.中国统计年鉴[M].北京：中国统计出版社，2007.

这个中国小型宏观经济模型是包含9个内生变量方程的联立方程模型，其中前8个方程为行为方程，构成联立方程系统，第9个方程是恒等方程。8个行为方程中的变量除利率外，都是以对数形式出现的，这样解释变量的系数就是相应的弹性，便于模拟时分析变量间的相互影响。从图7.1.1可以看出，整个宏观经济模型形成了完整的反馈系统，从而可以利用这个模型进行货币政策和财政政策模拟。

7.2　联立方程系统的估计方法

1. 联立方程系统估计方法

联立方程系统估计方法分为以下两种。

(1) 单方程估计方法

单方程估计方法是使用前面讲过的单方程估计方法每次只对系统中的一个结构方程进行估计，如果没有不同方程系数之间的约束，它和单独估计每个方程得到的结果相同。由于该方法只利用了有限信息，即只包含在所估计的结构方程中关于变量的样本数据信息，而对于方程之间的关系信息没有完全利用，所以单方程估计法也称为有限信息法(limited information methods)。本节将介绍5种单方程估计方法：普通最小二乘法、加权最小二乘法、二阶段最小二乘法、加权二阶段最小二乘法和近似不相关回归估计法。

(2) 系统估计方法

系统估计方法是同时估计全部结构方程，同时得到所有方程的参数估计量。显然，这种方法利用了系统的全部信息，因此也称为完全信息法(full information methods)。本节将介绍4种系统估计方法：三阶段最小二乘法、完全信息极大似然估计法、广义矩估计法和多元GARCH(自回归条件异方差)方法。

从系统估计的性质来看,系统估计方法的参数估计量具有良好的统计特性,优于单方程估计方法。虽然利用系统方法估计参数具有很多优点,但是这种方法也要付出相应的代价。最重要的是,如果使用单方程估计方法估计参数,某个被估计方程的参数估计值很差,只影响该方程,但如果使用系统估计方法,这个错误指定的方程中较差的参数估计就会“传播”给系统中的其他方程。

2. 联立方程系统扰动项的分块协方差矩阵的形式

需要注意的是,尽管下面的讨论是以线性方程组成的平衡系统(各个变量的样本个数相同)为对象的,但是这些分析也适合于包含非线性方程的平衡系统。

一个含有 k 个方程的联立方程系统,用分块矩阵形式表示如下:

$$\begin{pmatrix} \boldsymbol{y}_1 \\ \boldsymbol{y}_2 \\ \vdots \\ \boldsymbol{y}_k \end{pmatrix} = \begin{pmatrix} \boldsymbol{X}_1 & 0 & \cdots & 0 \\ 0 & \boldsymbol{X}_2 & \cdots & 0 \\ \vdots & \vdots & \ddots & \vdots \\ 0 & 0 & \cdots & \boldsymbol{X}_k \end{pmatrix} \begin{pmatrix} \boldsymbol{\delta}_1 \\ \boldsymbol{\delta}_2 \\ \vdots \\ \boldsymbol{\delta}_k \end{pmatrix} + \begin{pmatrix} \boldsymbol{u}_1 \\ \boldsymbol{u}_2 \\ \vdots \\ \boldsymbol{u}_k \end{pmatrix} \tag{7.2.1}$$

式中:$\boldsymbol{y}_i$ 为第 i 个方程的 $T\times1$ 维因变量向量;$\boldsymbol{u}_i$ 为第 i 个方程的 $T\times1$ 维扰动项向量,T 为样本观测值个数;$\boldsymbol{X}_i$ 为第 i 个方程的 $T\times k_i$ 阶解释变量矩阵,如果含有常数项,则 $\boldsymbol{X}_i$ 的第一列全为 1,k_i 表示第 i 个方程的解释变量个数(包含常数项);$\boldsymbol{\delta}_i$ 表示第 i 个方程的 k_i 维系数向量,$i=1,2,\cdots,k$。式(7.2.1)可以简单地表示为

$$\boldsymbol{Y} = \boldsymbol{X\Delta} + \boldsymbol{u} \tag{7.2.2}$$

式中:设 $\boldsymbol{m} = \sum_{i=1}^{k} k_i$;$\boldsymbol{\Delta} = (\boldsymbol{\delta}'_1 \quad \boldsymbol{\delta}'_2 \quad \cdots \quad \boldsymbol{\delta}'_k)'$,是 m 维向量。

联立方程系统扰动项的分块协方差矩阵的 $kT\times kT$ 方阵 $\mathbf{V}$ 大体有如下 4 种形式。本章的估计方法都是在这些情形的基础上进行讨论的。

① 在古典线性回归的标准假设下,系统扰动项的分块协方差矩阵是 $kT\times kT$ 的方阵 $\mathbf{V}$:

$$\mathbf{V} = E(\boldsymbol{uu}') = \sigma^2(\boldsymbol{I}_k \otimes \boldsymbol{I}_T) = \sigma^2 \begin{bmatrix} \boldsymbol{I}_T & 0 & \cdots & 0 \\ 0 & \boldsymbol{I}_T & \cdots & 0 \\ \vdots & \vdots & \ddots & \vdots \\ 0 & 0 & \cdots & \boldsymbol{I}_T \end{bmatrix} \tag{7.2.3}$$

式中:算子⊗为克罗内克积(kronecker product),简称叉积[①];σ^2 为系统扰动项的方差。

---

① 设 $\boldsymbol{A}=(a_{ij})_{n\times m}$,$\boldsymbol{B}=(b_{ij})_{p\times q}$,定义 $\boldsymbol{A}$ 与 $\boldsymbol{B}$ 的克罗内克积(简称叉积)为

$$\boldsymbol{A}\otimes\boldsymbol{B} = \begin{pmatrix} a_{11}\boldsymbol{B} & a_{12}\boldsymbol{B} & \cdots & a_{1m}\boldsymbol{B} \\ a_{21}\boldsymbol{B} & a_{22}\boldsymbol{B} & \cdots & a_{2m}\boldsymbol{B} \\ \vdots & \vdots & \ddots & \vdots \\ a_{n1}\boldsymbol{B} & a_{n2}\boldsymbol{B} & \cdots & a_{nm}\boldsymbol{B} \end{pmatrix}$$

显然,$\boldsymbol{A}\otimes\boldsymbol{B}$ 是 $np\times mq$ 阶矩阵,是分块矩阵,第(i,j)块是 $a_{ij}\boldsymbol{B}$。

② k 个方程间的扰动项存在异方差，但是不存在同期相关时，用 σ_i^2 表示第 i 个方程扰动项的方差，$i=1,2,\cdots,k$，此时的矩阵形式为

$$\boldsymbol{V}=\boldsymbol{diag}(\sigma_1^2,\sigma_2^2,\cdots,\sigma_k^2)\otimes\boldsymbol{I}_T=\begin{pmatrix}\sigma_1^2\boldsymbol{I}_T & \boldsymbol{0} & \cdots & \boldsymbol{0}\\ \boldsymbol{0} & \sigma_2^2\boldsymbol{I}_T & \cdots & \boldsymbol{0}\\ \vdots & \vdots & \ddots & \vdots\\ \boldsymbol{0} & \boldsymbol{0} & \cdots & \sigma_k^2\boldsymbol{I}_T\end{pmatrix} \tag{7.2.4}$$

式中：$\boldsymbol{diag}()$为对角矩阵。

③ k 个方程间的扰动项不但是异方差的，而且是同期相关的情形，可以通过定义一个 $k\times k$ 的同期相关矩阵 $\boldsymbol{\Sigma}$ 进行描述，$\boldsymbol{\Sigma}$ 的第 i 行第 j 列的元素 $\sigma_{ij}=E(\boldsymbol{u}_i\boldsymbol{u}_j')$。如果扰动项是同期不相关的，那么，对于 $i\neq j$，则 $\sigma_{ij}=0$，如果 k 个方程间的扰动项是异方差且同期相关的，则有

$$\boldsymbol{V}=\boldsymbol{\Sigma}\otimes\boldsymbol{I}_T=\begin{pmatrix}\sigma_{11}\boldsymbol{I}_T & \sigma_{12}\boldsymbol{I}_T & \cdots & \sigma_{1k}\boldsymbol{I}_T\\ \sigma_{21}\boldsymbol{I}_T & \sigma_{22}\boldsymbol{I}_T & \cdots & \sigma_{2k}\boldsymbol{I}_T\\ \vdots & \vdots & \ddots & \vdots\\ \sigma_{k1}\boldsymbol{I}_T & \sigma_{k2}\boldsymbol{I}_T & \cdots & \sigma_{kk}\boldsymbol{I}_T\end{pmatrix} \tag{7.2.5}$$

④ 在更一般的水平下，k 个方程间的扰动项存在异方差、同期相关的同时，每个方程的扰动项还存在异方差、自相关。此时扰动项分块协方差矩阵应写成

$$\boldsymbol{V}=\boldsymbol{\Sigma}\otimes\boldsymbol{\Omega}=\begin{pmatrix}\sigma_{11}\boldsymbol{\Omega}_{11} & \sigma_{12}\boldsymbol{\Omega}_{12} & \cdots & \sigma_{1k}\boldsymbol{\Omega}_{1k}\\ \sigma_{21}\boldsymbol{\Omega}_{21} & \sigma_{22}\boldsymbol{\Omega}_{22} & \cdots & \sigma_{2k}\boldsymbol{\Omega}_{2k}\\ \vdots & \vdots & \ddots & \vdots\\ \sigma_{k1}\boldsymbol{\Omega}_{k1} & \sigma_{k2}\boldsymbol{\Omega}_{k2} & \cdots & \sigma_{kk}\boldsymbol{\Omega}_{kk}\end{pmatrix} \tag{7.2.6}$$

式中：$\boldsymbol{\Omega}_{ij}$ 为第 i 个方程扰动项和第 j 个方程扰动项的自相关矩阵。

7.2.1　单方程估计方法

1. 普通最小二乘法

普通最小二乘法是考虑到任意方程间对系统中的参数的限制条件下，最小化每个方程的残差平方和获得参数估计的。如果没有方程间的参数约束条件，这种方法等同于使用单方程最小二乘法估计每个方程。

假设系统扰动项的分块协方差矩阵 $\boldsymbol{V}$ 如式(7.2.3)所示，即 $\boldsymbol{V}=E(\boldsymbol{u}\boldsymbol{u}')=\sigma^2(\boldsymbol{I}_k\otimes\boldsymbol{I}_T)$，也就是在所有的方程和方程之间，扰动项既不存在异方差也不存在同期相关时，估计出来的最小二乘估计量是有效的。$\boldsymbol{\Delta}$ 的估计量由下式给出

$$\hat{\boldsymbol{\Delta}}_{LS}=(\boldsymbol{X}'\boldsymbol{X})^{-1}\boldsymbol{X}'\boldsymbol{Y} \tag{7.2.7}$$

方差估计为

$$\mathrm{var}(\hat{\boldsymbol{\Delta}}_{LS})=s^2(\boldsymbol{X}'\boldsymbol{X})^{-1} \tag{7.2.8}$$

式中：s^2 为系统方程的扰动项方差的估计值，其计算公式如下：

$$s^2=\frac{(\boldsymbol{Y}-\boldsymbol{X}\hat{\boldsymbol{\Delta}}_{LS})'(\boldsymbol{Y}-\boldsymbol{X}\hat{\boldsymbol{\Delta}}_{LS})}{T} \tag{7.2.9}$$

此时的参数估计量是无偏和一致的，所以这种情况下可以用最小二乘法来估计联立方程系统。

例 7.1　克莱因联立方程系统的 OLS 估计结果

克莱因(Klein)联立方程系统Ⅰ是劳伦斯·罗伯特·克莱因(Lawrence Robert Klein)于1950年建立的、旨在分析美国在两次世界大战之间的经济发展的小型宏观计量经济模型。模型规模虽小，但在宏观计量经济模型的发展史上占有重要的地位。其后的美国宏观计量经济模型大都是在此模型的基础上扩充、改进和发展起来的。以至于萨缪尔森认为，"美国的许多模型，剥到当中，发现都有一个小的克莱因模型"。所以，对该模型的了解与分析对于了解西方宏观计量经济模型是重要的。

克莱因模型是以美国两次世界大战之间的1920—1941年的年度数据为样本建立的，在格林的《经济计量分析》中给出了克莱因模型1920—1941年的数据和更新版本的1953—1984年数据，模型的形式可以参见式(7.1.2)。

在联立方程系统中只能估计3个行为方程，其余的3个恒等式要放到模型中，这一点，已在前面的7.1节中介绍。CS 是消费方程，总消费主要受前期和当期的私人利润 P、当期工资收入(W^p+W^g)的影响；I 是投资方程，投资由前期和当期利润 P、前期的资本存量 K 来解释；W^p 是就业方程，用私人工资额代表就业，将它与前期和当期的产出 Y 联系起来，由生产规模决定就业，时间趋势项($Trend$)考虑了日益增强的非经济因素对就业的压力。

首先利用1920—1941年的数据，估计克莱因联立方程系统Ⅰ，得到的结果为

消费方程：$CS_t=16.2+0.19\times P_t+0.09\times P_{t-1}+0.80\times(W_t^p+W_t^g)+\hat{u}_{1t}$

$t=(12.42)\quad(2.12)\quad(0.99)\quad(19.93)$

$$R^2=0.98\qquad DW=1.37$$

在消费方程中，增加1美元当期利润和前期利润分别导致消费增加0.19美元和0.09美元，而工资收入用私人工资和政府工资之和表示，其边际消费倾向为0.80，即当期工资收入每增加1美元，消费就增加0.80美元，这说明，当期工资收入是消费的一个决定因素。

投资方程：$I_t=10.1+0.48\times P_t+0.33\times P_{t-1}-0.11\times K_{t-1}+\hat{u}_{2t}$

$t=(1.85)\quad(4.94)\quad(3.30)\quad(-4.18)$

$$R^2=0.93\qquad DW=1.81$$

在投资方程中，当期利润和前期利润对投资的影响比较大，分别为0.48和0.33，而上期资本存量增加1个单位会导致本期投资减少0.11个单位，说明这段时期的投资规模主要是由资金决定的。利润越高，企业拥有的可支配资金越多，投资就会增加。

工资方程：$W_t^p = 0.06 + 0.44 \times Y_t + 0.15 \times Y_{t-1} + 0.13 \times Trend_t + \hat{u}_{3t}$

$t = (0.06) \quad (13.56) \quad (3.90) \quad (4.08)$

$R^2 = 0.99 \qquad DW = 1.96$

就业方程中的私人工资的决定因素是总需求及其滞后，也就是总产出的规模决定了整个社会的就业水平，而时间趋势与私人工资的增长是正相关的，私人工资随时间趋势呈增加的态势，1920—1941 年每年平均增加 1.3 亿美元(私人工资单位是 10 亿美元)。

注：本例中的数据来源于威廉·H. 格林的《经济计量分析》. 第 689 页。为了避免工具变量的不同选择导致统计结果的不同，本例采用了普通最小二乘法进行估计，统计结果与格林在该书的第 673 页列出的结果相比，只有私人工资方程中的常数项的估计结果(格林的结果为 1.48)不同，其他的结果完全一致。这是由于私人工资方程中出现的时间趋势的定义不同而导致的。本章中所有的估计方程都进行了协整检验，以后不再赘述(协整检验方法参见本书的中高级 2.2 节)。

2. 加权最小二乘法

当方程间存在异方差时，即 $\boldsymbol{V} = \boldsymbol{diag}(\sigma_1^2, \sigma_2^2, \cdots, \sigma_k^2) \otimes \boldsymbol{I}_T$［式(7.2.4)］，可以使用加权最小二乘法，即可以通过最小化加权的残差平方和来解决方程间存在的异方差。方程的权重是估计出来的残差方差的倒数，来自系统的未加权的参数估计值。如果不存在方程间约束，该方法的结果与未加权的单方程最小二乘法的结果相同。

加权最小二乘法的估计值为

$$\hat{\boldsymbol{\Delta}}_{WLS} = (\boldsymbol{X}'\hat{\boldsymbol{V}}^{-1}\boldsymbol{X})^{-1}\boldsymbol{X}'\hat{\boldsymbol{V}}^{-1}\boldsymbol{y} \tag{7.2.10}$$

式中：$\hat{\boldsymbol{V}} = \boldsymbol{diag}(s_{11}, s_{22}, \cdots, s_{kk}) \otimes \boldsymbol{I}_T$，是 $\boldsymbol{V}$ 的一个一致估计量。$\boldsymbol{V}$ 中的元素 ${\sigma_i}^2$ 的估计值 s_{ii} 为

$$s_{ii} = \frac{(\boldsymbol{y}_i - \boldsymbol{X}_i\hat{\boldsymbol{\delta}}_{i,LS})'(\boldsymbol{y}_i - \boldsymbol{X}_i\hat{\boldsymbol{\delta}}_{i,LS})}{T}, \quad i = 1, 2, \cdots, k \tag{7.2.11}$$

系数方差矩阵的估计量为

$$\mathrm{var}(\hat{\boldsymbol{\Delta}}_{WLS}) = (\boldsymbol{X}'\hat{\boldsymbol{V}}^{-1}\boldsymbol{X})^{-1} \tag{7.2.12}$$

当残差不存在同期相关和序列相关而只存在方程间异方差时，加权最小二乘法是有效的，并且方差的估计量是一致的。需要指出的是，如果模型不存在方程间参数的限制，对整个系统进行加权最小二乘法估计得到的结果与逐个方程的最小二乘法估计的结果是一样的。考虑下面的这个简单的模型

$$\begin{aligned} \boldsymbol{y}_1 &= \boldsymbol{X}_1\boldsymbol{\delta}_1 + \boldsymbol{u}_1 \\ \boldsymbol{y}_2 &= \boldsymbol{X}_2\boldsymbol{\delta}_2 + \boldsymbol{u}_2 \end{aligned} \tag{7.2.13}$$

如果方程的系数 $\boldsymbol{\delta}_1$ 和 $\boldsymbol{\delta}_2$ 之间没有限制，由式(7.2.10)给出的加权最小二乘法估计量为

$$\hat{\boldsymbol{\Delta}}_{WLS} = \begin{Bmatrix} [(\boldsymbol{X}_1'\boldsymbol{X}_1)/s_{11}]^{-1}[(\boldsymbol{X}_1'\boldsymbol{y}_1)/s_{11}] \\ [(\boldsymbol{X}_2'\boldsymbol{X}_2)/s_{22}]^{-1}[(\boldsymbol{X}_2'\boldsymbol{y}_2)/s_{22}] \end{Bmatrix} = \begin{bmatrix} (\boldsymbol{X}_1'\boldsymbol{X}_1)^{-1}\boldsymbol{X}_1'\boldsymbol{y}_1 \\ (\boldsymbol{X}_2'\boldsymbol{X}_2)^{-1}\boldsymbol{X}_2'\boldsymbol{y}_2 \end{bmatrix} \tag{7.2.14}$$

式中右边的表达式和逐个方程的OLS估计量相同。需要注意的是,即使方程之间没有系数限制,这两种情况下的标准差的估计值也是不同的,因此 t 统计量是不同的。

3. 近似不相关回归法

近似不相关回归法,是商业和经济模型中经常出现的一种递归模型方法,也称为Zellner方法。它是考虑到方程间的扰动项存在异方差和同期相关的条件下,估计联立方程系统的系数。这个方法经常将系统所包含的一系列内生变量作为一组处理,因为理论上,这些变量彼此之间存在着密切的联系。这里介绍的SUR方法比一般文献要广泛,因为我们考虑了方程间参数的约束。

本节的SUR方法适合于方程右边的变量 $\boldsymbol{X}$ 全部是外生变量,方程间的扰动项可能具有异方差和同期相关,但是单个方程不存在序列相关的情形,即扰动项协方差矩阵 $\boldsymbol{V}$ 的形式是由式(7.2.5)表示的:$\boldsymbol{V}=\boldsymbol{\Sigma}\otimes\boldsymbol{I}_T$。如果 $\boldsymbol{\Sigma}$ 为已知的,则参数 $\boldsymbol{\Delta}$ 的Zellner SUR估计值为

$$\hat{\boldsymbol{\Delta}}_{SUR}=[\boldsymbol{X}'(\boldsymbol{\Sigma}\otimes\boldsymbol{I}_T)^{-1}\boldsymbol{X}]^{-1}\boldsymbol{X}'(\boldsymbol{\Sigma}\otimes\boldsymbol{I}_T)^{-1}\boldsymbol{Y} \tag{7.2.15}$$

但在一般的情况下,$\boldsymbol{\Sigma}$ 都是未知的,这时,就需要利用最小二乘法估计未加权系统的参数,得到 $\boldsymbol{\Sigma}$ 的一致估计矩阵 $\hat{\boldsymbol{\Sigma}}$,$\boldsymbol{\Sigma}$ 中的元素 σ_{ij} 的估计值 s_{ij} 为

$$s_{ij}=\frac{[(\boldsymbol{y}_i-\boldsymbol{X}_i\hat{\boldsymbol{\delta}}_{i,LS})'(\boldsymbol{y}_j-\boldsymbol{X}_j\hat{\boldsymbol{\delta}}_{j,LS})]}{T},\quad i,j=1,2,\cdots,k \tag{7.2.16}$$

再进行广义最小二乘(GLS)估计,此时 $\boldsymbol{\Delta}$ 的Zellner SUR估计值为

$$\hat{\boldsymbol{\Delta}}_{SUR}=[\boldsymbol{X}'(\hat{\boldsymbol{\Sigma}}\otimes\boldsymbol{I}_T)^{-1}\boldsymbol{X}]^{-1}\boldsymbol{X}'(\hat{\boldsymbol{\Sigma}}\otimes\boldsymbol{I}_T)^{-1}\boldsymbol{Y} \tag{7.2.17}$$

实际上,SUR方法也是一个两阶段估计过程。可以证明,它的估计量不但是一致的,而且是(渐近)有效的。

4. 二阶段最小二乘法

二阶段最小二乘法是一种既适用于恰好识别的结构方程、又适用于过度识别的结构方程的单方程估计方法,由H.泰尔(Theil)和R.巴斯曼(Basmann)分别于1953年和1957年独立提出的,是一种应用得最普遍的方法。

系统的二阶段最小二乘法(S2SLS)估计量是前面描述的单方程二阶段最小二乘估计量的系统形式。当方程右端的解释变量与扰动项相关,但扰动项之间既不存在异方差,也不存在同期相关时,S2SLS是一种比较合适的方法。系统的二阶段最小二乘法是对未加权的系统进行逐个方程的2SLS估计来完成S2SLS估计,以满足任意的方程间的参数约束。如果不存在方程间的约束,得到的结果与未加权单方程2SLS结果相同。

联立方程系统的结构式(7.1.4)中的第 i 个方程可以写为

$$\boldsymbol{B}_i\boldsymbol{Y}+\boldsymbol{\Gamma}_i\boldsymbol{Z}=\boldsymbol{u}_i,\quad i=1,2,\cdots,k \tag{7.2.18}$$

或等价地写为

$$\boldsymbol{y}_i=-\widetilde{\boldsymbol{B}}_i\boldsymbol{Y}-\boldsymbol{\Gamma}_i\boldsymbol{Z}+\boldsymbol{u}_i=\boldsymbol{X}_i\boldsymbol{\delta}_i+\boldsymbol{u}_i \tag{7.2.19}$$

式中：$\boldsymbol{B}_i$ 为式(7.1.4)内生变量系数矩阵 $\boldsymbol{B}$ 的第 i 行的行向量；$\widetilde{\boldsymbol{B}}_i$ 为将 $\boldsymbol{B}_i$ 中第 i 个元素设为 0；$\boldsymbol{\Gamma}_i$ 为先决变量系数矩阵 $\boldsymbol{\Gamma}$ 的第 i 行的行向量；$\boldsymbol{\delta}'_i=(\widetilde{\boldsymbol{B}}_i,\boldsymbol{\Gamma}_i)$；$\boldsymbol{Y}$ 为内生变量矩阵；$\boldsymbol{Z}$ 为先决变量矩阵。

第一阶段用所有的先决变量 $\boldsymbol{Z}$ 对第 i 个方程右端出现的内生变量(记为 $\boldsymbol{Y}_i$)做回归，由于方程的右侧不存在随机解释变量问题，可以直接采用普通最小二乘法估计其参数，并得到拟合值

$$\hat{\boldsymbol{Y}}_i=\boldsymbol{Z}[(\boldsymbol{Z}'\boldsymbol{Z})^{-1}\boldsymbol{Z}'\boldsymbol{Y}_i] \tag{7.2.20}$$

由这个方程的表达式可知，在大样本下，$\hat{\boldsymbol{Y}}_i$ 与扰动项独立。

在第二阶段，用 $\hat{\boldsymbol{Y}}_i$ 代替 $\boldsymbol{Y}_i$，再利用 $\boldsymbol{X}_i$，采用普通最小二乘法重新估计，回归得到

$$\hat{\boldsymbol{\delta}}_{i,\text{2SLS}}=[\hat{\boldsymbol{X}}'_i\hat{\boldsymbol{X}}_i]^{-1}\hat{\boldsymbol{X}}'_i\boldsymbol{y}_i,\quad i=1,2,\cdots,k \tag{7.2.21}$$

式中：$\hat{\boldsymbol{X}}_i=(\hat{\boldsymbol{Y}}_i,\boldsymbol{Z}_i)$，这个参数的估计量即为原结构方程的参数的二阶段最小二乘的一致估计量。

在应用二阶段最小二乘法的整个过程中，并没有涉及结构方程中内生解释变量和先决解释变量的数目，所以二阶段最小二乘法的应用与方程的识别状态无关，既适用于恰好识别的结构方程，又适用于过度识别的结构方程。

5. 加权二阶段最小二乘法

加权二阶段最小二乘法(weighted two-stage least squares，W2SLS 或 WTSLS)是加权最小二乘法的二阶段方法。当方程右边的部分变量与扰动项相关，并且方程间的扰动项存在异方差，但不存在同期相关时，W2SLS 是一种比较合适的方法。该方法首先对未加权系统进行二阶段最小二乘估计，根据估计出来的方程方差建立方程的权重。如果没有方程间的约束，得到的一阶段的结果与未加权单方程的二阶段最小二乘法的结果相同。

加权二阶段最小二乘法的第一阶段与未加权二阶段最小二乘法相同。在第二阶段时则是使用通过第一阶段得到的权重矩阵

$$\hat{\boldsymbol{V}}^{-1}=\textbf{diag}(1/s_{11},1/s_{22},\cdots,1/s_{kk})\otimes\boldsymbol{I}_T \tag{7.2.22}$$

进行加权最小二乘估计，得到的第 i 个方程的参数估计量为

$$\hat{\boldsymbol{\delta}}_{i,\text{W2SLS}}=(\hat{\boldsymbol{X}}'_i\hat{\boldsymbol{V}}^{-1}\hat{\boldsymbol{X}}_i)^{-1}\hat{\boldsymbol{X}}'_i\hat{\boldsymbol{V}}^{-1}\boldsymbol{y}_i,\quad i=1,2,\cdots,k \tag{7.2.23}$$

6. 扰动项存在序列相关的联立方程模型的估计与修正

在 4.1.3 小节中，我们介绍了单方程扰动项存在序列相关时的估计与修正，同单方程一样，联立方程模型中的扰动项如果存在序列相关问题，也会导致估计结果的失真，因此也必须对扰动项序列的结构予以正确的描述和处理。

如果第 i 个方程的扰动项具有序列相关，即误差协方差矩阵的形式为式(7.2.6)中的 $\boldsymbol{V}=\boldsymbol{\Sigma}\otimes\boldsymbol{\Omega}$ 。为了消除序列相关，第 i 个方程中应该包含 AR 项，此时的模型为

$$y_{i,t}=\boldsymbol{X}_{i,t}\boldsymbol{\delta}_i+u_{i,t}$$
$$u_{i,t}=\rho_{i,1}u_{i,t-1}+\rho_{i,2}u_{i,t-2}+\cdots+\rho_{i,p_i}u_{i,t-p_i}+\varepsilon_{i,t}\quad, \quad t=1,2,\cdots,T \tag{7.2.24}$$

式中：p_i 为滞后阶数；$\boldsymbol{\varepsilon}_i$ 不存在序列相关,但方程之间可能存在同期相关。将 $\boldsymbol{u}_i$ 的 AR 模型代入 $\boldsymbol{y}_i$ 的方程,得到下面的非线性方程：

$$y_{i,t}=\boldsymbol{X}_{i,t}\boldsymbol{\delta}_i+\rho_{i,1}(y_{i,t-1}-\boldsymbol{X}_{i,t-1}\boldsymbol{\delta}_i)+\cdots+\rho_{i,p_i}(y_{i,t-p_i}-\boldsymbol{X}_{i,t-p_i}\boldsymbol{\delta}_i)+\varepsilon_{i,t},\quad t=1,2,\cdots,T \tag{7.2.25}$$

使用非线性的 OLS 方法估计方程(7.2.25),并利用这个估计量来计算残差$\hat{\boldsymbol{\varepsilon}}_i$。然后,可以利用

$$s_{ij}=\frac{\hat{\varepsilon}'_i\hat{\varepsilon}_j}{T},\quad i,j=1,2,\cdots,k \tag{7.2.26}$$

建立 $\boldsymbol{\Sigma}$ 的估计量,再进行非线性的 GLS 估计,完成估计过程的一次迭代。这些迭代会一直继续下去,直到系数和权重收敛。

例 7.2　克莱因联立方程系统Ⅱ的 OLS 和 2SLS 估计结果

当样本区间为 1953—1984 年时,由于美国经济环境的改变以及美国政府对宏观经济的逐步干预,上述的克莱因联立方程系统Ⅰ已经不再适合。因此,本例建立了克莱因联立方程系统Ⅱ：

$$\begin{cases}CS_t=\alpha_0+\alpha_1(W_t^p+W_t^g)+\alpha_2CS_{t-1}+\alpha_3R_{t-1}+v_{1t} & \text{(消费)}\\ I_t=\beta_0+\beta_1R_{t-1}+\beta_2K_t+\beta_3P_t+v_{2t} & \text{(投资)}\\ W_t^p=\gamma_0+\gamma_1Y_t+\gamma_2Y_{t-1}+\gamma_3K_t+v_{3t} & \text{(私人工资)}\end{cases}$$

式中：R 为半年期商业票据利息,其他变量的含义同克莱因联立方程系统Ⅰ相同。

(1) OLS 估计结果

消费方程：$CS_t=-16.67+0.42\times(W_t^p+W_t^g)+0.55CS_{t-1}-3.37R_{t-1}+\hat{v}_{1t}$

$t=(-3.49)\quad(5.91)\quad(5.87)\quad(-4.35)$

$R^2=0.99\qquad DW=1.59$

在消费方程中,工资收入的边际消费倾向降低至 0.42,意味着当期工资收入对消费的决定程度在减弱。消费方程中新加入的两个解释变量,上期消费和商业票据利息也开始对当期消费产生较大的影响,说明这段时期美国的消费已经不再是由收入唯一决定的。

投资方程：$I_t=49.12-8.02R_{t-1}+0.05K_t+0.36P_t+\hat{v}_{2t}$

$t=(1.94)\quad(-4.33)\quad(7.53)\quad(1.5)$

$\hat{v}_{2,t}=0.66\times\hat{v}_{2,t-1}+\hat{\varepsilon}_{2t}$

$t=(3.64)$

$R^2=0.96\qquad DW=1.74$

由于投资方程中的残差存在自相关，所以利用 AR(1)模型进行调整。与系统Ⅰ相比，投资方程的主要变化就是加入了利率，也就是突出了利率对于投资的决定作用，方程中利率的系数为－8.02，意味着利率下降 1 个单位，会导致投资增加 8.02 个单位，这说明投资对于利率是非常敏感的。投资方程的这种变化体现了美国政府对宏观经济的干预调节。

工资方程：$W_t^p = 59.34 + 0.53Y_t + 0.0378Y_{t-1} + 0.073K_t + \hat{v}_{3t}$

$t = (1.65)\quad (10.8)\quad (0.15)\qquad (5.84)$

$\hat{v}_{3t} = 0.77\hat{v}_{3,t-1} + \hat{\varepsilon}_{3t}$

$t = (4.74)$

$$R^2 = 0.99 \quad DW = 1.83$$

该方程仍然选择了 AR(1)模型来消除残差中出现的自相关性。私人工资的一个决定因素仍然是总需求，也就是总产出的规模仍然在很大程度上影响着整个社会的就业水平。另外，系统Ⅱ中还将资本存量作为工资的一个解释变量，根据方程的统计结果，资本存量每增加 1 美元，工资就会增加 0.073 美元。

(2) 二阶段最小二乘法

但是从克莱因联立方程系统Ⅱ可以看出，方程的右侧含有内生变量，即解释变量可能与误差项相关，因此下面采用二阶段最小二乘法重新估计克莱因联立方程系统Ⅱ。

利用美国 1953—1984 年的数据，选择的工具变量为 Y_{t-1}、CS_{t-1}、I_{t-1}、K_{t-1}、W_{t-1}^p、P_{t-1}、W_t^g、R_t，常数(c)，克莱因联立方程系统Ⅱ的 2SLS 估计结果为

消费方程：$CS_t = -20.97 + 0.48(W_t^p + W_t^g) + 0.49CS_{t-1} - 4.30R_{t-1} + \hat{v}_{1t}$

$t = (-3.72)\quad (5.44)\qquad (4.37)\qquad (-4.43)$

$$R^2 = 0.99 \qquad DW = 1.57$$

两种估计方法对消费方程的影响是，增加了工资收入的边际消费倾向，从 0.42 上升到 0.48，上期消费对本期的影响降低了 0.06，而变化最大的为利率对消费的影响：在 OLS 估计中，减少 1 个单位的利率能够增加 3.37 个单位的消费，现在则增加了 4.3 个单位的消费。

投资方程：$I_t = 72.54 - 9.01R_{t-1} + 0.049K_t + 0.076P_t + \hat{v}_{2t}$

$t = (2.14)\quad (-3.73)\qquad (6.44)\qquad (0.23)$

$\hat{v}_{2t} = 0.72\hat{v}_{2,t-1} + \hat{\varepsilon}_{2t}$

$t = (3.21)$

$$R^2 = 0.95 \quad DW = 1.97$$

由于估计方法的改变，利率对于投资的影响系数增加至 9.01，导致投资对利率的反应程度更加敏感，说明美国政府的货币政策的效果可能很有效。

工资方程：$W_t^p = 25.28 + 0.57Y_t + 0.038Y_{t-1} + 0.06K_t + \hat{v}_{3t}$

$t = (0.49)\quad(8.9)\quad(0.61)\quad(3.9)$

$\hat{v}_{3t} = 0.82\hat{v}_{3,t-1} + \hat{\varepsilon}_{3t}$

$t = (5.01)$

$R^2 = 0.99\qquad DW = 1.8$

与OLS估计结果相比，工资方程的统计结果几乎没有变化。

7.2.2　系统估计方法

1. 三阶段最小二乘法

式(7.2.1)的矩阵形式为

$$\boldsymbol{Y} = \boldsymbol{X\Delta} + \boldsymbol{u} \tag{7.2.27}$$

式中：$\boldsymbol{Y}$为内生变量矩阵；$\boldsymbol{X}$为解释变量的分块矩阵；$\boldsymbol{\Delta}$为未知参数向量。

因为二阶段最小二乘法是单方程估计方法，没有考虑到扰动项之间的协方差，所以，一般来说，它不是很有效。三阶段最小二乘法(three-stage least squares，3SLS)是由Zellner和Theil于1962年提出的，同时估计联立方程系统的全部结构方程的系统估计方法，是SUR方法的二阶段最小二乘法。当方程右边变量与扰动项相关，并且扰动项存在异方差和同期相关时，3SLS是一种有效方法。

3SLS方法的基本思路是：先用2SLS估计每个方程，然后再对整个联立方程系统利用广义最小二乘法估计。在第一阶段，先估计联立方程系统的简化形式。然后，用全部内生变量的拟合值得到联立方程系统中所有方程的2SLS估计。一旦计算出2SLS的参数，每个方程的残差值就可以用来估计方程之间的方差和协方差，类似于SUR的估计过程。第三阶段也就是最后阶段，将得到广义最小二乘法的参数估计量。很显然，3SLS能得到比2SLS更有效的参数估计量，因为它考虑了方程之间的相关关系。

在平衡系统的情况下，使用3SLS得到的估计量为

$$\hat{\boldsymbol{\Delta}}_{3SLS} = [\hat{\boldsymbol{X}}'(\boldsymbol{\Sigma}^{-1} \otimes \boldsymbol{I}_T)\hat{\boldsymbol{X}}]^{-1}\hat{\boldsymbol{X}}'(\hat{\boldsymbol{\Sigma}}^{-1} \otimes \boldsymbol{I}_T)\boldsymbol{Y} \tag{7.2.28}$$

式中：

$$\hat{\boldsymbol{X}} = \begin{bmatrix} \boldsymbol{Z}(\boldsymbol{Z}'\boldsymbol{Z})^{-1}\boldsymbol{Z}'\boldsymbol{X}_1 & \boldsymbol{0} & \boldsymbol{0} & \boldsymbol{0} \\ \boldsymbol{0} & \boldsymbol{Z}(\boldsymbol{Z}'\boldsymbol{Z})^{-1}\boldsymbol{Z}'\boldsymbol{X}_2 & \cdots & \boldsymbol{0} \\ \vdots & \vdots & \ddots & \vdots \\ \boldsymbol{0} & \cdots & \cdots & \boldsymbol{Z}(\boldsymbol{Z}'\boldsymbol{Z})^{-1}\boldsymbol{Z}'\boldsymbol{X}_k \end{bmatrix} \tag{7.2.29}$$

式中：$\boldsymbol{Z}$为先决变量矩阵；$\boldsymbol{X}_i$为式(7.2.1)中的第i个方程的$T \times k_i$阶解释变量矩阵。

当扰动项的协方差矩阵$\boldsymbol{\Sigma}$是未知时，三阶段最小二乘法利用从二阶段得到的残差来获得$\boldsymbol{\Sigma}$的一致估计$\hat{\boldsymbol{\Sigma}}$，它的元素为

$$s_{ij}=\frac{(\boldsymbol{y}_i-\hat{\boldsymbol{X}}_i\hat{\boldsymbol{\delta}}_{i,2SLS})'(\boldsymbol{y}_j-\hat{\boldsymbol{X}}_j\hat{\boldsymbol{\delta}}_{j,2SLS})}{T},\quad i,j=1,2,\cdots,k \tag{7.2.30}$$

例 7.3　中国宏观经济系统的 3SLS 估计结果

本例介绍利用三阶段最小二乘法估计 7.1.3 小节的中国小型宏观经济联立方程系统的计算结果。各方程估计选择的工具变量为：$RD_t-[100\times(P6_t/P6_{t-1}-1)]$，$RL_t-[100\times(P6_t/P6_{t-1}-1)]$，$\ln(T1_t/P4_t)$，$\ln(CU_{t-1}/P3_{t-1})$，$\ln(CR_{t-1}/P4_{t-1})$，$\ln(I_{t-1}/P5_{t-1})$，$\ln(M1_t/P6_t)$，$\ln(M2_{t-1}/P6_{t-1})$，$\ln(DL_{t-1}/P5_{t-1})$，$\ln(IR_{t-1}/P4_{t-1})$，$\ln(IU_{t-1}/P3_{t-1})$，$\ln(Y_t/P2_t)$，$\ln(Y1_t/P1_t)$，$C$，样本区间为 1978—2006 年。

城镇居民消费方程：

$$\ln(CU_t/P3_t)=0.28\ln(IU_t/P3_t\times PU_t)+0.73\ln(CU_{t-1}/P3_{t-1})-0.06D1+\hat{u}_{1t}$$
$$t=(4.06)\qquad(10.52)\qquad(-4.07)$$
$$R^2=0.99\qquad DW=1.9$$

在城镇居民消费方程中，城镇居民消费的收入弹性为 0.28，收入每增加 1%，消费就会增加 0.28%，意味着城镇居民收入对消费的影响不是很显著。而上期消费的弹性为 0.73，表明城镇居民当期消费受以前的消费水平的影响很大，说明城镇居民消费水平具有刚性的特点。

农村居民消费方程：

$$\ln(CR_t/P4_t)=0.7\ln(IR_t/P4_t\times PR_t)+0.29\ln(CR_{t-1}/P4_{t-1})-0.033D2+\hat{u}_{2t}$$
$$t=(7.11)\qquad(2.9)\qquad(-2.03)$$
$$\hat{u}_{2t}=0.38\hat{u}_{2,t-1}+\hat{\varepsilon}_{2t}$$
$$t=(2.5)$$
$$R^2=0.99\qquad DW=1.8$$

农村居民消费方程中，用 AR(1)模型消除残差存在的自相关。与城镇居民消费相比，农村居民消费受到收入的影响比较大，弹性为 0.7，但是农村上期消费对本期消费的影响程度就不如城镇居民消费那样明显，仅为 0.29。

投资方程：

$$\ln(I_t/P5_t)=-3.62+1.17\ln(Y_{t-1}/P2_{t-1})-0.0095\{RL_t-[100\times(P5_t/P5_{t-1}-1)]\}+$$
$$t=(-3.054)\qquad(8.4)\qquad(-3.44)$$
$$0.13\ln(DL_t/P5_t)+\hat{u}_{3t}$$
$$t=(1.9)$$
$$\hat{u}_{3t}=0.86\hat{u}_{3,t-1}+\hat{\varepsilon}_{3t}$$
$$t=(13.54)$$
$$R^2=0.99\qquad DW=1.75$$

在投资方程中,用AR(1)模型消除残差存在的自相关。投资的实际产出弹性为1.17,即上期实际产出增加1%,本期投资就会增加1.17%。影响投资的实际贷款利率用固定资产投资价格指数平减,其弹性为-0.009 5,即上期利率上升1个百分点,本期投资就会下降0.009 5%。而投资的实际贷款弹性为0.13,即实际贷款增加1%,投资就会增加0.13%。

农村人均收入方程:

$$\ln(IR_t/P4_t)=\underset{t=(3.74)}{0.68}\ln[(Y1_t/P1_t-T1_t/P4_t)/PR_t]+\underset{(2.25)}{0.38}\ln(IR_{t-1}/P4_{t-1})+\hat{u}_{4t}$$

$$\hat{u}_{4t}=\underset{t=(4.63)}{0.65}\hat{u}_{4,t-1}+\hat{\varepsilon}_{4t}$$

$$R^2=0.99\qquad DW=1.74$$

农村人均收入方程中,用AR(1)模型消除残差存在的自相关。而去掉农业各税后的人均农业总产值对农村收入的影响较大,弹性为0.68,这说明农村人均收入的增加大部分来源于第一产业产值。近年来,随着我国农村人口大量涌入城市,农民工人数不断增加,使得我国农民收入的来源多元化。

第一产业增加值方程:

$$\ln(Y1_t/P1_t)=\underset{t=(1.5)}{0.06}\ln(I_{t-1}\times IA_{t-1}/P5_{t-1})-\underset{(-2.48)}{0.08}\ln(T1_{t-1}/P1_{t-1})+$$

$$\underset{(48.55)}{0.99}\ln(Y1_{t-1}/P1_{t-1})+\underset{(2.19)}{0.05}D3+\hat{u}_{5t}$$

$$R^2=0.99\qquad DW=1.8$$

第一产业增加值方程中的$I\times IA/P5$代表了对农业的实际固定资产投资额。它的弹性为0.06,意味着固定资产投资对于第一产业产出促进作用不明显。农业各税对第一产业产出的影响是负的,说明增加农业各税将减少第一产业产出。

城镇人均收入方程:

$$\ln(IU_t/P3_t)=\underset{t=(1.87)}{0.125}\ln[(Y_t/P2_t-Y1_t/P1_t)/PU_t]+\underset{(10.1)}{0.85}\ln(IU_{t-1}/P3_{t-1})+$$

$$\underset{(1.98)}{0.088}D3+\hat{u}_{6t}$$

$$R^2=0.99\qquad DW=1.58$$

与农村人均收入方程相比,除去第一产业的人均实际产值对城镇收入的影响较小,弹性为0.125。虚拟变量$D3$在2001年以后为1,2001年及以前均为0。加入这个变量是为了体现我国政府实行的旨在鼓励城镇居民消费的财政政策,如提高工资、增加转移支付等的作用。这个变量的弹性为0.088,说明国家的政策对城镇居民收入的增加的拉动作用较小。

固定资产贷款方程：

$$\ln(DL_t/P5_t) = -3.25 - 0.012\{RL_t - [100\times(P5_t/P5_{t-1}-1)]\} +$$
$$t=(-5.83)\quad(-1.64)$$
$$1.077\ln(M2_t/P6_t) - 0.33D2 + \hat{u}_{7t}$$
$$(17.24)\qquad\qquad(-2.34)$$
$$\hat{u}_{7t} = 0.37\times\hat{u}_{7,t-1} + \hat{\varepsilon}_{7t}$$
$$t=(2.34)$$
$$R^2=0.98\qquad DW=1.92$$

该方程只选择了影响实际固定资产贷款的两个主要因素，实际贷款利率和实际货币余额。贷款利率仍然利用固定资产投资价格指数的变动率平减，其降低 1 个百分点会导致实际固定资产贷款增加 0.012%，而实际货币余额增加 1%会使得实际固定资产贷款增加 1.077%。

货币需求 $M2$ 方程：

$$\ln[(M2_t - M1_t)/P6_t] = 0.007\{RD_t - [100(P6_t/P6_{t-1}-1)]\} + 0.9\ln(Y_t/P2_t) +$$
$$t=(4.35)\qquad\qquad(9.8)$$
$$0.15\ln(M1_t/P6_t) + \hat{u}_{8t}$$
$$(1.66)$$
$$\hat{u}_{8t} = 0.94\times\hat{u}_{8,t-1} + \hat{\varepsilon}_{8t}$$
$$t=(84.86)$$
$$R^2=0.99\qquad DW=2.08$$

在货币需求方程中，内生变量是准货币($M2-M1$)，因此，实际狭义货币 $M1$ 的弹性为 0.15，说明增加 1%，准货币就会相应地增加 0.15%。而实际总产出每增加 1%，准货币增加 0.9%。

2. 完全信息极大似然法

完全信息极大似然法(full information maximum likelihood，FIML)是极大似然法(ML)的直接推广，是基于整个系统的系统估计方法，它能够同时处理所有的方程和所有的参数。如果似然函数能准确地设定，FIML 会根据已经得到样本观测值，使整个联立方程系统的似然函数达到最大，以得到所有结构参数的估计量。当同期误差项具有一个联合正态分布时，利用此方法求得的估计量是所有的估计量中最有效的。

对于联立方程系统(7.2.27)，假设 $\boldsymbol{u}$ 服从零均值，方差矩阵为 $\boldsymbol{V}=\boldsymbol{\Sigma}\otimes\boldsymbol{I}_T$[式(7.2.5)]的多元正态分布。则可以写出 $\boldsymbol{Y}$ 的对数似然函数为

$$\ln L = -\frac{kT}{2}\ln(2\pi) - \frac{T}{2}\ln|\boldsymbol{\Sigma}| + T\ln(\boldsymbol{B}) - \frac{1}{2}(\boldsymbol{Y}-\boldsymbol{X\Delta})'(\boldsymbol{\Sigma}^{-1}\otimes\boldsymbol{I})(\boldsymbol{Y}-\boldsymbol{X\Delta}) \tag{7.2.31}$$

式中：$\boldsymbol{B}$ 为式(7.1.4)中的内生变量的 $k\times k$ 阶结构参数矩阵。

对上面的极大似然函数进行求解，就可以得到结构参数的FIML估计量。但是这个非线性方程系统求解非常复杂，需要采用牛顿迭代方法或阻尼迭代方法等。有关极大似然估计的详细介绍请参见本书的中高级第7章。

3. 广义矩估计法

广义矩估计法是矩估计的一种，它是基于模型实际参数满足的一些矩条件而形成的一种参数估计方法，是矩估计方法的一般化。GMM估计方法是将准则函数定义为工具变量与扰动项的相关函数，使其最小化得到参数的估计值。如果在准则函数中选取适当的权数矩阵，广义矩法可用于解决方程间存在异方差和未知分布的残差相关。只要模型的设定是正确的，就能得到该模型的实际参数满足的若干矩条件而采用GMM。

由于传统的计量经济学模型估计方法，如普通最小二乘法、工具变量法和极大似然法等，都有各自的局限性，其参数估计量必须在模型满足某些假设条件时才具有良好的性质。例如，只有当模型的随机误差项服从正态分布或某一已知分布时，极大似然法的参数估计量才是可靠的估计量。而GMM允许随机误差项存在异方差和序列相关，所得到的参数估计量比其他参数估计方法更合乎实际。同时，GMM不需要知道扰动项的确切分布，所以GMM估计量是非常稳健的。事实上，GMM包含了许多常用的估计方法，普通最小二乘法、工具变量法和极大似然估计法都是它的特例，所以GMM因具有其优越性而得到广泛应用。

(1) 广义矩估计法的基本思想

广义矩估计法的基本思想是待估计的参数 $\boldsymbol{\Delta}$ 需要满足一系列的理论矩条件，记这些矩条件为

$$E[m(\boldsymbol{Y},\boldsymbol{\Delta})]=0 \tag{7.2.32}$$

矩估计方法就是用样本的矩条件来替代理论矩条件(7.2.32)，即

$$\frac{\sum_{t=1}^{T} m(\boldsymbol{y}_t,\boldsymbol{\Delta})}{T}=0 \tag{7.2.33}$$

广义矩估计量是通过最小化下面的准则函数来定义的：

$$Q(\boldsymbol{\Delta})=\sum_{t=1}^{T} m(\boldsymbol{y}_t,\boldsymbol{\Delta})\boldsymbol{A}(\boldsymbol{y}_t,\boldsymbol{\Delta})m(\boldsymbol{y}_t,\boldsymbol{\Delta}) \tag{7.2.34}$$

式(7.2.34)衡量了样本矩条件 m 和零点的“距离”，$\boldsymbol{A}$ 是权衡每个矩条件的加权矩阵，任何对称的正定矩阵 $\boldsymbol{A}$ 都将产生 $\boldsymbol{\Delta}$ 的一个一致估计量。对于不精确的矩条件，一般都会赋予较小的权重，因此获得 $\boldsymbol{\Delta}$ 的一个(渐近)有效估计量的一个必要但不充分的条件就是令 $\boldsymbol{A}$ 等于样本矩条件 m 的协方差矩阵 $\boldsymbol{\Omega}$ 的逆矩阵。

广义矩估计方法的基本假设为：方程组中的扰动项和一组工具变量不相关。为了得到GMM估计量，将方程(7.2.33)中的矩条件写成一个回归方程的残差 $u(\boldsymbol{\Delta},\boldsymbol{Y},\boldsymbol{X})$ 和一组工具变量 $\boldsymbol{Z}$ 之间的正交化条件：

$$m(\boldsymbol{\Delta},\boldsymbol{Y},\boldsymbol{X},\boldsymbol{Z})=\boldsymbol{Z}'\boldsymbol{u}(\boldsymbol{\Delta},\boldsymbol{Y},\boldsymbol{X}) \tag{7.2.35}$$

例如，普通最小二乘估计量可以从具有如下正交化条件的广义矩估计量中获得：

$$\boldsymbol{X}'(\boldsymbol{Y}-\boldsymbol{X}\boldsymbol{\Delta})=0 \tag{7.2.36}$$

需要注意的是，要使广义矩估计量可以识别，工具变量 $\boldsymbol{Z}$ 的个数至少和待估计的参数 $\boldsymbol{\Delta}$ 的个数一样多。应用广义矩估计方法的一个重要问题是加权矩阵 $\boldsymbol{A}$ 的选择。无论方程组的扰动项是否存在未知形式的异方差和自相关，通过选择恰当的准则函数中的加权矩阵 $\boldsymbol{A}$，都可以使 GMM 估计量是稳健的。最佳选择是 $\boldsymbol{A}=\hat{\boldsymbol{\Omega}}^{-1}$，式中的 $\hat{\boldsymbol{\Omega}}$ 是估计出来的样本矩条件 m 的协方差矩阵。在估计 $\boldsymbol{\Omega}$ 时，一般都使用一致的二阶段最小二乘法估计量作为 $\boldsymbol{\Delta}$ 的初始值。下面介绍两种估计样本矩条件 m 的协方差矩阵估计量 $\hat{\boldsymbol{\Omega}}$ 的方法。

（2）White 异方差一致协方差矩阵

White 异方差一致协方差矩阵估计方法（White's heteroskedasticity consistent covariance matrix）估计样本矩条件 m 的协方差矩阵估计量 $\hat{\boldsymbol{\Omega}}_w$ 的计算公式为

$$\hat{\boldsymbol{\Omega}}=\hat{\boldsymbol{\Gamma}}(0)=\frac{1}{T-k}\sum_{t=1}^{T}(\boldsymbol{Z}'_T\hat{\boldsymbol{u}}_t\hat{\boldsymbol{u}}'_t\boldsymbol{Z}_t) \tag{7.2.37}$$

式中：$\boldsymbol{u}_t$ 为残差向量；$\boldsymbol{Z}_t$ 为 $k\times p$ 维的矩阵，p 为工具变量的个数，t 时刻的 p 个矩条件可写为

$$m(\boldsymbol{\Delta},\boldsymbol{Y}_t,\boldsymbol{Z}_t,\boldsymbol{X}_t)=\boldsymbol{Z}'_t u(\boldsymbol{\Delta},\boldsymbol{Y}_t,\boldsymbol{X}_t) \tag{7.2.38}$$

White 的异方差一致协方差矩阵估计方法一般适用于截面数据。

（3）异方差和自相关一致协方差矩阵

利用异方差和自相关一致协方差矩阵估计方法（heteroskedasticity autocorrelation consistent covariance matrix，HAC）估计样本矩条件 m 的协方差矩阵估计量 $\hat{\boldsymbol{\Omega}}_{\mathrm{HAC}}$：

$$\hat{\boldsymbol{\Omega}}_{\mathrm{HAC}}=\hat{\boldsymbol{\Gamma}}(0)+\left(\sum_{j=1}^{T-1}\kappa(j,q)[\hat{\boldsymbol{\Gamma}}(j)-\hat{\boldsymbol{\Gamma}}'(j)]\right) \tag{7.2.39}$$

式中：

$$\hat{\boldsymbol{\Gamma}}(j)=\frac{1}{T-k}\sum_{t=j+1}^{T}\boldsymbol{Z}'_{t-j}\hat{\boldsymbol{u}}_t\hat{\boldsymbol{u}}'_{t-j}\boldsymbol{Z}_t \tag{7.2.40}$$

在估计式(7.2.39)之前，必须指定核函数 κ 和带宽 q。

异方差和自相关一致协方差矩阵估计方法一般适用于时间序列数据。

① 核函数的选择。核(kernel)函数 κ 的作用是确定加权矩阵 $\boldsymbol{A}$，即自协方差的权重，以保证协方差阵的估计量 $\hat{\boldsymbol{\Omega}}$ 是半正定的。这里介绍两种主要的核函数形式：Bartlett 核函数和 QS(quadratic spectral)核函数。

Bartlett 核函数的形式为

$$\kappa(j,q)=\begin{cases}1-\dfrac{j}{q}, & 0\leqslant j\leqslant q\\ 0, & \text{其他}\end{cases} \tag{7.2.41}$$

QS 核函数的形式为

$$\kappa(j/q)=\frac{25}{12(\pi x)^2}\left[\frac{\sin(6\pi x/5)}{6\pi x/5}-\cos(6\pi x/5)\right] \tag{7.2.42}$$

式中：$x=j/q$。QS 核函数比 Barlett 核函数更易收敛,并且更光滑。需要注意的是,QS 核函数仍然依赖于带宽 q,这里的 q 可以不是整数。

② 带宽的选择。带宽 q 决定了在 $\hat{\boldsymbol{\Omega}}$ 的估计过程中由核函数赋予的权重是如何随着滞后阶数的不同而改变的。Newey-West 的固定带宽仅仅取决于样本的观测值个数：

$$q=\text{int}\left[4(T/100)^{\frac{2}{9}}\right] \tag{7.2.43}$$

式中：int()为取整函数。

这里介绍两种比较常用的、基于数据的序列相关性的带宽选择方法：Andrews (1991)[①]方法和 Variable-Newey-West(1994)[②]方法。这两种方法选择带宽的公式为

$$q=\begin{cases}\text{int}\left[1.1447(\hat{\alpha}(1)T^{\frac{1}{3}})\right], & \text{Bartlett 核函数}\\ 1.3221\left[\hat{\alpha}(2)T\right]^{\frac{1}{5}}, & \text{QS 核函数}\end{cases} \tag{7.2.44}$$

Andrews 方法和 Variable-Newey-West 方法计算 $\hat{\alpha}(1)$和 $\hat{\alpha}(2)$的方法不同。Andrews (1991)方法是参数方法,它假定样本矩服从 AR(1)过程。计算过程为：首先利用 AR(1)模型拟合每个样本矩(7.2.35),然后估计出序列相关系数 $\hat{\rho}_i$ 和残差方差 $\hat{\sigma}_i^2(i=1,2,\cdots,pk)$,$p$ 是工具变量的个数,k 是系统中方程的个数。则 $\hat{\alpha}(1)$和 $\hat{\alpha}(2)$的计算公式为

$$\begin{aligned}\hat{\alpha}(1)&=\left[\sum_{i=1}^{pk}\frac{4\hat{\rho}_i^2\hat{\sigma}_i^4}{(1-\hat{\rho}_i)^6(1+\hat{\rho}_i)^2}\right]\Big/\left[\sum_{i=1}^{pk}\frac{\hat{\sigma}_i^4}{(1-\hat{\rho}_i)^4}\right]\\ \hat{\alpha}(2)&=\left[\sum_{i=1}^{pk}\frac{4\hat{\rho}_i^2\hat{\sigma}_i^4}{(1-\hat{\rho}_i)^8}\right]\Big/\left[\sum_{i=1}^{pk}\frac{\hat{\sigma}_i^4}{(1-\hat{\rho}_i)^4}\right]\end{aligned} \tag{7.2.45}$$

需要注意,这里对所有的矩条件都赋予了同样的权重,包括对应于常数的矩条件。

Variable-Newey-West 方法一种是非参数方法,它以估计出的交叉矩条件$\hat{\boldsymbol{\Gamma}}(j)$的加权和为基础。$\hat{\alpha}(1)$和 $\hat{\alpha}(2)$的估计式为

$$\hat{\alpha}(p)=\left[\frac{\boldsymbol{e}'F(p)\boldsymbol{e}}{\boldsymbol{e}'F(0)\boldsymbol{e}}\right]^2,\quad p=1,2 \tag{7.2.46}$$

式中：$\boldsymbol{e}$ 为 1 的向量,而

$$F(p)=\hat{\Gamma}(0)+\sum_{i=1}^{L}i^p[\hat{\Gamma}(i)+\hat{\Gamma}'(i)],\quad p=1,2 \tag{7.2.47}$$

使用 Variable-Newey-West 方法的一个问题是必须确定滞后参数 L 的选择。由于

---

① ANDREWS W K. Heteroskedasticity and autocorrelation consistent covariance matrix estimation[J]. Econometrica,1991(59):817-858.

② WHITNEY N,WEST K. Automatic lag selection in covariance matrix estimation[J]. Review of economic studies,1994(61):631-653.

一般都以 L 按照一定的比率增长为条件，因此它的选择是强制性的。滞后参数的一般设定公式为

$$L=\begin{cases}\text{int}\left[4(T/100)^{\frac{2}{9}}\right], & \text{Bartlett 核函数}\\ T, & \text{QS 核函数}\end{cases} \tag{7.2.48}$$

③ 加权预处理。样本矩 m 的加权预处理的作用是在 GMM 估计之前"吸收"样本矩 m 中的相关性。首先用一个 VAR(1)过程拟合样本矩：

$$m_t=\boldsymbol{\Phi} m_{t-1}+\boldsymbol{v}_t \tag{7.2.49}$$

这样，样本矩 m 的协方差阵 $\hat{\boldsymbol{\Omega}}$ 的估计式为

$$\hat{\boldsymbol{\Omega}}=(\boldsymbol{I}-\boldsymbol{\Phi})^{-1}\hat{\boldsymbol{\Omega}}^*(\boldsymbol{I}-\boldsymbol{\Phi})^{-1} \tag{7.2.50}$$

式中：$\hat{\boldsymbol{\Omega}}^*$ 为残差 $\boldsymbol{u}$ 的协方差阵，可以选择前面介绍的任意一种方法计算。最后，GMM 估计量就可以通过最小化下面的准则函数获得

$$Q(\boldsymbol{\Delta})=\boldsymbol{u}'\boldsymbol{Z}\hat{\boldsymbol{\Omega}}^{-1}\boldsymbol{Z}'\boldsymbol{u} \tag{7.2.51}$$

需要注意，当矩条件式(7.2.49)接近单位根时，由于会出现奇异矩阵，因此不做上述调整。

例 7.4　克莱因联立方程系统Ⅱ的 GMM 估计结果

例 7.2 分别使用 OLS 和 2SLS 方法估计了克莱因联立方程系统Ⅱ，这两种方法都属于单方程估计方法，本例采用系统估计方法，GMM 法重新估计克莱因联立方程系统Ⅱ。

在 1953—1984 年的区间上，工具变量选择 Y_{t-1}、CS_{t-1}、I_{t-1}、K_{t-1}、W_{t-1}^p、P_{t-1}、W_t^g、R_t，常数(c)。克莱因联立方程系统Ⅱ的 GMM 估计结果为

消费方程：$CS_t=-19.97+0.48(W_t^p+W_t^g)+0.49CS_{t-1}-4.1R_{t-1}+\hat{u}_{1t}$

$t=(-10.56)\ (17.77)\qquad (13.82)\qquad (-14.9)$

$R^2=0.99\qquad DW=1.57$

投资方程：$I_t=54.26-8.14R_{t-1}+0.05K_t+0.3P_t+\hat{u}_{2t}$

$t=(10.22)\ (-12.6)\quad (21.1)\quad (5.18)$

$\hat{u}_t=0.62\times\hat{u}_{t-1}+\varepsilon_t$

$t=(15.25)$

$R^2=0.96\quad DW=1.73$

工资方程：$W_t^p=102.62+0.45Y_t+0.02Y_{t-1}+0.085K_t+\hat{u}_{3t}$

$t=(13.18)\ (24.73)\ (0.82)\qquad (30.74)$

$\hat{u}_t=0.37\hat{u}_{t-1}+\varepsilon_t$

$t=(9.05)$

$R^2=0.99\quad DW=1.95$

与例 7.2 相比，这 3 个方程中的系数都没有太大的变化，但是大多数变量的 t 统计量都变得更加显著，这说明利用 GMM 方法，考虑了方程间的相互影响，能够更好地描述整个经济系统的行为。

7.3　联立方程模型的模拟

7.1 节和 7.2 节分别介绍了联立方程系统的定义和估计方法。利用这些方法估计所建立的联立方程系统，得到未知参数的估计量，就能够建立一个完善的、能够反映客观实际的联立方程模型。建立模型的一个重要应用就是进行政策模拟和预测。利用经济计量模型能够生成一个或若干个经济变量的预测值，这些预测值可以是对已知数据的模拟，也可以是对未知数据的预测，这取决于进行模拟的目的。前者是用来对所建立的模型进行检验和评估，或者进行政策的历史分析等；而后者用来进行预测，或者进行灵敏度分析和政策分析等。

7.3.1　联立方程模型概述

一个模型就是一个或多个不含未知参数的方程的组合，这些方程共同描述一组变量之间的关系。模型方程有很多来源：可以是简单的恒等式，单个方程的估计结果，也可以是使用任意一种联立方程系统估计方法所获得的估计结果。把所有的这些方程结合成一个对象，该对象可以用来对模型中的所有内生变量进行一个确定的或随机的联合预测或模拟。在确定性条件下，模型的输入信息是固定的已知值，并且输出变量的路径是单一的；在随机性条件下，为了在模型中包含不确定性成分，可以在模型参数、方程残差或者外生变量中增加一个随机成分。

模型中的变量可以分为两种：由模型内部决定的变量称为内生变量，而在模型外部确定的变量称为外生变量。还有一种变量称为附加因子，是外生变量的一种特殊形式。

模型的最一般形式为

$$\boldsymbol{F}(\boldsymbol{Y},\boldsymbol{Z})=0 \tag{7.3.1}$$

式中：$\boldsymbol{Y}$ 为内生变量向量；$\boldsymbol{Z}$ 为外生变量向量；$\boldsymbol{F}$ 为实函数 $f_i(\boldsymbol{Y},\boldsymbol{Z})$的向量。为使模型有唯一解，方程个数与内生变量个数一般应相同。

一般来讲，模型中的每个方程都必须含有与之对应的唯一一个内生变量，即模型的每个方程都必须能够写成下述形式：

$$\boldsymbol{y}_i=f_i(\boldsymbol{Y},\boldsymbol{Z}) \tag{7.3.2}$$

式中：$\boldsymbol{y}_i$ 为第 i 个方程的被解释内生变量。如果方程是以隐函数的形式出现的，就需要将方程标准化，如对内生变量的简单变形，把方程写成显性形式。对任何方程来说不是内生变量的变量都被视作外生变量。

模型中的方程分为随机方程和恒等方程。一般来讲，恒等方程是应用实际数据时精确成立的方程，而随机方程在应用实际数据时，只有带有随机误差才能成立。随机方程主要来自统计估计过程的结果，而恒等方程来自变量之间的会计关系。

模型模拟最重要的步骤是模型求解。求解模型的含义就是：对于外生变量 $\boldsymbol{Z}$ 的一组给定值，找到内生变量值 $\boldsymbol{Y}$ 的一组值，使得模型方程在允许的偏差内成立。一般是在连续时期上用迭代法求解模型，如 Gauss-Seidel 迭代法和 Newton 迭代法。此时，对于一个简单的模型来说，将逐期进行迭代求解。如果模型方程包含内生变量的未来值，就需要使用更复杂的方法在整个样本区间内同时求解模型。

7.3.2　模型模拟的分类

设观测值样本个数为 T，一般将模型中的样本分为两个区间：$[1,T_1]$和$[T_1+1,T]$，前一个区间用于估计，后一个区间用于检验。模型模拟所涉及的时间范围将取决于模拟的目的。

1. 拟合

模拟的第一种形式是样本内预测(in-sample forecast)，也称为拟合(fitting)。内生变量在估计样本区间$[1,T]$内的预测值称为拟合值。把每一个内生变量的原始时间序列数据与模拟结果进行比较，就是一种很有用的检验模拟效果的方法。

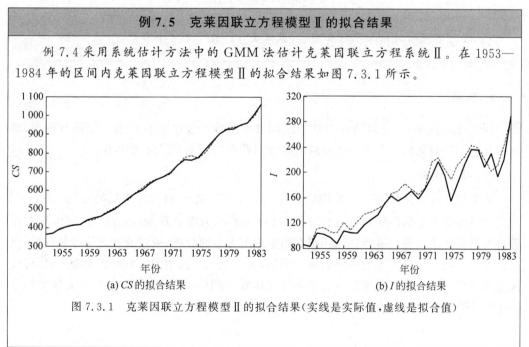

例 7.5　克莱因联立方程模型Ⅱ的拟合结果

例 7.4 采用系统估计方法中的 GMM 法估计克莱因联立方程系统Ⅱ。在 1953—1984 年的区间内克莱因联立方程模型Ⅱ的拟合结果如图 7.3.1 所示。

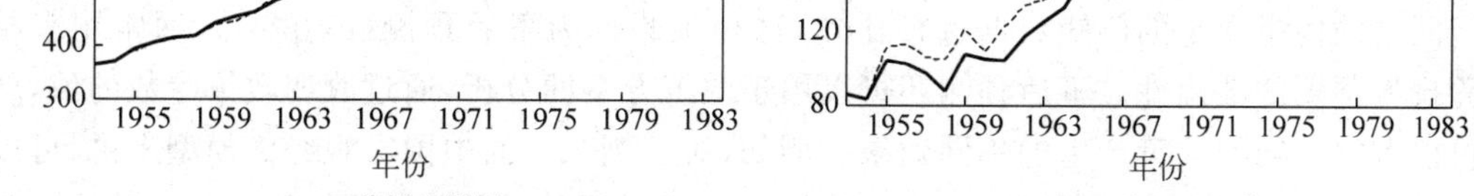

(a) CS的拟合结果　　(b) I的拟合结果

图 7.3.1　克莱因联立方程模型Ⅱ的拟合结果(实线是实际值，虚线是拟合值)

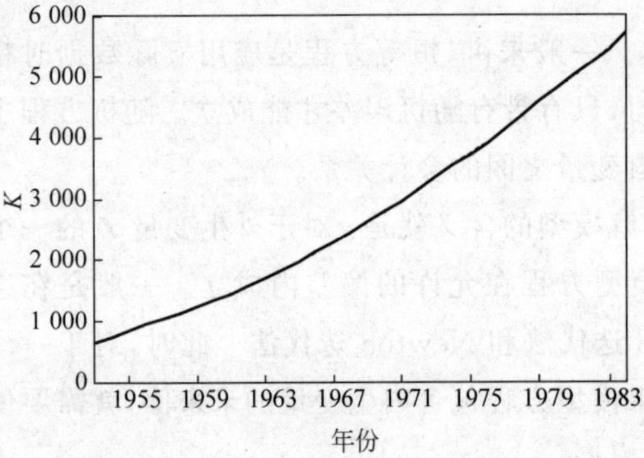

(c) K 的拟合结果

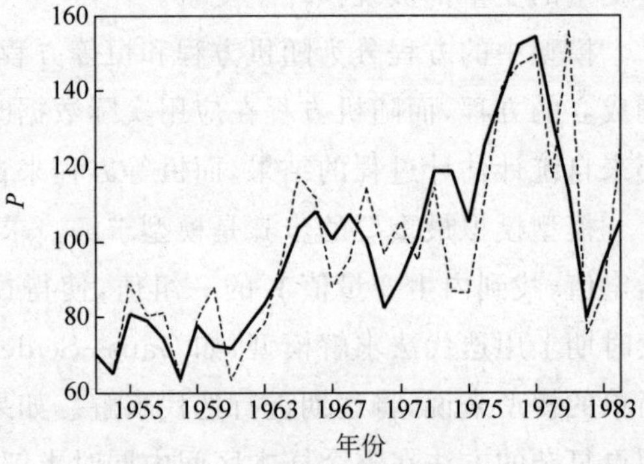

(d) P 的拟合结果

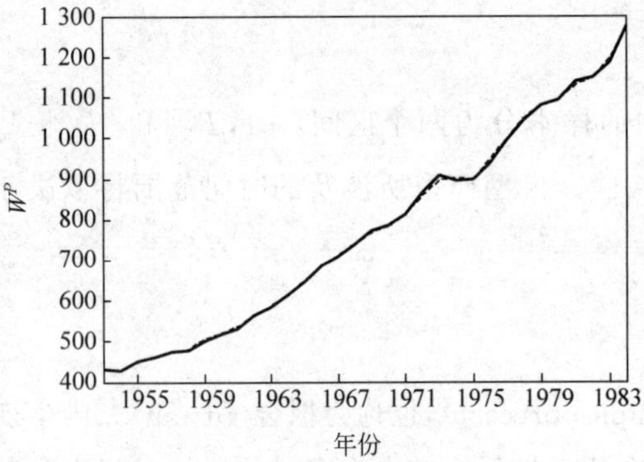

(e) W^P 的拟合结果

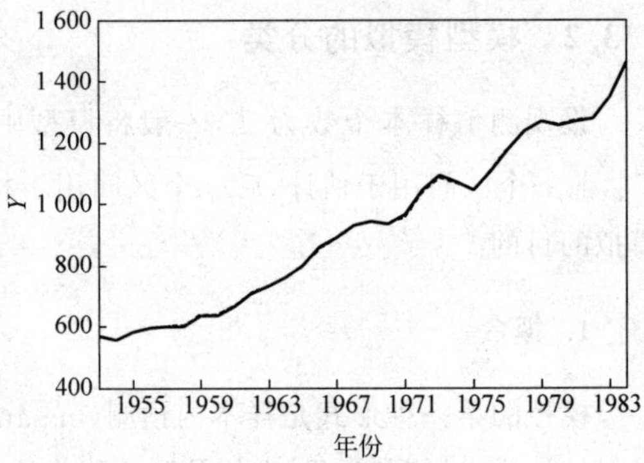

(f) Y 的拟合结果

图 7.3.1 (续)

方程 P 在模拟时增加了附加因子(具体操作请看 7.4.2 小节)。

2. 预测

预测(forecasting)是对估计的样本区间以外的内生变量进行外推。要进行预测,必须拥有整个预测期内所有外生变量的时间序列数据。预测可以分为两类。

(1) 事后预测

如果估计区间是$[1,T_1]$,预测区间是$[T_1+1,T]$,把得到的预测结果与$[T_1+1,T]$区间内的内生变量的已知数据进行比较,这种预测称为事后预测(ex post),通常用来检验模型预测的准确性。事后预测还可以用于政策方案的分析,通过改变政策参数的值,就可以考察不同的政策产生的不同效果。例如,对于例 7.3 的中国宏观经济模型来讲,可以通过改变存、贷款利率,或增加政府消费等来体现不同的政策,进而考察外生变量的这些变化将导致模型中的内生变量,如 GDP,I 等产生怎样的变化。

例 7.6　克莱因联立方程模型Ⅱ的事后预测结果

本例对克莱因联立方程模型Ⅱ进行事后预测，预测区间为 1983—1984 年。首先在估计样本区间 1953—1982 年，即$[1, T_1]$上重新估计克莱因联立方程系统Ⅱ，生成新的模型，再对这个新的模型在预测区间$[T_1+1, T]$，即 1983—1984 年求解。预测结果如图 7.3.2 所示。

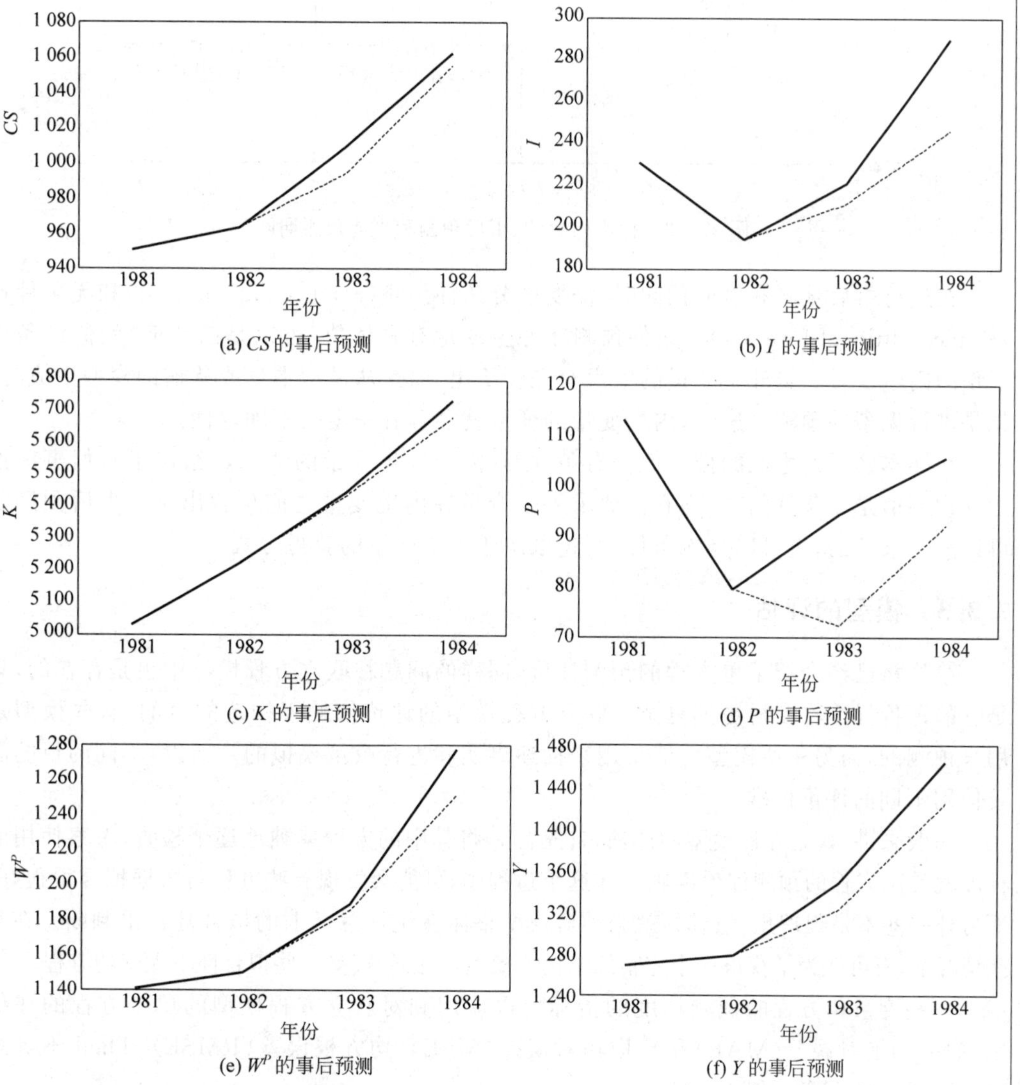

图 7.3.2　克莱因联立方程模型Ⅱ的事后预测结果（实线是实际值，虚线是事后预测值）

（2）事前预测

另一种预测是预测的起始时刻 t 在样本区间的终止时刻 T 之后，即 $t=T+1, T+2, \cdots$，

$T+h$ 时,h 是预测期长度,这被称作事前预测(ex ante)。样本内预测、事后预测和事前预测期间如图 7.3.3 所示。

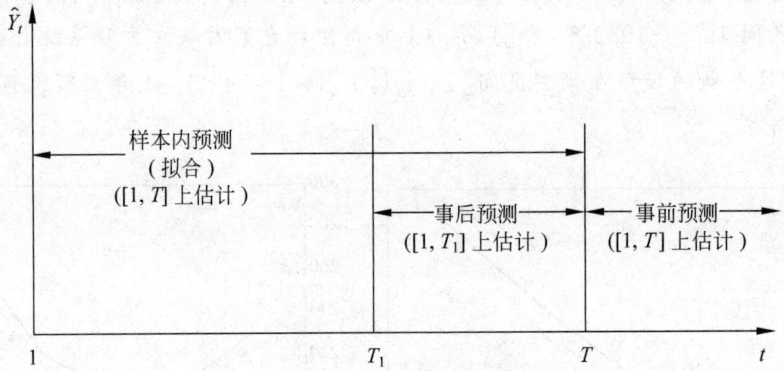

图 7.3.3 样本内预测、事后预测和事前预测期间

在进行事后预测和事前预测时,需要区分条件预测(conditional forecast)和无条件预测(unconditional forecast)。条件预测在外生变量有具体值(可以是已知值)的假设条件下预测内生变量。当外生变量的值没有先验给出,而是从模型本身或从辅助模型生成时,就是进行无条件预测。这时,内生变量的度量就会含有一定的不确定性。

在样本区间内生成的拟合值是有条件的(因为外生变量的值已经给定了),但事前预测的预测值是无条件的,因为它们要求外生变量在内生变量之前预测出来。事后预测既可以是有条件的,也可以是无条件的,这取决于外生变量的获得方式。

7.3.3 模型的评估

第 2 章已经介绍了单方程的预测评价,同样的问题在联立方程模型中也是存在的,只是它的评价标准将变得更加复杂。联立方程模型的评价依赖于构造的目的,有些模型是用来预测的,而另一些模型可能是用来描述事实和进行政策模拟的。所以,不同的目的需要使用不同的评价标准。

一般来讲,联立方程模型的评估,首先都是将其中的方程单独地逐个检查,考察使用的标准就是单方程的预测评价准则。在这个过程中,可能会发现有些方程与数据拟合得很好,而另外一些不是很理想。这时,就必须对模型整体在统计意义上的拟合性作出判断。在某些情况下,有可能为了获得一个完整的结构式模型,而必须接受一些拟合性不太好的方程。

一些度量单方程的预测精度的指标可以应用到对联立方程模型的单个方程的评价中,如平均绝对误差(MAE)和平均相对误差(MPE)、均方根误差(RMSE)、Theil 不等系数(U),它们的计算公式分别为

$$\text{平均绝对误差(MAE)} = \frac{1}{h}\sum_{t=T+1}^{T+h} |\hat{y}_t - y_t| \tag{7.3.3}$$

$$\text{平均相对误差(MPE)} = \frac{1}{h}\sum_{t=T+1}^{T+h} \left|\frac{\hat{y}_t - y_t}{y_t}\right| \tag{7.3.4}$$

$$均方根误差(\text{RMSE}) = \sqrt{\frac{1}{h}\sum_{t=T+1}^{T+h}(\hat{y}_t - y_t)^2} \tag{7.3.5}$$

$$\text{Theil 不等系数}(U) = \frac{\sqrt{\frac{1}{h}\sum_{t=T+1}^{T+h}(\hat{y}_t - y_t)^2}}{\sqrt{\frac{1}{h}\sum_{t=T+1}^{T+h}\hat{y}_t^2} + \sqrt{\frac{1}{h}\sum_{t=T+1}^{T+h}y_t^2}} \tag{7.3.6}$$

式中：h 为预测期数；$\hat{y}$ 和 y 分别为预测值和实际值。

另外，还有一些用来细分模拟误差产生原因的比例指标可以评价联立方程模型的模拟效果：

$$偏倚比例 = \frac{(\bar{\hat{y}} - \bar{y})^2}{\sum(\hat{y}_t - y_t)^2/h} \tag{7.3.7}$$

$$方差比例 = \frac{(s_{\hat{y}} - s_y)^2}{\sum(\hat{y}_t - y_t)^2/h} \tag{7.3.8}$$

$$协方差比例 = \frac{2(1-r)s_{\hat{y}}s_y}{\sum(\hat{y}_t - y_t)^2/h} \tag{7.3.9}$$

式中：$s_{\hat{y}}$，s_y 分别为 $\hat{y}$ 和 y 的标准差；r 为 $\hat{y}$ 和 y 的相关系数；$\bar{\hat{y}}$，$\bar{y}$ 分别为 $\hat{y}$ 和 y 的平均值。

偏倚比例度量了预测值的均值与序列实际值均值的偏离程度，表示系统误差；方差比例度量了预测值方差与实际序列的方差的偏离程度；协方差比例衡量了剩余的非系统预测误差。偏倚比例、方差比例和协方差比例之和为 1，如果预测结果好，那么偏差比和方差比应该较小，协方差比较大。

7.3.4　情景分析

模型还可以在外生变量的不同假设下研究拟合的结果，这些假设称为“情景分析”(scenarios)。情景分析主要依靠未来各种不同的影响因素，并根据不同的假设推断出不同的结果。

建立宏观经济计量模型的主要目的是对宏观经济进行政策模拟。利用情景分析，可以假设不同的政策方案进行模拟。在模拟过程中，一方面可以检验模型能否准确地模拟实际经济状况，模拟机制是否符合宏观经济理论；另一方面可以分析宏观经济政策的效应，为评价宏观经济政策提供有用的分析工具，为及时制定宏观经济政策提供依据。

在进行政策模拟时，除已有的外生变量外，可按模拟需要将某些内生变量变为外生的政策变量。例如在经济模型中，财政支出是内生变量，在进行财政政策模拟时，必须去掉财政支出方程，将财政支出变为外生变量。

政策冲击可以分为**瞬时冲击**和**持续冲击**：瞬时冲击指在某一时刻给某个变量一个冲

击,而以后各期均没有变化,考虑其他变量的反应;持续冲击指从某一时刻开始,对某个变量施以持续的冲击,考虑其他变量的反应。

1. 克莱因联立方程模型Ⅱ的情景分析

对克莱因联立方程模型Ⅱ进行情景分析。情景的假设为:从 1983 年开始,间接税收 T 每年增加当年实际值的 1%,即 1983 年增加了 2.43 亿美元,1984 年增加了 2.48 亿美元。在此假设下,研究其他内生变量的反应(1 个两期的持续冲击的财政政策模拟)。表 7.3.1 给出了持续冲击带给其他内生变量的变化与其基准序列相比所带来的变化的百分比。

表 7.3.1　克莱因联立方程模型Ⅱ的模拟结果

时间	CS	I	K	P	W^P	Y
1983 年	−0.003 1	−0.042	−0.001 8	−0.35	−0.005 4	−0.009
1984 年	−0.005 6	−0.038	−0.003 5	−0.28	−0.007 3	−0.011

注:表中的数据均为[100×(模拟结果−拟合结果)/拟合结果],即政策变量变化所引起的其他变量的变化。

从表 7.3.1 可以看出,税收的增加导致模型中的内生变量全部呈现负向变化。由于税收属于总产出的一项漏出,税收增加就意味着总产出的降低,进而使得产出的各个组成部分,消费、投资相应下降。投资的减少导致资本存量和企业利润的降低,私人工资也会相应地减少。

2. 中国宏观经济联立方程模型的情景分析

根据不同的假设,对于联立方程模型(7.1.8)分 5 种情景分析进行政策模拟。其中,前 3 种情景分析是货币政策模拟,而后 2 种情景分析是财政政策模拟。

情景 1:从 2005 年开始,一年期存款利率和一年期贷款利率每年比当年实际值分别增加 0.2 个百分点,模拟货币政策对其他宏观经济变量的影响。模拟的结果如表 7.3.2 所示。

表 7.3.2　中国宏观经济联立方程模型的情景 1 模拟结果

时间	CR	CU	I	Y	IR	$Y1$	IU	DL	$M2$
2005 年	−0.006	−0.003 2	−0.22	−0.09	−0.009	−0.013	−0.012	−0.2	0.040
2006 年	−0.020	−0.010 0	−0.33	−0.14	−0.026	−0.032	−0.027	−0.23	0.013

注:表中的数据均为[100×(模拟结果−拟合结果)/拟合结果],即政策变量变化所引起的其他变量的变化。

情景 1 提高了利率,相当于实行紧缩的货币政策。由于存在滞后效应,2005 年与 2006 年的变化比率不尽相同。由于利率的提高,贷款减少,导致投资和产出降低,这就使得城镇收入和城镇消费也相应变小。模型中关于农业的 3 个变量,第一产业增加值、农村收入和农村消费也出现下降的态势,但是与其他变量的变化幅度相比,农业方面受到货币政策的影响较小。广义货币 $M2$ 在情景 1 中呈现出正向变动,但是其变化程度逐渐减弱,这是由于居民定期储蓄存款是 $M2$ 的组成部分，提高存款利率也就提高了居民储蓄存款意愿，进而导致 $M2$ 的增加，但是总产出也是决定 $M2$ 的一个因素，提高利率导致了总产出的降低，因此 $M2$ 的变动程度在这两年中呈现了逐渐下降的变动趋势。

情景 2：从 2005 年开始，一年期存款利率和固定资产贷款利率每年比当年实际值分别增加 0.5 个百分点。模拟的结果如表 7.3.3 所示。

表 7.3.3　中国宏观经济联立方程模型的情景 2 模拟结果

时间	*CR*	*CU*	*I*	*Y*	*IR*	*Y*1	*IU*	*DL*	*M*2
2005 年	−0.016	−0.008	−0.54	−0.23	−0.023	−0.031	−0.029	−0.50	0.10
2006 年	−0.051	−0.025	−0.81	−0.35	−0.066	−0.079	−0.068	−0.57	0.03

注：表中的数据均为[100×(模拟结果－拟合结果)/拟合结果]，即政策变量变化所引起的其他变量的变化。

情景 2 同情景 1 一样，模拟紧缩的货币政策的效应，只不过它的强度更大一些。从表 7.3.3 的结果来看，模型中发生改变的变量的变化方向同情景 1 完全相同，但是变化的幅度都有所增加，农业的 3 个变量的变动幅度仍然小于其他变量。$M2$ 仍然呈现出正向的、逐渐递减的变动趋势。

情景 3：从 2005 年开始，狭义货币供给量 $M1$ 每年比当年实际值增加 1%。模拟的结果如表 7.3.4 所示。

表 7.3.4　中国宏观经济联立方程模型的情景 3 模拟结果

时间	*CR*	*CU*	*I*	*Y*	*IR*	*Y*1	*IU*	*DL*	*M*2
2005 年	0.002 1	0.001 0	0.07	0.029	0.002 9	0.004	0.003 6	0.52	0.48
2006 年	0.065 0 0	0.003 2	0.10	0.045	0.008 4	0.010	0.008 6	0.54	0.50

注：表中的数据均为[100×(模拟结果－拟合结果)/拟合结果]，即政策变量变化所引起的其他变量的变化。

情景 3 增加了货币供给量，相当于模拟扩张性的货币政策的效应，因此，表中变量的变化方向与情景 1 和情景 2 相反：狭义货币供应量的加大，导致广义货币量的加大，贷款增加，使得投资和产出上涨，这就使得城镇收入和城镇消费也相应增加。在此情景下，农业方面的 3 个变量也出现了正向变化。

情景 4：从 2005 年开始，政府消费每年比当年实际值都增加 100 亿元。模拟的结果如表 7.3.5 所示。

表 7.3.5　中国宏观经济联立方程模型的情景 4 模拟结果

时间	*CR*	*CU*	*I*	*Y*	*IR*	*Y*1	*IU*	*DL*	*M*2
2005 年	0.000 2	0.002 1	0.005	0.061	0.000 2	0.000 3	0.008	0.037	0.034
2006 年	0.002 5	0.006 4	0.078	0.086	0.003 6	0.004 8	0.017	0.052	0.048

注：表中的数据均为[100×(模拟结果－拟合结果)/拟合结果]，即政策变量变化所引起的其他变量的变化。

情景 4 属于实行扩张的财政政策。由于政府消费属于总产出的一部分，因此增加政府消费就意味着总产出的增加，进而导致城镇居民收入和 $M2$ 上升，带来城镇消费、贷款和投资的相应提高。这项扩张性的财政政策也促进了农业方面产出的提高和农民收入、消费的增加。

情景5：从2005年开始，政府每年比当年农业各税少征20%。模拟的结果如表7.3.6所示。

表7.3.6　中国宏观经济联立方程模型的情景5模拟结果

时间	*CR*	*CU*	*I*	*Y*	*IR*	*Y1*	*IU*	*DL*	*M2*
2005年	1.55	0.006	0.01	0.18	2.23	1.85	0.022	0.11	0.10
2006年	3.62	0.027	0.25	0.49	4.56	3.75	0.080	0.29	0.27

注：表中的数据均为[100×(模拟结果－拟合结果)/拟合结果]，即政策变量变化所引起的其他变量的变化。

情景5属于实行促进农民增收政策。从表7.3.6可以看出，模拟的结果与前几个情景差别很大。变化主要体现在农业方面：少征收农业各税使得农民收入和消费都有较大的提高。2005年第一产业产出、城镇居民收入和消费就已经开始出现较大的变动。同时少征收农业各税也促进了广义货币、贷款和投资的正向变动。说明少征收农业各税即直接实施在农业方面的财政政策在提高农民收入和消费、扩大农业产出方面的作用非常明显。从2006年开始，中国全面取消了农业税，农业税已成为历史，这对促进农民增收、发展农业生产起到非常大的作用，标志着中国农村改革进入了一个新的阶段。读者有兴趣可以对这一政策进行模拟。

3. 附加因子

附加因子是一种特殊类型的外生变量，它被用来改变随机方程的结果以对历史数据进行更好的拟合，或改善模型的预测结果。通常，当模型被确定求解时，模型方程的解使每个方程都精确成立。在随机求解模型时，随机误差将加到每个方程上，但随机误差仍然设定成均值为0。

在没有在预测区间上出现的、关于随机方程误差的信息时，令均值为0是适当的，但如果拥有关于误差类型的额外信息，那么可以通过附加因子把这些信息加入模型。

附加因子最广泛的用途在于使历史数据更平滑地过渡到预测区间。一般地，如果怀疑模型的一个或多个方程在历史数据尾部的拟合效果较差，而且这种较差的拟合情形会持续到预测区间，附加因子可以弥补这种拟合误差。附加因子提供了一种不需要重新设定或重新估计模型的方程，就可以调整模型结果的特殊方法。

实际上，附加因子只是一个以一种特殊的方式放入选定的方程中的外生变量。在方程中加入附加因子有两种形式。如果方程形式为

$$f(y_i)=f_i(\boldsymbol{y},\boldsymbol{x}) \tag{7.3.10}$$

那么可以只在方程末尾加上附加因子，作为截距或残差的附加因子：

$$f(y_i)=f_i(\boldsymbol{y},\boldsymbol{x})+a \tag{7.3.11}$$

如果要为模型的内生变量提供附加因子，那么可将附加因子作为一个偏移量：

$$f(y_i-a)=f_i(\boldsymbol{y},\boldsymbol{x}) \tag{7.3.12}$$

其中：附加因子的符号与内生变量的符号相反，这样可以使其行为与前一种情形中的方向相同。

如果内生变量单独出现在等号的左端，那么这两种类型的附加因子是相同的。如果内生变量是包含在某表达式中，如对数形式，那么两种附加因子就不再相同。尽管两种附加因子有近似的影响，但它们是以不同的单位表示的，前者是以方程残差的单位表示的，而后者是以方程内生变量的单位表示的。

7.4　EViews 软件的相关操作[①]

EViews 分别建立联立方程系统（system）和模型（model）两个对象来完成联立方程的估计、模拟和预测。系统是一组含有未知参数和隐含误差项的行为方程。EViews 的系统对象的任务就是估计这些未知参数。模型是一组描述内生变量关系的已知方程，利用估计出来的方程组系统中的参数，给定了模型中外生变量的信息就可以使用模型对内生变量求解。

7.4.1　联立方程系统的基本操作

1. 建立和估计系统

单击 Object/New Object/System，或者在命令窗口输入“system”，就会弹出一个系统对话窗口。如果是第一次建立系统，窗口就是空白的，需要用描述方程的文本和描述工具以及参数初始值的文本填写系统设定窗口。

（1）方程设定

系统中的方程是利用标准的 EViews 表达式，用公式形式输入的。系统中的方程是含有未知参数和一个隐含误差项的行为方程，图 7.4.1 就是克莱因联立方程系统 Ⅱ 的方程设定对话框。

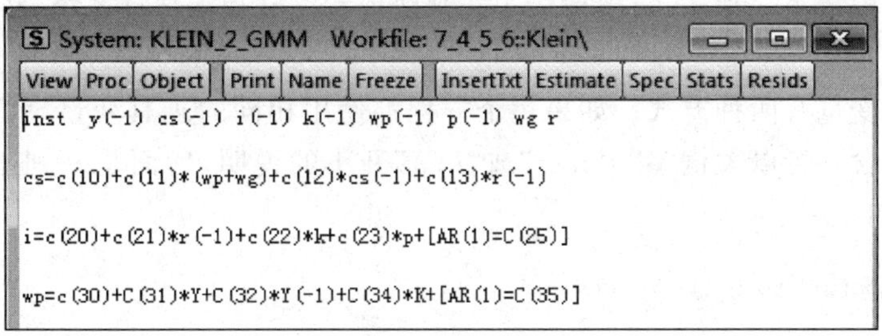

图 7.4.1　克莱因联立方程系统 Ⅱ 的方程设定对话框（Spec）

① EViews 10 User's Guide Ⅰ，IHS Global Inc.，2017. Chapter 39：645-686；Chapter 42：781-840.

方程的系数可以使用EViews默认的系数,如c(1)、c(2)等,也可以使用其他的系数向量,此时,必须通过主菜单中的Object/New Object…/Matrix-Vector-Coef/Coefficient Vector选项事先声明这些系数向量。

在设定系统方程时需要注意以下规则。

① 方程中的变量和系数可以是非线性的。在不同的方程中使用相同的系数可以进行方程间的系数约束。例如

```
y = c(1) + c(2) * x
z = c(3) + c(2) * x + c(4) * y
```

② 也可以加入附加约束。对于方程

```
y = c(1) * x1 + c(2) * x2 + c(3) * x3
```

若希望c(1)+c(2)+c(3)=1,可以将方程写成

```
y = c(1) * x1 + c(2) * x2 + (1 - c(1) - c(2)) * x3
```

③ 系统中的方程可以包含自回归误差项,但是不能包含MA,SAR或SMA误差项。每一个AR设定必须有一个系数。用括号将整个AR设定包含进去,并且每个AR后都有一个"等号"和一个系数。例如

```
cs = c(1) + c(2) * gdp + (ar(1) = c(3),ar(2) = c(4))
```

④ 方程中的等号可以出现在方程的任意位置,例如

```
ln(unemp/(1 - unemp)) = c(1) + c(2) * dmr
```

⑤ 如果一个方程不包含未知参数,就意味着该方程是一个恒等式,系统中不能含有这样的方程。如果每个方程只描述总体的一部分,所有方程的和就是一个恒等式,所有扰动项的和将恒等于零。这时,则应放弃其中的一个方程以避免出现不可识别的问题。

(2) 工具变量

利用二阶段最小二乘法、三阶段最小二乘法或者广义矩法估计系统,必须设定估计中使用的工具变量。

设定工具变量有两种方式。如果每个方程都使用相同的工具变量,就应该在系统设定对话框中包含一行以关键字"@inst"或"inst"开头的说明,后面是一列工具变量名称。例如,说明语句

```
@ inst   gdp( - 1 to - 4)   x   gov
```

就是命令EViews在系统的所有方程中将这6个变量都作为工具变量使用。

也可以通过在方程的末尾添加符号"@",后面是一行该方程要使用的工具变量,来为每个方程指定不同的工具变量。例如

```
cs = c(1) + c(2) * gdp + c(3) * cs( - 1)   @   cs( - 1)   inv( - 1)   gov
inv = c(4) + c(5) * gdp + c(6) * gov   @   gdp( - 1)   gov
```

第一个方程使用 cs(−1),inv(−1),gov 和一个常数项作为工具变量,而第二个方程的工具变量为 gdp(−1)、gov 和一个常数项。

最后还可以将两个方法放在一起使用。任何一个没有单独指定工具变量的方程将使用由@inst 指定的工具变量。系统

```
@ inst  gdp( - 1 to - 4)  x  gov
cs = c(1) + c(2) * gdp + c(3) * cs( - 1)
inv = c(4) + c(5) * gdp + c(6) * gov  @  gdp( - 1)  gov
```

表示在 cs 方程中使用工具变量 gdp(−1),gdp(−2),gdp(−3),gdp(−4),x,gov 和常数项 c,而 inv 方程中的工具变量仅为 gdp(−1),gov 和常数项 c。

(3) 附加说明

① 如果没有将常数项"c"作为一个工具变量,EViews 会自动将"c"作为一个工具变量包含在每个方程中。

② 对于一个给定的方程,应该将其右侧所有的外生变量都列为工具变量。

③ 系统的识别要求每个方程中的工具变量(包括常数项)的个数至少和这个方程的右边的变量个数一样多。

④ 如果利用一个不使用工具变量的方法估计系统,所有的工具变量设定语句都会被忽略。

(4) 初始值

如果系统中包含非线性方程,可以使用以 param 开头的一行命令为部分或所有的参数提供初始值。赋值语句要求列出参数名称和参数值的对应组合。例如,命令语句

```
paramc(1)  0.15  b(3)  0.5
```

分别将 c(1)和 b(3)设为 0.15 和 0.5。如果不提供初始值,EViews 将使用当前系数向量中的值。

(5) 系统估计

创建和设定系统结束后,单击工具条的 Estimate 键,弹出系统估计对话框(图 7.4.2)。标有 Estimation method 的下拉列表提供了许多估计方法选项,可以从中选择估计参数的方法。估计对话框会根据选择不同的估计方法而相应地改变,同时还提供其他的选项。

在系统估计对话框中有两个选项:Add lagged regressors to instruments for linear equations with AR terms 选项和 Identity weighting matrix in estimation(2SLS coefs & GMM)选项。前一个选项只有在选择使用工具变量的算法时才是可选的(2SLS、W2SLS、3SLS 和 GMM)。如果选择该项,EViews 在估计 AR 模型时,就会在工具变量列表中加入自变量和因变量的滞后值。这些工具变量的滞后阶数与系统设定中的 AR 项的阶数相匹配。这种自动包含滞后项的过程说明 EViews 在估计 AR 模型时,会将线性设定转换成非线性设定,也说明工具变量的滞后值是转换后的设定的理想工具变量。如果要在估计过程中保持对系统的工具变量的准确控制,就不能选择该项。后一个选项只应

用于 GMM 法,选择该项就意味着在 GMM 中,使用单位加权矩阵进行估计,并使用估计出来的系数和所提供的 GMM 设定计算系数协方差矩阵,这个矩阵对于截面间异方差(White)或异方差以及自相关(Newey-West)都是稳健的。如果不选此项,EViews 就会使用 GMM 权重估计和计算系数协方差矩阵。

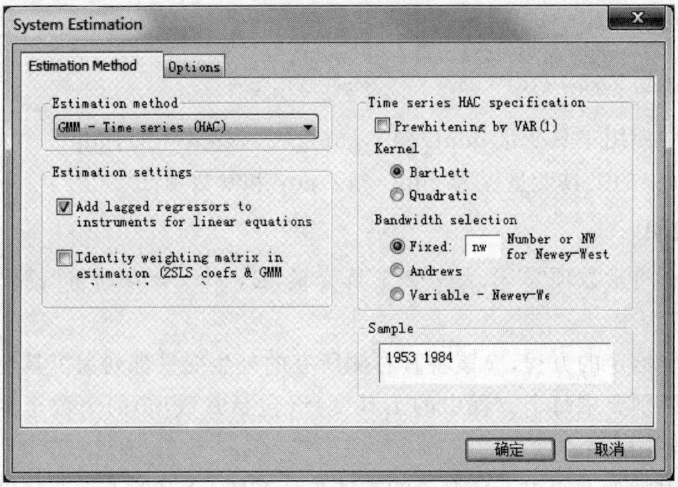

图 7.4.2　系统估计对话框(Estimate)

EViews 提供了两种 GMM 方法:GMM-Cross section(White cov.)和 GMM-Time series(HAC)。当使用 GMM-Time series(HAC)方法估计系统时,对话框将会显示用来设定加权矩阵的选项。新的选项出现在对话框的右侧。这些选项控制了异方差和自相关稳定性加权矩阵的计算。

(6) 迭代选项(Options)

对于 WLS、SUR、WTSLS、3SLS、GMM 法和非线性方程系统,还有一些需要注意的问题,包括计算 GLS 的加权矩阵和系数向量的问题。

① "Options"页的右面有迭代控制选项(Iteration control),包括:

选项 Iterate Weights and Coefs—Simultaneous updating,每次迭代都更新系数和加权矩阵,然后重复这些步骤直到系数和加权矩阵都收敛。

选项 Iterate Weights and Codfs—Sequential updating,重复执行更新权重的缺省方法,直到系数和加权矩阵都收敛。

选项 Update weights once then—Iterate coefs to convergence 是缺省选项,在此选项下,EViews 使用无加权矩阵(单位矩阵)对系数进行一阶段估计。利用从 OLS(在有工具变量的情况下为 2SLS)得到的估计量作为初始值,然后进行迭代直到系数收敛。如果系统是线性的,这个过程其实就是一个 OLS 或 2SLS。在一阶段迭代过程中得到的残差则用来建立加权矩阵的一致估计。在估计过程的第二阶段,EViews 使用估计出的加权矩阵建立系数的新估计量。如果系统是非线性的,EViews 会进行迭代,直到系数收敛。

选项 Iterate weights once then—Update coefs once,首先完成第一阶段的系数估计,

并生成加权矩阵的估计。在第二阶段，EViews 并不是进行迭代直到系数收敛，而只完成一个简单的系数一步迭代过程。既然第一阶段的系数是一致的，这个一步迭代就是渐近有效的。除非方程的设定是线性的，否则，这个过程得到的结果并不等于第一阶段的结果。

需要注意，上述的 4 种估计方法都能产生渐近有效的估计结果。对于线性模型，由于获得系数的估计值不需要进行迭代，因此，前两种估计方法是等价的，而后两种估计方法是等价的。

② "Options"页中的选项还有允许选择估计算法，改变收敛规则或迭代的最大次数等。

（7）估计结果

系统估计的输出结果包括系统中每个参数的估计量、标准差和 t 统计量。EViews 还提供了残差的协方差矩阵的行列式的值，对于 FIML 估计法，还提供它的极大似然值。除此之外，EViews 根据系统估计过程的标准差，利用标准定义，提供了每个方程的一系列简要统计量，如 R^2 统计量、回归标准差、Durbin-Watson 统计量和残差平方和等。

2. 系统的应用

得到估计结果后，系统对象提供了一系列检查方程结果和完成推断及设定检验的工具。

（1）系统的视图

① View/System Specification，显示系统说明窗口，也可以通过工具条中的 Spec 来显示。

② Views/Estimation Output，显示系统的系数估计值和简明的统计量，也可以通过系统菜单中的 Stats 按钮来显示。

③ Views/Residuals/Graph，显示系统中每个方程的残差图形。

④ Views/Residuals/Correlation Matrix，计算每个方程残差的同期相关矩阵。

⑤ Views/Residuals/Covariance Matrix，计算每个方程残差的同期协方差矩阵。

⑥ View/Coefficient Covariance Matrix，查看估计得到的系数协方差矩阵。

⑦ View/Diagnostics/Wald Coefficient Tests...，完成系数的假设检验。

⑧ Views/Endogenous Table，列出系统中所有的内生变量。

⑨ Views/Endogenous Graph，列出系统中所有的内生变量的图形。

（2）系统的过程

系统与单方程对象的一个显著区别是系统没有预测步骤。要利用估计出的系统进行预测或模拟，必须使用模型对象。EViews 提供了一个将系统结果包含在模型中的简单方法。

① Procs/Estimate...，打开估计系统方程的对话框。也可以通过直接单击系统工具栏中的 Estimate 进行估计。

② Procs/Make Residuals，生成一系列包含系统中每个方程的残差的序列。

③ Procs/Make Endogenous Group,建立一个包含内生变量的、未命名的组对象。

④ Procs/Make Model,打开一个未命名的、包含已估计出的系统的模型。该模型可以进行模拟和预测。另一种方法是首先建立一个模型,然后通过系统的名称将该系统包含进来,这将在后面详细讨论。

7.4.2 联立方程模型的模拟与预测

系统和模型经常十分紧密地一起使用。估计出联立方程系统的参数后,就可以创建一个模型,进而对模型中的内生变量进行模拟和预测。

1. 建立和说明模型

(1) 创建模型

创建模型对象有3种方法。

① 单击Objects/New Object...,再选择Model创建一个空模型。

② 选定工作文件窗口中的一系列估计对象(方程、向量自回归模型、联立方程系统),再选择鼠标右键菜单中的Open as Model,该选项将创建一个包含选定对象中的所有方程的模型。

③ 在一个估计对象中使用Make Model过程创建一个模型,该模型包含该对象中的方程或方程组。

(2) 向模型添加方程

模型中的方程既可以是内置的,又可以是链接的。内置方程以文本的形式包含在模型中,链接方程在模型中的表达式则来自模型外部的对象,如单一方程或多方程估计对象,甚至可以是另一个模型。链接使模型能够与其他方程的估计方法或与该模型所依赖的另一个模型更加紧密地联系起来。图7.4.3所示是克莱因联立方程模型Ⅱ的方程查看窗口。其中,名称为“klein_2_gmm”的系统中的方程就是链接方程,而剩下的3个方程均为该模型的内置方程。

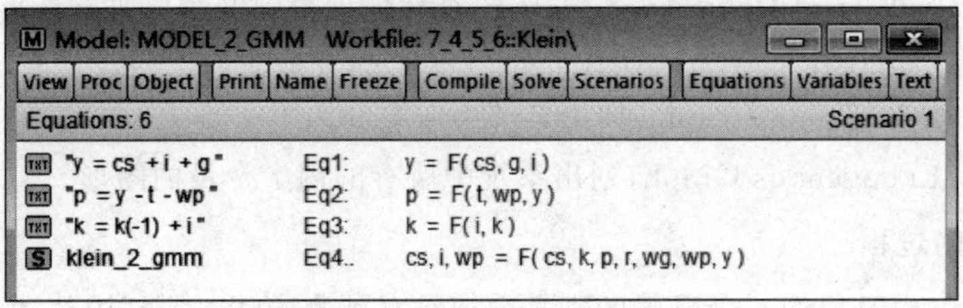

图7.4.3　方程查看窗口(Equations)

向模型添加方程有以下3种方法。

① 进入文本查看窗口(Text),打入或粘贴恒等方程,如图7.4.3中的前3个恒等方程。

② 添加链接方程:从工作文件窗口中选定包含想要放入模型的方程的对象,然后复

制、粘贴，把该对象加入模型的方程查看窗口中。

③ 用文本形式添加方程：选择鼠标右键菜单中的 Insert，在标题为 Enter one or more lines 的文本框中按照标准的 EViews 形式输入一个或多个方程。在该对话框中，还可以先输入一个冒号，再输入想链接的对象名添加链接方程。例如，在对话框中输入“:EQ1”，就表示将工作文件中名为“EQ1”的方程放入模型中，这是链接对象的文本形式。

在 EViews 模型中，出现在方程中的第一个变量将被视为该方程的内生变量。因为每个内生变量只能与一个方程相联系，因此有时需要重写方程以确保每个方程都以不同的内生变量开始。例如，对于表达式

$$X/Y=Z$$

EViews 将把该方程与变量 X 联系起来。如果想把该方程与变量 Y 联系起来，需要将方程重新写为

$$1/Y\times X=Z$$

EViews 能够处理包含内生变量的简单表达式，所以可以在方程的左端使用 log()，D()和 Dlog()等函数。如果求解模型时选择了 Gauss-Seidel 方法，EViews 还会把方程标准化为显性形式。

（3）从模型中删除方程

从模型中删除方程，只需在方程查看窗口中选定该方程，再选择鼠标右键菜单中的 Delete 即可。需要注意，对模型添加或删除方程都会改变模型的内生变量。

（4）更新模型的链接

如果模型包含链接方程，当改变模型外部决定的方程的设定时，将使模型内的方程“过时”。通过过程 Procs/Links/Update All Links 可以使模型也包含这些变化，或通过鼠标右键菜单中的 Procs/Links/Update link 项只更新一个方程。当工作文件从磁盘中重新调入时链接也会更新。

有时可能需要模型中的方程与其链接对象分离，如可能希望以文本形式查看整个模型。为此，可以使用 Proc/Link/Break All Links 过程将模型中所有的链接方程转换为内置文本形式。也可以只转换一个方程，即先选定该方程，然后使用鼠标右键菜单中的 Break link 即可。

当某链接被打破时，方程将以文本形式存在，其未知参数将被点估计所取代。有关参数不确定性的任何信息都将丢失。这对模型的确定性求解没有影响，但如果选择了 Include coefficient uncertainty 选项，可能会改变随机模拟的结果。

2. 模型结构查看窗口

同 EViews 的其他对象一样，有多种方式查看模型对象所包含的信息。由于模型是描述一组变量之间关系的一系列方程，因此模型有 3 种基本查看窗口：方程查看窗口(Equations)、变量查看窗口(Variables) 和文本查看窗口(Source Text)。这 3 个窗口可以在模型的“View”菜单中选择，也可在菜单栏直接单击。

(1) 方程查看窗口

方程查看窗口(Equations)用于显示、选择和修改模型中的方程,图 7.4.3 显示了克莱因联立方程模型Ⅱ的方程查看窗口。

① 窗口中的每一行都用来描述一个链接对象或者一个内置文本方程。模型的任何错误都将以一行红色的描述错误原因的说明信息表示。

② 在方程查看窗口中可以直接打开任意一个链接对象,只需选择链接对象的所在行,再选择鼠标右键菜单中的 Open Link 即可。

③ 单击窗口某行右键菜单中的"Properties",可以使用方程属性对话框,以更详细地查看每行的内容。对单个方程的链接而言,Properties 对话框显示方程的函数形式、参数的估计值和方程残差的标准差估计值。如果链接对象包含多个方程,则可以使用对话框顶部的 Endogenous 列表框在对象的不同方程之间切换。对于内置方程,对话框仅显示方程的文本。在对话框的右下端有一组字段可以设置方程残差的随机属性。如果进行确定模拟,那么这些设置不会影响结果。如果进行随机模拟,那么这些设置与求解选项共同决定应用于该方程的随机新息(innovation)的大小。

(2) 变量查看窗口

变量查看窗口(Variables)用于设置与变量相关的选项,并显示和编辑与模型相关的序列。变量查看窗口列出了模型的所有变量,每一行描述一个变量。每行包含的信息为:一个表示变量是内生变量、外生变量还是附加因子的图标、变量名、与变量相关的方程序号以及对变量的描述,该描述来自工作文件 7 中的相关序列。图 7.4.4 显示的是克莱因联立方程模型Ⅱ的变量查看窗口。

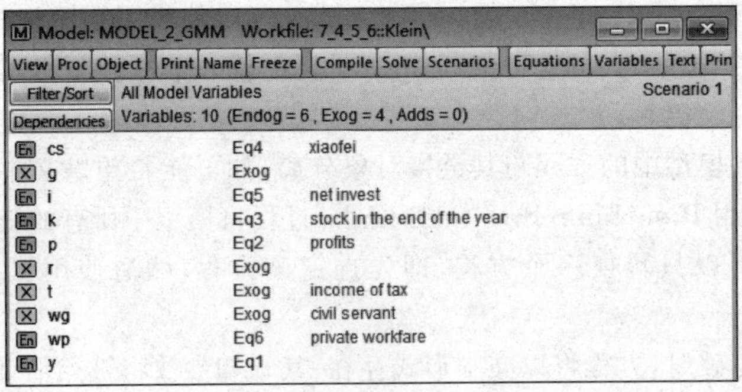

图 7.4.4　变量查看窗口(Variables)

① 从图 7.4.4 可以发现,模型中的变量名和类型完全是由模型方程决定的,向模型添加变量或改变变量类型的唯一方法是修改模型的方程。双击变量可以快速查看或编辑与该变量相关的一个或多个序列。

② 变量查看窗口的显示形式也可以改变。单击变量列表上部的 Filter/Sort 按钮可以选择只显示符合一定命名规则的变量,或者以某一特定顺序显示变量。

③ 通过变量查看窗口中的 Dependencies 按钮还可以查看模型变量之间的依赖性。

在对话框的右下端有一组字段可以设置方程残差的随机属性。如果进行确定模拟，那么这些设置不会影响结果。如果进行随机模拟，那么这些设置与求解选项共同决定应用于该方程的随机新息的大小。

(3) 文本查看窗口

模型的文本查看窗口(Text)可以在一个文本窗口内查看模型的整体结构，为小型模型的输入提供了一个快速方法，也可以用于复制、粘贴、编辑大型模型。文本查看窗口由一系列文本行组成。在简单模型中，每行只包含一个内置方程的文本，更复杂的模型可能包含下列信息。

① 以冒号开始的行表示与外部对象的链接，冒号之后必须是工作文件中的对象名，模型打开或者链接更新时外部对象的方程都会引入模型。

② 以"@add"开始的行表示附加因子。附加因子的命令形式为

```
@add(v) endogenous_name add_name
```

其中：endogenous_name 为附加因子所要应用的方程所对应的内生变量名，add_name 为序列名，选项(v)用来说明附加因子是应用于内生变量的，缺省值是把附加因子应用于方程残差。

③ 以"@innov"开始的行表示扰动项方差。需要注意，当模型方程与外部估计对象链接时，估计方程的方差会自动带入模型，因而不需要@ innov 命令，除非需要修改标准差的值。

3. 确定情景分析和附加因子

EViews 可以在外生变量的不同假设下研究模型模拟的结果，外生变量的这些不同假设被称为"情景分析"。EViews 提供研究多变量模型的情景分析的各种工具。例如，可以研究外生变量或某些特定参数的变化所产生的影响，也可以比较不同政策带来的不同结果，这些政策既可以用可控的外生变量的变动表示，也可以用政策性参数表示。

(1) 情景分析的思想和功能

对模型进行模拟和预测时，通常需要利用有关外生变量路径的不同假设，或从模型中剔除一个或多个方程，比较不同情形下模型的预测情况。模型情景分析可以在不覆盖以前的数据和不改变模型结构的前提下做到这一点。

① 别名。为区分与不同情景分析相关的数据，EViews 通常会在变量名的基础上产生一个序列名，一般是在变量名的末尾加上表示特征的扩展名，这种标识名称为别名(alias)。一般地，别名是在模型变量名的后面加上下划线及序号，如"_0"或"_1"。每个情景分析的数据将会保存在工作文件的带有别名的序列中。例如，Y 为模型的一个内生变量，它可能会把结果保留在名为"Y_0"的序列中。

② 别名在情景分析中的作用。别名是 EViews 模型的一个重要特征，它使得模型中的变量可以被标识为工作文件序列的不同集合，而不需要改变模型方程。模型求解时，别

名一般用于内生变量以避免覆盖历史数据。当使用模型进行情景分析时,别名常用于外生变量。模型情景分析可以用来研究在外生变量路径或附加因子的不同假设下,模型的预测是怎样变化的。在情景分析中,可以通过更改某外生变量的值来改变这个外生变量的路径。当一个变量被更改时,被更改的外生变量将在带有标识该情景分析的别名的序列中取值。而没有被更改的外生变量将从与该变量同名的序列中取值。序列名是通过在变量名后面加上标识情景分析的后缀形成的。保存模型在该情景分析下的解时使用同样的后缀。

表7.4.1给出了模型别名把变量名标识成工作区中的序列名的典型例子。

表7.4.1　模型别名标识表

模型名		工作文件序列	
内生变量Y	→	Y	原始数据
	→	Y_0	基本解结果
	→	Y_1	情景1结果
外生变量X	→	X	原始数据
	→	X_0	原始数据或基本预测
	→	X_1	情景1假设

(2) 情景分析的建立和修改

通过View/Scenario或模型菜单上的Scenarios可以查看与当前模型相关的所有情景分析(图7.4.5),注意7.3.4节的克莱因联立方程模型Ⅱ进行情景分析是Scenarios 1,可以在Overrides页中加入外生变量税收T(在求解前需要按Scenarios 1的情景假设修改t_1序列)。先介绍两个固定的情景分析的概念。

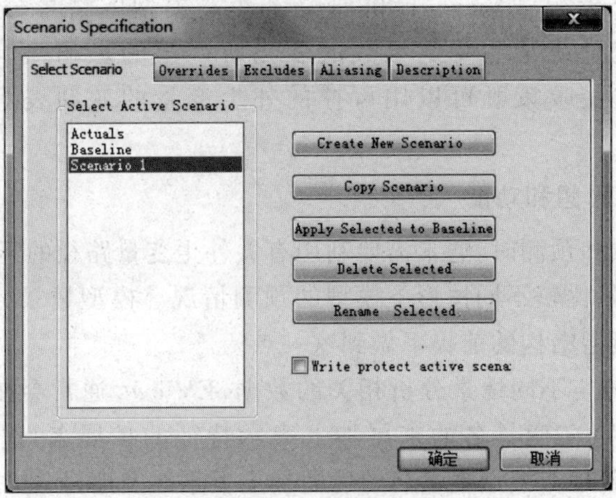

图7.4.5　情景分析设定对话框(Scenarios)

① 实际情景分析。实际情景分析(Actuals)在模型求解时把内生变量估计值写回与该变量同名的序列中。注意当Actuals为当前情景分析求解模型时,会覆盖原始数据。

② 基准情景分析。基准情景分析(Baseline)则修改变量名，在模型求解时把内生变量估计值写到该变量名_0 的序列中。Baseline 提供了构建其他情景分析的基本情形。其他情景分析与基准情景分析的不同之处在于前者有一个或多个变量被更改或剔除。可以通过把某个情景分析的结果与基准情景分析进行对比分析，得出该情景模拟的分析结果。

实际(Actuals)和基准(Baseline)两个情景分析的共同点在于它们不能更改或剔除任何变量，它们的不同之处在于 Actuals 把内生变量估计值写回与该变量同名的序列，而 Baseline 把内生变量估计值写进"变量名_0"。注意：尽量不要使用实际(Actuals)来求解模型，以避免原始数据被覆盖导致数据丢失。

下面介绍 Scenarios 设定对话框的几个主要选项页。

① 在 Select Scenario 默认选项页中利用 Create New Scenario、Copy、Delete 和 Rename 等按钮可以创建、复制、删除和重命名情景分析，如 Scenarios 1，Scenarios 2，…

② Overrides/Excludes 选项页概述了选定的情景分析中已经被更改的变量或已经被剔除的变量，它可以使我们看到情景分析变化的完整列表。例如 Overrides 选项页中，克莱因联立方程模型Ⅱ的 Scenario1 列的是税收 T；中国宏观经济联立方程模型中，Scenario1 和 Scenario2 都是 RL 和 RD；Scenario3 是 $M1$；Scenario4 是 CG；Scenario5 是 $T1$。列出的外生变量需与相对应的情景假设做设置，别名号与情景号一致。

③ Aliasing 选项页可以考察与任何情景分析相关的别名，该选项页对话框显示应用于不同类型变量的所有别名。

(3) 情景分析中外生变量的设定

可以从变量查看窗口(Variables)直接改变大多数情景分析设置。对于外生变量和附加因子，可以从变量查看窗口选定变量，然后用鼠标右键激活该变量的属性对话框(Properties)。在属性对话框中使用 Use override 复选框可以在工作文件中建立所选变量的情景分析序列，如克莱因联立方程模型Ⅱ的 t_1，进而可以按 Scenario 1 的要求调整和设置外生变量 t_1。当 Scenario 1 被激活时(在 Select Scenario 对话框的 Select Active Scenario 列表中被选择)，t_1 在变量查看窗口中将以红色显示。从情景分析对话框(Scenario)可以看到各情景分析的所有设置。

在 EViews 中，求解模型时必须把模型的每个变量都与工作文件中的序列连接起来，以使变量与数据相联系，然后在所选样本的每期观测值上求解模型，并把结果保存在相应的序列中。

(4) 使用附加因子

附加因子是一种特殊类型的外生变量，它被用来改变随机方程的结果以对历史数据进行更好的拟合，或改善模型的预测结果。尽管不能像对待外生变量那样处理附加因子，但是 EViews 为附加因子提供了一个单独的界面以方便一些常用的处理。

有两种方法加入附加因子。最简单的方法是进入模型的方程查看窗口(Equations)，先用鼠标选定要添加附加因子的方程，如选定例 7.5 中的利润方程(P)，再从鼠标右键菜单中选择 Properties，当出现方程属性对话框时，单击 Add Factors(图 7.4.6)。

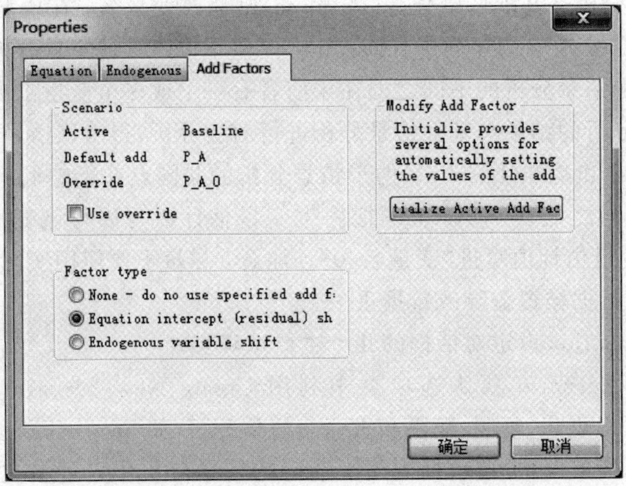

图 7.4.6 单方程添加附加因子对话框

在 Factor type 框中选择是添加截距[Equation intercept(residual) shift]还是内生变量位移(Endogenous variable shift),例 7.5 的利润方程选择第 2 项,添加截距[Equation intercept(residual) shift],此时会弹出信息对话框,提示是否在工作文件中创建序列以保存附加因子值,单击 Yes 创建序列,此时附加因子序列(p_a)就建立了。

序列值最初为 NA,单击 Initialize Active Add Factor 按钮,新弹出的对话框提供了对附加因子进行初始化的若干个选项:

① Zero:各期附加因子都设为 0。

② So that this equation has no residual at actuals:附加因子的设定能够保证模型变量值取自实际序列(一般为历史数据)时,方程精确成立,没有误差。例 7.5 中方程 P 的附加因子选择的就是该项。

③ So that this equation has no residual at actives:把附加因子设为使模型变量值取自当前情景分析下的内生序列及外生序列时,方程精确成立,没有误差。

④ So model solves the target variable to the values of the trajectory series:设置附加因子,使得在模型求解时,某内生变量会遵循特定的目标路径。

可以通过 Initialization Sample 框来改变附加因子初始化的样本区间。

一旦附加因子加入某个方程中,它也将以变量的形式显示在变量查看窗口中。如果附加因子出现在某情景分析中,那么它必须在每个情景分析中都出现,但在特定情景分析中它同外生变量一样可以被更改。

加入附加因子的第 2 种方法是通过模型窗口的 Procs/Add Factors 菜单项同时对所有方程分配、初始化或更改附加因子。例如,要创建一组附加因子使模型对历史实际值求解,可以选择 Add Factors/Equation Assignment 来为每个方程创建附加因子,然后使用 Add Factors/Set Values...设置附加因子值,以使所有方程都没有残差。当求解带有附加因子的模型时,附加因子的任何缺失值都作为 0 处理。

7.4.3　联立方程模型的求解

一旦模型的设定完成，单击模型工具栏的 Procs/Solve Model 或单击 Solve 按钮就可以求解模型。求解(Model Soulution)对话框有 5 页，下面分别介绍。

1. 基本选项(Basic Options)

EViews 首先显示的是 Basic Options 页，其中包含最重要的模拟选项，其他页的选项通常可以设为默认值。图 7.4.7 是克莱因联立方程模型Ⅱ进行情景分析 (Scenarios 1) 的求解选项对话框。

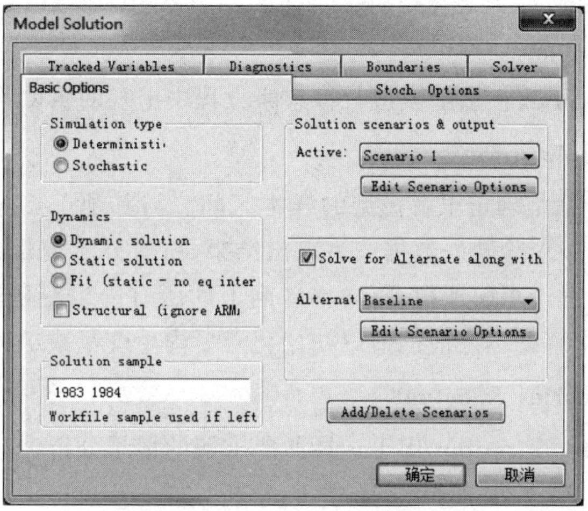

图 7.4.7　模型求解基本选项对话框

(1) Simulation type

Simulation type 框可以设置模型为确定模拟(Deterministic)还是随机模拟(Stochasic)。

选择了 Deterministic，模型中的所有方程的解使得方程在模拟期内精确成立而没有误差，所有的系数都固定为它们的点估计值，所有的外生变量都保持不变，这使得内生变量的路径是单一的。

选择了 Stochasic，模型方程的求解就是使得方程含有与随机抽取的误差相匹配的残差，系数和外生变量也是随机变化的。此时，模型解产生了内生变量在每一期的结果的分布。通过抽取不同的随机成分多次求解模型，再计算所有不同结果的统计量，就可以获得渐近分布。一般来讲，都是先通过确定模拟分析模型，再进行随机模拟来大体了解结果对各种误差的敏感性。

(2) Dynamics

Dynamics 框中的选项用于确定求解模型时，EViews 使用内生变量的历史数据的方式。

① 若选择 Dynamic solution，进行动态求解。预测时只使用求解样本期之前的内生

变量。滞后内生变量和 ARMA 项是利用前几期的解计算的,而不是来自实际的历史数据。动态求解方法一般用于对未来几期的预期(多期预测),或用于评价多期预测对历史的拟合程度。

② 若选择 Static solution,进行静态求解。每次求解模型时直到前一期的内生变量都被使用。滞后内生变量和 ARMA 项取自内生变量的实际值。静态求解一般用于基于历史数据的一期预测,以检验模型的历史拟合程度。静态求解不能用于预测未来的多期值。

③ 若选择 Fit,进行拟合求解。求解模型时内生变量的当期值也被使用。除了正被计算的方程的内生变量以外,所有内生变量的值都被实际值所替代。Fit 项可用于研究每个方程的独立拟合程度,而不考虑它们之间的依赖关系。该选项只能用于所有内生变量的历史数据都可用的区间。

④ 若选择 Structural,在求解模型时将忽略方程中出现的 AR 项。

(3) Solution sample

Solution sample 框是确定求解模型的样本区间。与其他 EViews 过程不同,模型求解样本不会自动截断以剔除缺失数据。为求出结果,所有外生变量在求解样本区间上都必须有数据。如果是静态求解或拟合,样本区间上的所有内生变量值也必须存在。如果是动态求解,只需要求解样本之前的值以初始化滞后内生变量或 ARMA 项。

(4) Solution scenarios & output

Solution scenarios & output 用于选择所要求解的情景分析。

① 在 Active 的下拉列表中选择情景分析,如 Scenario 1。单击 Edit Scenario Options 中的按钮可以快速查看选定的情景分析的设置。注意:如果是对于模型的拟合和预测,这里选择所要求解的情景分析应是基准情景分析(Baseline)。注意不要使用实际(Actuals)来求解模型,以避免原始数据被覆盖,导致数据丢失。

② 选择选项 Solve for Alternate along with Active,一般选择基准情景分析(Baseline),使得两个情景分析同时求解。两模型同时求解后,可在模型工具栏选择 Proc,再选择 Make Group/Table 或 Make Graph,通过画图或列表比较模拟的结果。

2. 随机选项(Stochastic Options)

随机选项页的设置用于随机模拟。一般的模型求解和预测过程都可以直接选择这些选项的默认值。

① Repetitions 组合框可以设定随机模拟过程中的迭代次数。

② Confidence interval 框用于设置如何计算置信区间的选项。Calc from entire sample 选项使用样本分位数作为潜在分布的分位数的估计量。Reduced memory approx 选项使用 Tain 和 Chlamtac(1985)的更新算法。只要迭代次数不太少,更新算法就可以对分布的尾部提供合理的估计。

Interval size(双侧)框可以通过给定上下界来设定置信区间的大小。默认值 0.95 提供了 95%的置信区间,每个尾部的权重各为 2.5%。

③ Innovation Covariance 框用于确定随机方程的扰动项的产生方式。在随机模拟的每个观测值上,一组独立的随机数将从标准正态分布中取出,然后这些数将进行调整以符合期望的系统方差—协方差矩阵。在一般情形下,它是协方差矩阵的 Cholesky 因子乘以随机数向量。如果该矩阵是对角矩阵,就简化为用标准差乘以每个随机数。

Scale variances to match equation specified standard deviations 复选框用于选择方程残差方差的决定方式。如果没有选择该项,方差是利用模型方程的残差计算的。如果选择了该项,则包含确定标准差的任何方差都将使用该值。需要注意的一点是:估计链接方程所使用的样本与估计模型的残差方差所使用的样本可能不同。

Diagonal covariance matrix 复选框用于选择协方差矩阵非对角线元素的决定方式。如果选择了该项,非对角线元素将设为 0,否则非对角线元素的设置使得随机抽取的相关性等于所观察的方程残差的相关性。如果方差正被调整,则它将重新调整估计的协方差以使相关性不变。

Estimation sample 框可以确定估计模型残差的方差—协方差矩阵所使用的观测值。默认时 EViews 使用默认的工作文件样本区间。

Multiply covariance matrix 域可以设置应用于整个协方差矩阵的整体调整因子。该选项可以用于考察使用的随机残差与观测值不同时,模型的随机行为是如何变化的。模型拟合较差时,该选项也可以通过减少随机残差的整体水平来修正模型。

④ Include coefficient uncertainty 框用于确定链接方程中估计的参数在随机拟合过程中是否应当随机地变化。如果选择了该项,每次迭代开始时系数都将随机地重新抽取。该选项提供了在预测结果的变动中,把围绕系数真实值的不确定性加入进来的一种途径。

当模型系数随机改变时,模型的动态行为可能会发生很大变化,稳定的模型可能变得不稳定,指数收敛的模型可能会周期地波动。其影响之一是利用单一方程随机模拟获得的标准差可能会与使用 EViews 方程对象对该方程进行预测时获得的标准差不同。这是因为方程对象计算标准差的分析方法是依据局部线性逼近的,该方法能非常有效地使方程具有稳定性。

3. 追踪变量(Tracked Variable)

追踪变量页可以查看并修改正在被模型追踪的内生变量。当一个变量被追踪时,该变量的结果在模拟完成之后将被保存在工作文件的序列中,没被追踪的变量的结果将不被保存。

在处理大型模型时,追踪变量是非常有用的,因为若每个内生变量的结果都要保存,就会导致工作文件过大,并耗费太多内存。默认的选项为所有的变量都被追踪,使用对话框上部的单选钮可以切换到 Track only the endogenous variables listed belo。一旦选择该项,就可以在下面的对话框中输入想要追踪的变量名称,或者利用内生变量的属性对话框在是否追踪之间进行切换。由于被追踪的变量名以蓝色显示,因此通过变量查看视图也可以看到哪些变量正被追踪。

4. 诊断(Diagnostics)

诊断页可以设定控制中间结果的显示方式的选项,该对话框可以解决在求解模型过程中遇到的一些问题。如果选择了 Display Detailed messages,求解模型时在求解信息窗口中将会产生其他的结果。

通过追踪变量列表可以选定一系列内生变量,使其中间结果在迭代求解过程中被保存起来。求解模型之后,这些结果可以在 Trace Output 查看窗口中看到。模型有错误或不能收敛时,中间结果可能有助于发现问题之所在。

5. 求解方法(Solution algorithm)

求解方法页是用来设置与模型所采用的非线性方程求解方法有关的选项。

① Gauss-Seidel 算法是一种迭代算法,在每次迭代时,EViews 在将其他所有的内生变量都视为不变时,求解与每个模型方程相关的内生变量值。这种算法需要的工作内存较少,计算成本相当低,但它要求方程系统有一定的稳定性,以保证收敛。尽管构造满足这些属性的方程比较困难,但实际上该算法适用于大多数经济计量模型。如果执行该算法有困难,可以对方程重新排序,或重写方程以改变相应的内生变量。

② Newton 算法也是一种迭代法,每次迭代时采用模型的线性逼近,然后求解线性系统以找到模型的解。与 Gauss-Seidel 算法相比,该算法可以处理更广泛的问题,但用于大型模型时需要相当大的工作内存,计算成本也很高。Newton 算法不受方程排序或重写的影响。

注意:即使选择了 Newton 算法求解模型的每期值,如果模型需要迭代求解未来值,各期之间的求解仍使用 Gauss-Seidel 算法。

Extended search 复选框告诉算法在迭代中寻求内生变量的新值时使用另一种步长。这增加了收敛的可能性,但通常会增加求解时间。如果模型难以收敛,可以尝试该选项。

Preferred solution starting values 选项可以选择迭代过程中的初始值。如果选择了 Actuals 选项,EViews 将首先把实际序列中的值作为初始值。如果这些值不可用,EViews 将使用前期求解得到的值。如果还是不可用,则 EViews 将默认使用 0.1 作为起始值。如果选择了 Previous Period's Solution 选项,顺序将改为先使用前期值,前期值不可用时再使用实际值。

Solution control 部分可以设置求解的终止条件。Max iteration 是设置迭代停止之前算法执行的最大迭代次数。Convergence 是设置收敛检验的临界值。如果内生变量两次迭代之间的差值的绝对值小于该临界值,则求解被视为已经收敛。Stop on missing data 意味着只要一个或多个外生(或滞后内生)变量不可用,则求解就应停止。但如果没选择该项,求解将继续到下一期,该期结果保存为 NA 项。

Forward solution 部分的选项可以决定当模型的一个或多个方程包含内生变量的未来值时,模型是如何求解的。

Solve in both directions 影响求解过程在计算未来值时对样本期的迭代方式。若没选择该项,在 Gauss-Seidel 迭代中求解总是从预测期的开始至末尾。如果选择了该项,求解在预测期间向前和向后交替进行。两种方法的收敛速度通常略有不同，这取决于模型向前或向后的持续性。

对话框的 Solution round-off 部分是控制收敛之以后结果的取舍。因为使用的是迭代算法，它只能提供一定偏差下的近似结果，因此比较模型的结果时会有些偏差，即使在理论上这些结果应该是相等的。该选项可以去掉这种偏差，以使结果更一致。默认设置通常就可以，如果模型有一个或多个内生变量的值很小，则需要把该选项设为 0，或重新调整变量以使其解远离 0。

7.4.4 联立方程模型的数据操作

EViews 模型对象提供了显示数据的两种主要形式：图和表。两者都可以从模型窗口中产生。在模型工具栏先选择 Proc，再选择 Make Group/Table 或 Make Graph。

两个过程的对话框几乎相同，这里仅观察 Make Group/Table 对话框(图 7.4.8)。它的大部分区域是控制哪些序列需要包括在表中。左上部是 Model variables 框，它用于选择表或图所包含的变量组。默认时表或图将包含当前在变量查看窗口中选定的变量。可以利用 From 中的单选按钮或文本框包括所有模型变量，或从选定的变量列表中添加或删除特定的变量。

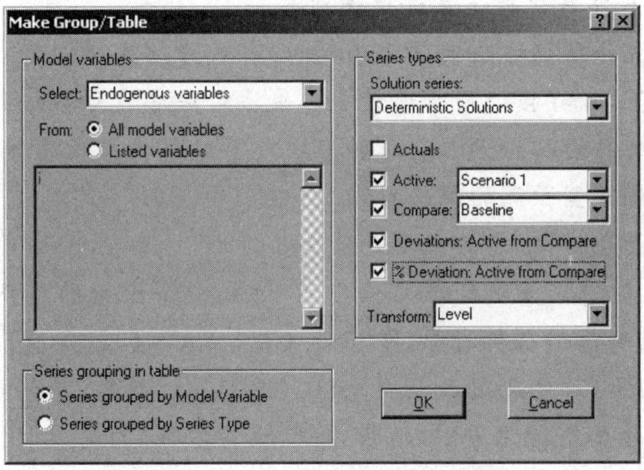

图 7.4.8　模型制表对话框

Solution series 框可以选择处理内生变量时想要查看的求解结果，可以从确定模拟或随机模拟所产生的各种序列中选择。

Series types 的一系列复选框用于确定表中所显示的情景分析，以及是否计算各种情景分析之间的差值。

① 在 Active 中选择当前求解的情景分析，如 Scenario 1。

② 在 Compare 中选择比较用的情景分析，一般选择基准情景分析 Baseline。

③ 显示当前情景分析与比较情景分析的差值(标识为"Deviations：Active from Compare")。

④ 或者显示当前情景分析与比较情景分析偏离的百分比(标识为"% Deviation：

Active from Compare")。

⑤ Transform 下拉列表框,可以进行数据变形运算。

可以把输出的 Group 固化(freeze)为表格(table),进而可以编辑和删改。

7.5　习　题

1. 解释下列概念:

(1) 内生变量。

(2) 外生变量。

(3) 先决变量。

(4) 行为方程。

(5) 恒等方程。

2. 除了单一方程模型外,为什么还要建立联立方程模型?

3. 简述联立方程系统和联立方程模型的概念,它们有什么区别?

4. 简述结构式联立方程系统和简化式联立方程系统的概念。

5. 利用结构式识别条件来识别克莱因联立方程系统(7.1.3)的 3 个行为方程是否可识别? 如果可识别,是恰好识别还是过度识别?

6. 联立方程系统的估计方法大体分为两种,每种方法有什么特点?

7. 在哪种情况下,可直接使用普通最小二乘法对联立方程系统的参数进行求解?

8. 联立方程模型的模拟和预测有几种形式? 简述每种形式的概念。

9. 简述联立方程模型预测的评价标准。

10. 什么是"情景分析"? 它的用处是什么?

11. 利用例 7.3 的中国宏观经济数据中的 Y(减去净出口的总产出)、I(固定资本形成)、CS(消费=城镇消费+农村消费,即 $CS=CU+CR$)、CG(政府消费)、IG(存货)、RD(一年期存款利率)、RL(一年期贷款利率)、DL(固定资产贷款)等变量,

(1) 建立包含 2 个行为方程(消费方程、投资方程)的简单联立方程系统。

(2) 建立包含已估计参数的消费方程、投资方程和总产出恒等方程的简单联立方程模型。

(3) 进行情景分析,假设 2005 年和 2006 年固定资产贷款(DL)各增加 100 亿元,总产出、消费和投资会如何变化?

12. 利用例 7.2 的克莱因联立方程系统Ⅱ建立的模型(model_2_gmm),模拟下面 2 个情景。

(1) 情景①:1983 年和 1984 年,政府支出 G 每年增加相同的数量,增加 10 亿美元,研究其他内生变量的变化 (一个 2 期的持续冲击的财政政策的模拟)。

(2) 情景②:考虑私人工资 W^p 和政府工资 W^g 的变化对其他变量的影响。1983 年和 1984 年 W^g 都增加 1 亿美元,W^p 都增加 10 亿美元,对其他内生变量的影响。

参考文献[1]

[1] 白仲林.面板数据计量经济学[M].北京：清华大学出版社，2019.

[2] BOX G E P，JENKINS G M，REINSEL G C.时间序列分析：预测与控制[M].顾岚，主译.范金城，校译.北京：中国统计出版社，1997.

[3] 格林.计量经济分析[M].张成思，译.6版.北京：中国人民大学出版社，2011.

[4] 格林.经济计量分析[M].王明舰，王永宏，等，译.北京：中国社会科学出版社，1998.

[5] 古扎拉蒂，波特.经济计量学精要[M].张涛，译.4版.北京：机械工业出版社，2010.

[6] 汉密尔顿.时间序列分析[M].夏晓华，译.北京：中国人民大学出版社，2015.

[7] 靳云汇，金赛男，等.高级计量经济学：上册 [M].北京：北京大学出版社，2007.

[8] 李子奈，潘文卿.计量经济学[M].4版.北京：高等教育出版社，2015.

[9] 李子奈，叶阿忠.高级应用计量经济学[M].北京：清华大学出版社，2012.

[10] 庞皓.计量经济学[M].3版.北京：科学出版社，2014.

[11] 平狄克，鲁宾费尔德.计量经济学模型与经济预测[M].钱小军，等，译.4版.北京：机械工业出版社，1999.

[12] 斯托克，沃森.计量经济学[M].沈根祥，孙燕，译.3版.上海：格致出版社，2012.

[13] 王少平，杨继生，欧阳志刚.计量经济学[M].北京：高等教育出版社，2011.

[14] 伍德里奇.计量经济学导论[M].费剑平，译.4版.北京：中国人民大学出版社，2010.

[15] 萧政.面板数据分析[M].李杰，译.2版.北京：中国人民大学出版社，2012.

[16] 张保法.经济计量学[M].4版.北京.经济科学出版社，2000.

[17] 张晓峒.计量经济学[M].北京：清华大学出版社，2017.

① 按作者名字的首字母排序。

附录 A　统计分布表

A1　标准正态分布表

使用标准正态分布 $Z \sim N(0,1)$ 时，常用记号 z_α 表示标准正态分布的上 α 分位数，即 z_α 为满足条件 $P(Z > z_\alpha) = \alpha$ 的点。在标准正态分布表中查 α，如：$z_\alpha = 1.96$，查表得 $\alpha = 0.025$。

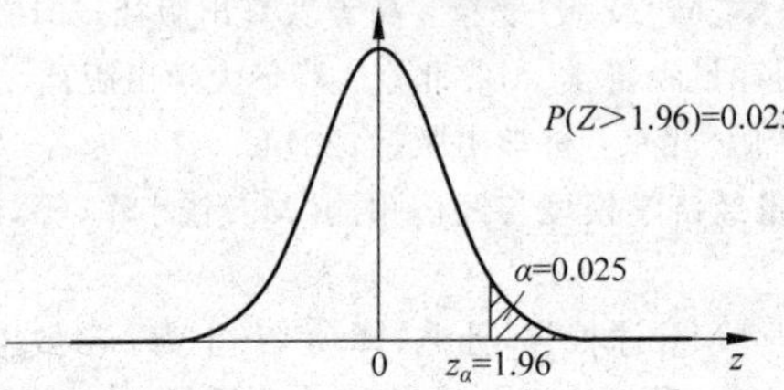

z_α	0.00	0.01	0.02	0.03	0.04	0.05	0.06	0.07	0.08	0.09
0.0	0.500 0	0.496 0	0.492 0	0.488 0	0.484 0	0.480 1	0.476 1	0.472 1	0.468 1	0.464 1
0.1	0.460 2	0.456 2	0.452 2	0.448 3	0.444 3	0.440 4	0.436 4	0.432 5	0.428 6	0.424 7
0.2	0.420 7	0.416 8	0.412 9	0.409 0	0.405 2	0.401 3	0.397 4	0.393 6	0.389 7	0.385 9
0.3	0.382 1	0.378 3	0.374 5	0.370 7	0.366 9	0.363 2	0.359 4	0.355 7	0.352 0	0.348 3
0.4	0.344 6	0.340 9	0.337 2	0.333 6	0.330 0	0.326 4	0.322 8	0.319 2	0.315 6	0.312 1
0.5	0.308 5	0.305 0	0.301 5	0.298 1	0.294 6	0.291 2	0.287 7	0.284 3	0.281 0	0.277 6
0.6	0.274 3	0.270 9	0.267 6	0.264 3	0.261 1	0.257 8	0.254 6	0.251 4	0.248 3	0.245 1
0.7	0.242 0	0.238 9	0.235 8	0.232 7	0.229 6	0.226 6	0.223 6	0.220 6	0.217 7	0.214 8
0.8	0.211 9	0.209 0	0.206 1	0.203 3	0.200 5	0.197 7	0.194 9	0.192 2	0.189 4	0.186 7
0.9	0.184 1	0.181 4	0.178 8	0.176 2	0.173 6	0.171 1	0.168 5	0.166 0	0.163 5	0.161 1
1.0	0.158 7	0.156 2	0.153 9	0.151 5	0.149 2	0.146 9	0.144 6	0.142 3	0.140 1	0.137 9
1.1	0.135 7	0.133 5	0.131 4	0.129 2	0.127 1	0.125 1	0.123 0	0.121 0	0.119 0	0.117 0
1.2	0.115 1	0.113 1	0.111 2	0.109 3	0.107 5	0.105 6	0.103 8	0.102 0	0.100 3	0.098 5
1.3	0.096 8	0.095 1	0.093 4	0.091 8	0.090 1	0.088 5	0.086 9	0.085 3	0.083 8	0.082 3
1.4	0.080 8	0.079 3	0.077 8	0.076 4	0.074 9	0.073 5	0.072 1	0.070 8	0.069 4	0.068 1
1.5	0.066 8	0.065 5	0.064 3	0.063 0	0.061 8	0.060 6	0.059 4	0.058 2	0.057 1	0.055 9
1.6	0.054 8	0.053 7	0.052 6	0.051 6	0.050 5	0.049 5	0.048 5	0.047 5	0.046 5	0.045 5
1.7	0.044 6	0.043 6	0.042 7	0.041 8	0.040 9	0.040 1	0.039 2	0.038 4	0.037 5	0.036 7
1.8	0.035 9	0.035 1	0.034 4	0.033 6	0.032 9	0.032 2	0.031 4	0.030 7	0.030 1	0.029 4
1.9	0.028 7	0.028 1	0.027 4	0.026 8	0.026 2	0.025 6	0.025 0	0.024 4	0.023 9	0.023 3
2.0	0.022 8	0.022 2	0.021 7	0.021 2	0.020 7	0.020 2	0.019 7	0.019 2	0.018 8	0.018 3
2.1	0.017 9	0.017 4	0.017 0	0.016 6	0.016 2	0.015 8	0.015 4	0.015 0	0.014 6	0.014 3
2.2	0.013 9	0.013 6	0.013 2	0.012 9	0.012 5	0.012 2	0.011 9	0.011 6	0.011 3	0.011 0
2.3	0.010 7	0.010 4	0.010 2	0.009 9	0.009 6	0.009 4	0.009 1	0.008 9	0.008 7	0.008 4
2.4	0.008 2	0.008 0	0.007 8	0.007 5	0.007 3	0.007 1	0.006 9	0.006 8	0.006 6	0.006 4
2.5	0.006 2	0.006 0	0.005 9	0.005 7	0.005 5	0.005 4	0.005 2	0.005 1	0.004 9	0.004 8
2.6	0.004 7	0.004 5	0.004 4	0.004 3	0.004 1	0.004 0	0.003 9	0.003 8	0.003 7	0.003 6
2.7	0.003 5	0.003 4	0.003 3	0.003 2	0.003 1	0.003 0	0.002 9	0.002 8	0.002 7	0.002 6
2.8	0.002 6	0.002 5	0.002 4	0.002 3	0.002 3	0.002 2	0.002 1	0.002 1	0.002 0	0.001 9
2.9	0.001 9	0.001 8	0.001 8	0.001 7	0.001 6	0.001 6	0.001 5	0.001 5	0.001 4	0.001 4
3.0	0.001 3	0.001 3	0.001 3	0.001 2	0.001 2	0.001 1	0.001 1	0.001 1	0.001 0	0.001 0

A2 χ^2 分布表

对于χ^2分布统计量，定义$P(\chi^2>\chi^2(k))=\alpha$，其中$k$表示自由度，$\alpha$表示概率，在$\chi^2$分布表中查$\chi^2(k)$。例如：$k=10$，$\alpha=0.10$，查表得$\chi^2(k)=15.987$。

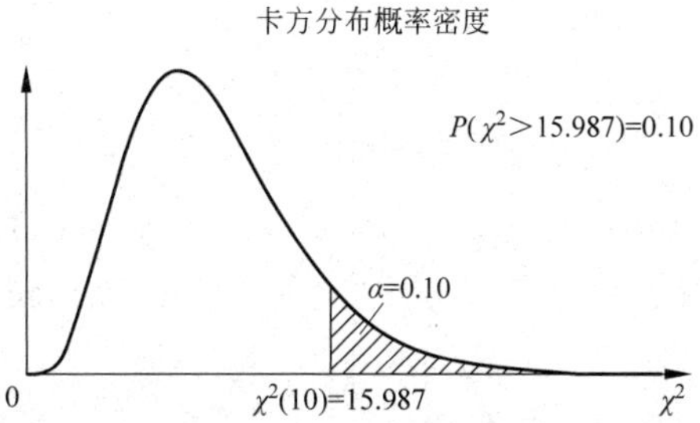

k \ α	0.995	0.99	0.975	0.95	0.90	0.75	0.25	0.10	0.05	0.025	0.01	0.005
1	0.000	0.000	0.001	0.004	0.016	0.102	1.323	2.706	3.841	5.024	6.635	7.879
2	0.010	0.020	0.051	0.103	0.211	0.575	2.773	4.605	5.991	7.378	9.210	10.597
3	0.072	0.115	0.216	0.352	0.584	1.213	4.108	6.251	7.815	9.348	11.345	12.838
4	0.207	0.297	0.484	0.711	1.064	1.923	5.385	7.779	9.488	11.143	13.277	14.860
5	0.412	0.554	0.831	1.145	1.610	2.675	6.626	9.236	11.070	12.833	15.086	16.750
6	0.676	0.872	1.237	1.635	2.204	3.455	7.841	10.645	12.592	14.449	16.812	18.548
7	0.989	1.239	1.690	2.167	2.833	4.255	9.037	12.017	14.067	16.013	18.475	20.278
8	1.344	1.646	2.180	2.733	3.490	5.071	10.219	13.362	15.507	17.535	20.090	21.955
9	1.735	2.088	2.700	3.325	4.168	5.899	11.389	14.684	16.919	19.023	21.666	23.589
10	2.156	2.558	3.247	3.940	4.865	6.737	12.549	15.987	18.307	20.483	23.209	25.188
11	2.603	3.053	3.816	4.575	5.578	7.584	13.701	17.275	19.675	21.920	24.725	26.757
12	3.074	3.571	4.404	5.226	6.304	8.438	14.845	18.549	21.026	23.337	26.217	28.300
13	3.565	4.107	5.009	5.892	7.042	9.299	15.984	19.812	22.362	24.736	27.688	29.819
14	4.075	4.660	5.629	6.571	7.790	10.165	17.117	21.064	23.685	26.119	29.141	31.319
15	4.601	5.229	6.262	7.261	8.547	11.037	18.245	22.307	24.996	27.488	30.578	32.801
16	5.142	5.812	6.908	7.962	9.312	11.912	19.369	23.542	26.296	28.845	32.000	34.267
17	5.697	6.408	7.564	8.672	10.085	12.792	20.489	24.769	27.587	30.191	33.409	35.718
18	6.265	7.015	8.231	9.390	10.865	13.675	21.605	25.989	28.869	31.526	34.805	37.156
19	6.844	7.633	8.907	10.117	11.651	14.562	22.718	27.204	30.144	32.852	36.191	38.582
20	7.434	8.260	9.591	10.851	12.443	15.452	23.828	28.412	31.410	34.170	37.566	39.997
21	8.034	8.897	10.283	11.591	13.240	16.344	24.935	29.615	32.671	35.479	38.932	41.401
22	8.643	9.542	10.982	12.338	14.041	17.240	26.039	30.813	33.924	36.781	40.289	42.796
23	9.260	10.196	11.689	13.091	14.848	18.137	27.141	32.007	35.172	38.076	41.638	44.181
24	9.886	10.856	12.401	13.848	15.659	19.037	28.241	33.196	36.415	39.364	42.980	45.559
25	10.520	11.524	13.120	14.611	16.473	19.939	29.339	34.382	37.652	40.646	44.314	46.928
26	11.160	12.198	13.844	15.379	17.292	20.843	30.435	35.563	38.885	41.923	45.642	48.290
27	11.808	12.879	14.573	16.151	18.114	21.749	31.528	36.741	40.113	43.195	46.963	49.645
28	12.461	13.565	15.308	16.928	18.939	22.657	32.620	37.916	41.337	44.461	48.278	50.993
29	13.121	14.256	16.047	17.708	19.768	23.567	33.711	39.087	42.557	45.722	49.588	52.336
30	13.787	14.953	16.791	18.493	20.599	24.478	34.800	40.256	43.773	46.979	50.892	53.672
31	14.458	15.655	17.539	19.281	21.434	25.390	35.887	41.422	44.985	48.232	52.191	55.003
32	15.134	16.362	18.291	20.072	22.271	26.304	36.973	42.585	46.194	49.480	53.486	56.328
33	15.815	17.074	19.047	20.867	23.110	27.219	38.058	43.745	47.400	50.725	54.776	57.648
34	16.501	17.789	19.806	21.664	23.952	28.136	39.141	44.903	48.602	51.966	56.061	58.964
35	17.192	18.509	20.569	22.465	24.797	29.054	40.223	46.059	49.802	53.203	57.342	60.275
36	17.887	19.233	21.336	23.269	25.643	29.973	41.304	47.212	50.998	54.437	58.619	61.581
37	18.586	19.960	22.106	24.075	26.492	30.893	42.383	48.363	52.192	55.668	59.893	62.883
38	19.289	20.691	22.878	24.884	27.343	31.815	43.462	49.513	53.384	56.896	61.162	64.181
39	19.996	21.426	23.654	25.695	28.196	32.737	44.539	50.660	54.572	58.120	62.428	65.476
40	20.707	22.164	24.433	26.509	29.051	33.660	45.616	51.805	55.758	59.342	63.691	66.766
41	21.421	22.906	25.215	27.326	29.907	34.585	46.692	52.949	56.942	60.561	64.950	68.053
42	22.138	23.650	25.999	28.144	30.765	35.510	47.766	54.090	58.124	61.777	66.206	69.336
43	22.859	24.398	26.785	28.965	31.625	36.436	48.840	55.230	59.304	62.990	67.459	70.616
44	23.584	25.148	27.575	29.787	32.487	37.363	49.913	56.369	60.481	64.201	68.710	71.893
45	24.311	25.901	28.366	30.612	33.350	38.291	50.985	57.505	61.656	65.410	69.957	73.166

A3 t 分布表

对于 t 分布统计量,定义 $P(t>t(k))=\alpha$,其中 k 表示自由度,α 表示概率,在 t 分布表中查 $t(k)$。例如:$k=10,\alpha=0.05$,查表得 $t(k)=1.812$。

对于双边检验,$P[|t|>t_{\alpha/2}(k)]=\alpha$。例如:$k=26,\alpha=0.05$,查表得 $t_{0.025}(26)=2.056$。

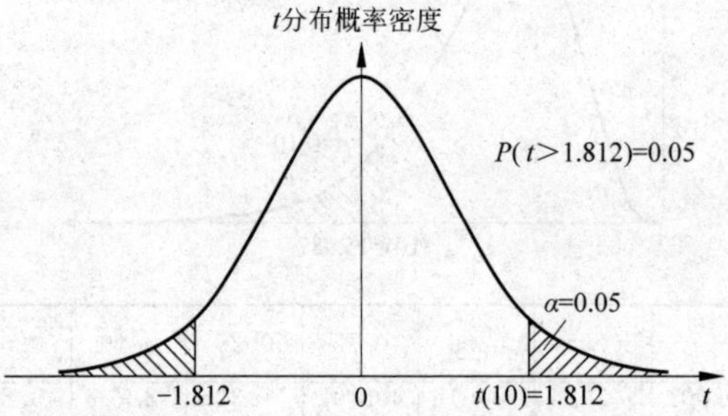

k \ α	0.25	0.10	0.05	0.025	0.01	0.005	0.001
	0.50	0.20	0.10	0.05	0.02	0.010	0.002
1	1.000	3.078	6.314	12.706	31.821	63.657	318.31
2	0.816	1.886	2.920	4.303	6.965	9.925	22.327
3	0.765	1.638	2.353	3.182	4.541	5.841	10.214
4	0.741	1.533	2.132	2.776	3.747	4.604	7.173
5	0.727	1.476	2.015	2.571	3.365	4.032	5.893
6	0.718	1.440	1.943	2.447	3.143	3.707	5.208
7	0.711	1.415	1.895	2.365	2.998	3.499	4.785
8	0.706	1.397	1.860	2.306	2.896	3.355	4.501
9	0.703	1.383	1.833	2.262	2.821	3.250	4.297
10	0.700	1.372	1.812	2.228	2.764	3.169	4.144
11	0.697	1.363	1.796	2.201	2.718	3.106	4.025
12	0.695	1.356	1.782	2.179	2.681	3.055	3.930
13	0.694	1.350	1.771	2.160	2.650	3.012	3.852
14	0.692	1.345	1.761	2.145	2.624	2.977	3.787
15	0.691	1.341	1.753	2.131	2.602	2.947	3.733
16	0.690	1.337	1.746	2.120	2.583	2.921	3.686
17	0.689	1.333	1.740	2.110	2.567	2.898	3.646
18	0.688	1.330	1.734	2.101	2.552	2.878	3.610
19	0.688	1.328	1.729	2.093	2.539	2.861	3.579
20	0.687	1.325	1.725	2.086	2.528	2.845	3.552
21	0.686	1.323	1.721	2.080	2.518	2.831	3.527
22	0.686	1.321	1.717	2.074	2.508	2.819	3.505
23	0.685	1.319	1.714	2.069	2.500	2.807	3.485
24	0.685	1.318	1.711	2.064	2.492	2.797	3.467
25	0.684	1.316	1.708	2.060	2.485	2.787	3.450
26	0.684	1.315	1.706	2.056	2.479	2.779	3.435
27	0.684	1.314	1.703	2.052	2.473	2.771	3.421
28	0.683	1.313	1.701	2.048	2.467	2.763	3.408
29	0.683	1.311	1.699	2.045	2.462	2.756	3.396
30	0.683	1.310	1.697	2.042	2.457	2.750	3.385
40	0.681	1.303	1.684	2.021	2.423	2.704	3.307
60	0.679	1.296	1.671	2.000	2.390	2.660	3.232
120	0.677	1.289	1.658	1.980	2.358	2.617	3.160
∞	0.674	1.282	1.645	1.960	2.326	2.576	3.090

注:表头第一行较小概率指单侧面积,第二行较大概率指双侧面积。

A4 F 分布表

对于 F 分布统计量，定义 $P[F>F(k_1,k_2)]=\alpha$，其中 k_1 表示分子自由度，k_2 表示分母自由度，α 表示概率，在 F 分布表中查 $F(k_1,k_2)$。例如：$k_1=5$，$k_2=10$，$\alpha=0.05$，查表得 $F(5,10)=3.33$。

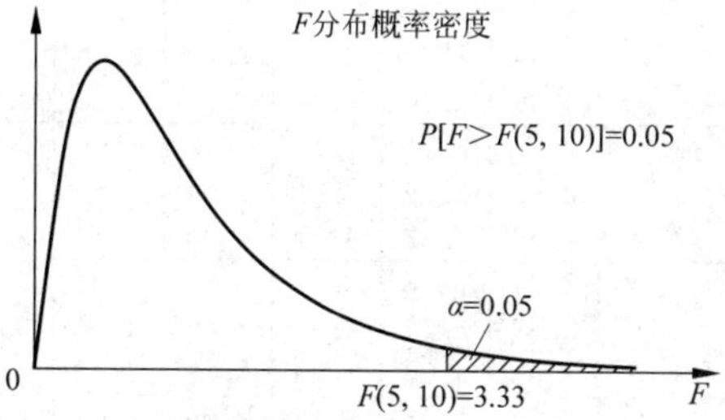

k_2 \ k_1	α	1	2	3	4	5	6	7	8	9	10	20	50	100	300
1	0.10	39.86	49.50	53.59	55.83	57.24	58.20	58.91	59.44	59.86	60.19	61.74	62.69	63.01	63.22
	0.05	161.5	199.5	215.7	224.6	230.2	234.0	236.8	238.9	240.5	241.9	248.0	251.8	253.0	253.9
	0.01	4 052	5 000	5 403	5 625	5 764	5 859	5 928	5 981	6 023	6 056	6 209	6 303	6 334	6 355
2	0.10	8.53	9.00	9.16	9.24	9.29	9.33	9.35	9.37	9.38	9.39	9.44	9.47	9.48	9.49
	0.05	18.51	19.00	19.16	19.25	19.30	19.33	19.35	19.37	19.38	19.40	19.45	19.48	19.49	19.49
	0.01	98.50	99.00	99.17	99.25	99.30	99.33	99.36	99.37	99.39	99.40	99.45	99.48	99.49	99.50
3	0.10	5.54	5.46	5.39	5.34	5.31	5.28	5.27	5.25	5.24	5.23	5.18	5.15	5.14	5.14
	0.05	10.13	9.55	9.28	9.12	9.01	8.94	8.89	8.85	8.81	8.79	8.66	8.58	8.55	8.54
	0.01	34.12	30.82	29.46	28.71	28.24	27.91	27.67	27.49	27.35	27.23	26.69	26.35	26.24	26.16
4	0.10	4.54	4.32	4.19	4.11	4.05	4.01	3.98	3.95	3.94	3.92	3.84	3.80	3.78	3.77
	0.05	7.71	6.94	6.59	6.39	6.26	6.16	6.09	6.04	6.00	5.96	5.80	5.70	5.66	5.64
	0.01	21.20	18.00	16.69	15.98	15.52	15.21	14.98	14.80	14.66	14.55	14.02	13.69	13.58	13.50
5	0.10	4.06	3.78	3.62	3.52	3.45	3.40	3.37	3.34	3.32	3.30	3.21	3.15	3.13	3.11
	0.05	6.61	5.79	5.41	5.19	5.05	4.95	4.88	4.82	4.77	4.74	4.56	4.44	4.41	4.38
	0.01	16.26	13.27	12.06	11.39	10.97	10.67	10.46	10.29	10.16	10.05	9.55	9.24	9.13	9.06
6	0.10	3.78	3.46	3.29	3.18	3.11	3.05	3.01	2.98	2.96	2.94	2.84	2.77	2.75	2.73
	0.05	5.99	5.14	4.76	4.53	4.39	4.28	4.21	4.15	4.10	4.06	3.87	3.75	3.71	3.68
	0.01	13.75	10.92	9.78	9.15	8.75	8.47	8.26	8.10	7.98	7.87	7.40	7.09	6.99	6.92
7	0.10	3.59	3.26	3.07	2.96	2.88	2.83	2.78	2.75	2.72	2.70	2.59	2.52	2.50	2.48
	0.05	5.59	4.74	4.35	4.12	3.97	3.87	3.79	3.73	3.68	3.64	3.44	3.32	3.27	3.24
	0.01	12.25	9.55	8.45	7.85	7.46	7.19	6.99	6.84	6.72	6.62	6.16	5.86	5.75	5.68
8	0.10	3.46	3.11	2.92	2.81	2.73	2.67	2.62	2.59	2.56	2.54	2.42	2.35	2.32	2.30
	0.05	5.32	4.46	4.07	3.84	3.69	3.58	3.50	3.44	3.39	3.35	3.15	3.02	2.97	2.94
	0.01	11.26	8.65	7.59	7.01	6.63	6.37	6.18	6.03	5.91	5.81	5.36	5.07	4.96	4.89
9	0.10	3.36	3.01	2.81	2.69	2.61	2.55	2.51	2.47	2.44	2.42	2.30	2.22	2.19	2.17
	0.05	5.12	4.26	3.86	3.63	3.48	3.37	3.29	3.23	3.18	3.14	2.94	2.80	2.76	2.72
	0.01	10.56	8.02	6.99	6.42	6.06	5.80	5.61	5.47	5.35	5.26	4.81	4.52	4.41	4.35
10	0.10	3.29	2.92	2.73	2.61	2.52	2.46	2.41	2.38	2.35	2.32	2.20	2.12	2.09	2.07
	0.05	4.96	4.10	3.71	3.48	3.33	3.22	3.14	3.07	3.02	2.98	2.77	2.64	2.59	2.55
	0.01	10.04	7.56	6.55	5.99	5.64	5.39	5.20	5.06	4.94	4.85	4.41	4.12	4.01	3.94
11	0.10	3.23	2.86	2.66	2.54	2.45	2.39	2.34	2.30	2.27	2.25	2.12	2.04	2.01	1.98
	0.05	4.84	3.98	3.59	3.36	3.20	3.09	3.01	2.95	2.90	2.85	2.65	2.51	2.46	2.42
	0.01	9.65	7.21	6.22	5.67	5.32	5.07	4.89	4.74	4.63	4.54	4.10	3.81	3.71	3.64

续表

k_2 \ k_1	α	1	2	3	4	5	6	7	8	9	10	20	50	100	300
	0.10	3.18	2.81	2.61	2.48	2.39	2.33	2.28	2.24	2.21	2.19	2.06	1.97	1.94	1.92
12	0.05	4.75	3.89	3.49	3.26	3.11	3.00	2.91	2.85	2.80	2.75	2.54	2.40	2.35	2.31
	0.01	9.33	6.93	5.95	5.41	5.06	4.82	4.64	4.50	4.39	4.30	3.86	3.57	3.47	3.40
	0.10	3.14	2.76	2.56	2.43	2.35	2.28	2.23	2.20	2.16	2.14	2.01	1.92	1.88	1.86
13	0.05	4.67	3.81	3.41	3.18	3.03	2.92	2.83	2.77	2.71	2.67	2.46	2.31	2.26	2.23
	0.01	9.07	6.70	5.74	5.21	4.86	4.62	4.44	4.30	4.19	4.10	3.66	3.38	3.27	3.20
	0.10	3.10	2.73	2.52	2.39	2.31	2.24	2.19	2.15	2.12	2.10	1.96	1.87	1.83	1.81
14	0.05	4.60	3.74	3.34	3.11	2.96	2.85	2.76	2.70	2.65	2.60	2.39	2.24	2.19	2.15
	0.01	8.86	6.51	5.56	5.04	4.69	4.46	4.28	4.14	4.03	3.94	3.51	3.22	3.11	3.04
	0.10	3.07	2.70	2.49	2.36	2.27	2.21	2.16	2.12	2.09	2.06	1.92	1.83	1.79	1.77
15	0.05	4.54	3.68	3.29	3.06	2.90	2.79	2.71	2.64	2.59	2.54	2.33	2.18	2.12	2.09
	0.01	8.68	6.36	5.42	4.89	4.56	4.32	4.14	4.00	3.89	3.80	3.37	3.08	2.98	2.91
	0.10	3.05	2.67	2.46	2.33	2.24	2.18	2.13	2.09	2.06	2.03	1.89	1.79	1.76	1.73
16	0.05	4.49	3.63	3.24	3.01	2.85	2.74	2.66	2.59	2.54	2.49	2.28	2.12	2.07	2.03
	0.01	8.53	6.23	5.29	4.77	4.44	4.20	4.03	3.89	3.78	3.69	3.26	2.97	2.86	2.79
	0.10	3.03	2.64	2.44	2.31	2.22	2.15	2.10	2.06	2.03	2.00	1.86	1.76	1.73	1.70
17	0.05	4.45	3.59	3.20	2.96	2.81	2.70	2.61	2.55	2.49	2.45	2.23	2.08	2.02	1.98
	0.01	8.40	6.11	5.18	4.67	4.34	4.10	3.93	3.79	3.68	3.59	3.16	2.87	2.76	2.69
	0.10	3.01	2.62	2.42	2.29	2.20	2.13	2.08	2.04	2.00	1.98	1.84	1.74	1.70	1.67
18	0.05	4.41	3.55	3.16	2.93	2.77	2.66	2.58	2.51	2.46	2.41	2.19	2.04	1.98	1.94
	0.01	8.29	6.01	5.09	4.58	4.25	4.01	3.84	3.71	3.60	3.51	3.08	2.78	2.68	2.60
	0.10	2.99	2.61	2.40	2.27	2.18	2.11	2.06	2.02	1.98	1.96	1.81	1.71	1.67	1.65
19	0.05	4.38	3.52	3.13	2.90	2.74	2.63	2.54	2.48	2.42	2.38	2.16	2.00	1.94	1.90
	0.01	8.18	5.93	5.01	4.50	4.17	3.94	3.77	3.63	3.52	3.43	3.00	2.71	2.60	2.53
	0.10	2.97	2.59	2.38	2.25	2.16	2.09	2.04	2.00	1.96	1.94	1.79	1.69	1.65	1.62
20	0.05	4.35	3.49	3.10	2.87	2.71	2.60	2.51	2.45	2.39	2.35	2.12	1.97	1.91	1.86
	0.01	8.10	5.85	4.94	4.43	4.10	3.87	3.70	3.56	3.46	3.37	2.94	2.64	2.54	2.46
	0.10	2.96	2.57	2.36	2.23	2.14	2.08	2.02	1.98	1.95	1.92	1.78	1.67	1.63	1.60
21	0.05	4.32	3.47	3.07	2.84	2.68	2.57	2.49	2.42	2.37	2.32	2.10	1.94	1.88	1.83
	0.01	8.02	5.78	4.87	4.37	4.04	3.81	3.64	3.51	3.40	3.31	2.88	2.58	2.48	2.40
	0.10	2.95	2.56	2.35	2.22	2.13	2.06	2.01	1.97	1.93	1.90	1.76	1.65	1.61	1.58
22	0.05	4.30	3.44	3.05	2.82	2.66	2.55	2.46	2.40	2.34	2.30	2.07	1.91	1.85	1.81
	0.01	7.95	5.72	4.82	4.31	3.99	3.76	3.59	3.45	3.35	3.26	2.83	2.53	2.42	2.35
	0.10	2.94	2.55	2.34	2.21	2.11	2.05	1.99	1.95	1.92	1.89	1.74	1.64	1.59	1.56
23	0.05	4.28	3.42	3.03	2.80	2.64	2.53	2.44	2.37	2.32	2.27	2.05	1.88	1.82	1.78
	0.01	7.88	5.66	4.76	4.26	3.94	3.71	3.54	3.41	3.30	3.21	2.78	2.48	2.37	2.30
	0.10	2.93	2.54	2.33	2.19	2.10	2.04	1.98	1.94	1.91	1.88	1.73	1.62	1.58	1.55
24	0.05	4.26	3.40	3.01	2.78	2.62	2.51	2.42	2.36	2.30	2.25	2.03	1.86	1.80	1.76
	0.01	7.82	5.61	4.72	4.22	3.90	3.67	3.50	3.36	3.26	3.17	2.74	2.44	2.33	2.25
	0.10	2.92	2.53	2.32	2.18	2.09	2.02	1.97	1.93	1.89	1.87	1.72	1.61	1.56	1.53
25	0.05	4.24	3.39	2.99	2.76	2.60	2.49	2.40	2.34	2.28	2.24	2.01	1.84	1.78	1.73
	0.01	7.77	5.57	4.68	4.18	3.85	3.63	3.46	3.32	3.22	3.13	2.70	2.40	2.29	2.21
	0.10	2.91	2.52	2.31	2.17	2.08	2.01	1.96	1.92	1.88	1.86	1.71	1.59	1.55	1.52
26	0.05	4.23	3.37	2.98	2.74	2.59	2.47	2.39	2.32	2.27	2.22	1.99	1.82	1.76	1.71
	0.01	7.72	5.53	4.64	4.14	3.82	3.59	3.42	3.29	3.18	3.09	2.66	2.36	2.25	2.17
	0.10	2.90	2.51	2.30	2.17	2.07	2.00	1.95	1.91	1.87	1.85	1.70	1.58	1.54	1.51
27	0.05	4.21	3.35	2.96	2.73	2.57	2.46	2.37	2.31	2.25	2.20	1.97	1.81	1.74	1.70
	0.01	7.68	5.49	4.60	4.11	3.78	3.56	3.39	3.26	3.15	3.06	2.63	2.33	2.22	2.14
	0.10	2.89	2.50	2.29	2.16	2.06	2.00	1.94	1.90	1.87	1.84	1.69	1.57	1.53	1.50
28	0.05	4.20	3.34	2.95	2.71	2.56	2.45	2.36	2.29	2.24	2.19	1.96	1.79	1.73	1.68
	0.01	7.64	5.45	4.57	4.07	3.75	3.53	3.36	3.23	3.12	3.03	2.60	2.30	2.19	2.11

续表

k_2	k_1 / α	1	2	3	4	5	6	7	8	9	10	20	50	100	300
	0.10	2.89	2.50	2.28	2.15	2.06	1.99	1.93	1.89	1.86	1.83	1.68	1.56	1.52	1.48
29	0.05	4.18	3.33	2.93	2.70	2.55	2.43	2.35	2.28	2.22	2.18	1.94	1.77	1.71	1.66
	0.01	7.60	5.42	4.54	4.04	3.73	3.50	3.33	3.20	3.09	3.00	2.57	2.27	2.16	2.08
	0.10	2.88	2.49	2.28	2.14	2.05	1.98	1.93	1.88	1.85	1.82	1.67	1.55	1.51	1.47
30	0.05	4.17	3.32	2.92	2.69	2.53	2.42	2.33	2.27	2.21	2.16	1.93	1.76	1.70	1.65
	0.01	7.56	5.39	4.51	4.02	3.70	3.47	3.30	3.17	3.07	2.98	2.55	2.25	2.13	2.05
	0.10	2.84	2.44	2.23	2.09	2.00	1.93	1.87	1.83	1.79	1.76	1.61	1.48	1.43	1.40
40	0.05	4.08	3.23	2.84	2.61	2.45	2.34	2.25	2.18	2.12	2.08	1.84	1.66	1.59	1.54
	0.01	7.31	5.18	4.31	3.83	3.51	3.29	3.12	2.99	2.89	2.80	2.37	2.06	1.94	1.85
	0.10	2.81	2.41	2.20	2.06	1.97	1.90	1.84	1.80	1.76	1.73	1.57	1.44	1.39	1.35
50	0.05	4.03	3.18	2.79	2.56	2.40	2.29	2.20	2.13	2.07	2.03	1.78	1.60	1.52	1.47
	0.01	7.17	5.06	4.20	3.72	3.41	3.19	3.02	2.89	2.78	2.70	2.27	1.95	1.82	1.73
	0.10	2.79	2.39	2.18	2.04	1.95	1.87	1.82	1.77	1.74	1.71	1.54	1.41	1.36	1.32
60	0.05	4.00	3.15	2.76	2.53	2.37	2.25	2.17	2.10	2.04	1.99	1.75	1.56	1.48	1.42
	0.01	7.08	4.98	4.13	3.65	3.34	3.12	2.95	2.82	2.72	2.63	2.20	1.88	1.75	1.65
	0.10	2.78	2.38	2.16	2.03	1.93	1.86	1.80	1.76	1.72	1.69	1.53	1.39	1.34	1.29
70	0.05	3.98	3.13	2.74	2.50	2.35	2.23	2.14	2.07	2.02	1.97	1.72	1.53	1.45	1.39
	0.01	7.01	4.92	4.07	3.60	3.29	3.07	2.91	2.78	2.67	2.59	2.15	1.83	1.70	1.60
	0.10	2.77	2.37	2.15	2.02	1.92	1.85	1.79	1.75	1.71	1.68	1.51	1.38	1.32	1.27
80	0.05	3.96	3.11	2.72	2.49	2.33	2.21	2.13	2.06	2.00	1.95	1.70	1.51	1.43	1.36
	0.01	6.96	4.88	4.04	3.56	3.26	3.04	2.87	2.74	2.64	2.55	2.12	1.79	1.65	1.55
	0.10	2.76	2.36	2.15	2.01	1.91	1.84	1.78	1.74	1.70	1.67	1.50	1.36	1.30	1.26
90	0.05	3.95	3.10	2.71	2.47	2.32	2.20	2.11	2.04	1.99	1.94	1.69	1.49	1.41	1.34
	0.01	6.93	4.85	4.01	3.53	3.23	3.01	2.84	2.72	2.61	2.52	2.09	1.76	1.62	1.52
	0.10	2.76	2.36	2.14	2.00	1.91	1.83	1.78	1.73	1.69	1.66	1.49	1.35	1.29	1.24
100	0.05	3.94	3.09	2.70	2.46	2.31	2.19	2.10	2.03	1.97	1.93	1.68	1.48	1.39	1.32
	0.01	6.90	4.82	3.98	3.51	3.21	2.99	2.82	2.69	2.59	2.50	2.07	1.74	1.60	1.49
	0.10	2.75	2.35	2.13	1.99	1.89	1.82	1.77	1.72	1.68	1.65	1.48	1.34	1.27	1.22
125	0.05	3.92	3.07	2.68	2.44	2.29	2.17	2.08	2.01	1.96	1.91	1.66	1.45	1.36	1.29
	0.01	6.84	4.78	3.94	3.47	3.17	2.95	2.79	2.66	2.55	2.47	2.03	1.69	1.55	1.44
	0.10	2.74	2.34	2.12	1.98	1.89	1.81	1.76	1.71	1.67	1.64	1.47	1.33	1.26	1.20
150	0.05	3.90	3.06	2.66	2.43	2.27	2.16	2.07	2.00	1.94	1.89	1.64	1.44	1.34	1.27
	0.01	6.81	4.75	3.91	3.45	3.14	2.92	2.76	2.63	2.53	2.44	2.00	1.66	1.52	1.40
	0.10	2.73	2.33	2.11	1.97	1.88	1.80	1.75	1.70	1.66	1.63	1.46	1.31	1.24	1.18
200	0.05	3.89	3.04	2.65	2.42	2.26	2.14	2.06	1.98	1.93	1.88	1.62	1.41	1.32	1.24
	0.01	6.76	4.71	3.88	3.41	3.11	2.89	2.73	2.60	2.50	2.41	1.97	1.63	1.48	1.36
	0.10	2.72	2.32	2.10	1.96	1.87	1.79	1.74	1.69	1.65	1.62	1.45	1.29	1.22	1.16
300	0.05	3.87	3.03	2.63	2.40	2.24	2.13	2.04	1.97	1.91	1.86	1.61	1.39	1.30	1.21
	0.01	6.72	4.68	3.85	3.38	3.08	2.86	2.70	2.57	2.47	2.38	1.94	1.59	1.44	1.31
	0.10	2.72	2.31	2.09	1.96	1.86	1.79	1.73	1.68	1.64	1.61	1.44	1.28	1.21	1.14
500	0.05	3.86	3.01	2.62	2.39	2.23	2.12	2.03	1.96	1.90	1.85	1.59	1.38	1.28	1.18
	0.01	6.69	4.65	3.82	3.36	3.05	2.84	2.68	2.55	2.44	2.36	1.92	1.57	1.41	1.27

附录B　EViews软件的常用函数[①]

B1　公式中的运算符号及其含义

首先介绍一些常用的函数关系运算，可以针对标量、矩阵或序列。如果是矩阵或序列，则针对每一个元素或观测值进行操作。

表　B1

函数形式	功　能
@abs(x)或 abs(x)	对 x 取绝对值变换，$\|x\|$
@ceiling(x)	变换 x 为不小于 x 的最小整数
@exp(x)或 exp(x)	对 x 取指数变换，e^x
@fact(x)	阶乘，$x!$，只对正整数进行
@factlog(x)	阶乘的自然对数，$\log_e(x!)$，即 $\ln(x!)$
@floor(x)	变换 x 为不大于 x 的最大整数
@inv(x)	对 x 取倒数，即 $1/x$
@log(x)或 log(x)	对 x 取自然对数，$\log_e(x)$，即 $\ln(x)$
@log10(x)	对 x 取以 10 为底的对数，$\log_{10}(x)$
@logx(x,b)	对 x 取以 b 为底的对数，$\log_b(x)$
@logit(x)	对 x 进行 logistic 变换
@nan(x,y)	如果 x 不等于 NA，取值为 x；否则取值为 y
@recode(s,x,y)	如果 s 为真，取值为 x；否则取值为 y
@round(x)	最邻近的正数；如果 x 恰好为整数，那么@round(x)=@ceiling(x)
@sqrt(x)或 sqr(x)	对 x 取平方根变换，$\sqrt{x}$

① EViews 10，IHS Global Inc.，2017，Quick Help Reference/Function Reference.

B2 时间序列函数及其含义

下列函数是对时间序列常用的一些函数,可以直接进行运算。

表 B2

函数形式	功能
d(**x**)	**x** 的一阶差分,即 **x**−**x**(−1)
d(**x**,n)	**x** 的第 n 次一阶差分,即$(1-L)^n$**x**,其中 L 是滞后算子
d(**x**,n,s)	**x** 的 n 次一阶差分和一次 s 阶差分,即$(1-L)^n(1-L^s)$**x**
dlog(**x**)	对 **x** 取自然对数后,作一阶差分,即 ln(**x**)−ln[**x**(−1)]
dlog(**x**,n)	对 **x** 取自然对数后,作 n 阶差分,即$(1-L)^n$ln(**x**)
dlog(**x**,n,s)	对 **x** 取自然对数后,作 n 阶差分和一次 s 阶差分(季节差分),季度数据,$s=4$;月度数据,$s=12$,$(1-L)^n(1-L^s)$ln(**x**)
@movav(**x**,n)	**x** 的 n 期移动平均,其中 n 为整数,即如果 $n=3$,则有$[x+x(-1)+x(-2)]/3$
@movsum(**x**,n)	**x** 的 n 期移动总和值,其中 n 为整数,即如果 $n=3$,则有 $x+x(-1)+x(-2)$
@pch(**x**)	生成相对变化或增长率序列,即$[x-x(-1)]/x(-1)$
@pc(**x**)	等于@pch(**x**)×100
@pcha(**x**)	按每期增长率计算的年度增长率,即@pcha(x)=$[1+$@pch$(x)]^s-1$,季度数据,$s=4$;月度数据,$s=12$
@pchy(**x**)	同期增长率,即@pchy(x)=$[x-x(-s)]/x(-s)$,季度数据,$s=4$;月度数据,$s=12$
@pcy(**x**)	等于@pchy(**x**) * 100
@seas(**x**)	季节虚拟变量
@trend	时间趋势变量

B3 序列描述性统计量的@函数及其含义

下列命令是对序列基本统计量的描述命令。

表 B3

函数形式	功能
@cor(**x**,**y**)	序列 **x** 和序列 **y** 的相关系数
@cov(**x**,**y**)	序列 **x** 和序列 **y** 的协方差
@inner(**x**,**y**)	序列 **x** 和序列 **y** 的内积
@max(**x**)	序列 **x** 的最大值
@mean(**x**)	序列 **x** 的均值
@median(**x**)	序列 **x** 的中位数
@min(**x**)	序列 **x** 的最小值
nrnd	生成均值为0、方差为1的标准正态分布随机数

续表

函数形式	功能
@obs(**x**)	序列 **x** 中有效观测值的个数
rnd	生成 0～1 均匀分布的随机数
@stdev(**x**)	序列 **x** 的标准差
@sum(**x**)	序列 **x** 的和
@sumsq(**x**)	序列 **x** 的平方和
@var(**x**)	序列 **x** 的方差

B4 三角函数

表 B4

函数形式	功能
@acos(**x**)	对 **x** 进行反余弦变换
@asin(**x**)	对 **x** 进行反正弦变换
@atan(**x**)	对 **x** 进行反正切变换
@cos(**x**)	对 **x** 进行余弦变换
@sin(**x**)	对 **x** 进行正弦变换
@tan(**x**)	对 **x** 进行正切变换

B5 统计函数

EViews 包括很多功能强大的统计函数,下面仅列出一些常用的函数。

表 B5

函数形式	功能
@dnorm(x)	正态密度函数
@cnorm(x)	累积正态分布函数(CDF)
@tdist(x,v)	自由度为 v 时,t 统计量的 p 值
@fdist(x,$v1$,$v2$)	分子、分母自由度分别为 $v1$,$v2$ 时,F 统计量的 p 值
@chisq(x,v)	自由度为 v 时,χ^2 统计量的 p 值
@logit(x)	对 x 进行 logistic 变换

B6　回归统计量的@函数及其含义

对于相应的回归方程，可以很方便地利用下面的函数得到相应的统计量。

表　B6

函数形式	功　　能
@aic	AIC 信息准则
@coefs(*i*)	系数向量第 *i* 个元素的值
@coefs(*i*)	系数 *i*
@coefcov(*i*,*j*)	系数协方差矩阵第 *i*,*j* 个元素的值
@dw	DW 统计量
@f	*F* 统计量
@hq	Hannan-Quinn 信息准则
@Jstat(对 GMM)	*J* 统计量——GMM 目标函数值
@logl	对数似然函数值
@meandep	被解释变量的均值
@ncoef	被估参数个数
@r2	R^2 统计量
@rbar2	调整的 R^2 统计量
@regobs	回归中用到的观测值个数，即样本容量
@schwarz	SC 信息准则
@sddep	被解释变量的标准差
@se	回归系数的标准误差
@ssr	残差平方和
@stderrs(*i*)	系数 *i* 的标准差
@tstats(*i*)	第 *i* 个系数的 *t* 统计量

附录C EViews软件的数据处理[①]

输入、读取、编辑、操作和生成数据的过程是大多数数据分析的基础。因此，用户在EViews中的大部分时间可能将用于处理数据。为使这些任务尽可能简单直接，EViews提供了一套实用的数据操作工具。

C1 工作文件和数据集合类型

EViews的核心是对象，对象都放置在对象集合中，其中工作文件（workfile）是最重要的对象集合。

C1.1 工作文件的基本概念

使用EViews工作的第一步是新建一个工作文件或调用一个已有的工作文件。

每个工作文件包括一个或多个工作文件页。一个工作文件页可以被认为是子工作文件或子目录，这些子工作文件或子目录允许在工作文件内组织数据。

工作文件和工作文件页可以容纳一系列EViews对象，如方程、序列、数组、图表和矩阵等，主要目的是容纳数据集合的内容。数据集合的主要概念是在数据集合中每个观测值均有唯一的标识符（或简称ID）。标识符通常包含观测值的重要信息，如日期、名字，也可能是识别代码。

工作文件有两个基本特点：一是打开后即被调入内存中，以便快速地获得其中的对象；二是工作文件都有频率和范围。

C1.2 创建工作文件

为了描述工作文件的结构，需要提供给EViews关于观测值和与其相联系的标识符的外部信息。从主菜单选择File/New Workfile，打开Workfile Create对话框，如图C1.1所示。

对话框的左边是下拉列表，它用来描述数据集合的基本结构。可以在Dated-regular frequency、Unstructured和Balanced Panel中选择。一般来说，若是一个简单的时间序列数据集合，可以选择Dated-regular frequency，对于一个简单的面板数据库，可以使用

---

① EViews 10，IHS Global Inc.，2017. User's Guide Ⅰ，Chapter 3，pp. 41-100；Chapter 4，pp. 101-122；Chapter 5，pp. 123-178.

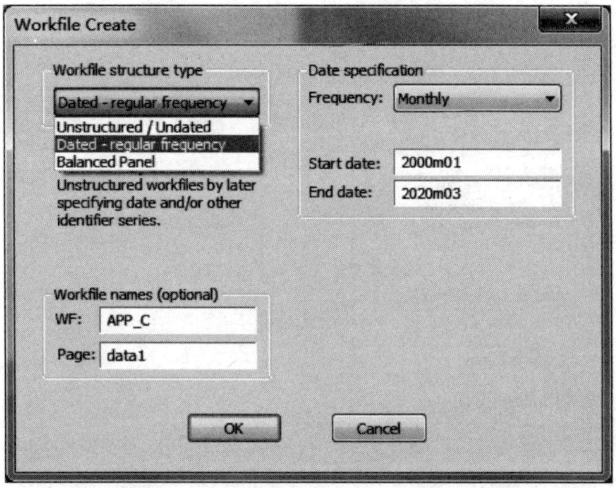

图 C1.1　创建时间序列工作文件对话框

Balanced Panel，而在其他情况下，可以选择 Unstructured。每个基本结构所需要的选项将在后面分别介绍。

1. 具有固定频率的时间序列工作文件(Dated-regular frequency)

当选择 Dated-regular frequency 时，EViews 将允许选择数据的频率。固定频率数据被特定的频率定义而具有固定的间隔(如月度数据)。可以在下面两者之间进行选择，一个是标准的 EViews 所支持的数据频率：Annual(年度)、Semi-annual(半年度)、Quarterly(季度)、Monthly(月度)、Weekly(周)、Daily-5 day week(日，每周5天)、Daily-7 day week(日，每周7天)。EViews 使用所有可用的日历信息组织和管理数据。

可在 Start date 文本框中输入起始日期，End date 文本框中输入终止日期，年度与后面的数字用“:”分隔。日期的表示法为

年度：用4位数字表示；

季度：年后加 Q1～Q4；

月度：年后加 M1～M12；

周：月/日/年；

日：月/日/年。

最后，可以输入工作文件名 AAP_C，同时给工作文件页命名为 data1。

2. 非结构工作文件(Unstructured)

非结构数据仅是没有指定日期的数据序列，它使用默认的整数标识符。

若在下拉列表中选择这一类型时，对话框将发生变化(如图 C1.2)，会提供一个空白区域用来输入观测值的个数，然后单击 OK 按钮。在图 C1.2 所描述的例子中，EViews 将会创建一个拥有50个观测值的工作文件，其中包括从1到50的整数标识符，工作文件页命名为 data2。

3. 平衡面板工作文件(Balanced Panel)

Balanced Panel 提供了描述固定频率面板数据结构的简单方法。创建平衡面板结构

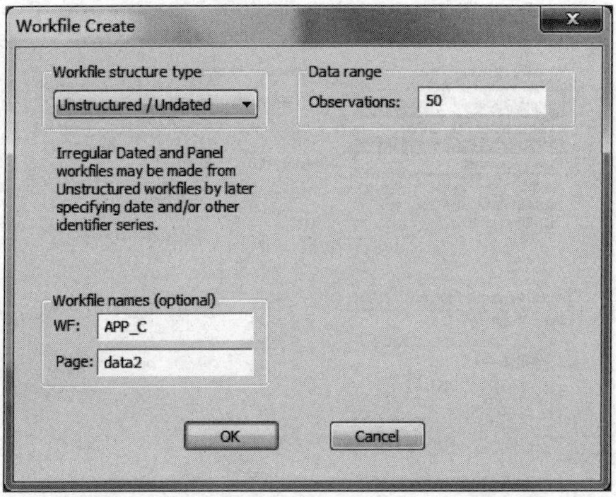

图 C1.2 创建非结构工作文件对话框

时,要输入每个截面成员。这些成员具有相同的固定频率和相同日期的观测值。

创建一个平衡面板结构,在下拉列表中选择 Balanced Panel(如图 C1.3),选定频率(Frequency),输入起始日期(Start date)和终止日期(End date)以及截面成员的个数(Number of cross sections)。可以命名工作文件和命名工作文件页,单击 OK 按钮。EViews 将创建一个给定频率的平衡面板工作文件,使用特定的起始和终止日期以及截面成员的个数,工作文件页命名为 data3。

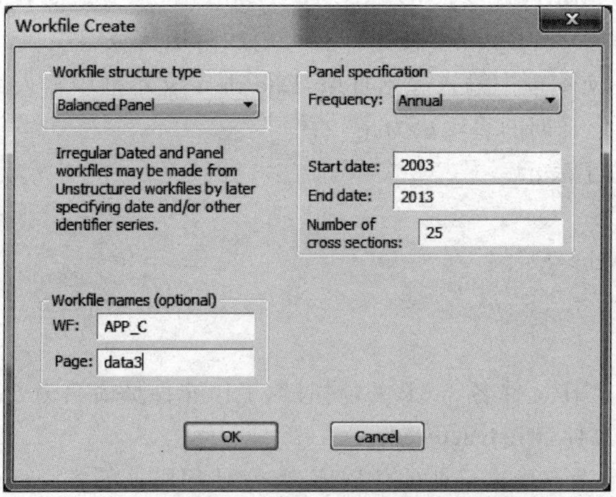

图 C1.3 创建平衡面板工作文件对话框

4. 多页工作文件

很多工作可能只涉及单页,然而把数据组织成多个工作文件页是非常有用的。多页工作文件主要是在必须要用多个数据集合工作时应用。

多页工作文件允许不同的工作文件页有不同的频率或不同的数据结构,可以分别独立建立模型,可以实现不同频率数据的频率转换。在这种形式下把数据组织起来,允许在季度和月度频率之间快速切换来完成频率转换、混频模型等任务,实现在一个 EViews 工作文件中可以存储多种类型的工作文件页。

C1.3　工作文件的相关操作

EViews 中最重要的窗口就是工作文件窗口。工作文件窗口提供了一个在给定工作文件或者工作文件页下的所有对象的目录。工作文件窗口也提供了一些处理工作文件和工作文件页的工具。

1. 工作文件的标题和菜单

在工作文件窗口的标题栏中可以看到 Workfile 后是工作文件名。若工作文件已经保存到磁盘里,可以看到它的名字和整个磁盘路径。图 C1.4 中,工作文件的名字是"gdp_f.wf1",以及它存放的目录,这个工作文件包含 2 个不同频率的工作文件页,一个是季度数据,一个是月度数据。若工作文件没有被保存,则它将被命名为"UNTITLED"。

在标题栏的正下方是菜单和工具条,利用菜单和工具条可以方便地实现很多操作。工具条中的按钮仅仅是一种快捷方式,可以方便地处理 EViews 主菜单中的一些操作。例如菜单 View/Name Display 可以实现大小写转换。默认是小写。

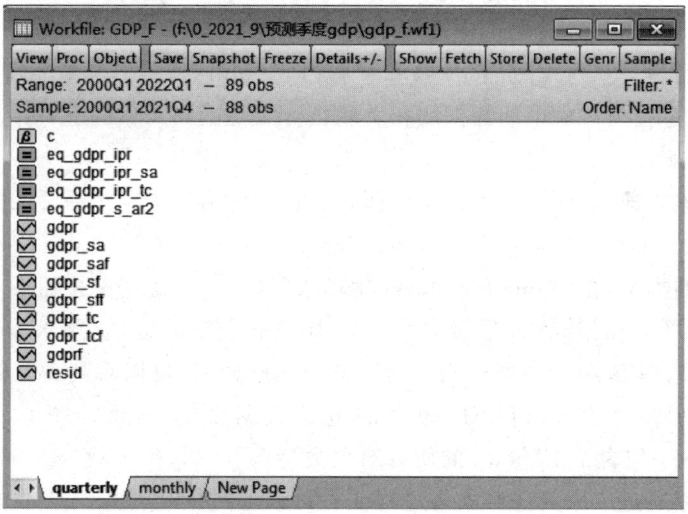

图 C1.4　工作文件窗口

2. 工作文件的范围、样本和显示限制

EViews 中最重要的概念是观测值的样本。在工作文件中样本是显示和统计运算时观测值的集合(经常是子集合),样本可以特殊指定范围,还可用条件语句来确定。

在工具条的下面是两行信息栏。

1) 工作文件样本(Range)

第 1 行的"Range:"显示 EViews 工作文件的范围(结构)。这是建立工作文件时设定的,一般不去改动,如需重新设定,可双击 Range 后的时间区间,但有可能丢失数据。

2）当前样本区间(Sample)

第 2 行的“Sample:”显示工作文件的当前样本(被用于计算和统计操作的观测值的范围)和显示限制(在工作文件窗口中显示对象子集的规则)。例如图 C1.4 中,工作文件的样本范围是 2000 年 1 季度至 2022 年 1 季度,而当前样本区间为 2000 年 1 季度至 2021 年 4 季度,也就是工作文件中数据的样本范围截止到 2022 年 1 季度,而用于计算的样本范围截至 2021 年 4 季度。

可双击 Sample 后的样本区间,然后在对话框中输入时间。可以在下端对话框输入条件,可以使用数学表达式及 AND、OR 逻辑表达式,限定样本的选择条件。

C2　对象概念和数据对象

C2.1　对象的概念

对象是指有一定关系的信息或算子捆绑在一起供使用的单元,用 EViews 工作就是使用不同的对象。EViews 中的信息是储存在对象中的,每个对象都包含与一个特定分析领域有关的信息。与一个特定概念相关的对象被称为一种类型,一个类型名被用来表示一类分析。每种类型的对象在对象集合中(工作文件)都有一个特定的图标表示。与每类对象相关联的是一系列视图(Views)和过程(Procedure),它们和对象中的信息一起使用。这种视图、过程与对象中的数据的相关联被称为是面向对象的 EViews 设计。

1. 创建对象

在创建对象之前,必须打开工作文件而且工作文件窗口必须是激活的。然后,选择主菜单上的 Object/New Object ,出现 New Object 对话框(图 C2.1)。在 Type of object 中选择新建对象的类型,在 Name for object 中输入对象名,单击 OK 按钮。

例如,若选择 Equation(方程对象),可以看到一个对话框,它要求输入更详细的信息;相应地,若选择 Series(序列对象),然后单击 OK 按钮,可以看到一个对象窗口(序列窗口),它将显示一个 UNTITLED 序列的电子数据表格,等等。图 C2.1 的 Type of object 的选择框中包含了 EViews 的所有对象类型。

对象也可以通过应用其他对象的过程或者可以通过固化对象视图的方法来创建,如图对象、表格对象等。

2. 对象窗口

当打开一个对象或者对象集合时,对象窗口即被显示。对象窗口是对象的视图,或者是对象过程的结果。

图 C2.2 是典型的对象窗口:时间序列窗口。首先,这是标准的 Windows 窗口;其次,从对象窗口的标题栏能够辨认出对象的类型、对象的名字和对象集合。最后,在窗口的顶端有一个很多按钮的工具栏。不同对象的工具栏的内容也不相同,但是有些按钮是相同的。

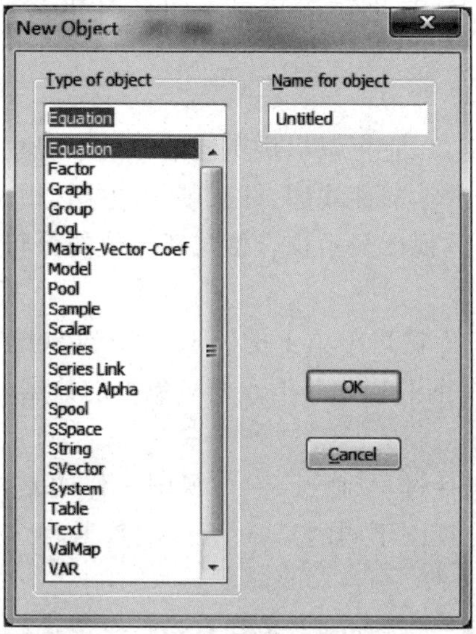

图 C2.1　对象选择窗口

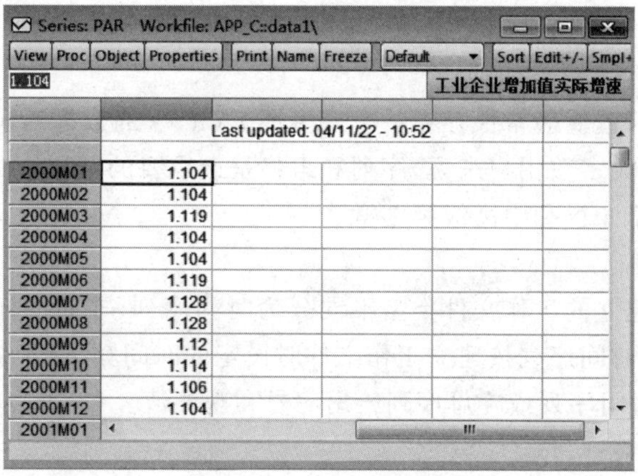

图 C2.2　序列对象窗口

(1) View 按钮用来改变对象窗口的视图形式。

(2) Proc 按钮用来执行对象的过程。

(3) Object 按钮用来储存、命名、复制、删除和打印对象。

(4) Print 按钮打印当前对象的视图。

(5) Name 按钮允许命名或更改对象的名字。

(6) Freeze 按钮可以以当前视图为快照建立新的图形对象、表格对象或文本对象。

3. 对象中的数据

不同对象包含着多种不同类型的信息。例如，序列对象、矩阵对象、向量对象等主要包含数值方面的信息。方程对象和系统对象包含方程或系统的完整信息，除了包含用来做估计的数据外,还包含估计的结果信息。图对象和表对象包含数值、文本和格式信息。

4. 对象视图(View)

视图是表格和图像的窗口,它可以提供不同的方式来观察对象中的数据。例如,序列对象有表单视图(查看原始数据)、曲线图、柱状图、直方图、相关图等。方程对象输出视图显示估计结果,实际拟合残差视图显示拟合值与残差值的分布图,方差视图包含估计参数的协方差矩阵。

可以用 EViews 工作文件窗口菜单上的"View"或对象窗口工具栏上的"View"来改变对象的视图。一个对象视图的变化并不改变对象中的数据,仅仅是显示形式改变了。

5. 对象过程(Proc)

许多 EViews 对象还包括过程(Proc)。与视图一样的是,过程通常以图表或坐标的形式显示在对象窗口中;与视图不同的是,过程改变数据,无论对象本身中的还是其他对象中的。

很多过程还新建对象,比如说序列对象含有进行季节调整的过程,该过程可以新建一个含有季节调整后的数据序列。方程对象的过程可以新建序列来包含残差、拟合值和预测。可以用 EViews 主菜单上的"Proc"或对象窗口工具栏上的"Proc"来选择过程。

C2.2 数据对象

组成数据的实际数值通常保存在一个或多个 EViews 的数据对象(序列、组、矩阵、矢量和标量)中。对于大多数用户来说,序列和组将是最重要的对象。关于面板数据的数据处理请参见初级的第 6 章和中高级第 9 章。

1. 序列(Series)

序列对象根据建立的工作文件类型不同分为时间序列、非时间序列和字母序列。在显示的电子表格中,时间序列按建立工作文件时设定的时间频率(年、季、月等),给出时间区间和观测值;非时间序列或字母序列给出序号和观测值。

1) 建立序列对象

(1) 单击 EViews 主菜单中的 Objects/New Object,然后选择 Series;

(2) 单击工作文件窗口菜单中的 Genr,键入一个数学表达式,可形成一个新的序列。

2) 编辑序列

双击序列名称或选择 Show 菜单,可以显示序列数据,然后单击 Edit+/-按钮,可切换编辑状态。当处于可编辑状态时,可修改数据,按回车键确定。

3) 改变表单显示

一般是竖列显示,单击 Wide+/-按钮,可切换成二维表格显示状态。

4) 改变样本区间

单击 Smpl+/-按钮,可切换序列的样本区间为当前样本区间或工作文件样本区间。

5) 在序列中插入或删除观测值

选中要插入或删除的单元,然后单击 InsDel 按钮,可以插入或删除观测值。

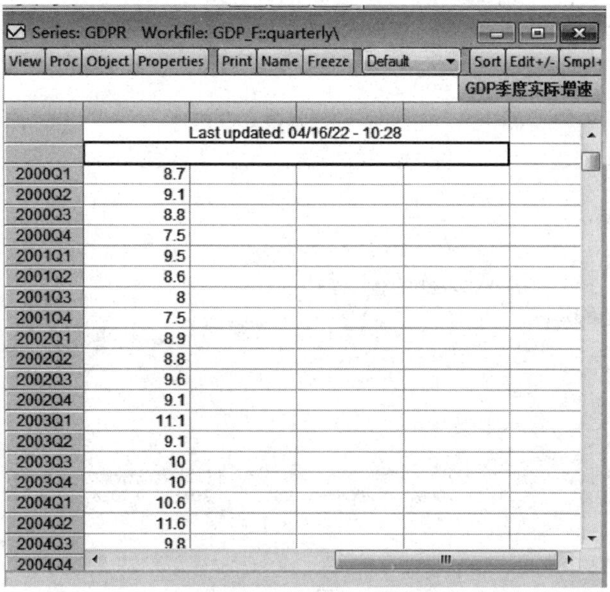

图 C2.3 序列对象窗口

6）画图

在序列对象菜单中选择“View/Graph”，弹出绘图对话框，可以画曲线图、直方图等各种类型的图形。为了使用EView强大的绘图功能画出一个漂亮的图形，可以单击对象窗口的Freeze按钮，固化图形创建一个图对象（Graph）。可以在图对象中改变图的大小、框、轴、尺寸、颜色，添加和编辑文本，绘制网格线和阴影等，本书例子中的图形都是通过图对象绘制的。

2. 组（Group）

组（Group）建立的是一个二维电子数据表格，它是建立在序列对象的基础上，将不同的序列对象的一维序列组合成二维数据表格。数据虽然仍存在于序列对象中，但是组（Group）可以以二维表格的形式显示数据，可以编辑修改数据，也可以直接进行建立方程、VAR模型等操作。

1）建立组对象

（1）单击EViews主菜单中的Objects/New Object，然后选择Group，键入序列表即可；

（2）按住Ctrl键，选择序列名后，单击Show或点击右键并选择Open中“as Group”，可形成一个新的组。

2）编辑

双击组名称或选择Show菜单，可以显示组中的数据，然后单击Edit+/－按钮，可切换编辑状态。当处于可编辑状态时，可修改数据，按回车键确定。注意，相应的序列中的值也会改变。

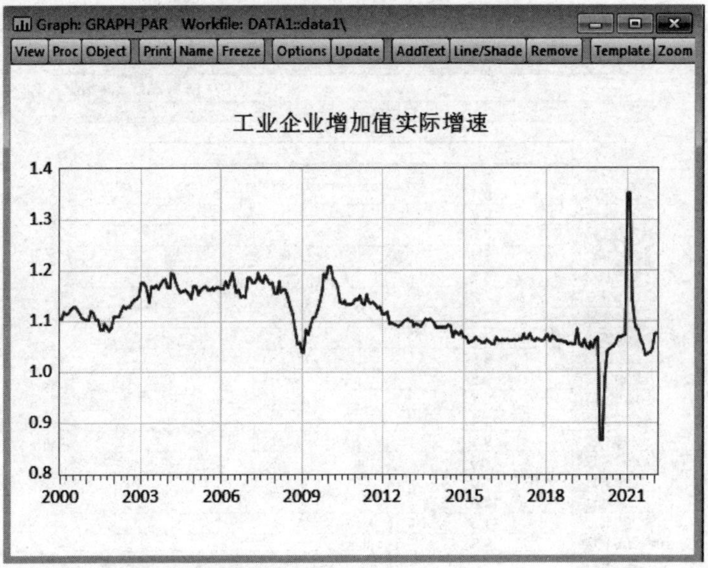

图 C2.4　曲线图(图对象)

3) 改变样本区间

单击 Smpl+/-按钮,可切换序列的样本区间为当前样本区间或工作文件样本区间。

4) 画图

在组对象菜单中选择“View/Graph”,弹出绘图对话框,可以对多个序列选择画曲线图、直方图等各种类型的图形。也可以单击对象窗口的 Freeze 按钮,固化图形创建一个图对象(Graph),使用图形功能进行编辑。

EViews 提供处理序列组操作的专门工具,它们以组对象形式保存。简单地说,一个组是一个或多个序列标识符或表达式的集成。注意,一个组并不包括单个序列的数据,只是序列名称。

3. 标量操作

标量与序列或组不同,它没有显示窗口,它只能通过命令方式来建立。例如在命令窗口输入

```
scalar <scalar_name> = number
```

例如,scalar aaa=3,将生成一个名为 aaa、取值为 3 的标量对象。

除了这种形式,等号右边也可以是表达式或是一个特殊的函数(此函数应返回的是一个数量值)。如果显示标量对象的值,可以使用 show 按钮。这时系统会在 EViews 窗口底部状态栏显示标量对象的值。例如:

```
show <scalar_name>
```

另外,也可以通过双击工作文件窗口的标量对象的名字来显示标量对象的值。

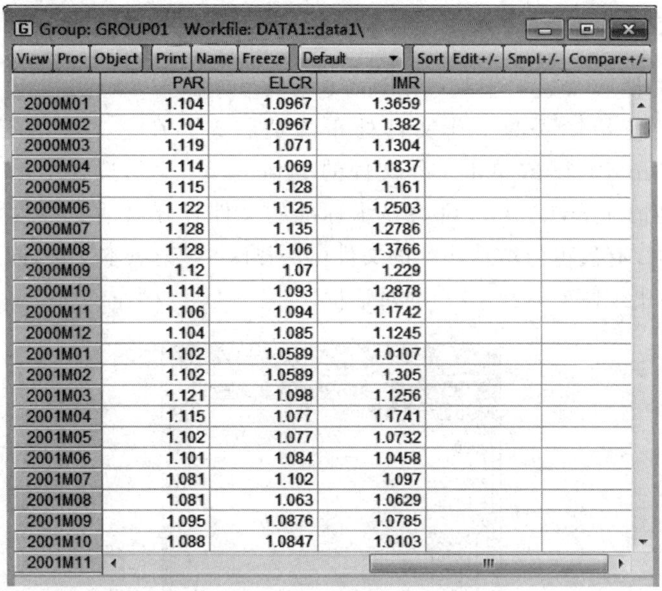

	PAR	ELCR	IMR
2000M01	1.104	1.0967	1.3659
2000M02	1.104	1.0967	1.382
2000M03	1.119	1.071	1.1304
2000M04	1.114	1.069	1.1837
2000M05	1.115	1.128	1.161
2000M06	1.122	1.125	1.2503
2000M07	1.128	1.135	1.2786
2000M08	1.128	1.106	1.3766
2000M09	1.12	1.07	1.229
2000M10	1.114	1.093	1.2878
2000M11	1.106	1.094	1.1742
2000M12	1.104	1.085	1.1245
2001M01	1.102	1.0589	1.0107
2001M02	1.102	1.0589	1.305
2001M03	1.121	1.098	1.1256
2001M04	1.115	1.077	1.1741
2001M05	1.102	1.077	1.0732
2001M06	1.101	1.084	1.0458
2001M07	1.081	1.102	1.097
2001M08	1.081	1.063	1.0629
2001M09	1.095	1.0876	1.0785
2001M10	1.088	1.0847	1.0103
2001M11			

图 C2.5　组对象窗口

C3　数据的输入

EViews 提供了易于使用的工具，用于将外部数据（源数据文件）导入现有工作文件中，并根据需要在源文件和目标文件之间进行匹配导入。源数据文件可以采用多种数据格式中的任何一种，从 EViews 支持的外来文件格式之一（Microsoft Excel、ASCII、SPSS、SAS、STATA 等）导入 EViews 格式的工作文件。注意导入时，待导入的工作文件是激活状态。

C3.1　键盘输入或复制粘贴输入

1. 键盘输入

建立和打开一个新序列或组的电子表格后，Edit+/−是切换钮，分别为保护状态和编辑状态。在编辑状态下，通过键盘输入或修改数据，每个数据输入后键入回车键（Return）。并通过 Name 按钮，给定一个序列名或组名。

2. 复制粘贴输入

建立和打开一个新序列或组的电子表格后，将 Edit+/−按钮设为编辑状态。在编辑状态下，将外部数据序列复制到剪贴板，只需将复制的整列序列或多列序列，选择序列或组的第一个数据单元粘贴即可。注意粘贴数据的时间区间（或范围）要和表单中的时间区间（或范围）一致。

C3.2　文本文件的数据输入

1. 打开源文件

用户首先要使待输入的工作文件处于激活状态。在主菜单的 File 按钮中选择 Import/Import from File 或单击工作文件的 Proc 菜单，然后选择 Import/Import from File，在任何一种情况下，EViews 都将显示标准的文件打开对话框。然后找到待输入的文本文件，例如，存有发电量增速序列的文件(y3_r. txt，记事本文件，图 C3.1)，点击“打开”按钮，点击后出现图 C3.2(左图)的对话框。

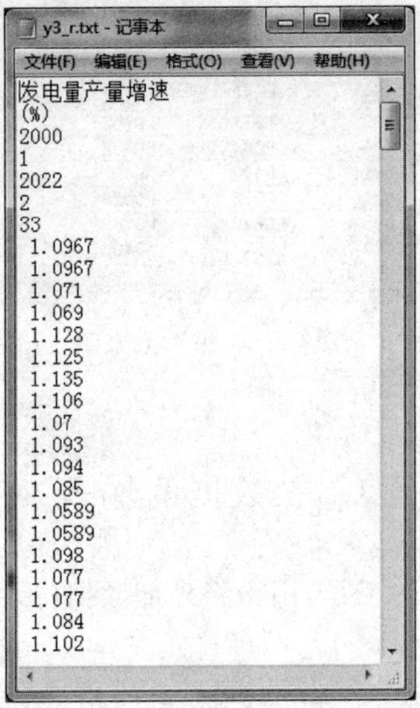

图 C3.1　文本文件(y3_r. txt)

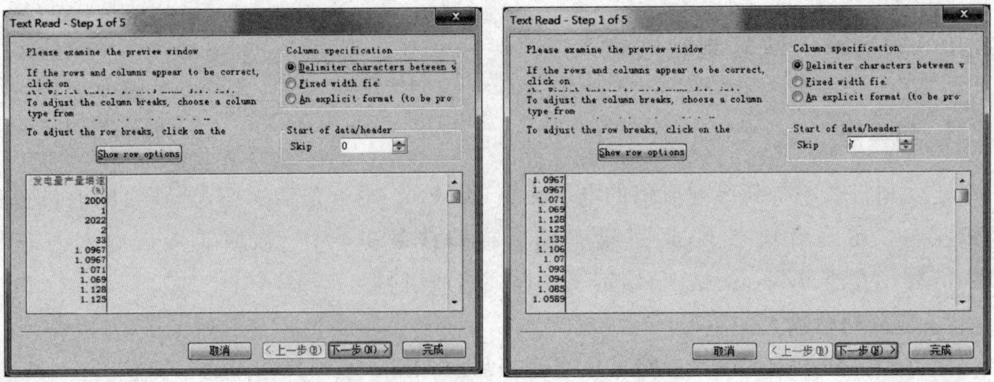

图 C3.2　文本文件数据输入窗口(1)，初始(左)，修改(右)

2. 导入数据

导入数据有 5 个步骤。第 1 步在图 C3.2 对话框的下部会显示源文本文件的数据，比如 y3_r.txt 文件中的前 7 行是数据序列的汉字序列名、单位、初始年月和终止年月、数据类型等信息，第 8 行后是数据（一行一个）。在“Start of data/header”的“skip”的选择框里（图 C3.2，右图）初始是“0”，修改成“7”（图 C3.2，右图），即将前 7 行去掉，可以看到下部的显示也随之发生变化。

点击“下一步”按钮，经过第 2 步和第 3 步，在第 4 步（图 C3.3 左图）对话框的“Name”对话框中键入序列名（y3_r）：

在第 5 步对话窗口（图 C3.3 右图）的“Stare date：”中键入开始日期 2000m01，确认源数据是月度数据，按日期与源文件的观测值匹配。

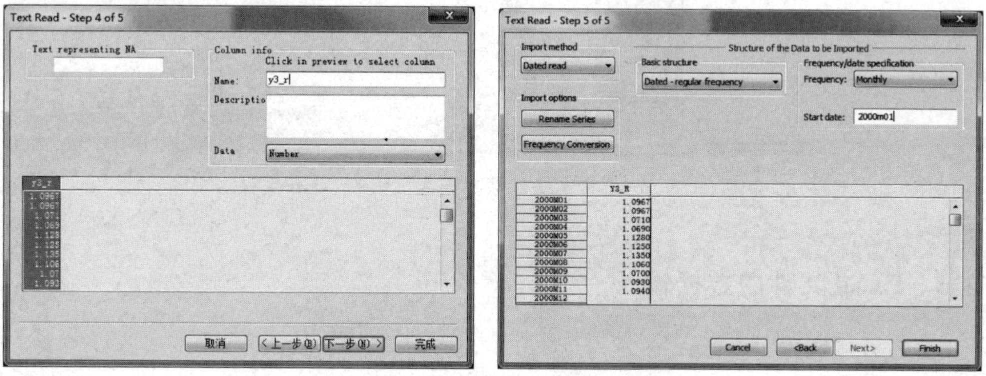

图 C3.3　文本文件数据输入窗口，第 4 步（左），第 5 步（右）

在大多数情况下，EViews 将正确标识日期序列，因此不需要更改默认设置。单击 Finish 按钮开始导入过程。还将出现一个选择框（图 C3.4），询问是否将新序列对象链接回源。单击“是”，将新序列对象标记为外部链接，单击“否”，将数据导入当前工作文件，完成了将文本文件的数据序列（y3_r.txt）导入到工作文件（data1）中，序列文件名为 y3_r，需要检查导入数据是否完全正确，图 C3.5 是导入后的工作文件和 y3_r 序列的电子表格，可以在 y3_r 序列窗口上面一行看到源文件的路径和文件名。用户在导入过程中，要根据源文件的特点，注意每一步的提示信息。

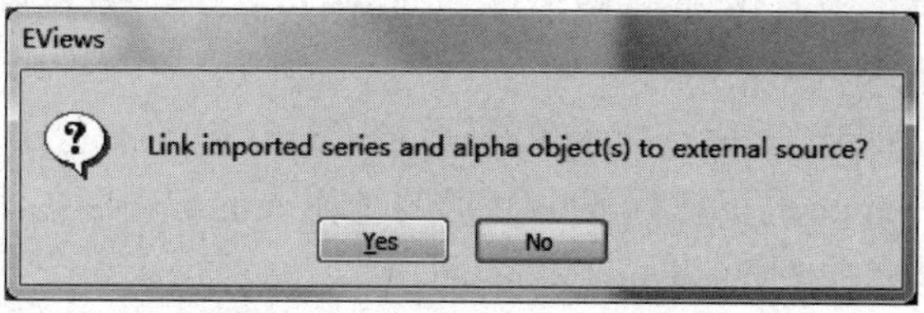

图 C3.4　询问是否将新序列对象链接回源

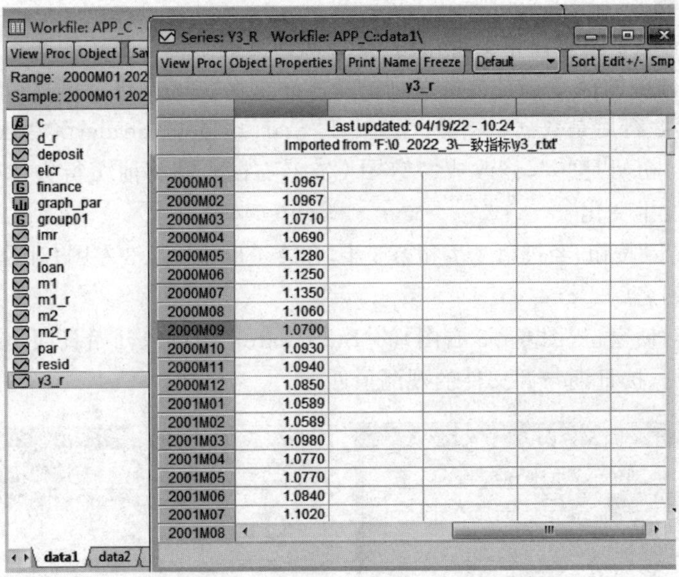

图 C3.5　已将文本文件数据导入 EViews 工作文件

C3.3　Excel 文件的数据输入

1. 打开源文件

用户首先要使待输入的工作文件处于激活状态。在主菜单的 File 按钮中选择 Import/Import from File 或单击工作文件的 Proc 菜单，然后选择 Import/Import from File，在任何一种情况下，EViews 都将显示标准的文件打开对话框，然后找到待输入的 Excel 文件。下面分别对三种典型的数据类型介绍导入操作。

2. 导入时间序列数据

时间序列数据是常用的数据类型。例如存有从中国经济信息网下载的 8 个金融指标的 Excel 数据文件(金融.xls，图 C3.6)，每一列是一个指标，每个指标前面有 4 行信息。

建立 EViews 月度工作文件页(data1)，样本区间包含 2020 年 3 月至 2022 年 2 月。单击工作文件(data1)的 Proc 菜单，然后选择 Import/Import from File，EViews 显示标准的文件打开对话框。然后找到"金融.xls"文件，点击"打开"按钮后，出现 EViews 数据输入窗口(图 C3.7 左图)。

EViews 数据输入窗口上面有两个单选项(图 C3.7)：

(1) Predefined range 的下拉列表中显示的待输入的 Excel 文件的页名，是缺省项。在"金融.xls"文件里只有 2 页(sheet0 和 sheet1)。

(2) Custom range 是由用户来指定待输入数据的页名(Sheet)、第一个单元号(Start)和最后一个数据的单元号(End)。

首先单击 Custom range 的单选钮(图 C3.7 右图)，窗口右边的选项变为可以修改状态。本例中要去掉前 4 行，数据从 A5 开始，最后一个指标的数据单元是 I28，即给定二

	A	B	C	D	E	F	G	H	I
1	指标	金融机构人民币各项存款余额_期末	金融机构人民币各项存款余额_期末同比增速	金融机构人民币各项贷款余额_期末	金融机构人民币各项贷款余额_期末同比增速	货币(M1)_期末	货币(M1)_期末同比增速	货币和准货币(M2)_期末	货币和准货币(M2)_期末同比增速
2	地区	全国	全国	全国	全国	全国	全国	全国	全国
3	频度	月	月	月	月	月	月	月	月
4	单位	亿元	%	亿元	%	亿元	%	亿元	%
5	2020-03	2009933	9.3	1602089.22	12.7	575050.3	5	2080923	10.1
6	2020-04	2022635	9.9	1619066.91	13.1	570150.5	5.5	2093534	11.1
7	2020-05	2045740	10.4	1633888.15	13.2	581111.1	6.75	2100184	11.05
8	2020-06	2074780	10.6	1651998.58	13.2	604318	6.5	2134949	11.1
9	2020-07	2075583	10.3	1661925.21	13	591192.6	6.9	2125458	10.7
10	2020-08	2094948	10.3	1674708.18	13	601289.1	8	2136837	10.4
11	2020-09	2110774	10.7	1693665.4	13	602312.1	8.1	2164085	10.9
12	2020-10	2106803	10.3	1700563.15	12.9	609182.4	9.1	2149720	10.5
13	2020-11	2127814	10.7	1714899.83	12.8	618632.2	10	2172003	10.7
14	2020-12	2125721	10.2	1727452.07	12.8	625581	8.6	2186796	10.1
15	2021-01	2161419	10.4	1763234.93	12.7	625563.8	14.7	2213047	9.4
16	2021-02	2172935	10.4	1776828.68	12.9	593487.5	7.4	2236030	10.1
17	2021-03	2209233	9.9	1804131.37	12.6	616113.2	7.1	2276488	9.4
18	2021-04	2201982	8.9	1818816.61	12.3	605421.9	6.2	2262107	8.1
19	2021-05	2227608	8.9	1833780.32	12.2	616828.3	6.1	2275538	8.3
20	2021-06	2266173	9.2	1854976.71	12.3	637479.4	5.5	2317788	8.6
21	2021-07	2254852	8.6	1865808.38	12.3	620367.1	4.9	2302154	8.3
22	2021-08	2268545	8.3	1877960.82	12.1	626658.7	4.2	2312268	8.2
23	2021-09	2291808	8.6	1894591.04	11.9	624645.7	3.7	2342830	8.3
24	2021-10	2299457	9.1	1902852.75	11.9	626082.1	2.8	2336160	8.7
25	2021-11	2310856	8.6	1915584.74	11.7	637482	3	2356013	8.5
26	2021-12	2322500	9.3	1926902.81	11.6	647443.4	3.5	2382900	9
27	2022-01	2360691	9.2	1966521.17	11.5	613859.4	-1.9	2431023	9.8
28	2022-02	2386080	9.8	1978857.03	11.4	621612.1	4.7	2441489	9.2

Sheet0　Sheet1

图 C3.6　Excel 数据文件窗口(金融.xls)

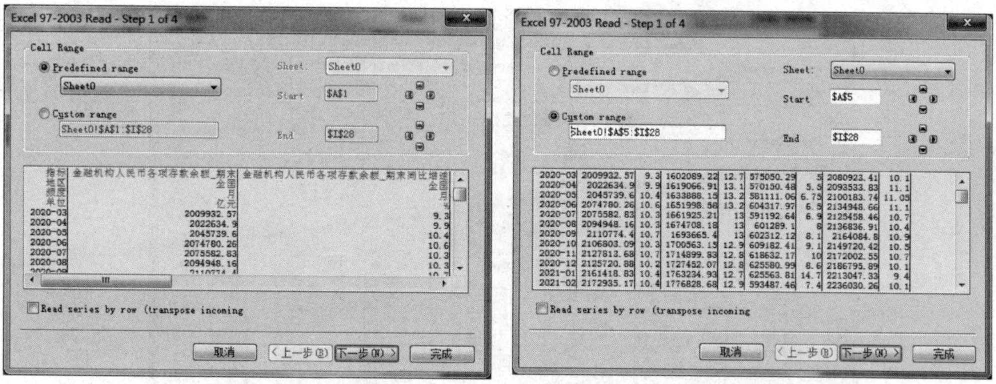

图 C3.7　时间序列数据文件输入窗口(1),初始(左)和修改后(右)

维数据表格的左上角和右下角,注意保留了日期列。

然后将 Start 项的正文框中的“A1”改为“A5”,则左边自动改为“sheet0!A5 I28”。修改后下面的数据表格也会相应的变动,去掉了前 4 行。

在第 3 步(图 C3.8 左图)中,需要为每个序列给一个 EViews 序列名,如果不修改,系统会自动按照 Series01、Series02、Series03、…… 给每个序列命名。

用户修改序列名时(图 C3.8 右图),需点击下面对应的序列,这个序列会变成深色,然后在 Name:后面文本框里输入序列名,如 Series01 改为 obs、Series02 改为 deposit、

Series03 改为 d_r……；在 Description 框里输入所选序列的描述信息；在 Date 的下拉列表中选择该序列类型：日期序列(Date)、数值序列(Number)或汉字字符(Character)。如图 C3.8 右边窗口视图的第一列(obs)是日期序列，其他列是数值序列。

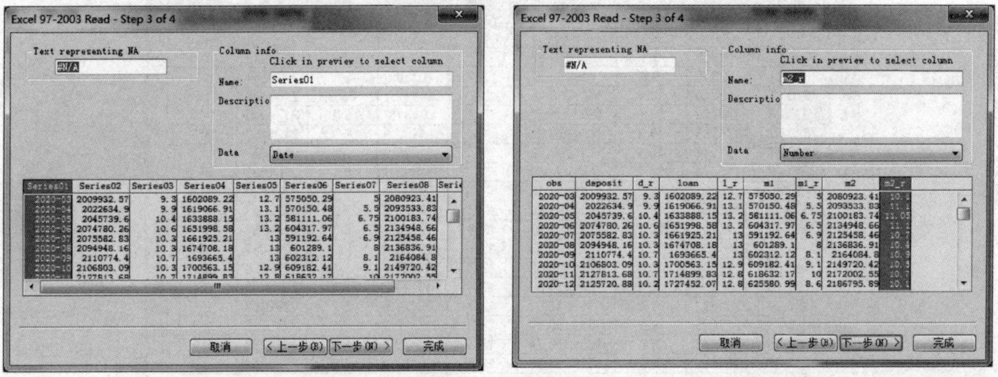

图 C3.8　时间序列数据文件输入窗口(3)，第 3 步(左)和修改后(右)

在第 4 步(图 C3.9)中，对话框的左上角是 Import method 下拉菜单，它控制如何将源数据读入现有的工作文件，下拉菜单右侧的区域将根据选择，更改为与当前选择方法相关联的选项。Import method 下拉菜单的下方是 Import Option 部分，通过该部分可以访问重命名序列和指定频率转换方法的设置。

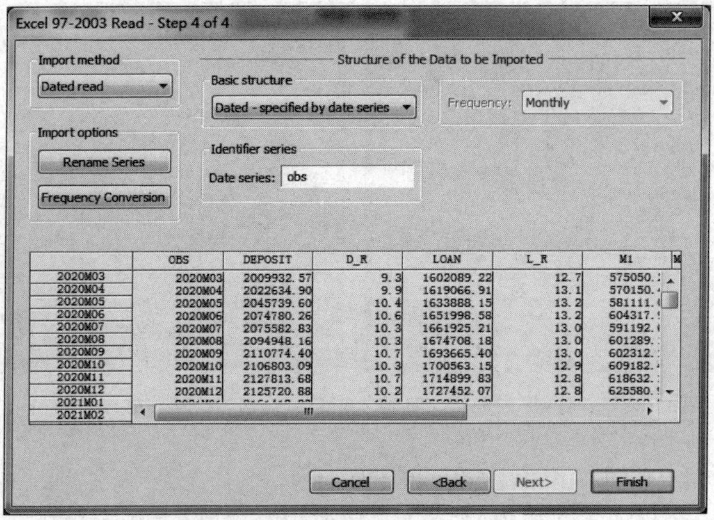

图 C3.9　时间序列数据文件输入窗口(4)

对于时间序列数据的输入，应在 Import method 下拉菜单中选择 Dated read，此时目标工作文件日期序列作为识别信息已确定。在 Basic structure 的下拉列表中选择 Datad-specified by date series；在 Date Series：栏里已显示上一步确定的日期序列名(obs)，在日期读取中，源文件中的观测值按日期与当前工作文件页中的观测值进行匹配，注意当前工作文件页的样本区间要包含源文件的样本区间，并在必要时执行频率转换（频率转换方法参见中高级第 1 章 1.1.2 节）。

在大多数情况下，EViews 将正确标识日期序列，因此不需要更改默认设置。单击 Finish 按钮开始导入过程。还将出现一个选择框（图 C3.4），询问是否将新序列对象链接回源。单击“是”，将新序列对象标记为外部链接，单击“否”，将数据导入当前工作文件。在图 C3.10 可以看到 8 个金融序列数据都已导入工作文件页 data1 中，建立 8 个金融序列的组（Finance），图 C3.10 显示了组的二维数据表格。

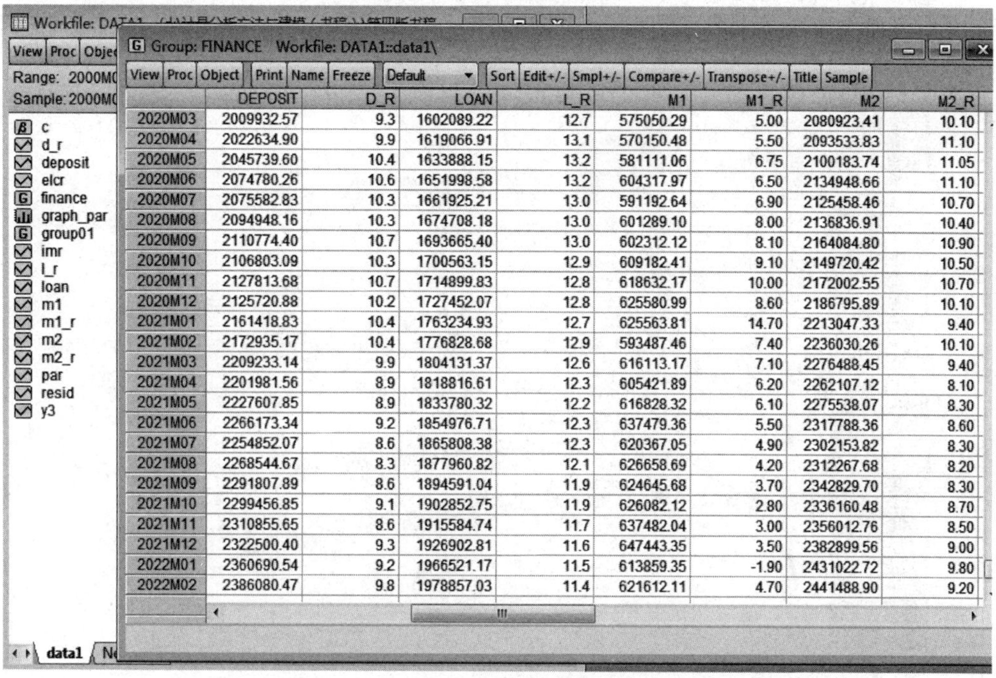

	DEPOSIT	D_R	LOAN	L_R	M1	M1_R	M2	M2_R
2020M03	2009932.57	9.3	1602089.22	12.7	575050.29	5.00	2080923.41	10.10
2020M04	2022634.90	9.9	1619066.91	13.1	570150.48	5.50	2093533.83	11.10
2020M05	2045739.60	10.4	1633888.15	13.2	581111.06	6.75	2100183.74	11.05
2020M06	2074780.26	10.6	1651998.58	13.2	604317.97	6.50	2134948.66	11.10
2020M07	2075582.83	10.3	1661925.21	13.0	591192.64	6.90	2125458.46	10.70
2020M08	2094948.16	10.3	1674708.18	13.0	601289.10	8.00	2136836.91	10.40
2020M09	2110774.40	10.7	1693665.40	13.0	602312.12	8.10	2164084.80	10.90
2020M10	2106803.09	10.3	1700563.15	12.9	609182.41	9.10	2149720.42	10.50
2020M11	2127813.68	10.7	1714899.83	12.8	618632.17	10.00	2172002.55	10.70
2020M12	2125720.88	10.2	1727452.07	12.8	625580.99	8.60	2186795.89	10.10
2021M01	2161418.83	10.4	1763234.93	12.7	625563.81	14.70	2213047.33	9.40
2021M02	2172935.17	10.4	1776828.68	12.9	593487.46	7.40	2236030.26	10.10
2021M03	2209233.14	9.9	1804131.37	12.6	616113.17	7.10	2276488.45	9.40
2021M04	2201981.56	8.9	1818816.61	12.3	605421.89	6.20	2262107.12	8.10
2021M05	2227607.85	8.9	1833780.32	12.2	616828.32	6.10	2275538.07	8.30
2021M06	2266173.34	9.2	1854976.71	12.3	637479.36	5.50	2317788.36	8.60
2021M07	2254852.07	8.6	1865808.38	12.3	620367.05	4.90	2302153.82	8.30
2021M08	2268544.67	8.3	1877960.82	12.1	626658.69	4.20	2312267.68	8.20
2021M09	2291807.89	8.6	1894591.04	11.9	624645.68	3.70	2342829.70	8.30
2021M10	2299456.85	9.1	1902852.75	11.9	626082.12	2.80	2336160.48	8.70
2021M11	2310855.65	8.6	1915584.74	11.7	637482.04	3.00	2356012.76	8.50
2021M12	2322500.40	9.3	1926902.81	11.6	647443.35	3.50	2382899.56	9.00
2022M01	2360690.54	9.2	1966521.17	11.5	613859.35	-1.90	2431022.72	9.80
2022M02	2386080.47	9.8	1978857.03	11.4	621612.11	4.70	2441488.90	9.20

图 C3.10　已将 Excel 数据导入 EViews 工作文件(data1)

3. 导入非结构数据

经济分析中会遇到大量的个体或企业的微观调查数据，这类数据属于非结构数据。导入这类数据时，用户首先要建立非结构工作文件（Unstructured）。非结构数据是没有指定日期的数据序列，它使用默认的整数标识符。本节以中高级第 6 章例 6.1 的已婚妇女工作时间问题的数据样本为例，建立非结构工作文件页 data2，样本个数为 50。图 C3.11 是“例 6_1_3. xls”的 Excel 数据表。

单击工作文件（data2）的 Proc 菜单，然后选择 Import/Import from File，EViews 显示标准的文件打开对话框。然后找到 Excel 文件“6_1_3. xls”，点击 “打开”按钮后，出现 EViews 数据输入窗口（图 C3.12 左图）。

Excel 文件的待输入页是“数据”页，因此左上角的 Predefined range 的下拉列表中显示的是待输入的 Excel 文件的页名（数据）；Custom range 是由用户来指定待输入数据的

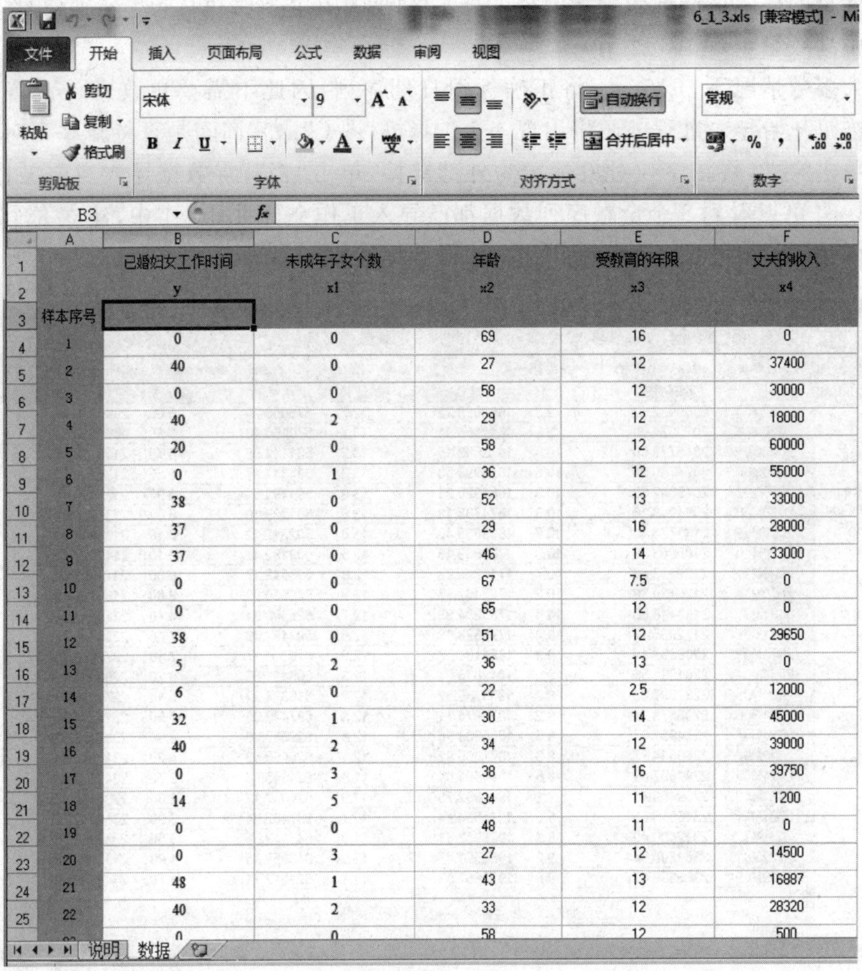

	已婚妇女工作时间	未成年子女个数	年龄	受教育的年限	丈夫的收入
	y	x1	x2	x3	x4
样本序号					
1	0	0	69	16	0
2	40	0	27	12	37400
3	0	0	58	12	30000
4	40	2	29	12	18000
5	20	0	58	12	60000
6	0	1	36	12	55000
7	38	0	52	13	33000
8	37	0	29	16	28000
9	37	0	46	14	33000
10	0	0	67	7.5	0
11	0	0	65	12	0
12	38	0	51	12	29650
13	5	2	36	13	0
14	6	0	22	2.5	12000
15	32	1	30	14	45000
16	40	2	34	12	39000
17	0	3	38	16	39750
18	14	5	34	11	1200
19	0	0	48	11	0
20	0	3	27	12	14500
21	48	1	43	13	16887
22	40	2	33	12	28320
	0		58	12	500

图 C3.11　已婚妇女工作时间问题的 Excel 数据文件(例 6_1_3.xls)

页名(数据)、第一个单元号(Start)和最后一个数据的单元号(End)。

首先单击 Custom range 的单选钮(图 C3.12 右图),窗口右边的选项变为可以修改状态。本例中要去掉前 3 行和第 1 列,数据从 B4 开始,最后一个指标的数据的单元是 F53,即给定二维数据表格的左上角和右下角,注意不保留整数标识符列,因此从 B 列开始。

然后将 Start 项的正文框中的“＄A＄1”改为“＄B＄4”,则左边自动改为“数据!＄B＄4 ＄F＄53”。修改后下面的数据表格也会相应的变动,去掉了前 3 行和第 1 列。

在第 3 步(图 C3.13 左图)中,需要为每个序列给一个 EViews 序列名,如果不修改,系统会自动按照 Series01、Series02、Series03……给每个序列命名。

用户修改序列名时(图 C3.13 右图),需点击下面的序列,这个序列会变成深色,然后在 Name:后面文本框里输入序列名,如 Series01 改为 y、Series02 改为 x1、Series03 改为 x2……；Description 框里输入所选序列的描述信息；在 Date 的下拉列表中选择该序列

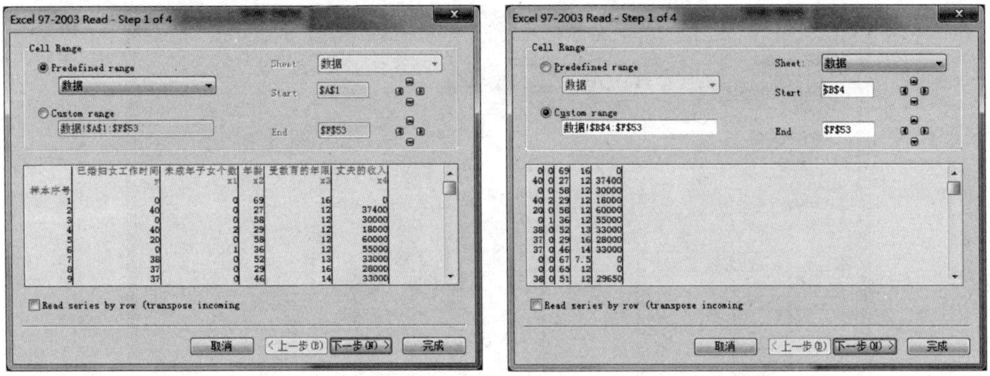

图 C3.12　非结构数据文件输入窗口(1),初始(左)和修改后(右)

类型,所有列都是数值序列。

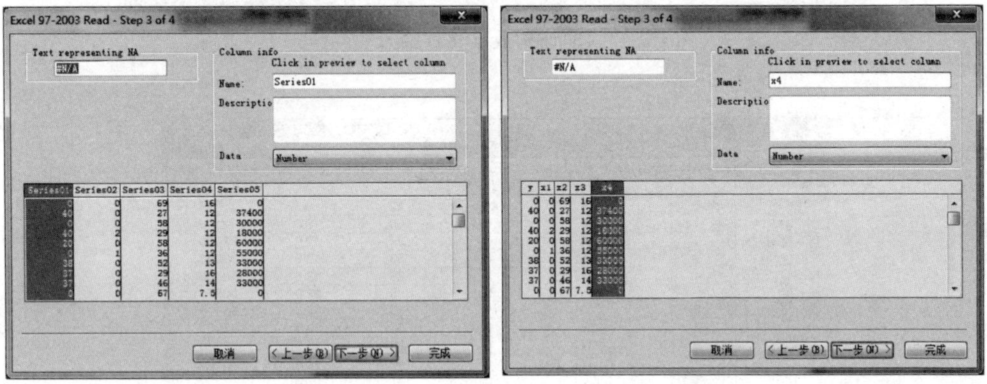

图 C3.13　非结构数据文件输入窗口(3),第 3 步(左)和修改后(右)

在第 4 步(图 C3.14)中,对话框的左上角是 Import method 下拉菜单,它控制如何将源数据读入现有的工作文件,下拉菜单右侧的区域将根据选择,更改为与当前选择方法相关联的选项。

对于非结构数据的输入,应在 Import method 下拉菜单中选择 Sequential Read,顺序导入不使用有关源数据结构的信息,它只是将源文件中的每个观测放入目标工作文件的相应观测中。在 Sequential import options 下的框里指定要放置数据的目标样本。

在大多数情况下,EViews 将正确标识顺序标识符,因此不需要更改默认设置。单击 Finish 按钮开始导入过程。还将出现一个选择框(图 C3.4),询问是否将新序列对象链接回源。单击"是",将新序列对象标记为外部链接;单击"否",将数据导入当前工作文件。在图 C3.15 可以看到 5 个离散观测值数据都已导入工作文件页 data2 中,建立 5 个序列的组(MW6_1),图 C3.15 显示了 5 个序列的二维数据表格。

4. 导入面板数据

面板数据在经济分析中非常重要,这类数据是时间序列和横截面相结合的数据,数据

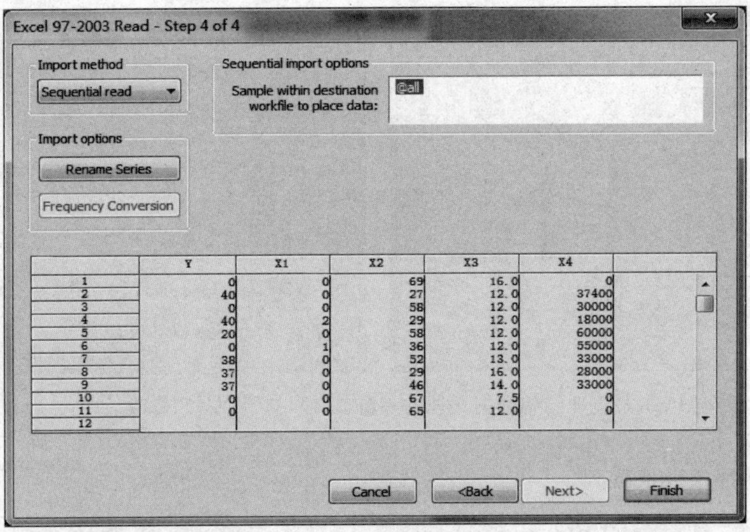

图 C3.14　非结构数据文件输入窗口(4)

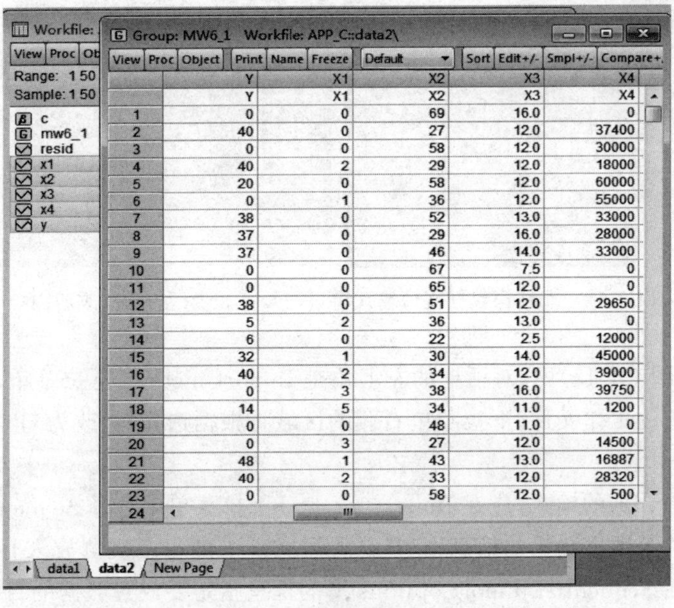

图 C3.15　已将非结构数据导入 EViews 工作文件

量很大。导入这类数据时，用户首先要建立平衡面板工作文件(Balanced Panel)。Balanced Panel 提供了描述固定频率面板数据结构的简单方法。创建平衡面板结构时，要输入每个截面成员。这些成员具有相同的固定频率和相同日期的观测值。

本节以中高级第 9 章例子中，我国 25 个大城市(城区常住人口为 300 万～1 000 万，不包括 1 000 万人口以上的特大城市)的 13 个主要经济指标的面板数据，样本区间为

2003—2013 年,作为面板数据导入例子来介绍。图 C3.16 是“例 9_1. xls”的 Excel 数据表,该表是截面成员和时期的堆积面板结构,第 1 列是城市名称,第 2 列是截面标识,第 3 列是样本区间,第 4 列后面依次是各经济指标数据。

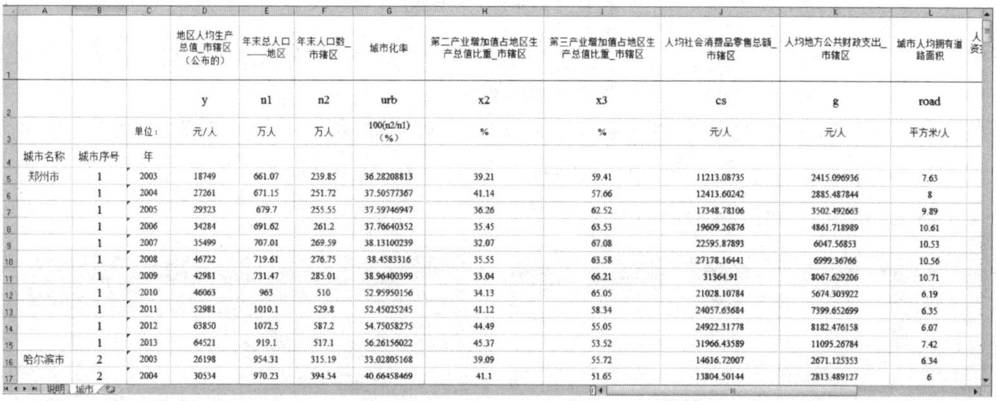

	A	B	C	D	E	F	G	H	I	J	K	L
1				地区人均生产总值_市辖区（公布的）	年末总人口——地区	年末人口数_市辖区	城市化率	第二产业增加值占地区生产总值比重_市辖区	第三产业增加值占地区生产总值比重_市辖区	人均社会消费品零售总额_市辖区	人均地方公共财政支出_市辖区	城市人均拥有道路面积
2				y	n1	n2	urb	x2	x3	cs	g	road
3			单位:	元/人	万人	万人	100(n2/n1)（%）	%	%	元/人	元/人	平方米/人
4	城市名称	城市序号	年									
5	郑州市	1	2003	18749	661.07	239.85	36.28208813	39.21	59.41	11213.08735	2415.096936	7.63
6		1	2004	27261	671.15	251.72	37.50577367	41.14	57.66	12413.60242	2885.487844	8
7		1	2005	29323	679.7	255.55	37.59746947	36.26	62.52	17348.78106	3502.492663	9.89
8		1	2006	34284	691.62	261.2	37.76640352	35.45	63.53	19609.26876	4861.718989	10.61
9		1	2007	35499	707.01	269.59	38.13100239	32.07	67.08	22595.87893	6047.56853	10.53
10		1	2008	46722	719.61	276.75	38.4583316	35.55	63.58	27178.16441	6999.36766	10.56
11		1	2009	42981	731.47	285.01	38.96400399	33.04	66.21	31364.91	8067.629206	10.71
12		1	2010	46063	963	510	52.95950156	34.13	65.05	21028.10784	5674.303922	6.19
13		1	2011	52981	1010.1	529.8	52.45025245	41.12	58.34	24057.63684	7399.652699	6.35
14		1	2012	63850	1072.5	587.2	54.75058275	44.49	55.05	24922.31778	8182.476158	6.07
15		1	2013	64521	919.1	517.1	56.26156022	45.37	53.52	31966.43589	11095.26784	7.42
16	哈尔滨市	2	2003	26198	954.31	315.19	33.02805168	39.09	55.72	14616.72007	2671.125353	6.34
17		2	2004	30534	970.23	394.54	40.66458469	41.1	51.65	13804.50144	2813.489127	6

图 C3.16　面板数据的 Excel 表(例 9_1. xls)

首先建立平衡面板工作文件页 data3,工作文件的 Range 为 2003 2013×25,275 个观测值,其中横截面标识序列是 crossid,时期标识序列是 dateid。

单击平衡面板工作文件(data3)的 Proc 菜单,其次选择 Import/Import from File,EViews 显示标准的文件打开对话框。最后找到 Excel 文件“9_1. xls”,点击 “打开”按钮后,出现 EViews 数据输入窗口(图 C3.17 左图)。Excel 文件的待输入页是“城市”页,因此左上角的 Predefined range 的下拉列表中显示的是待输入的 Excel 文件的页名(城市)。

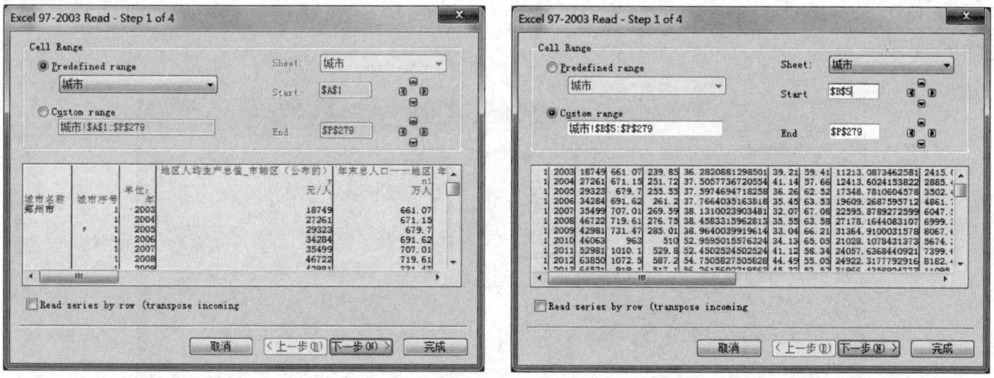

图 C3.17　面板数据文件输入窗口(1),初始(左)和修改后(右)

首先单击 Custom range 的单选钮(图 C3.17 右图),窗口右边的选项变为可以修改状态。本例中要去掉前 4 行和第 1 列,数据从 B5 开始,包括横截面标识列和时期标识列,最后一个指标的数据的单元是 P279,即给定二维数据表格的左上角和右下角,注意不保留第 1 列(城市名称),因此从 B 列开始。

然后将 Start 项的正文框中的“＄A＄1”改为“＄B＄5”,则左边自动改为“城市! ＄B

\$5 \$P\$279”。修改后下面的数据表格也会相应的变动,去掉了前 4 行和第 1 列。

在第 3 步(图 C3.18 左图)中,需要为每个序列给一个 EViews 序列名,如果不修改,系统会自动按照 Series01、Series02、Series03……给每个序列命名。

用户修改序列名时(图 C3.18 右图),需点击下面的序列,这个序列会变成深色,然后在 Name:后面文本框里输入序列名,如 Series01 改为 crossid、Series02 改为 dateid、Series03 改为 y、Series03 改为 n1、Series04 改为 n2、Series05 改为 urb……;注意第 1 列是截面标识信息,第 2 列是时期标识信息;第 3 列以后每列是 13 个经济变量的序列名和数据。Description 框里输入所选序列的描述信息;在 Date 的下拉列表中系统自动给定 dateid 列为“Date”类型,其余所有列都是数值序列(Number)。

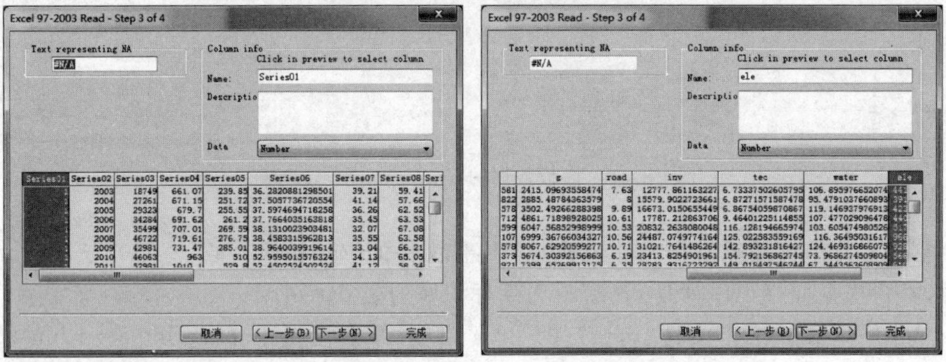

图 C3.18　面板数据文件输入窗口(3),第 3 步(左)和修改后(右)

在第 4 步(图 C3.19)中,对话框的左上角是 Import method 下拉菜单,它控制如何将源数据读入现有的工作文件,下拉菜单右侧的区域将根据选择,更改为与当前选择方法相关联的选项。

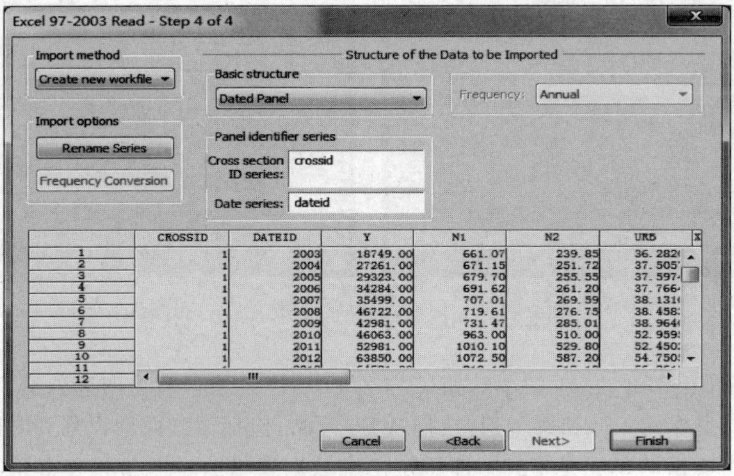

图 C3.19　面板数据文件输入窗口(4)

对于面板数据的输入，系统在 Import method 下拉菜单中自动给定 Creare new page；在 Basic structure 下拉框里自动指定 Dated Panel；在面板标识序列（Panel identifier series）栏里，系统自动显示"crossid"和"dateid"。因此，将按这 2 个标识序列将数据导入 EViews 工作文件 data3 中。

在大多数情况下，EViews 将正确标识顺序标识符，因此不需要更改默认设置。单击 Finish 按钮开始导入过程。还将出现一个选择框（图 C3.4），询问是否将新序列对象链接回源。单击"是"，将新序列对象标记为外部链接；单击"否"，将数据导入当前工作文件。在图 C3.20 可以看到 13 个面板数据的经济指标序列都已导入工作文件页 data3 中，建立 13 个序列的组（CITY），图 C3.20 显示了 13 个序列的面板堆积形式的二维数据表格。

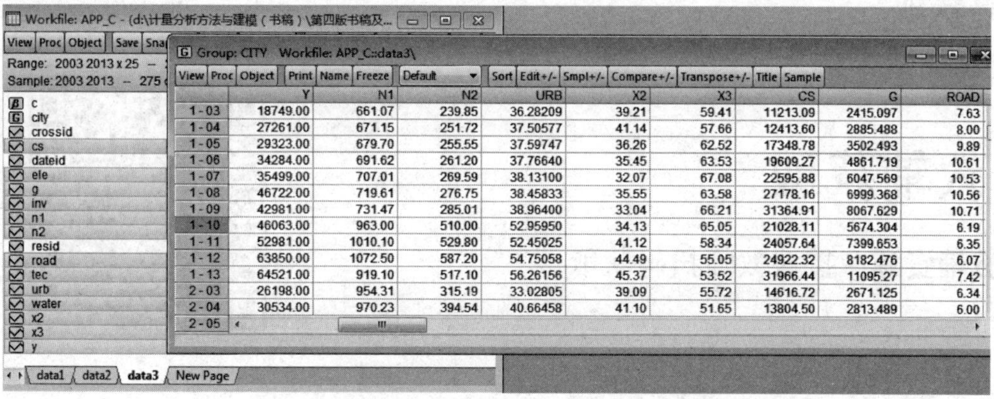

图 C3.20　已将面板数据导入 EViews 工作文件 data3 中

教师服务

感谢您选用清华大学出版社的教材！为了更好地服务教学，我们为授课教师提供本书的教学辅助资源，以及本学科重点教材信息。请您扫码获取。

» 教辅获取

本书教辅资源，授课教师扫码获取

» 样书赠送

经济学类重点教材，教师扫码获取样书

清华大学出版社

E-mail: tupfuwu@163.com

电话：010-83470332 / 83470142

地址：北京市海淀区双清路学研大厦 B 座 509

网址：http://www.tup.com.cn/

传真：8610-83470107

邮编：100084